광장에서 우파 대통령 후보를 만들자

제1편 : 이진숙을 우파의 리더로…

혜민
도서출판
기획

Contents

1 이상로 기자의 글

광장에서 우파 대통령 후보를 만들자

머리말   9

1장 이재명 이후 어디서 누가 어떻게 누구를
  대통령으로 만들 것인가?   13
  1. 광장에서 대통령을 만들어 내야 한다   13
  2. 연단에 오르는 리더들이 대통령 후보를 만들어야 한다   17
  3. 비겁하지 않는 용감한 사람을 차기 대통령 후보로 만들어야 한다   19
  4. 현재의 부정 시스템을 어떻게 뚫을 것인가   24

2장 광장에서 만들어진 대통령 후보는 어떤 공약을
  발표해야 하는가   27
  1. 통상: 트럼프도 감탄할 창의적인 관세 협상 제안   27
  2. 교육: 중학교만 나와서 대학에 갈 수 있게 투트랙 제도를 운영하자   33
  3. 연금: 연금 운영사를 개인이 선택하게 하자   35
  4. 주택: 강북을 대규모로 개발하자   38
  5. 노동: 최저임금과 노동시간을 지방자치단체에 맡기자   43
  6. 예산: 여가부는 폐지하고 교육부를 반으로 축소 시키자   46
  7. 인구: 첫째 아이 1억, 둘째 아이 2억, 셋째 아이 3억을 주자   51
  8. 국채: 발행하지 않으면 비용이 더 늘어날 때와 위기 시에만 발행하자   57
  9. 교통: 수도권 GTX를 과감하게 도입하자   60
  10. 경제위기: 은행이 아닌 개인을 구제하자   61
  11. 금리: 구간별 차등금리제도를 도입하자   64

Contants

2 이윤섭 작가의 글

국가 재건을 위하여
— 내침과 외침 극복, 그러나 김일성에게는 비장(祕藏)의 무기가 있었다

머리말   69

1부 내침과 외침   72
1장 진의 중국 통일 – 간첩 공작으로 이룬 대업   72
    진의 통일전쟁 / 6국은 왜 연합하지 못했는가

2장 일본, 독일의 도움으로 일어난 러시아 혁명   99
    러일전쟁과 1차 러시아 혁명 / 독일의 전폭적 지원으로 성공한 볼셰비키의 집권

3장 체코슬로바키아의 '선거를 통한 공산화'   115
    독일의 체코슬로바키아 점령과 체코슬로바키아의 항쟁 /
    선거를 통해 공산당에게 나라를 빼앗긴 체코슬로바키아

4장 장개석은 왜 패배하였는가 – 3인의 스파이   136
    기조정(冀朝鼎) – 의도적인 경제정책의 실패, 장개석에게 쏟아진 저주
    심안나(沈安娜) – 장개석의 모든 말이 모택동의 귀에 들어가다
    곽여괴(郭汝瑰) – 국공 내전에서 국민당 국방부 작전청장은 공산당 간첩

5장 공산화 위기를 극복한 인도네시아 – 인도네시아를 공산화하려 한 모택동   158
    인도네시아의 독립과 수카르노의 용공 정책 /
    모택동이 지원한 인도네시아 공산당의 음모

Contants

이윤섭 작가의 글

2부 박정희 대통령의 안보 위기 극복   193
    - 내침과 외침 극복, 그러나 김일성에게는 비장(祕藏)의 무기가 있었다

1장 한일 국교 협상과 반대 투쟁   193
2장 한국과 베트남 전쟁   222
3장 1967년 6대 대통령 선거   243
4장 북한의 무력 도발과 간첩 공작   249
5장 닉슨 독트린과 자주국방의 시작   283
6장 미국과 중국의 접근   310
7장 오원철과 번개 계획   321
8장 미사일과 핵무기 개발의 시작   327
9장 유신 선포   334

보론 : 시험 부정으로 망한 나라 – 조선   350

끝맺는 글 : 이재명 이후를 대비하여   367

부록 : 각국의 핵무기 개발   372

Contants

3 도경구 교수의 글

대한민국 제21대 대통령 선거 결과 분석

요약	399
1. 머리말	401
2. 이상치 탐색 (전국·지역·선거구 수준 비교)	403
3. 선거조작의 방식과 절차	406
4. 표본성 검토 및 기준 설정	411
5. 당일투표 조작 규모	416
6. 사전투표 조작 규모	423
7. 결론	429
별첨 I. 투표 조작으로 인한 후보별 상대 손익 계산	435
별첨 II. 사전투표의 유형별 조작 전후 선거 결과 비교	437
별첨 III. 조작 전후 투표율 변화	441

01편

이상로 기자의 글

광장에서 우파 대통령 후보를 만들자

머리말

　박근혜 대통령 탄핵이 시작된 2016년 말부터 2025년 말까지 9년 동안 광화문 광장, 서울시청 광장, 서울역 광장 등 전국적으로 벌어진 우파 애국시민들이 시위에 참석한 연인원은 수억 명에 이를 것으로 추산된다. 수많은 사람들이 허비한 시간과 노력 그리고 경제적인 부담을 생각하면 엄청나게 많은 자원이 투입됐지만 그 결과는 없었다. 즉 처음부터 무모한 투자였거나 투자사기를 당한 것으로 풀이된다. 왜 이런 일이 벌어졌는가 그것은 한마디로 투자를 권유한 지도자의 잘못이다. 지도자가 처음부터 목표를 잘못 잡았거나, 일부러 잘못된 투자를 유도했기 때문이다.

　광장에 모인 사람들의 투자 목표는 사기 탄핵이나 부정선거가 아닌 공정한 방식에 의해 선출된 대통령이 자유민주주의와 시장경제에 입각한 정치를 하도록 하는 것이었고 지금도 그 목표는 달라지지 않았다. 문제는 그동안 투자를 유도한 지도자들이 이런 목표를 지향할 만한 투철한 목표 의식, 추진 능력, 전략·전술을 가지고 있었는가 하는 것이다.

지금도 (2025년 10월 현재) 집회 현장에 나가보면, 연단에 오른 지도자들이 청중들을 막 나무라는 장면을 흔히 목격하게 된다. 예를 들면 "여러분 우리는 깨어나야 합니다." 또는 "여러분은 정신 차려야 합니다." "우리는 뭉쳐야 합니다" 등이다. 그런데 이미 깨어났고, 제정신을 갖은 사람들이기 때문에 광장에 모인 것이다. 지도자는 이런 이미 깨어 있는 청중들을 이끌고 목표지점으로 달려가서 고지를 점령해야 하는 것이다. 목표를 향해서 가다가 뭉쳐야 할 필요가 있다면 그 지도자가 다른 그룹의 지도자와 연합을 추진해야 한다. 그러나 집회의 많은 지도자들이 자신이 해야 할 일을 청중에게 미루어 버린다. 광장에 모인 사람들이 지도자에게 바라는 것을 지도자들이 청중에게 미룬다. 당연히 그 목표는 달성될 수 없다.

지금 대한민국은 제대로 된 우파의 지도자가 없는 상태에서 이재명이 1인 독재 체제를 굳혀나가고 있다. 그러나 이재명의 운명은 아무도 모른다. 그가 5년 임기를 다 채울 수도 있고, 온갖 술수를 다 부려서 평생 집권할 수도 있다. 아마도 이재명은 후자를 획책할 것이다. 그러나 그는 내일이라도 거짓으로 차지한 권좌에서 밀려날 수도 있다. 어떤 경우이든 우리 우파는 준비된 대통령 후보를 만들어야 하고 그 후보가 대통령이 될 수 있도록 방법을 모색해야 한다. 즉 내일 당장 이재명이 하야한다고 생각하고 오늘 당장 우파의 강력한 대통령 후보를 만들어 내야 한다. 따라서 이 책은 그 방법론에 관한 책이다. 한마디로 표현하면 '닥치고 다음 대통령을 우리 우파 시민들이 만들어 내자'는 것이다.

이 책은 카메라 출동 이상로 기자와 〈문재인 바로알기〉, 〈노무현 바로 알기〉〈거짓의 바다 이재명〉 등의 책을 집필한 이윤섭 작가 그리고 부정선거를 오랫동안 연구해온 컴퓨터 공학자 도경구 교수가 함께 만들었다 세 사람 모두 다음번 우파 대통령 후보는 '국민의힘'이 아닌 광장에서 만들어져야 한다는 데 의견의 일치를 보았다.

이 책의 전반부는 이상로 기자, 중반부는 이윤섭 작가, 종반부는 도경구 교수가 원고를 작성했다. 이것은 일반적인 공동 집필과는 전혀 다른 시도이다. 전반부 이상로 기자의 글은 현실적인 제안이고, 후반부 이윤섭 작가의 글은 전반부 이상로 기자의 글을 철학적이고 역사적인 방법으로 뒷받침하는 높은 수준의 글이다. 마지막 도경구 교수의 글은 우리나라 민주주의의 가장 큰 암적 존재인 부정선거를 수학적 알고리즘으로 증명해 냈다.

이 책은 독자 여러분의 의견을 반영하여 자주 증보판으로 거듭나게 될 것이다. 먼저 〈제1편 이진숙을 우리의 리더로…〉를 출판한다. 우리나라는 다이내믹한 나라다. 머리말을 쓰기 시작한 며칠 전만해도 이진숙이 강력한 우파의 지도자가 될 것이라는 생각하는 사람은 많지 않았다. 하지만 이진숙 그녀는 이제 우파의 독보적인 지도자로 부상했다. 또 상황이 변하면 이 책은 〈제2편 …〉, 〈제3편 …〉 순으로 출판하게 된다. 그 과정에서 새로운 집필자가 보강될 수 있다. 이 책을 읽은 독자 여러분들의 적극적인 의견 참여를 부탁드린다.

또한 이 책은 애국시민들이 성금으로 만들어졌다. 후원해주신 분들에게 감사를 드린다. 정치인들은 세금을 받아가면서 국가를 파괴하고, 국민들이 성금과 후원으로 나라를 살리는 나라, 그 나라가 바로 대한민국이다. 조선도 그랬다. 왜적이 쳐들어오자 임금과 관군은 도망가고, 의병이 나라를 살렸다. 우리 모두 외치자.

"우리가 의병이다!"

제1장 >>> 어디서 누가 어떻게 누구를 대통령 후보로 만들 것인가?

1. 광장에서 대통령을 만들어 내야 한다

2021년 제20대 대통령 선거를 앞두고 전광훈 목사는 국민혁명당 이라는 정당을 만들었고, 국민 혁명당은 전국 순회 경선을 통해 김경재 전 자유총연맹 총재를 대통령 후보로 선출했다. 그러나 전 목사는 곧바로 자당의 대통령 후보를 멀리하고 "윤석열을 대통령으로 만들어야 한다"고 태도를 돌변했다. 당시 필자와 전 목사 사이의 인터뷰 내용을 소개한다.

질문: 왜 경선으로 선출된 국민 혁명당의 후보를 버리고 〈국민의힘〉 윤석열을 지지하나요? 더군다나 국민 혁명당을 목사님 당신이 만들지 않았나요.
대답: 안 됩니다.
질문: 뭐가 안 된다는 말입니까?
대답: 군소정당은 안 됩니다. 군소정당의 후보로는 대통령이 될 수 없습니다.
질문: 그렇다면 국민 혁명당은 왜 만들었습니까?
대답: 어쨌든 안 됩니다.
질문: 윤석열이 대통령이 되면 우리 우파 국민들이 희망하는 것들을 해결

해 줄 것이라고 생각합니까? 예를 들면 부정선거 수사, 문재인 적폐 청산 …

대답: 맞습니다. 윤석열은 할 수 있습니다. 윤석열은 우리 우파 시민들이 원하는 것들을 윤석열 만이 할 수 있습니다.

3년의 시간이 흘러 최근 필자는 우파 집회 연단에 섰다가 청중들의 항의를 받고 준비된 연설을 다 끝내지 못하고 연단에서 내려온 일이 있었다. 연설이 취지는 다음과 같다.

첫째, 윤석열이 대통령이 되는 과정에서 또 대통령에 당선된 직후부터 전 목사를 비롯한 우리 우파는 윤석열에게 '부정선거를 수사하지 못한다면 후보를 사퇴하든지 또는 대통령직에서 당장 하야하라'는 조건을 내걸지 않았다는 것이다.

또 윤석열이 대통령이 된 이후에도 광화문 우파 집회에서는 "조금만 더 기다려 보자 이번 정기국회가 끝나면 윤석열이 부정선거를 수사할 거야" 또는 "내년 봄에는 수사할 거야 그때까지는 윤석열에 힘을 실어주자"와 같은 윤석열을 향한 일방적인 사랑의 세레나데만 울려 퍼졌다. 심지어 전광훈 목사는 "우리가 이겼습니다. 우리가 윤석열을 대통령으로 만들었습니다"와 같은 슬로건을 오랫동안 반복 사용했다. 결국 윤석열은 후보 당시 "부정선거를 수사하겠다"는 말로 우리는 속인 것이다. 그 과정에서 광장에 모였던 많은 사람들이 윤석열의 거짓말이 오랫동안 지속될 수 있도록 협조 또는 방조했다. 그 책임이 전 목사를 비롯한 여타 우파 집회의 지도자들에게 있음을 부인해서는 안된다.

둘째, 김문수는 지난 2025년 6월 3일 대선에서 부정선거로 표를 도둑맞아 승리하지 못했다. 그러나 김문수는 "부정선거의 증거가 없다"고 승복해 버렸다. 선거 과정에서도 그는 "안심하시고 사전선거를 하시라"고 사전선거를 독려했다. 그는 우리를 배반한 것이다.

셋째, 이번 2025년 8월 〈국민의힘〉 당 대표 경선에서 많은 우파 시민들이 장동혁을 지지해 주었고 그는 당대표로 선출됐다. 하지만 그는 "이재명 정부와 죽을 각오로 싸우겠다"는 말만 하고 정작 이재명의 치명적인 약점인 '6·3대선은 부정선거였다'는 주장을 하지 않았다. 그럼에도 불구하고 광화문광장의 우파 시민들은 장동혁이 구세주인 것처럼 그를 칭송하고 있다. 윤석열의 경우와 동일하다. "조금만 기다려 보자, 장동혁이 6·3 부정선거를 이슈화할 것이다, 그때까지는 우리가 힘을 실어주자"와 같은 분위기가 광화문광장을 지배하고 있다.

결국 우리는 윤석열에 속았고, 김문수에 당했고, 장동혁에 버림받았다. 이제는 속는 것도 지겨울 텐데 아직도 광화문광장에서는 똑같은 일이 반복되고 있다. 박근혜 대통령 탄핵이 시작된 2016년 늦가을부터 2025년 가을까지 근 9년 동안 집회에 동원된 엄청난 인력과 비용은 계산이 불가능할 정도다. 즉 엄청난 투자가 있었지만 성과는 제로였다는 것이다. 하지만 그날 연단에 올라선 저의 연설을 막은 집회참가자들은 지금도 "윤 어게인"과 "장동혁 만세"를 부르고 있었다.

이제는 우파들의 집회 성격과 방식이 달라져야 한다. 연단에는 집회를 주최하는 리더의 견해와 그에 동의하는 사람만 올라간다. 그래서 고장 난 레코드판처럼 동일한 내용이 반복된다. 집회를 주최하는 리더의 견해가 잘못된 것이었고, 투쟁방식에 오류가 있었어도 달라질 기미가 보이지 않는다. 아무런 성과 없이 9년이나 이어진 낭비적인 집회가 어디서부터 잘못된 것인지 되돌아보는 노력도 없다. 고대 그리스 아테네에서는 많은 사람들이 광장에 모여 각자 자신의 견해를 말하고 다른 사람들과 토론했다. 지금 광화문에는 토론이 없다. 토론이 없는 민주주의는 민주주의가 아니다. 그동안 경제력이 있는 종교 지도자와 그 지지자들만의 연설이 집회를 압도하고 있었다. 그래서 이와 같은 '모노크라시'가 우리 우파 집회의 교과서로 자리 잡았고, 후발 집회 역시 이를 따라가고 있다.

이제는 달라져야 한다. 나와 견해가 다른 사람도 연단에 올라가야 하고, 그런 사람의 말에 청중들은 경청해야 한다. 그리고 그 해결책이 무엇인지 집회 참가자들이 스스로 판단해야 한다. 소위 가두리 양식장과 같은 현재의 집회는 우리 우파가 쟁취해야 할 근본적인 목표를 멀어지게 할 뿐이다. 우리는 또다시 〈국민의힘〉을 믿으면 안 된다. 한 번 속으면 속이는 사람이 나쁜 사람이고 두 번 속으면 속는 사람이 바보다. 광장에서는 리더들이 청중을 바보로 만들고 있다. 이재명이 내일이라도 가짜로 차지한 그 자리에서 내려올 수 있다. 준비하지 않으면 또 국민의힘에 후보를 의존해야 한다. 이제 이런 어처구니없는 일을 멈추어야 한다.

국민의힘이 아니라면 어디에서 애국 우파 대통령 후보를 만들어 내야 하는가? 대답은 간단하다. 광장이다. 광장에서 만들 수 있다. 아니 광장에서 대통령을 만들어야 한다. 그 이유는 〈국민의힘〉은 자유 우파정당이 아니기 때문이다. 대한민국의 진짜 자유 우파시민들은 광장에 모여 있다.

2. 연단에 오르는 리더들이 대통령 후보를 만들어야 한다

대중 앞에 나서는 사람은 책임을 져야 한다. 올바른 길로 대중을 인도해야 할 책임이 있다. 수많은 청중을 이끄는 사람은 광장에 마련된 무대에 오르는 리더들이다. 리더들이 뭉치면 된다. 각 단체를 이끄는 리더들이 뭉칠지 못할 것이라는 예측도 있다. '우파'는 분열로 망해왔던 수많은 사례가 있기 때문이다. 하지만 지금까지 우리가 소위 '우파'라는 범주에 국민의힘을 포함시켰기 때문에 국민의힘 후보가 아닌 후보를 분열주의자로 낙인찍어 왔고 그러한 낙인효과로 인해 진정한 우파 인사가 출현하지 못했다. 다시 말하면 국민의 힘이 우파를 억압하는 가장 非우파적인 집단이었다.

그러나 이제 국민의힘은 우파정당이 아니라는 인식이 국민 사이에 퍼져 나가고 있다. 최근(2025년 10월) 이진숙 방통위원장의 수갑 체포 사건은 지금껏 국민의힘 지도부가 보여 왔던 비겁한 행동을 다시 되돌아보게 하는 계기가 됐다. "국민의힘 100여 명의 의원

보다 이진숙이 더 낫다"는 말이 나올 정도로 국민의힘 신뢰도는 떨어졌다. 광장의 리더들이 다음번 대선에서도 또 국민의 힘 후보를 지지하기는 어려운 환경이 됐다. 다음번 대선에서 국민의힘 후보를 지지하지 않을 것이라는 예측은 광장의 리더들이 한자리에 모일 수 있는 충분한 동력을 제공할 수 있다.

언제가 될지 모르지만, 이재명이 무너져 내리는 시점에 광장의 리더들은 모일 수 있다. 이 글을 쓰고 있는 저자(이상로 기자)가 그런 일에 앞장서겠다. 그리고 실제로 물밑 작업을 하고 있다. 이런 일은 이제 어렵지 않다. 광장에 모인 애국시민들의 이번에야말로 제대로 된 우파 후보를 광장에서 만들자는 열망이 높아져 있다. 저자는 지난 8월 말부터 부지런히 연단에 오르고 있다. 물론 국민의힘을 비난한다는 이유로 연설하던 가운데 두 번이나 끌려 내려왔다. 하지만 최근 두 달 사이에 광장의 시민들도 급격하게 변화했다. 더구나 시위 현장의 분위기도 과거와는 확연하게 달라졌다. 20~30대가 시위를 주도하기 시작했다. 20~30대들에게는 국민의 힘에 대한 기대가 거의 없다. 이런 변화된 여건들이 광장의 리더들이 한자리에 모일 수밖에 없는 압력으로 작용할 수밖에 없다. 이런 리더들의 모임에 20~30대의 대표자들이 참석해야 함은 물론이다.

3. 비겁하지 않는 용감한 사람을 차기 대통령 후보로 만들어야 한다

우파 시민들이 원하는 대통령의 첫 번째 이자 마지막 기준은 비겁하지 않은, 용기 있는, 강한 전투력을 가진 사람이다. 이런 점에서 우리는 최근 이런 기준에 아주 적합한 사람을 발견했다. 2025년 10월 현재 지금 당장 이재명이 하야한다고 해도 즉각 대통령 후보로 내세울 수 있는 강력한 후보가 있다. 필자가 누구라고 딱 집어 말씀드리지 않아도 여러분들은 이미 필자와 생각이 비슷할 것이다. 이것은 광장의 시민들과의 대화에서도 쉽게 확인한 사항이다. 그런 점에서 지금 이시각 이진숙은 가장 적합한 광장의 대통령 후보다.

필자는 1989년부터 1992년까지 MBC 파리특파원이었다. 1990년 8월 2일 새벽, 서울의 외신부에서 급하게 연락이 왔다. "지금 즉시 파리 주재 이라크 대사관에 가서 비자를 받아 바그다드로 들어가라"는 내용이었다. 사담 후세인의 이라크군 7개 사단 10만 대군이 총공세를 기습적으로 감행하여 쿠웨이트를 순식간에 점령해 버린 것이다. 파리 주재 이라크 대사관은 문이 닫혀있었다. 로마, 런던, 벨기에, 마드리드, 스위스 등의 모든 유럽 주재 이라크 대사관이 전화를 받지 않았다. 전 세계 언론사들이 발만 동동 구르고 있을 때 이진숙 기자가 말레이시아 대사관에 접촉하여 이라크 비자를 받아냈고, 한국 기자로는 처음으로 걸프전 종군기자 됐다. 얼마 되지 않아 미국국방부가 "곧 바그다드 폭격을 시작한다. 기자들의 안전을 보장할 수 없으니 빨리 바그다드를 떠나라"는 최후 경고를 했다. 서울에서 이진숙 기자에게 철수를 명령했다. 하지만 이진숙은 철수하지 않고 바그다드에 남아서 전쟁을 중계했다. 그 뒤 한 달 정도 후에 걸프전은 종료됐다. 바그다드에서 서울로 들어가는 직항은 없다. 이진숙 후배로부터 연락이 왔다. "이 선배 서울로 가기 위해 파리에서 잠시 머물겠습니다." 새벽 5시, 필자는 자동차를 몰고 드골공항으로 가서 이진숙 후배를 만났다. 고맙고 한편으로는 미안했다.

아래에 미래 한국 한정석 편집위원이 글을 인용한다. 필자는 한정석 씨의 견해에 동의한다. 다만 이진숙이 국민의힘에 입당하는 것은 찬성하지 않는다. 이진숙은 광장에서 추대된 후보여야 한다. 어쨌든 한정석 씨의 글을 소개한다.

〈12·3과 탄핵에서 자유로운 이진숙을 국민의힘 혁신위원장으로 추대하고 2026, 6월 재보선에 이진숙을 계양에 공천해야 한다.
내년 6월 재보선에서 이재명의 인천 계양은 대단히 상징적인 선거구다.
김문수, 한동훈, 조국, 송영길 등이 출마 후보군이다.
민주당은 조국에 대한 배려로 계양에 후보를 공천하지 않거나 한다면 이재명의 심복을 공천할 수도 있다.
국민의 힘은 인천 계양에 이진숙을 반드시 공천해야 한다.
그러려면 지금부터 무소속인 이진숙을 당이 영입해서 특별 관리를 해야 하고 중책을 부여할 필요가 있다.
비대위원장 역을 부여하면 좋겠지만, 일단 혁신위를 꾸리고 이 혁신위에 이진숙을 임명해서 국민의힘 개혁에 전권을 부여하는 방안이 있다. 이진숙을 위해 장동혁 대표가 2선으로 물러서 주는 것이다. 국민의힘 최고위도 당 혁신위에 전권을 넘기고 2선으로 후퇴해야 한다. 이진숙에게 대여 투쟁의 아이콘이자 국민의힘 혁신의 수장직을 부여 해야 한다. 전광석화처럼 시행해야 할 일이다. 미적거리다가는 이진숙 동력도 소실된다.〉

아래에 2025년 10월 7일에서 8일까지 이틀 동안 《천지일보》가 코리아정보리서치에 의뢰해 실시한 여론조사 결과를 보여드린다.

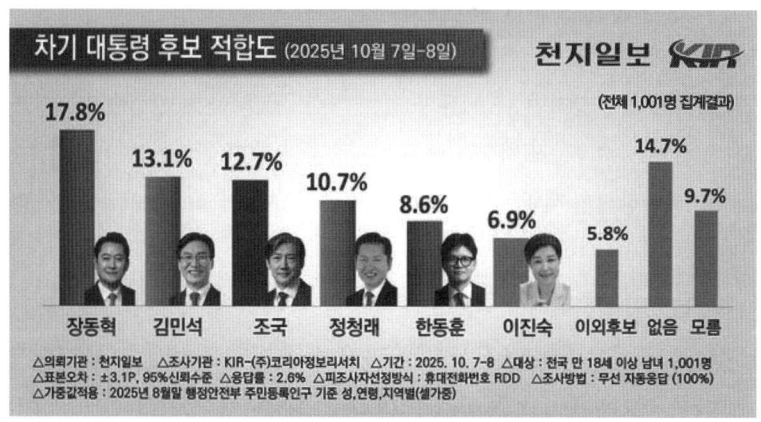

〈표 1〉 차기대통령 후보 적합도

이 표를 보면 이진숙 전 방송통신위원장이 깜짝 대선주자로 급부상한 것으로 보여진다.

다음은 박주현 변호사의 글도 소개한다.

〈부정선거는 진실과 정의의 문제이기도 하지만, 지력의 문제이기도 하다. '이진숙'이란 인물은 좋은 인물이지만, 만약 어마어마한 부정선거, 조작 선거의 진실에 제대로 다가가지 않았거나 알지 못하고 있다면, 리더의 가장 기본적인 전제인 '지력'이 부족한 인물에 해당된다.

과거 한동훈이 좌파의 어설픈 공격으로 우파의 리더로 급부상한 이후, 우파가 어떻게 되었는지를 다시금 생각해보라. 역사적으로 살필 필요도 없다. 불과 몇 년 사이에 벌어진 일이니까… 그 당시 한동훈이 좌파들에게 공격도 많이 당하고, 반박도 잘하는 것 같았지? 그런데 지금 생각해보면, 좌파들이 그런 얼토당토 안하는 공격을 왜 했을까? ㅎㅎ 한동훈 띄우기였나?

'부정선거', '조작선거'에 침묵하고 이를 제대로 말하지 않는 자가 갑자기 급부상하면 다 이유가 있는 거다! 물론 나는 이진숙이 '부정선거', '부정선거 척결', '중공과 친중파가 대거 관여한 부정선거' 등 시대정신을 제대로 아는 훌륭한 인물이길 진심으로 바란다.〉

필자는 이진숙과 관련하여 두 가지를 말하고 싶다.

첫째는, 이진숙은 부정선거와 관련하여 입장을 밝힌 바가 없다. 그렇다고 부정선거가 없었다고 딱 잘라 말한 적도 없다. 만약 이진숙이 부정선거 척결을 외쳤다면 윤석열이 그녀를 방송통신위원장으로 임명하지 않았을 것이라는 것 만큼은 자명하다. 둘째는, 이제 이진숙은 결단을 내려야 한다. 그냥 용감했던 퇴역 종군기자로 남을 것인지 아니면 정치인으로 전환할 것인가를 결정해야 한다. 전자의 경우라면 더 이상 논의가 필요 없다. 그러나 후자를 선택한다면 부정선거와 관련한 자신의 입장을 분명하게 밝히고 시작하는 것이 도리일 것이다. 윤석열과 김문수는 우리 우파 국민을 속였다. 그 결과 윤석열은 감옥에 있고, 김문수는 더 이상 정치인으로서의 존립이 불가능해졌다.

필자는 MBC 선배로서 이진숙 후배에게 거는 기대가 있다. 첫째는, 강력한 우파 리더가 될 줄 것을 바란다. 둘째는, 그녀가 정치인이 될 것을 선언하는 자리에서 다음과 같은 말해 주기를 희망한다.

〈6·3대선과 관련하여 이미 제기된 선거무효소송을 대법원은 즉각 심리를 시작하라!〉

만약 이진숙이 필자의 바램대로 부정선거에 대해 명확한 입장표명과 함께 정치인으로의 변신을 시도한다면 이진숙의 가장 큰 적은 누구일까? 국민의 힘이다.

국민의힘은 용감한 우파 인사를 억누르는데 아주 이골이 난 집단이다. 다시 말해 국민의 힘은 우파의 적이다. 서문에서도 밝혔듯이 이재명이 5년 임기를 다 채울 수도 있고 내일이라도 당장 끌려내려 올 수 있다. 만약 내년 6월까지 이재명이 목숨을 유지한다면 지방선거와 함께 보궐선거가 치러진다. 필자는 이진숙이 인천 계양을에 출마하기를 원한다. 국민의힘 후보가 아닌 광장에서 추대된 후보이기를 바란다. 만약 이진숙이 국민의힘에 입당하더라도 그것은 광장의 압력에 의해 국민의힘이 광장의 요구에 굴복한 것이라야 한다. 물론 시간이 흐르면서 또 다른 비겁하지 않고 용감한 인재들이 출현할 수 있다. 또 그렇게 될 것으로 생각한다. 우리에게는 더없이 좋은 일이다. 애국가 가사에도 있다. "하느님이 보우하사 우리나라 만세" 우리는 하나님이 도와주시는 나라다.

4. 현재의 부정 시스템을 어떻게 뚫을 것인가

어려운 문제다. 하지만 해결책은 간단하다. 과거의 국민의힘 대통령 후보들과 반대의 길을 걸으면 된다. 국민의힘은 오래 전부터 당내경선을 중앙선거관리위원회에 위탁하고 있다. 따라서 국민의힘 대통령 후보는 어떤 식으로든 부정선거 시스템과 타협하지 않을 수밖에 없었다. 바로 이런 이유로 우리가 또다시 국민의힘 후보를 지지해서는 안 되는 이유이다. 따라서 과거 국민의힘 대통령 후보였던 윤석열과 김문수와는 정반대의 길을 가야 한다. 윤석열과 김문수는 국민이 사전선거에 적극적으로 참여하게 했다. 두 사람 모두 사전선거에서 대패했다. 윤석열은 간신이 이겼고, 김문수는 대패했다.

앞으로도 국민의힘 후보는 누가 나오더라도 또 사전선거를 적극적으로 권유할 것이다. 중앙선관위가 경선에 개입했기 때문에 어쩔 수 없는 선택이다. 그러나 광장에서 만들어 준 진짜 애국 후보는 사전선거에서 이겨야 한다. 사전선거에서 이기는 방법은 사전선거의 취지와 법률을 철저하게 준수하도록 국민에게 알리고 선관위를 압박해야 한다. 즉 사전선거의 취지는 본 선거 당일 어쩔 수 없이 자리를 비워야 하는 사람들의 편의를 위해서 만들어진 제도임을 유권자들에게 설득해야 한다. 공직선거법 제158조 제3항은 "사전투표 관리관은 투표용지 발급기로 선거권이 있는 해당 선거의 투표용지를 인쇄하여 "사전투표 관리관"칸에 자신의 도장을 찍은 후 일련번호를 떼지 아니하고 회송용 봉투와 함께 선거인에게 교부한다"고 규정하고 있다. 그런데 선관위가 자기들이 임의로 "도장의 날인은 인쇄 날인으로 갈음할 수 있다."고 공직선거관리규칙 제84조 제3항을 신설했다. 하위 규칙은 상위법규를 위반할 수 없다. 위법이다. 다만 조희대를 비롯한 비겁한 판사들이 이 규칙이 상위법을 위반해도 된다고 판결했을 뿐이다. 이들도 언젠가는 반드시 처벌받아야 한다. 광장에서 만들어진 후보는 이것을 강하게 강조해야 한다. 지난 22대 총선에서 한동훈도 이것을 문제 삼았다가 슬며시 꼬리를 내렸다. 결국 국민의힘은 사전선거에서 대패했다. 한동훈과 선관위가 꾸민 선거사기극이다. 광장에서 만들어진 후보는 이것을 강하게 강조해야 한다. 사전선거 관리관들은 선거사무를 담당하는 공무원들이다. 공무원은 법을 지켜야 한다고 경고해야 한다. 선관위가 인쇄 날인을 하더라도 그 옆에 반드시 사전선거 관리관은 자신의 도장을 찍어야 한다고 말해야 한다. 그렇지 않으면 반드시 처벌받을 것임을 경고해야 한다. 이런 경고를 국민의힘 후보는 할 수 없다. 또 부정선거를 막는 더욱 더 강력한 조치는 개표 참관인들로 하여금 개표장에서 부정 투표지로 의심되는 벽돌투표지, 신권투표지들을 꺼내 들고 있는 개표사무원의 얼굴을 클로즈업으로 촬영하도록 사전에 홍보하여야 한다. 그리고 얼굴이 촬영된 개표사무원은 법정 최고형인 사형에 처해질 수 있음을 경고해야 한다. 아마 이와 같은 경고는 부정투표를 감행하려는 세력들에게는 살 떨리는 경고로 받아들여질 수 있다. 즉 후보가 강하면 부정선거는 막을 수 있다. 부정선거의 법정최고형은 사형이다. 부정선거와 조금이라도 연루된 선거사무원은 전원 사형시키겠다는 후보의 강력한 메시지가 필요하다.

제2장 광장에서 만들어진 대통령 후보는 어떤 공약을 내세워야 하는가?

광장에서 만들어진 우파의 후보는 좌우를 가리지 않고 대다수의 국민들을 감동시킬 수 있는 훌륭한 아주 공약을 발표해야 한다. 즉 좌파도 표를 찍지 않을 수 없는 매우 정교한 공약이 필요하다. 필자는 이런 공약 연구를 오래전부터 해왔다. 다음의 내용 중 관세협상 부분을 제외한 내용들은 필자가 6·3대선에서 김문수 후보에게 전해주었던 〈자유 우파 대통령 후보를 위한 과감한 공약〉이다. 물론 김문수는 거들떠보지도 않았다.

1. 통상: 트럼프도 감탄할 창의적인 관세 협상 제안

광장에서 만든 우리의 우파 대통령이 가장 먼저 해야 할 일은 한국과 미국 사이의 관세 협상을 매끄럽게 그리고 창의적인 방법으로 해결해야 한다. 우리는 트럼프의 관세 정책에 대해서 정확하게 이해할 필요가 있다. 관세는 결국 미국의 소비자 물가를 상승시킨다는 것을 트럼프도 모르는 것이 아니다. 그럼에도 불구하고 트럼프가 무리하게 관세 정책을 펴는 그 내막을 알아야 한다. 그래야 그 트럼프의 속셈에 맞추어서 우리가 협상을 유리하게 이끌어 나갈 수 있기 때문이다.

트럼프가 종전의 미국 대통령과 다른 점은 기업인 출신이라는 것이다. 기업은 지출보다 수입이 많아야 한다. 그런데 기업인의 입장에서 보면 현재의 미국은 파산 상태의 기업과 다름없다. 트럼프가 가장 걱정하는 것은 미국의 국가 채무다. 2008년까지 누적된 미국의 국가 채무가 10조, 2019년은 20조, 2020년은 30조, 2025년에는 37조 달러로 급격히 늘었다. 최근 들어 그 증가 속도가 점점 더 빨라지고 있다. 국가부채가 늘어나면 그 지급이자도 늘어나게 된다. 미국의 2024년 국방비가 8,500억 달러 수준이고, 이자 지출은 8,100억 달러로 국채이자 지급액이 국방비를 넘어서고 있다. 그런데 들어오는 돈보다 나가는 돈이 많아져 한해에 재정적자가 1조 8천억 달러에 이른다.

기업인 트럼프의 입장에서는 우선 나가는 돈부터 줄여야 한다. 그래서 교육부 폐지를 선두로 많은 연방 기구들을 축소하고 하고 있다. 하지만 지출을 줄이는 것은 한계가 있다. 메디케어 등 사회복지를 줄일 수는 없기 때문이다. 만약 금리가 인상되면 국채 이자 지출이 빠른 속도로 증가한다. 그렇다면 기업인 트럼프의 생각은 무엇인가? 할 수만 있다면 지금까지 미국 정부가 발행한 모든 국채를 원천적으로 무효화시키는 것이다. 즉 1971년 닉슨 대통령이 금태환을 금지시켰듯이 미국이 발행한 국채를 하루아침에 휴지 조각으로 만들어 버리는 것이다. 이런 일이 가능할까? 다시 강조하지만 트럼프는 기업인이다. 트럼프는 미국이라는 주식회사의 사장이다. 놀랍게도 주식회사 미국의 사장 트럼프는 이런 일을 하려고 한다. 사장인 자신이 이런 일을 하지 않으면 주식회사 미국은 결국 파산한다고 생각한다.

트럼프는 그의 최측근이자 경제정책 최고의 책사인 스티븐 마이런(Stephen Miran) 이 쓴 논문을 주목하고 있다. 논문의 제목은 〈국제 교역 시스템의 재구축에 관한 사용자 지침〉이다. 논문 제목에서도 알 수 있듯이 제안(提案)이 아니라 일방적인 지시(指示)라는 느낌이 강하게 풍겨진다.

스티븐 마이런은 논문을 통해 제조업을 부활시키고 미국을 다시 튼튼한 산업 국가로 재생시켜야 한다고 주장한다. 그래서 1985년 플라자 합의와 유사한 다자간 협상을 통해 달러에 대한 가치 하락을 유도해야 한다고 주장한다. 그는 아주 구체적인 시나리오까지 제시하고 있다. 미국의 주요 교역국 대표들을 트럼프가 소유하고 있는 플로리다 마로라고 리조트로 불러들이고 그들을 협박하여 달러화 가치를 낮추면서 궁극적으로는 미국이 지금까지 발행한 모든 국채의 부담에서부터 벗어나자고 주장한다.

미국은 전 세계 자유국가들에게 안보를 제공하고 있다. 안보는 공공재다. 즉 공짜가 아니다. 미국이 이런 공공재를 조달하기 위해서는 돈이 필요하다. 그래서 미국이 제공하는 안보라는 공공재를 소비하려는 국가에게 의무를 부과하자. 여러 나라 대표가 마러라고 협상장에 나타나면, 미국은 각국이 보유한 기존의 장단기 국채를 초장기 국채와 교환하라고 제안한다. 초장기 국채란 만기가 100년인 센추리 본드(century bond)를 의미한다. 만약 이런 제안을 거절하는 국가에게는 지금 현재 그 나라가 보유 중인 국채 이자에서 수수료를 부과한다. 마치 국내 국채 보유자가 이자 수입에 대해 소득세를 내듯이 이자 일부를 원천 징수하자는 주장이다. 대신 미국의 제안을 받아들여 그들이 보유한 국채를 초장기 국채로 교환하는 국가에게는 그 초장기 국채를 담보로 통화 스왑을 적극적으로 해주자는 것이 이 논문의 주요 골자다.

이 논문의 내용대로 할 수만 있다면 트럼프로서는 지금 당장이라도 실행하고 싶을 것이다. 사실 이것이 트럼프의 궁극적인 희망이다. 그렇다면 우리 한국의 선택은 무엇인가? 우선 먼저 이재명이 트럼프의 관세 정책에 대응하는 방법이 원천적으로 잘못됐다는 점을 지적하지 않을 수 없다. 우리는 한국 정부가 직접 미국에

3,500억 달러를 현금으로 제공하지 않고 민간 기업이 투자를 하면 3,500억 달러 범위 내에서 지급보증을 해주겠다는 입장이다. 하지만 이것은 미국으로서는 전혀 고려의 대상이 될 수 없다. 늘어나는 국채 때문에 골치를 썩이고 있는 트럼프에게 또 빚을 내라고 말하는 자체가 미국에게는 불쾌하게 느껴지는 것은 당연하다. 우리는 처음부터 트럼프의 의도를 잘못 읽었거나 의도를 읽을 생각도 없었다. 그렇다면 여기서 우리가 취할 수 있는 선택은 두 가지다.

첫째는, 미국의 안보 우산에서 벗어나는 것이다. 그리고 미국과의 교역을 상당 부분 포기하는 것이다. 또한 미국으로 하여금 한국을 포기하도록 하는 것이다. 지금 이재명이 그렇게 하고 있다. 그래서 국민의 여론을 반미로 끌어가고 있다. 이재명은 중국을 미국의 대체제(代替財)로 생각하고 있다. 과연 중국이 미국을 대신할 수 있을까? 불가능하다. 망상에 불과하다. 이런 망상은 이재명의 정치적 수명을 단축시킬 수 있다. 하지만 이재명의 개딸들과 이재명의 노동조합은 이런 일이 가능하다고 믿고 있다.

우리가 택할 수 있는 두 번째 방법은, 트럼프의 생각에 적극 협조하는 것이다. 오히려 트럼프보다도 더 트럼프적인 제안을 역으로 할 수 있다. 우리가 처해있는 현실을 인정하고 트럼프에게 다음과 같은 제안을 하는 것이다.

첫째, 대한민국이 향후 미국과의 교역에서 얻는 이익(미국으로의 수출 − 미국으로 부터의 수입)의 전액을 미국 재무부가 발행하는 센추리 본드를 구입하겠다.

둘째, 우리가 구입하는 미국의 센추리 본드를 담보로 미국은 한국에 통화 스왑을 허용해 달라

셋째, 한국과 미국 사이의 관세가 0%인 한미 FTA를 그대로 유지해달라.

위의 제안 내용을 도표로 다시 보여드린다.

> 첫째, 대한민국이 향후 미국과의 교역에서 얻는 이익(미국으로의 수출 - 미국으로 부터의 수입)의 전액을 미국 재무부가 발행하는 센추리 본드를 구입하겠다.

> 둘째, 우리가 구입하는 미국의 센추리 본드를 담보로 미국은 한국에 통화 스왑을 허용해 달라

> 셋째, 한국과 미국 사이의 관세가 0%인 한미 FTA를 그대로 유지해 달라.

관세협상 제안내용

현재(2025년 10월) 우리나라의 외환보유고는 4,200억불 정도이다. 1997년 외환 부족으로 IMF 관리를 받았던 우리나라는 사람들에게 외환의 부족은 악몽과도 같은 기억을 되살리게 할 수 있다. 하지만 미국과의 통화 스왑은 외환 부족의 공포에서 벗어날 수 있다. 또 미국 트럼프에게 현재 관세가 0%인 한미 FTA를 그대로 유지하

게 해달라는 제안에 대해 미국은 관심을 갖을 수 있다. 한국의 무역 흑자는 미국의 초장기 국채 매입을 의미하기 때문이다. 또 한국과의 이런 협상을 미국의 트럼프는 다른 나라들에게 모범적인 사례로 홍보할 수 있다

교역은 상대적이다. 우리는 미국과의 무역을 통해 그동안 많은 이익을 얻어왔다. 우리가 미국을 위해 할 수 있는 일이 있다면 또 그것이 우리에게도 동일한 이익을 가져다줄 수 있는 방법이 있다면 우리가 먼저 트럼프에게 적극적으로 제안을 할 필요가 있다. 하지만 이재명은 할 수 없다. 이미 그는 신뢰를 잃었다. 이재명 이후 광장에서 선출된 우파 대통령은 이런 일을 할 수 있고 또 해야 한다.

2. 교육: 중학교만 나와서 대학을 갈 수 있게 투 트랙 제도를 운영하자

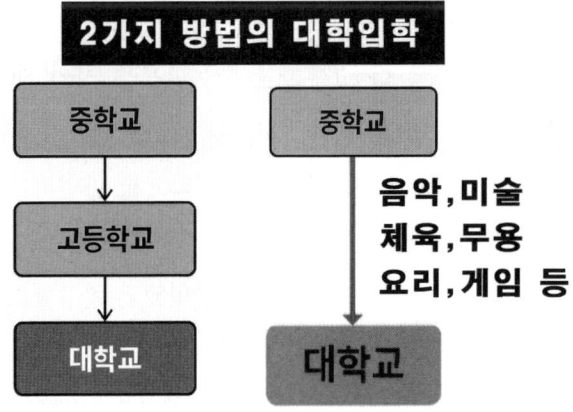

통계청에 따르면 2024년 초중고 사교육비 총액은 약 29.2조 원이다. 전년도 약 27.1조에 비해 2조 1천억 원(7.7%) 증가한 것이다. 또 2024년도 교육부 예산은 95.6조 원이다. 우리는 공교육과 사교육에 122.7조를 사용하고 있다. 참고로 2004년도 국방예산은 59조 4,244억 원이다. 즉 교육비가 국방비의 두 배가 넘는다.

고등학교 학생의 1/3은 수업 시간에 딴 짓을 하고, 1/3은 잠을 잔다. 이런 사실은 고등학교 선생님들이 공공연하게 인정하고 있다. 학교가 학생에게 필요치 않은 내용을 억지로 교육시키기 때문이다. 낭비이다. 이런 낭비가 가능한 이유는 또 지금까지 시정되지 않고 있는 이유는 불합리한 대학입시제도 때문이다.

현재는 대학에 입학하려면 반드시 중학교에서 고등학교를 거쳐야 한다. 그러나 대학에는 음악, 미술, 체육, 무용, 요리, 게임 등 굳이 고등학교 과정이 필요없는 학과들도 많이 있다. 오히려 중학교만 졸업한 학생이 더 좋은 성적을 올릴 수 있는 학과들도 상당수 있다.

따라서 모든 학생을 다 고등학교에서 공부를 시킨 뒤에 대학에 가게 할 이유는 없다. 대학입시에 투 트랙 제도(Two track system)를 도입해야 한다. 기존처럼 고등학교를 졸업하고 대학에 가는 경로와 중학교만 졸업하고 대학에 갈 수 있도록 하는 또 다른 길을 만들어 주어야 한다. 어떤 학과를 중학교만 졸업해도 입학이 가능한지의 판단은 대학에 맡기면 된다. 대학이 알아서 A·B 학과는 고등학교 졸업자, C·D 학과는 중학교 졸업자에게 입학을 허가하면 된다. 중학교만 졸업하고 대학에 입학한 학생의 학력이 문제가 된 다면, 중학교 졸업자는 학점을 더 이수하게 하거나 졸업 학년을 5 년 또는 6년으로 하면 된다.

위와 같은 제도를 도입하면 2년제 전문대학은 없어져도 된다. 전 문대학에 재학 중인 학생들의 가장 큰 콤플렉스는 자신들이 4년제 대학에 다니고 있지 못하다는 사실이다. 그러나 위와 같이 중학교 만 졸업해도 4년제 대학에 다닐 수 있다면 굳이 학생들에게 열등감 을 심어 줄 필요가 없다.

3. 연금: 연금 운영사를 개인이 선택하게 하자

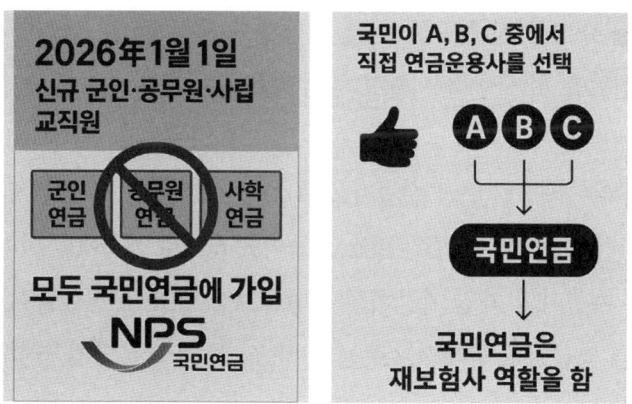

지금 현재 우리나라에는 국민연금 이외에도 군인연금, 공무원 연 금, 사학연금 등 직역연금이 있습니다. 우리에게 필요한 연금 개혁

은 두 가지이다.

첫째는, 군인연금, 공무원연금, 사학연금을 국민연금에 통합시켜야 한다.
둘째는, 국민연금의 운영이 지속 가능해야 한다.

첫째, 군인연금, 공무원연금, 사학연금 등 직역연금을 국민연금에 통합시켜야 하는 필요성과 방법

국가는 2024년에 4대 공적연금(국민연금, 공무원연금, 사학연금, 군인연금)에 77조 6384억 원의 혈세를 투입했다. 이는 2023년에 비해 14.6% 증가한 금액이다.
기금 적자가 심화하는 가운데 지출해야 할 금액이 불어나는 이유는 평균 수명 연장 등으로 연금 수급자가 지속적으로 늘어나는 반면 보험료를 낼 사람들은 줄고 있기 때문이다.

기재부는 공무원 연금 수급자를 2023년 63만 5천 명에서 2024년 67만 4천 명, 2027년 79만 명으로 늘어날 것으로 예측하고 있다.
모두 수급자의 가입 기간이 국민연금보다 길고, 보험료율이 높지만 연금 지급액도 상대적으로 많은 구조 등 재정 부담에 영향을 미친다.
공무원연금과 사학연금의 보험료율은 18%, 군인연금은 14%로 국민연금(9%)보다 높지만 소득연금 대체율 자체가 높게 설정돼 직역연금 개혁 필요성에 대한 지적이 지속되어 왔다.

이에 대한 해결책은 군인연금, 공무원연금, 사학연금 등 직역연금을 국민연금에 통합시켜야 한다. 이것은 쉬운 방법이 아니다. 통합 과정에서 불이익을 볼 것으로 예상되는 집단의 저항은 만만치 않을 것이다.

그러나 이 문제를 그대로 방치하면 국가의 재정에 점점 더 부담이 된다. 여기서 그 부담이 고리를 끊어내야 한다. 예를 들면 2026년 1월 1일 이후에는 신규의 군인, 공무원, 사립학교 교직원은 기존의 군인연금, 공무원연금, 사학연금에 가입하지 못하게 하고 모두 국민연금에 가입시켜야 한다.

이렇게 되면 기존의 군인연금, 공무원연금, 사학연금 가입자들의 문제만 남게 된다. 이들이 불이익을 받지 않도록 과거와 똑같은 수준의 연금을 지급해야 한다. 어차피 국가는 재정을 투입하고 있다.

둘째로, 국민연금의 지속가능성에 대한 개혁 방안이다

2025년 3월 여야 지도부가 국민연금 보험료율(내는 돈)을 9%에서 13%로, 소득대체율(받는 돈)을 40%에서 43%로 높이는 연금개혁안에 합의하자 젊은 세대들이 반발하고 있다. 또 현재의 국민연금 시스템은 지속 가능하지 않다. 여야가 합의한 내용에 따르더라도 국민연금 기금 고갈 시기가 2056년에서 2064년으로 8년 늦춰질 뿐이다.

지속가능한 국민연금 시스템을 만들기 위해서는 국민 스스로가 연금 운용사를 선택하도록 하고 그 책임을 본인 스스로가 지도록 해야 한다. 그리고 현재의 국민연금은 재보험사로서의 역할만 해야 한다.

결론적으로 국민연금은 강제보험이다.

소득이 있는 모든 국민은 국민연금에 가입해야하는 하는 것이다. 다만 그 운용사를 보험 가입자가 선택할 수 있도록 해야 한다. 이 경우 기존의 국민연금 가입자는 계속해서 국민연금에 남아 있을 것인가 아니면 재보험금에 해당하는 금액만 국민연금에 남기고 자신이 택한 운영사로 그 운영을 맡길 것인가 선택할 수 있어야 한다.

4. 주택: 강북을 대규모로 개발하자

우리나라의 주택문제는 수(數)의 문제가 아니라 장소(場所)의 문

제이다. 높은 주택가격을 해결하는 방법은 필요한 곳에 필요한 만큼 많은 주택을 짓는 것이다. 2023년 말 기준 서울의 주택 수는 3,87만 8,500가구로, 가구 수보다 26만 3,000가구가 부족한 것으로 나타났다. 이에 따라 서울의 주택보급률은 93.6%로, 2009년 이후 최저치를 기록했다.

이에 대한 해답은 간단하다. 대규모 재개발·재건축을 통해 서울의 강북에 강남보다 더 높고 더 많은 아파트를 만들면 된다. 그런데 박원순 시장은 가난한 사람을 더 가난하게 만들기 위해 재개발 대신에 쪽방촌에 가서 벽화를 그렸다. 또 오세훈 시장은 서민을 위한다는 구실로 기존 주택소유자들이 받아들일 수 없을 정도로 과도한 임대주택을 요구했다. 그래서 수익성이 떨어진 재개발 단지의 기존 주택소유자들이 재개발과 재건축을 하지 못했다. 그 사이에 인건비와 자재비가 올라서 이제는 더욱 더 재개발과 재건축의 수익성이 없어졌다.

이 문제를 해결하기 위해서는 강북에 재개발·재건축 단지를 만들어 대규모로 주택을 공급해야 한다. 규모의 경제만이 수익성을 보장해 줄 수 있다. 즉 기존의 주민들이 원하는 대로 용적률을 높여 주어야 한다. 용적률은 주민의 권리이지, 왕이 백성들에게 기분 내키는 대로 베풀어왔던 시혜(施惠)의 대상물이 아니다. 물론 용적률이 높아지면 삶의 질이 떨어질 수는 있다. 그러나 삶의 질을 결정하는 것은 주민이다. 또한 규모의 경제를 이루면 높은 용적률이 오히려 쾌적한 삶을 보장해 줄 수 있다.

따라서 대규모로 재개발과 재건축을 추진해야 한다. 예를 들면 동(洞) 단위 또는 구(區) 단위로 재개발 재건축을 추진하는 것이다. 정부는 규모가 큰 재개발 재건축 단지에 우선적으로 도로 등 도시 시설들을 지원해 주어야 한다. 이렇게 되면 주민들이 재개발·재건축에 빨리 동의할 수 있다. 또 재개발과 재건축에 필요한 사업 자금은 국민연금이 투자하도록 해야 한다.

오늘날 부동산 가격이 높아진 근본적 원인은 정부가 부동산시장에 지나치게 개입했기 때문에 벌어진 일이다. 많은 전문가가 "신도시를 만들지 말고 서울의 강북을 재개발하라"고 조언했었다. 하지만 과거 정부는 오직 신도시 개발만이 특효약인 것처럼 수십 차례의 부동산정책을 발표하면서 재개발·재건축을 억제하고 신도시 건설에 매진해 왔다.

신도시 공공개발의 문제점은 너무나도 많다.
첫째, 신도시는 공공개발이지만 재개발·재건축은 민간의 영역이다. 안타깝게도 우리나라 인구는 해마다 줄고 있다. 그런데 신도시의 면적은 점점 늘어만 가고 있다. 채권발행을 통해 조달되는 토지보상비와 도로 등 기반 구축 비용은 모두 국민의 부담이. 하지만 재개발·재건축은 민간이 자본을 조달하기 때문에 국민적 부담이 없다.

둘째, 공공개발은 정치적인 판단으로 이루어지기 때문에 경제성이 없다. 하지만 민간개발은 철저하게 시장성에 의해 결정되기 때문에 국가 전체적으로 보면 자원의 낭비를 막을 수 있다. 부동산도 엄연한 시장이다. 시장에서의 대규모 낭비는 파산을 초래한다. 노무현 정부에서 한은총재를 역임했던 박승 전 총재는 분당과 일산 신도시 이후의 신도시 개발은 국가적 '재앙의 서곡'임을 경고한 바 있다.

셋째, 신도시 공공개발은 획일적인 설계와 시공으로 이루어진다. 그러나 민간에 의해 이루어지는 재개발·재건축은 창의적인 설계와 다양한 자재를 이용해 추진되기 때문에 신기술과 신소재의 개발을 촉진시킨다. 자원 빈국 대한민국이 추구해야 할 산업적 목표는 첨단산업 육성에 있다는 것은 명백한 사실이다.

신도시 공공개발은 많은 폐해에도 불구하고 정부가 초지일관 그것만을 밀어붙인 근본적인 이유는 국가경영에 필요한 대규모 로드맵이 없었기 때문이다. 우선 우리나라에 필요한 것은 성큼 다가온 인공지능 시대에 맞는 산업정책을 세우는 일이며, 다음으로는 이 산업계획에 따라 도시정책을 수립하는 것이다. 그리고 마지막이 부동산정책이다. 그러나 정부는 부동산정책에만 몰입했다. 그것도 부동산 중에서 '아파트 가격'만을 쫓아다니며 허둥댔다.

새로운 정부의 출현은 국가 운영의 큰 틀을 바꾸는 계기가 되어야 한다. 큰 그림을 그리지 못하고 아파트 가격에만 몰입해서는 안

된다. 지금까지 정치권은 경쟁적으로 국가 예산으로 아파트를 더 많이 건설하겠다는 발표를 하고 있다. (국가 예산을 자기 쌈짓돈쯤으로 생각하는 사고방식) 신도시 대규모 아파트 건설에 필요한 자금의 조달과 인구가 줄어드는 시점에 그린벨트를 찔끔찔끔 풀어서 아파트를 짓는 무계획한 개발이 향후 어떤 문제를 발생시킬 것인가에 대한 고민은 전혀 없다. 기성 정치인의 무능과 근본적인 해결책을 모색하려는 시스템의 부재, 이것이 현재 대한민국의 주택 정책의 정확한 현주소이다.

자유 우파 대통령 후보를 위한 주택정책을 요약하면 아래와 같다.

첫째, 수도권의 신도시 공공개발을 멈추고, 강북에 과감한 규모의 재개발·재건축이 이루어지도록 해야한다. 또 각 구청의 구청장들을 재개발·재건축 추진위원장으로 임명해서 구청간 경쟁을 시켜야한다. 용적률은 지역구민이 원하는 대로 높여주면 된다. 높은 용적률이 과학기술과 건설기술을 발전시켜 첨단산업을 선도할 수 있다.

둘째, 대규모 재개발·재건축을 통한 건설 이익이 기존의 토지와 주택소유자에게만 귀속된다는 불공평의 문제를 해결하기 위하여 '국민연금'을 투자자로 참여시키는 방안이 검토돼야 한다.

셋째, 민간에 의해 이루어지는 재개발·재건축이 고용을 창출하고, 신기술과 신소재를 개발하고, 쾌적하고 안락하고 경제적인 주거와 사무환경을 제공할 수 있도록 정부는 행정적 지원을 아끼지 말아야 한다.

5. 노동: 최저임금과 노동시간을 지방자치단체에 맡기자

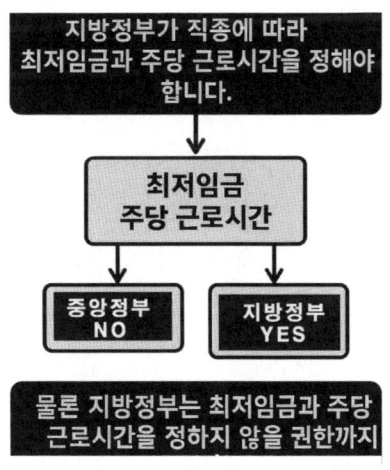

　최저임금과 주당 근로 시간을 결정하는 주체는 중앙정부가 아닌 지방자치단체이어야 한다고 생각한다. 지방마다 주력업종이 다르다. 이런 지역적 특성을 무시하고 동일한 최저임금과 근로조건을 사업주에게 강요하는 것은 합리적인 방법이 아니다. 예를 들면 탄광지역과 서울 오피스 지역의 근로조건을 동일하게 유지한다는 것은 불합리할 뿐만 아니라 가능하지도 않다.

　차기 정부는 최저임금과 근로 시간의 결정권을 광역지방자치단체에 넘겨야 한다. 광역자치단체는 최저임금제와 주당 근로 시간을 정하지 않을 권한까지 갖게 된다. 또한 중앙정부로부터 이런 권한을 이양받은 광역자치단체는 이 결정권을 기초 자치단체에 위임할 수도 있어야 한다.

최저임금과 근로 시간의 결정권을 지방에 넘겨주는 것이야말로 제대로 된 지방자치를 실현하는 방법의 하나이다. 지방이 각 지역의 실정에 맞추어 더 잘할 수 있는 일을 중앙정부가 나서서 할 필요는 없다. 이것은 행정력의 낭비이며 사회적 비용을 증가시키는 일이다.

세계에서 가장 큰 파운드리를 공장 'TSMC 세계 1위의 비밀'이라는 책 38페이지에는 아래와 같은 내용이 있다.

"타이완인들은 근면하고 직업정신이 투철해 맡은 일을 반드시 훌륭하게 해낸다. 야근수당이 없이도 늦게 퇴근하고 심지어 업무를 집에까지 가져가기도 한다. 또 타이완의 임금 수준이 전체적으로 높지 않아 기업의 운영비가 적다. 이렇게 가성비가 우수한 직원들이 있음으로 기업이 강한 경쟁력을 갖출 수밖에 없다. 부지런히 초과 노동을 하면서도 인건비가 저렴한 직원들이 기업의 중요한 경쟁력이 되었다. 이런 경쟁력을 가졌기 때문에 타이완은 남들이 이윤이 적다고 꺼리는 제품도 기꺼이 생산할 수 있었고 심지어 그것으로 돈을 벌기도 했다. 타이완 전자 산업의 운영비가 전반적으로 낮기 때문에 미국, 유럽, 일본 등의 업체는 제품가격을 낮추면 수익을 낼 수 없을 때도 타이완 업체는 수익을 낼 수 있었다."

또, 이책 227페이지에는 "2023년 6월 열린 TSMC 이사회에서 한 기자가 야근 및 교대근무에 대한 일부 미국인 직원의 불만을 묻자 마크 리우 당시 회장은 아주 솔직하게 '야근하기 싫은 사람은 이 업계에서 일하지 말아야 합니다'라고 말했다"는 문장이 발견된다.

세계 제1위의 반도체 설계업체 엔비디아를 소개하는 책 '엔비디아 레볼류션' 139페이지에는 이런 내용이 있다.

"랜드리는 젠슨(에비디아 회장)에게 일부 구성원들이 장시간 근로에 대해 불평하고 있다고 운을 뗐다. 젠슨의 대답은 직설적이었다. '올림픽에 나가려고 준비하는 사람들도 아침 훈련에 대해 불평합니다'. 젠슨은 탁월함을 달성하기 위한 필수조건이 장시간 근로라는 메시지를 보낸 것이다. 지금까지 그는 이 생각을 버리지 않았고 여전히 엔비디아 직원들이 엄청나게 많이 일하는 습관을 받아들이기를 기대한다."

그리고 147페이지에는 이런 일화도 소개된다.

"심지어 마케팅 부서조차 매주 토요일 출근을 했고 주 60시간에서 80시간 일하는 것은 보통이었다. 엔비디아의 기업마케팅 이사인 앤드류 로건이 아내와 함께 밤 9시 30분에 〈타이타닉〉 영화를 보러 가기 위해 사무실을 나서던 순간을 기억한다. 문을 나서는 길에 한 동료가 소리쳤다. "어이, 앤디, 오늘 반차 쓰는 거야?"

위 두 가지 예에서 보듯이 세계의 반도체 회사들은 우리나라 반도체 회사처럼 주당 52시간에 묶여 있지 않다. 경쟁업체들이 밤낮을 가리지 않고 뛰고 있는 것이다. 주당근로시간의 결정 역시 지방자치단체에 위임해야 한다.

6. 예산: 여가부를 폐지하고, 교육부를 반으로 축소시키자

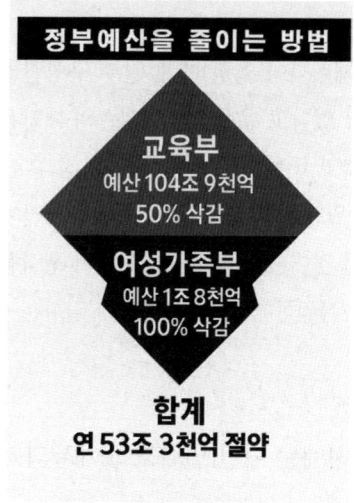

어떻게 예산을 절감할 것인가?

첫째, 교육부를 없애면 된다. 2025년 우리나라 교육부 예산은 104.9조 원이다. 나는 대학에 교수 생활을 해보았다. 내 돈이라면 절대로 그렇게는 사용하지 않을 돈이 교육을 살린다는 명목으로 흥

청망청 낭비되고 있다. 한 가지 예를 들어본다. 교육부는 일 년에 5조 3,134억 원의 장학금을 지급한다. 전체 대학생의 75%가 장학금을 받는다. 부모의 소득수준을 나열하여 소득이 낮은 학생부터 시작하여 전체 대학생의 75%까지 장학금을 받는다. 소득수준이 높은 순으로 계산하면 상위 25%를 제외한 나머지 학생들은 장학금을 받는 것이다.

두 가지 문제가 있다. 먼저, 대학들이 가난한 학생들을 찾아다니며 입학을 권유하고 있다. 이것이 과연 학생을 위한 것인지 아니면 대학을 살리기 위한 것인지 따져볼 필요가 있다. 즉 대학 교육이 필요치 않은 대상자들을 대학이 입학시키고 있는 것이다. 다음으로는, 대학에 진학하지 못했거나 안 한 젊은이들에 대한 차별이다.

교육부는 장학금을 해마다 늘리고 있다. 지금은 대학생 과잉 시대이다. 대학은 대학이 필요한 사람이 아니라 대학을 필요로 하는 사람만 가야 한다. 교육부는 대학을 먹여 살리기 위해서 장학금을 남발한다. 교육부 관리와 대학이 공모하여 국민의 세금을 갈취하는 것이다. 지금까지 이것이 문제되지 않은 이유는 '교육'이라는 이름이 주는 권위적인 무게감 때문이었다.

장학금이 필요한 부분이 있다. 국가에 꼭 필요하지만 대학생들이 기피하는 학과 학생에 한해서 장학금을 지급할 수 있다. 예를 들면 의대생들이 기피하는 산부인과 전공 학생들에게는 정부가 장학금을 주는 것이다. 이때도 교육부가 아니라 보건복지부가 이런 일을 해야 한다. 또 반도체산업의 진흥을 위해 과학기술부가 대학에 지원을 해줄 수 있다. 정부는 정부가 장학금을 지급한 부분에 대해서만 간섭해야 한다. 즉 장학금을 받은 학생과 이 학생이 공부하고 있는 대학에 대하여 감독하면 된다. 이런 일은 교육부 관리가 아니라 해당 부처 관리가 더 적합하고 잘 할 수 있다.

정답은 트럼프 식으로 교육부를 없애면 된다. 트럼프는 성과를 내지 못하는 정부 부처를 과감하게 폐지했다. 그 첫 번째가 교육부다. 1950년대까지 교육은 연방정부 소관이 아니었다. 1950년대 후반기 들어서 공립학교 교사들이 노조를 만들기 시작했고 1960년 대선 출마를 선언한 존 F. 케네디는 자기가 교육에 많은 투자를 하겠으며 교사들의 권익을 증진시키겠다고 약속해서 거대한 공립학교 교사 조직인 전국교육협회(National Education Association : NEA)의 지지를 얻었다. 케네디에 힘입어서 NEA는 단체협상과 파업을 할 수 있는 전국적 노조로 탈바꿈했다. NEA는 미국 최대의 노조 연합이 됐고 이로 인해 아무리 무능한 공립학교 교사라도 해고를 할 수 없게 됐다.

1976년 대선을 앞두고 민주당 후보가 된 지미 카터는 교사들의 지지를 얻기 위해 연방정부에 교육부를 설치하겠다고 약속했고, 1979년 5월, 보건교육복지부(HEW)는 교육부와 보건 휴먼 서비스부(Dept of Health and Human Service)로 분리됐고, 이른바 교육전문가들이 새로 생긴 교육부를 장악했다.

이듬해 대선 출마를 선언한 로널드 레이건은 자기가 대통령이 되면 교육부와 주택도시개발부를 없애 버리겠다고 공약했지만, 당시는 민주당이 상원과 하원의 다수당이어서 민주당 대통령이 만든 두 부처를 폐지할 수는 없었다. 그 대신 레이건 대통령은 두 각료급 부서의 사업예산을 대폭 삭감해 버렸다.

트럼프는 집권 직후 학생들이 보는 앞에서 교육부 폐지안에 서명했다. 현재 미국 의회는 상하 양원 모두를 공화당이 다수를 차지하고 있다.

우리나라에서도 오래전부터 교육부 폐지주장이 있었다. 지금 당장 폐지할 수 없다면 교육부 예산의 50%를 삭감해야 한다. 교육부 예산의 50%는 52조 2천억이다. 우리나라 정부의 예산을 과감하게 줄이는 두 번째 방법은 여성가족부를 해체하는 것이다. 2025년도 여성가족부의 예산은 1조 7,777억 원으로 2024년 1조 7,234억 원 대비 3.2%(543억 원) 증가한 것이다. 윤석열 대통령은 후보 시절에 여성가족부를 해체하겠다는 공약했다. 그러나 그 공약은 지켜지지 않았다. 감사원은 4월 초 잼버리 감사보고서를 발표했다. 여성가족부 관련만 소개한다.

◇ 여가부는 "손님맞이 준비 완료!" 허위 보고

(조선일보 2025년 4월 10일)

여가부는 새만금 세계 잼버리 법에 따라 조직위 관리·감독과 잼버리 지원 업무를 맡았다. 그러나 여가부는 잼버리 지원단 팀장에 직장 내 괴롭힘 문제로 불이익 처분을 받은 뒤 불복 절차 중인 직원을 배치하는 등 잼버리 준비 업무를 한직으로 취급했다. 잼버리 지원단의 주축이 될 사무관 4명 자리에도 여가부 직원이 한 명도 배치되지 않았고, 전북도와 부안군에서 파견 나온 공무원들이 배치됐다.

여가부는 잼버리 준비 상황을 확인한다며 6차례 현장 점검을 했지만, 이 가운데 2차례는 구체적인 점검 계획도 없이 진행됐고, 3차례는 야영지 내부는 둘러보지도 않았다. 현장에 가서 전경만 대강 보고 오는 식이었던 것이다.

이런 '부실 현장 점검'으로도 조직위가 준비를 제대로 하지 않았다는 점은 눈에 띄었다. 김현숙 전 장관은 2023년 7월 24일 현장 점검에서 대회장 내 의료 시설 등에 의료 기기가 설치되지 않은 것을 확인했고, 조직위는 여가부에 숙영 시설, 전력 시설 등의 설치가 완료되지 않았다고 보고했다. 그런데도 김 전 장관은 7월 25일 한 총리 주재 국무회의에 '시설 설치가 완료됐다'고 거짓으로 보고했고, 준비가 덜 됐다는 것을 알게 된 뒤에도 이를 총리나 대통령에게 알리지 않았다. 여가부는 오히려 "새만금 세계 잼버리 손님맞이 준비 완료!"라는 보도 자료까지 배포했다. 감사원은 여가부의 '준비 완료' 허위 보고로 인해, "타 부처 인력 투입 등 정부 차원의 보완 대책을 마련할 사실상 마지막 기회를 놓쳤다"고 지적했다.

정부예산을 과감하게 줄이는 방법은 교육부 예산 104.9조 원 중 50%, 여성가족부 예산 1조 7,777억 원의 100%를 삭감하면 된다. 그러면 1년에 53조 3천억을 절약할 수 있다.

7. 인구: 첫째 아이 1억, 둘째 아이 2억, 셋째 아이 3억을 주자

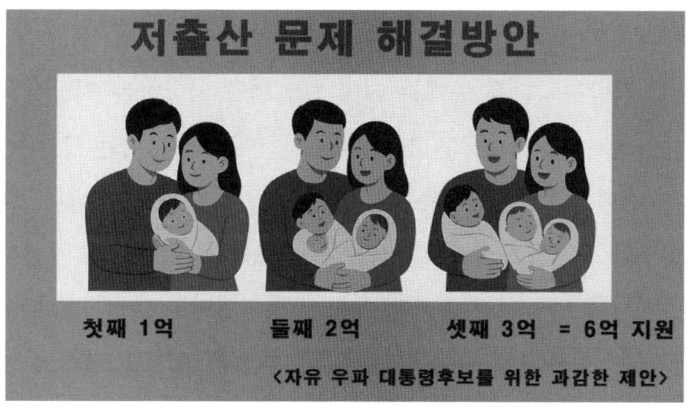

첫째 아기를 출산하면 1억 원, 둘째 아기를 출산하면 2억 원, 셋째 아이를 출산하면 3억 원의 출산장려금을 지급하는 것을 제안한다. 구체적인 방법은 결혼하는 신혼부부가 집을 살 때 정부가 6억 원까지 지급보증을 해주는 것이다. 첫째 아이를 출산하면 원리금 1억 원을 국가가 갚아준다. 둘째 아이가 태어나면 2억 원, 셋째아이를 출산하면 3억 원을 갚아 주게 된다. 결국 자녀를 3명을 출산하는 부부는 6억 원을 국가로부터 받는 것이다.

허경영 대표가 2007년 17대 대선에 출마해 내걸었던 공약이 재조명되고 있다. 당시 허 대표는 △ 결혼 수당 1억 원 △ 출산 지원금 3,000만 원 등 공약을 꺼냈다. 2021년 20대 대선에 출마했을 때는 출산 지원금을 1인당 5,000만 원까지 지급하겠다고 밝혔다. 당시에는 허 대표의 공약은 비현실적이라며 비웃음을 샀지만, 인구소멸 위기에 처한 지금은 필수 복지로 재조명되며 효과적인 대안이라는 평가까지 나오고 있다.

최근 지방자치단체 중에는 이미 1억 원을 지급하는 지방자치단체들이 생겨나고 있다. 2024년부터 인천에서 태어나는 모든 아이는 만 18세가 될 때까지 총 1억 원이 넘는 지원을 받게 된다. 그동안 정부와 지자체가 주던 출생과 양육, 교육 등 지원금에 인천시가 별도 예산을 만들어 저출산 문제를 극복하겠다고 나선 것이다. 하지만 18년 동안 1억 원을 나누어주는 방법은 효과가 크지 않으리라고 예상된다. 결혼 초 신혼부부에게 집을 살 수 있도록 목돈을 주어야 한다.

통계청이 2024년 발표한 통계에 따르면 2023년 혼인 건수는 19만 4천 건으로 집계됐다. 26년 동안 38만 9천 건에서 19만 4천 건으로 '반토막' 난 것이다. 출산율이 높아지려면 젊은이들이 결혼해야 한다. 신혼부부가 집을 살 때 정부가 6억 원을 지급보증해주면 결혼율은 확실하게 높아질 것으로 예상된다.

결혼의 가장 큰 장애물은 주택구입 이다. 현재 정부가 시행 중인 주택정책 중에는 신생아 특공이라는 제도가 있다. 혼인 기간이 7년 이내인 무주택자 신혼부부를 대상으로, 전용면적 85㎡이하 주택을 우선적으로 공급해 주는 제도다. 해당 주택건설량의 최대 20~30% 안에서 특공을 신청할 수 있다. 물론 인기가 높은 제도다.

아이를 낳는 조건으로 신혼부부에게 6억까지 정부가 주택구입 자금을 보증해 주면, 일단 거의 모든 신혼부부는 첫째 아이를 낳을 것으로 기대된다. 아니 100%로 가정해보자. 그러면 합계출산율은 현재의 0.7에서 1로 상승한다. 둘째 아이를 낳을 것인가는 조금 주저하게 될 것이다. 50%의 확률로 계산하면 합계출산율은 1.5가 된다. 셋째는 아주 많이 망설이게 될 거다. 30% 확률로 계산하면 합계출산율은 1.8이 된다. 이것은 앞으로 결혼하게 될 신혼부부만 고려한 것이다. 이미 결혼상태에 있는 부부가 추가로 자녀를 낳을 가능성이 있다. 이렇게 되면 목표로 하는 합계출산율 2를 달성할 수 있다.

여기서 제기되는 문제는 세 가지다. 첫째는, 인구감소가 나쁜 것인가다. 둘째는 현금을 지원하면 출산율이 높아질 것 인가이며, 셋째는 재원을 어떻게 마련할 것인가다. 먼저 인구감소가 나쁜 것인가에 대한 고찰이다. 현재의 추세로 출산율이 낮아지면 대한민국은 세계에서 가장 빨리 소멸한다. 2024년 대한민국의 합계출산율은 0.75명이다. 유럽 연합(EU) 국가들의 평균 합계출산율은 1.38

명, 미국의 합계출산율은 1.664, 캐나다는 1.26명이다. 현재와 같은 저출산이 계속되면 100년 내에 우리나라의 인구는 1/2 이하로 감소한다.

미국의 일론 머스크는 지난해 10월 29일 사우디아라비아 리야드에서 열린 미래투자이니셔티브(FII)에서 화상 대담자로 나와 "한국의 현재 출산율은 0.72명으로 역대 최저치를 기록했다"며 "한국 인구는 지금의 약 3분의 1보다 훨씬 적어질 것"이라고 말했다. 이어 "인류가 직면한 가장 큰 위협은 단기적으로 인공지능(AI)이지만 장기적으로는 세계 인구의 붕괴"라고 말했다. 그러면서 "대다수 국가가 출산율을 최우선 해결 과제로 여겨야만 한다"고 강조했다.

또한 인구감소는 안보에 심각한 위협이다. 한국국방연구원(KIDA)의 분석에 따르면, 2039년에는 육·해·공군과 해병대를 합쳐 현재 50만여 명 수준인 상비 병력이 40만 명 선이 무너지고, 2040년에는 36만 명 수준에 그칠 것으로 예상된다. 2020년부터 한국의 출생아 수가 연간 30만 명 밑으로 떨어지며 북한보다 적어지기 시작했다. 구체적으로는 2024년 우리나라의 신생아 수는 23만 명으로 8년 전인 2015년의 절반 수준으로 줄어들었다.

둘째는, 현금지원을 하면 출산율이 높아질 것인가에 대한 고찰이다. 현금 지원 정책으로 출산율을 높이는 데 성공한 나라들의 대표적 사례는 다음과 같다.

가. 헝가리

결혼 후 아이를 출산하면 최대 약 4천만 원 상당의 무이자 대출을 지원하고, 자녀가 많을수록 대출을 탕감해 준다. 자녀가 넷 이상인 여성의 소득세를 평생 면제시켜 줍니다. 또 자녀 3명 이상 가정은 주택 구입 시 지원금 지급을 한다. 그 결과 출산율이 2011년 1.23명에서 2021년 약 1.59명으로 증가했다.

나. 싱가포르

싱가포르는 첫 두 자녀에게 각각 1만 4천 싱가포르 달러(약 1,416만 원)를 지급하고, 세 자녀 이후부터는 출산 시마다 1만 6천 싱가포르 달러(약 1,619만 원)를 지급한다.

다. 폴란드

폴란드에는 '500+' 정책이 있다. 폴란드는 2016년부터 이 정책을 통해 두 번째 자녀가 태어나고 18살이 될 때까지 매달 500즐로티(약 17만 원)를 지급하고 있다. 이 정책을 통해 폴란드의 출산율은 눈에 띄게 증가했다.

라. 프랑스

프랑스는 1993년 합계출산율 1.66명으로 최하점을 기록했다가 2010년 2.02명까지 끌어올렸다. 최근에는 1.8명 정도로 유지하고 있다. 2021년 기준 프랑스가 제공하는 가족수당은 영유아보육(PAJE, 출생, 입양, 기본, 육아 분담, 보육 유형 자유 선택 보조수당) 수당 ▲ 부양 자녀 2인 이상인 가족 지원 수당 ▲ 자녀 3인 이상 가족에 대한 보충 수당 ▲ 장애아동 교육 수당 ▲ 취학 아동에 대한 신학기 수당 ▲ 자녀 간병 부모에 대한 일일 수당 ▲ 한 부모 가족 지원 수당 ▲ 아동 사망 시 지급하는 수당 ▲ 주택 수당 등으로 총 9가지나 된다. 자녀가 2명 이상이라면 자녀가 만 20세가 될 때까지 가족수당을 받을 수 있다. 또, 소득세를 '가족 계수'까지 고려해 부과한다. 소득이 비슷한 가족 중 자녀가 많은 가정일수록 더 많은 조세 감면 혜택을 누릴 수 있다.

셋째는, 재원을 어떻게 마련할 것인가

정부는 2006년부터 올해까지 예산 380조 원을 투입해 저출산 대응 정책을 시행하고 있다. 1년에 20조 가까운 예산을 사용한 것이다. 이 돈이면 1년에 3만 3천 쌍에게 6억 원씩을 제공할 수 있다.

처음에 말씀드렸듯이 결혼하는 부부에게 6억 원을 일시에 제공하는 것은 아니다. 신혼부부가 결혼하면서 집을 사면 집값의 6억 원까지를 정부가 지불보증을 하는 것이다. 첫째가 태어나면 1억 원, 둘째가 태어나면 2억 원을, 셋째는 3억 원을 대신 갚아주는 것이다. 또 모든 신혼부부가 6억 원의 대출을 받아서 집을 사지는 않을 것으로 예상된다. 처음부터 6억 원의 이자를 부담해야 하기 때문이다. 그리고 앞에서 언급한 대로 교육부 예산을 50% 감축하고, 여성가족부를 폐지하면 한해에 53조 3천억을 절약할 수 있다.

신생아가 많아지면 관련 산업들이 발전하게 된다. 이것은 세수의 증대를 의미한다. 국가는 도로와 항만 등 여러 가지 분야에 투자를 한다. 인구의 증가를 투자의 관점에서 보아야 한다. 한 명의 아이가 태어나서 일생 동안 국가에 납부하게 될 세금이 그가 태어날 때 받았던 출생지원금보다 수십 또는 수백 배의 승수효과를 볼 수 있도록 장기적인 투자의 관점에서 고려되어야 한다.

8. 국채: 발행하지 않으면 비용이 더 늘어날 때와 위기 시에만 발행하자

2025년도 국가 채무는 1,277조 원으로 전년 대비 81.2조 원 증가할 것으로 예상되며, GDP 대비 국가 채무 비율은 48.3%에 이를 것으로 전망된다. 국가 채무가 1,277조 원이라는 말은 시중에 1,277조 원이 추가적으로 풀렸다는 것을 의미한다. 국민들의 삶이 1,277조 원어치 더 나아졌다는 것을 의미하지 않는다. 정부가 추가로 발행한 돈은 그 돈을 처음 받은 사람에게 이익을 가져다 준다. 그리고 이런 이익은 돈의 흐름에 따라 순차적으로 이익이 적어진다. 결국 일반 국민은 이 돈을 구경도 못하거나 아주 적은 부분만을 차지할 수 있다. 하지만 이때는 인플레이션으로 오히려 손해만 보는 경우가 있다. 그럼에도 불구하고 이재명은 취임 100일 기자회견에서 국가재정 운용과 관련해 '국가부채'를 언급하며 "이번에 저희가 약 100조 가까이 국채 발행하면 부채비율이 한 50% 약간 넘는 정도"라며 "하지만 국채 규모 절대액은 중요하지 않다"고 말했다. 하지만 GDP 대비 정부 부채 비율이 100%를 넘는 미국(122.5%), 일본(234.9%), 프랑스(116.3%) 등의 주요 선진국과 달리 우리나라는 기축통화국이 아니다. 전문가들은 '한국과 같은 비기축통화국은 신용 위기 상황이 오면 자국 통화를 찍어내 빚을 갚을 수 없다. GDP 대비 국가부채 비율이 60%를 넘기면 큰 위기가 올 수 있다'는 것에 입을 모은다.

이런 경고는 IMF도 하고 있다. IMF는 2025년 9월 24일 한국과 연례 협의 보고서에서 "재정의 지속가능성을 확보하는 한편 향후 고령화와 관련한 지출 압력을 수용하기 위해 지금부터 재정을 관리하고 빚이 늘어나는 속도를 조절해야 한다"고 발표했다. 그런가 하면 경제협력개발기구(OECD)는 지난해 보고서에서 한국에 대해 "코로나 이후 국가부채가 빠른 속도로 증가했다"며 "고령화와 연금 제도, 공기업 관련 재정 리스크가 장기적 재정 안정성에 큰 부담이 될 수 있다"고 지적한 바 있다. 한국개발연구원(KDI)과 같은 국책 연구기관을 비롯해 국회예산정책처, 한국은행 등 국내 주요 기관도 최근 1~2년 사이 연구 보고서에서 "저출산·고령화와 저성장으로 국가부채가 빠르게 늘고 있어 무리한 정부 지출을 지양해야 한다"고 지적했다. 국제금융시장에서 통용되는 국가 채무 안전 기준인 동시에 유럽연합(EU)이 재정 준칙으로 삼고 있는 '국가 채무 비율 60%'에 한국이 너무 빨리 다가가고 있다는 지적이다.

국채 발행이 최근 더 문제가 되는 점은 우리가 발행한 국채를 누가 보유하고 있는가도 주의 깊게 살펴보아야 한다는 것이다. 중국은 우리나라 국채를 현재도 미국보다 2배 이상 보유하고 있고 점점 더 보유량을 늘리고 있다. 중국이 정치적인 이유로 한국을 압박하기 위해 국채를 투매할 경우, 우리나라는 큰 경제적 위기를 당할 수 있다. 일본도 국가 채무가 많지만, 그 대부분을 일본 중앙은행 등 일본인들이 보유하고 있기때문에 외국으로부터의 공격을 방어해 낼 수 있다.

따라서 필자는 국채를 발행하는 엄격한 두 가지 원칙을 제안한다.

첫째는, 방치할 경우, 더 큰 비용이 발생할 때 과감하고 신속하게 발행해야 한다. 예를 들어 서울 부근의 신도시에 GTX를 건설할 경우, GTX 건설로 신도시 주민 몇 명이 유류 대금을 얼마나 절약할 수 있는가를 계산해 내야 한다. 지금 당장 GTX를 건설하지 않고 예산이 없다는 이유로 미룬다면, 그동안 신도시 주민들이 출퇴근으로 도로에서 낭비하는 비용이 국채이자 보다 클 경우, 당연히 과감하고 신속하게 국채를 발행해서 신도시 GTX를 건설해야 한다.

둘째는, 국가적 재난이 닥쳤을 때 국채를 발행해야 한다. 예를 들면, IMF 외환위기가 또다시 재현될 위기가 감지되면 과감하게 국채를 발행해서라도 위기를 빨리 벗어나야 한다. 그러나 이 경우에도 1997년 외환위기 때처럼 국채를 발행해서 은행을 구제하는 방법은 올바른 방법이 아니다. 국가적인 위기 시에 어떻게 국채를 발행할 것인지에 대해서는 〈은행이 아닌 개인을 구해야 한다〉는 제목으로 상세하게 설명한다.

9. 교통: 수도권에 GTX를 과감하게 도입하자

과감하게 국채를 발행해서 신속하게 GTX(수도권 광역철도)를 건설해야 한다. 정부는 강북을 재개발·재건축해야 한다는 전문가들의 견해를 무시하고 손쉽게 주택문제를 해결하기 위해 신도시를 많이 만들었다. 이 때문에 평일 하루 수도권을 오가는 인구 이동(수도권이 출발지이거나 도착지인 모든 이동)이 7천 100만여 건에 달하며, 수도권에서 서울로 출근하는 데 드는 시간은 71분으로 조사됐다. 즉 수도권 직장인은 하루 평균 2시간 30분을 출·퇴근길에 허비한다. 이것은 분명히 낭비다. 개인적인 낭비일 뿐만 아니라 국가적으로도 낭비다. 이런 낭비는 시간이 갈수록 심해진다.

정부는 작년 총선을 앞두고 수도권 및 지방 광역급행철도 사업 등 교통 분야 대책에 총 134조 원을 투입한다는 계획을 발표했다. 하지만 막대한 사업비를 마련할 방법은 구체화하지 못해 전국 '부동산 표심'을 끌어내기 위한 총선용 대책이라는 지적이 있었다. 하지만 늦어지며 늦어질수록 건설비는 늘어나게 된다. 그리고 낭비는 계속된다. 그렇다고 신도시를 다시 없앨 수도 없다. 어차피 GTX를 건설할 거라면 과감하게 국채를 발행해서 빨리 공사를 마쳐야 한다.

10. 경제위기: 은행이 아닌 개인을 구제하자

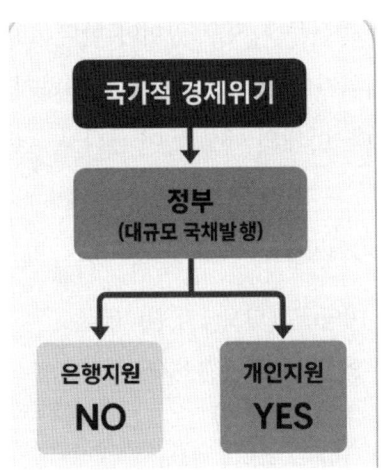

국가적 경제위기 시 정부는 은행 대신 개인을 구제해야 한다. 2007년 IMF 외환 위기 당시 많은 국민이 고통을 겪었다. 심지어 자살을 한 사람도 적지 않았다. 2007년 IMF 외환 위기는 정부의 외환관리 잘못 때문에 발생한 것이다. 국민 개개인의 잘못이 합쳐진 실수가 아니었다. 당시 정부는 위기 극복을 위해 은행에 공적자금을 쏟아부었다. 그러나 은행은 자신이 생존하기 위해 정부로부터 받은 공적자금을 일반인들에게 풀지 않았다. 기존의 대출을 회수했으며,

대출금을 갚지 않으면 고리의 연체료를 부과했다. 이와 같은 일은 유명한 경제학자 케인즈가 이미 예고한 바 있다. 동일한 일이 2017년 투자은행 리만브라더스 파산 이후에 미국에서도 벌어졌다. 당시 미국 국민은 '월가를 점령하라'는 시위를 벌이기도 했다.

역사적으로 보면 경제위기는 주기적으로 발생한다. 경제학자 중에는 '국가적인 경제위기 시에 국가가 은행을 구제하지 말고 개인을 구제하는 방법을 연구해야 한다'고 목소리를 높이고 있다.

우리나라도 다시 경제위기가 올 가능성을 배제할 수 없다. 그럴 가능성은 이재명 때문에 더 높아졌다. 경제위기가 올 때마다 죄 없는 국민만 희생시켜서는 안 된다. 새로운 정부는 또 제대로 된 정부는 위기 시 국민을 보호할 수 있는 플랜을 가지고 있어야 한다. 그 가운데 한 가지 방법은 국가적 경제위기에 정부는 은행을 지원하지 말고 대신 개인을 지원하는 방법이다. 아래의 예를 들어 본다.

예) 2007년 IMF 외환위기 당시 정부가 A씨의 아파트를 매입했다면

A씨 아파트 감정평가금액	10억(은행담보 4억 원)
정부가 A씨 아파트 구입가격	8억(감정평가액 80%)
A씨의 은행부채상환	4억(전액상환)
A씨 전세보증금	4억(소유주는 정부)
A씨의 아파트 재구입가	8억(우선매수청구권)

위의 방법은 개인이 집을 빼앗기고 거리로 쫓겨나는 것을 방지해

준다. 즉 적어도 주거의 안정성만큼은 정부가 보장해 줄 수 있는 과감한 방법이다. 집을 담보로 개인에 대출을 해준 은행은 대출금 전액을 회수할 수 있기 때문에 은행이 파산할 일은 없다. 개인의 주거가 보장되고 은행이 파산하지 않는다면 국가적 경제위기는 빨리 극복할 수 있다. 물론 재원은 국채다. 어차피 국채를 발행할 거라면 그 수혜자가 은행이 아닌 개인이어야 한다.

이것을 아래의 그림으로 다시 설명해 본다.

국가적 경제위기 시 은행이 아닌 개인을 구해야
예) IMF외환위기 당시 정부가 A씨의 집을 매입했다면

A씨의 아파트 감정가	10억원 (은행담보 4억)
정부의 A씨 아파트 구입가	8억원 (감정평가의 80%)
A씨의 은행 부채상환	4억원 (전액상환)
A씨의 전세보증금	4억원 (주택소유주는 정부)
수년 후 A씨의 아파트 재구입	8억원 (우선매수 청구권)

11. 금리: 구간별 차등금리제도를 도입하자

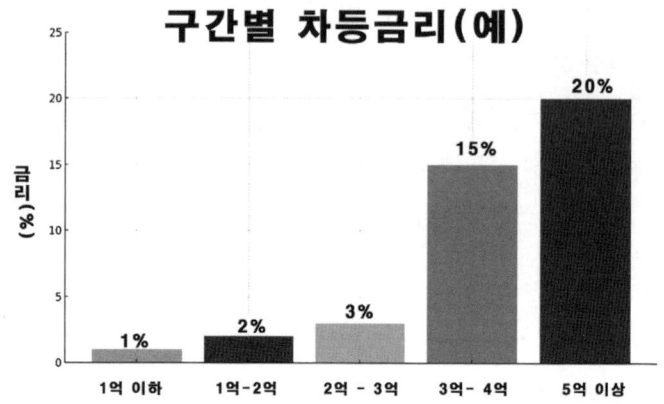

우리가 은행에서 돈을 빌릴 때, 은행은 신용이 낮은 사람에게 돈을 잘 빌려주지 않거나 높은 금리를 요구한다. 은행의 대출 금리는 돈을 빌리는 사람의 신용도에 따라 달라지는 것이 원칙이다. 즉 회수할 위험이 클수록 금리는 높다. 반대로 회수 가능성이 높다면 금리는 낮아진다. 최근 이재명은 부자들이 금리를 더 높은 금리를 부담해서 가난한 사람들의 금리를 낮춰줘야 한다고 말했다. 즉 로빈후드식 경제정책을 펴겠다는 것이다. 로빈후드는 동화책 속의 주인공일 뿐이다. 로빈후드는 동화책 밖을 나오면 존재할 수 없다. 즉 이재명은 금리의 기본원리를 이해하지 못하고 있다. 금리를 이해하지 못한다는 것은 경제 지식이 전혀 없거나 왜곡된 이념에 사로잡혀 있다는 것을 반증한다.

필자는 다음과 같이 경제원리에 입각한 새로운 금리체계를 제안한다. 예를 들어 설명한다. 현재는 은행이 A라는 채무자의 신용을 조사해서 4억 원까지만 대출해 주며, 금리는 5%라고 가정한다. 즉 A씨는 돈을 더 빌리고 싶어도 4억 원 이상은 빌릴 수가 없다. 그러나 아래와 같은 방법이 더 합리적이다.

가. 1원 이하 구간은   1%
나. 1억원에서 2억원 구간은   2%
다. 2억원에서 3억원 구간은   3%
라. 3억원에서 4억원 구간은   15%
마. 5억원 이상은   20%

위의 표를 조금 더 알기 쉽게 설명하기로 한다.

A씨는 일시적으로 3억 5천만 원이 필요하다. 이때 A씨의 신용한도인 3억 원을 넘는 5천만 원(라. 구간)은 아주 높은 금리(15%)를 적용받게 된다. 따라서 A씨에게는 높은 이자가 적용되는 5천만 원을 우선 상환하려는 강한 욕구가 생기게 된다. 뿐만아니라 2억 6천만 원을 빌린 B씨도 기회가 생기면 먼저 6천만 원(다. 구간)을 상환하려고 할 것이다. 즉 A씨와 B씨 모두 적극적으로 위험을 관리하게 된다. 이와 같은 방법은 국민 각 개인의 금리 부담을 줄여줄 뿐만 아니라, 합리적으로 부채를 관리하는 국민이 늘어날수록 정부가 국가적 금융위기를 관리하는 데 큰 도움을 받을 수 있다.

02편

이윤섭 작가의 글

국가 재건을 위하여

- 내침과 외침 극복, 그러나 김일성에게는
  비장(祕藏)의 무기가 있었다

머리말

대한민국은 고전적인 공산주의 수법으로 침투하는 것은 잘 막았다.

먼저 지하당 구축이 적화의 기틀이다. 그러나 인민혁명당, 통일혁명당 사례에서 보듯이 김일성 정권의 이 시도는 실패했다. 노동조합으로 노동 계급에 침투하는 것도 실패했다. 울진과 삼척에 특수 부대를 보내어 게릴라전도 시도했으나 역시 실패했다. 결국 어떤 공산 정권도 시도해 본 적이 없는 시험을 통한 사법부, 검찰, 경찰 등 각종 정부 기구에 침투하여 너무나 큰 성공을 거두고 있다.

요즈음 대한민국 정계는 세계에서 가장 법조인 출신이 많다. 이른바 '민주화 시대' 이후 시간이 갈수록 법조인 출신 정치인들이 늘어 한국 정치를 장악했다. 노무현, 문재인, 박원순, 윤석열, 한동훈, 이재명, 송영길, 박범계, 추미애, 백혜련, 오세훈, 이재정 등등. 모두 사법시험 합격 경력으로 지금의 자리에 오른 애들이다.

그런데 이런 애들이 대한민국에 안보 위기를 불러오고 있다. 건국 이후 대한민국은 한시도 멈추지 않고 안보 위기를 맞아왔다. 갖은 고난 끝에 세계 수준의 국방력을 보유하게 되어 외침(外侵)으로 인한 안보 위기에는 자신을 가지게 되었으나 내침(來侵)으로 인한 안보 위기는 가중되고 있다.

이 내침으로 인한 안보 위기와 각종 고등고시, 특히 사법시험이 밀접한 관계가 있다.

대한민국에서 계층 상승의 지름길로 여겨지는 행정고시, 외무고시, 사법시험, 공인 회계사 등을 흔히 고등고시라고 한다. 이 가운데 합격하느라 수험생이 가장 고생하는 것이 사법시험이다.

청춘을 바쳐 희생하여 합격하면 다행이지만, 실패하여 다른 길을 찾기에는 나이가 들어 이른바 '고시 낭인'이 되는 개인적 사회적 손실도 큰 시험이다. 그런데 이른바 '민주화운동', '학생운동', '노동운동', '통일운동' 등으로 세월을 보낸 이들이 너무도 단기간에 합격하여 정계에 뛰어든 자들도 많아 고개를 갸우뚱하게 만들기도 한다.

수재 소리를 듣는 이 가운데 청춘을 희생하며 오랜 세월 죽어라 공부했는데도 합격하지 못하는 경우가 대부분인데, 대학 수업도 듣지 않고 그저 데모만 하던, 공부하고 담을 쌓은 삶을 살던 사람들이 단기간에 합격하니, 놀라지 않을 수가 없다. 일부 사람들은 다른 방법으로 합격한 것이 아닌가 하는 의심마저 한다.

의심하지 않던 저자도 노무현, 문재인의 언행이 너무나 무지함에 놀랐고 최소한의 교양이나 지식도 없는 것을 알고 생각이 달라졌다. 사법시험 합격에 대한 이들의 글을 자세히 읽어보고 이들이 '초능력자'라는 결론을 내리게 되었다. 이 나라 사람들에게 이를 알리고 비판도 받아보려는 생각으로 글을 쓰게 되었다.

1장에서는 간첩의 침투와 매수된 고위층으로 망국의 비극을 본 역사적 사례를 들어보았다. 대한민국도 이러한 망국의 길을 걷고 있다.

　반면에 인도네시아는 육군의 재빠른 반격으로 각계각층에 침투한 인도네시아 공산당의 군사 쿠데타를 막고 공산화 위기에서 벗어났다. 인도네시아 공산당이 무력으로 정권 탈취하려 한 데는 중국 공산당의 후원이 컸다. 인도네시아에서 참담한 실패를 맛본 중국 공산당은 대한민국을 상대로는 성공을 목전에 두고 있다.

　2장에서는 외침으로 인한 안보 위기를 해결하려 각고의 노력을 한 박정희 대통령의 정책을 개관했다. 마치 김일성 왕조의 위협이 전혀 없었던 것으로 한국 현대사를 날조하는 '민주화 세력'의 사술(詐術)에 속고 있는 이들이 너무도 많아 2부를 구상했다.

　마지막으로 내침으로 함몰(陷沒) 위기에 놓인 대한민국을 구할 방안을 직설적으로 제안했다.

제1부 >>> 내침과 외침

1장 진의 중국 통일 - 간첩 공작으로 이룬 대업

■ 진의 통일전쟁

중국의 서북 변경에서 일어난 진(秦) 나라는 춘추시대 목공(穆公, 재위 BC 659~BC 621) 때 중원의 제후국에 필적하는 세력이 되었고, 25대 군주인 전국시대 효공(孝公, BC 361~BC 338)은 위(衛) 나라 사람이던 상앙(商鞅)을 등용하여 변법(變法) 개혁을 시작하여 독보적인 강국이 되었다.

효공의 아들 혜문왕(惠文王, 재위 BC 338~BC 311)은 즉위하자 즉시 상앙을 거열형에 처했다. 그러나 상앙의 변법은 유지하니 기본적인 국정 운영은 효공 시대와 다르지 않았다.

BC 333년 소진(蘇秦)의 합종책(合從策 : 反秦 동맹)이 받아들여져 6국이 연합하였다.

혜문왕은 BC 328년 장의(張儀)를 등용하여 6국의 합종을 막고 자주 위, 제, 초나라 등을 공략했으며 BC 325년에는 왕을 칭하였다. [이전에는 혜문군(惠文君)이라 칭했다.]

BC 318년에 한, 조, 위, 연, 초의 5개국 연합군이 결성되어 진나라에 쳐들어왔으나, 혜문왕은 저리질(樗里疾)에 군사를 맡겨 격파했다.

BC 316년에 혜문왕은 사마착(司馬錯)에게 10만 병력을 주어 진나라의 배후지인 파촉(巴蜀)을 병합했다. [사마착의 8대손이 사마천(司馬遷)].

이 지역에는 삼성퇴문화(三星堆文化)를 근본으로 한 독자적인 문화를 가진 나라가 번창하고 있었는데, 진은 파촉을 얻어 곡창지대를 얻게 되었다. 또한 파촉을 차지하여 장강 하류에 있는 초에 대하여 강을 통한 병력 이동이 가능하게 되어, 이전에 비하여 압도적으로 유리한 입장에 서게 되었다.

BC 기원전 312년, 초나라가 쳐들어오자, 혜문왕은 역습하여 초의 한중(漢中) 지방을 점령하여 군(郡)을 설치했다. 초나라가 다시 침공해 오자, 수도 함양에서 가까운 남전(藍田)에서 초군을 격파했다.

혜문왕의 태자 영탕(嬴蕩)이 즉위하니 그가 무왕(武王, BC 311~BC 307)이다. 무왕은 장의를 배척했다. BC 307년 좌승상 감무(甘茂)는 한나라의 의양(宜陽)을 점령하고는 황하를 건너 무수(武遂)에 성을 쌓았다.

무왕의 이복동생 소양왕(昭襄王, BC 307~BC 251)은 더욱 영토를 넓혔는데, 진의 장수 백기(白起)는 BC 260년 장평전(長平戰)에서 조(趙) 나라 군사 40여만을 포로로 잡아 생매장하여 천하를 놀라게 했다.

BC 247년 소양왕의 증손자 영정(嬴政)이 즉위하니 그가 훗날의 시황제이다.

진왕 정의 나이가 12세(BC 259년생)였으므로 당시 강대한 권력을 누렸던 여불위(呂不韋)가 어린 왕을 보필한다는 명분으로 상방(相邦)의 직위에 올랐으며, 왕으로부터 아버지와 같다는 '상보(尙父)' 칭호까지 얻었다.

BC 238년 진왕 영정은 노애(嫪毐)의 난을 진압하고 여불위의 벼슬을 빼앗고 낙양으로 유배보냈다. 이로써 영정은 모든 권력을 장악하고, 친정 체제를 굳혔다. 이후 6국을 겸병하는 통일전쟁에 나섰다.

가장 먼저 조(趙)나라를 쳤다.

BC 236년 진은 조를 본격적으로 공략하기 전에 간첩으로 하여금 조와 연(燕)의 관계를 이간질하여 두 나라가 상대방을 향해 전쟁을 일으키도록 했다. 조는 연과 전쟁을 개시했고 진이 침공할 당시 조의 주력군은 연을 공격하고 있었다.

연을 돕는다는 구실로 진은 대군을 일으켜 조의 수도 한단(邯鄲)을 향해 남과 북 두 방향으로 진격했다. 진의 군대는 주력군이 빠진 조군을 격파하며 9개의 성읍을 점령하고, 남북에서 한단을 협공해 조를 멸망시키려고 했다. 조나라는 이때 도양왕(悼襄王, BC 244~BC 236)이 병사하고 그의 아들 조천(趙遷)이 뒤를 이으니 그가 유목왕(幽繆王)이다. 유목왕은 연 정벌에 나섰던 조의 주력군에 귀환을 명령하고, 한단 북쪽 태항산(太行山)의 험난함과 한단 남쪽 장수(漳水)와 그 연안을 따라 축조된 장성에 의지하여 굳게 지켰다.

진의 공세는 흐지부지해지고 조와 1년여 휴전 상태에 들어갔다.

BC 234년 환의(桓齮)를 지휘관으로 하는 진의 10만 병력은 조나라 남부로부터 공격을 시작했다. 진군은 장수의 하류를 우회하여 한단의 남동쪽 평양(平陽)과 무성(武城)을 공격했다. 조나라에서는 호첩(扈輒)이 대군을 이끌고 두 성을 구원하러 갔다. 6월 환의가 이끄는 진군은 호첩이 이끄는 조나라 군을 대파하고 평양과 무성을 점령했다.

BC 233년 환의는 다시 출정했다. 상당(上黨)에서 출발하여 태항산을 넘은 진군은 조나라 중부로부터 진격을 개시했다. 환의는 조나라 군의 주력을 격파하고, 적려(赤麗)와 의안(宜安)을 점령한 다음 한단의 배후로 진격했다. 이에 위기를 느낀 조 유목왕은 흉노를 방어하고 있었던 이목(李牧)을 장군으로 임명하여 북방의 군사를 이끌고 진군을 공격하도록 명령했다. 이목은 5만 정병 가운데 1만을 남겨두고 나머지 병사들을 이끌며 신속하게 남하했다.

한단의 조군과 합세한 이목은 의안(宜安)과 인근의 비하(肥下)에 도착하여 보루를 높게 쌓고, 전투에 응하지 않았다. 이목이 의안의 성문을 걸어 잠그고 매일 소를 잡아 병사들을 배불리 먹이며 활쏘기 연습이나 시키자 군사들이 오히려 진군과 싸우게 해달라고 요청했으나 이목은 듣지 않았다. 환의는 조군이 전투를 피하자 지구전을 펼 수 없었으므로 조바심이 났다.

진군은 조군을 끌어내 단기 결전을 해야만 했으므로 환의는 주력부대를 이끌고 비하를 맹공했다. 이를 통하여 조군의 구원군이 나오도록 한 뒤 조군의 영채를 급습하려고 했으나 환의의 속셈을 꿰뚫고 있었던 이목은 '위위구조(圍魏救趙)'의 전략을 써 조군을 3로로 나누어 진군의 진지를 기습공격하여 점령했다. 진군의 주력부대가 나가 있어 수비하는 병력이 적어진 데다가 조군이 수비만 한 까닭에 진군은 기습 공격을 예상치 못했다. 조군은 쉽게 진군의 본채를 함락할 수 있었다.

비하를 공략하던 환의는 본채가 함락당했다는 소식을 듣고 크게 놀랐다. 보급이 끊어져 선택의 여지가 없었던 환의는 급히 군사를 되돌렸다. 이목은 이를 미리 예상하여 매복하여 진을 친 후, 황급히 되돌아오는 진군을 정면에서 막게 하고 주력부대로 양쪽에서 쳐서 진군 10만을 섬멸했다.

BC 232년 진은 다시 대군를 일으켜 군사를 둘로 나누어 남로군은 업성(鄴城)에 집결시키고, 북로군은 태원(太原)에 집결시켜 남북에서 수도 한단을 협공해 일거에 멸망시키고자 했다. 태원에서 출발한 북로군은 낭맹(狼孟)을 점령한 다음 태항산을 넘어 계속 진격, 평산현(平山縣) 남쪽의 번오(番吾)를 공격했다. 진이 침공하자 유목왕은 이목을 불러들여 장수로 삼았다.

이 해에 조나라는 가뭄으로 농사가 큰 피해를 입었다. 그래서 유목왕은 이목에게 속히 결전하여 승리하도록 요구했다.

이목은 남수북공의 계획을 세우고, 진의 북로군을 집중적으로 공격하여 격파한 후에 남로군을 공격하기로 했다. 그리하여 사마상(司馬尙)에게 업을 지켜 남로군을 막게 하고 이목은 주력군을 이끌고 북쪽으로 가서 진군을 공격했다. 진의 북로군을 번오에서 격퇴하고 곧바로 군사를 이끌고 남하하여 진의 남로군과 조우했다. 북로군이 이목이 이끄는 조군에 의해 패퇴했다는 소식을 듣고 승산이 없다고 판단한 남로군도 잇달아 퇴각하게 되어 진나라의 제4차 조나라 침공이 실패로 끝났다. 그러나 조나라의 손실도 컸으며 인력, 물자의 부족으로 인해 추격전을 펼칠 수 없었다.

거의 매해 수십만 대군을 이끌고 침공해 온 진나라로 인해 물적, 인적 피해가 커서 조나라는 도저히 홀로 진의 침공을 저지할 수 없다고 판단했다. 초와 위는 국력이 약화되었고, 연과 조는 불편한 관계였으므로, 조는 제나라의 지원을 받아야 진나라에 대항할 수 있었다. 조는 사신을 파견하여 제와의 동맹을 도모했지만 진나라는 즉시 사신을 보내어 제나라 조정에 엄청난 양의 황금을 뿌려, 제와 조의 동맹을 무산시켰다.

진은 조가 아닌 한(韓)나라를 먼저 멸망시키기로 했다. 한은 전국시대 초에 한때 위세를 떨쳤지만 곧바로 국세가 기울어 6국 중에서 가장 약한 나라가 되었다. 오랜 기간 진나라의 동진을 막아내며 분전했지만, 한나라는 영토 대부분을 빼앗기고, 남은 영토는 수도인 신정(新鄭)과 옛 도성이었던 양적뿐이었다. 양적이 위치한 지역을 한나라 사람들은 남양라고 불렀다. 당시 한나라 남양의 가수(假守 : 임시 태수)였던 등(騰)은 출신이 불분명했다. 이름은 있지만 성이 없었다. 그는 한나라의 명문거족 출신도 세습 귀족도 아니어서 충성도가 낮았고, 매수 가능성이 높았다. 진의 국위(國尉) 울료(尉繚)는 이런 매수될 가능성이 큰 자들을 집중공략했다.

BC 231년 한나라의 남양 태수 등이 남양을 통째로 들어 진나라에 투항했다. 진은 이에 조나라를 먼저 멸망시키려던 계획을 바꿔 한나라를 먼저 치기로 결정했다. 진은 남양을 접수한 뒤 등을 태수로 임명하고, 이곳을 전진 기지로 삼았다.

BC 230년 내사(內史)로 임명된 등이 진왕 정의 명령을 받아 10만의 군사를 이끌고 조나라를 공격하는 척하다가 기습적으로 남하해 황하를 건너 한나라의 수도 신정에 빠르게 다다랐다.

한나라의 조야는 경악했다. 등은 오랫동안 한나라의 관리로 있었고 한나라의 내부 사정을 잘 알고 있었기에 그가 한나라 정벌 사령관으로 온 이상 한나라가 살아남을 가능성은 낮았다. 그리고 내사라는 관직은 관중의 전체 방어 업무를 관장하는 진나라의 고위직이었다. 투항한 등이 진나라에서 받는 대우를 보고, 한나라의 대신들과 한나라 왕 한안(韓安)은 투항을 고려하게 되었다. 울료는 한나라 왕에게 서신을 보내 항복을 권유했고, 후작 작위를 약속했다.

타국의 지원은 가능성이 없는 가운데, 짧은 논쟁 끝에, 한나라의 지배층은 진나라에 항복했다.

한나라의 멸망 이후 한나라 왕은 남군 영도(郢都)의 황산(荒山)에 유배되었고, 진나라는 관리를 파견해 한나라의 수도 신정을 접수했다. 한군의 대다수는 진군으로 편입되었고, 한나라의 관리와 귀족들은 쫓겨났으며, 영지도 대부분 몰수당했다. 진은 옛 한나라 땅을 영천군(潁川郡)으로 삼았다.

　기습으로 한나라를 공격하여 항복을 받아 멸망시킴으로써 근 10만 명에 달하는 한군 병력을 얻은 진은 호적제도를 정비해 국가 통제력을 강화했다. 진은 다시금 조나라 정벌전을 기획했다.
　이에 비해 조는 몇 년 동안 천재지변에 시달렸다. BC 231년에는 대군(代郡)에 대지진이 일어나 낙서(洛西) 서쪽부터 북쪽으로는 평음(平陰)에 이르는 건물 대부분이 무너지는 피해를 입었다. BC 230년에는 가뭄이 들어 기근으로 고통받았다. 진나라의 관중 지방에도 기근이 들어 고통받는 백성들이 많았다. 이에 진왕 영정은 조나라 원정을 미루려고 했다.
　그러나 울료와 이사(李斯) 등은 조를 6국 겸병의 가장 큰 장애물로 보았다. 장평전에서 대패해 쇠락했어도 삼진(三晉 : 조, 위, 한) 중 가장 강한 나라였기 때문이다. 울료와 이사는 지금이 아니면 조나라를 정벌할 수 없다고 주장하며 나라에 기근이 들었음에도 불구하고 조나라 원정을 강력히 주장했다. 진왕은 이를 받아들여 군사를 일으켰다.

　BC 229년 진나라는 30만 명에 이르는 대군을 소집한 후, 세 가지 길로 한단으로 진격했다. 제1군은 왕전(王剪)이 이끄는 주력군으로 20만 명에 달했다. 태항산에서 출발해 정형(井陘)을 점령하고, 조나라의 중부로 공격해 들어갔다. 제2군은 양단화(楊端和)와 강외(羌瘣)가 지휘했는데, 진군 8만 명을 이끌고 임장(臨漳)을 지나 조나라의 수도 한단을 향해 북상했다. 이신(李信)이 이끄는 제3군은 태항산에서 출발해 운중을 건너 대군(代郡)을 공략했다.

국력을 총동원한 진·조 양국의 총병력은 45만 명이 넘었다.

진나라의 공격에 대비해 조나라의 여러 성들은 성문을 걸어 잠그고 농성을 준비했다. 조나라의 총지휘관 이목은 사마상으로 하여금 업을 지키게 하여 양단화의 남로군을 막고, 자신은 10만 명이 넘는 조나라 주력군을 이끌고 북상했다. 왕전의 20만 진군이 한단을 향해 진격했지만 이목은 수십 리에 걸쳐 해자와 보루를 쌓아놨고, 진군은 수 차례의 공세를 펼쳤지만 이목이 격퇴하여 전선은 교착상태에 들어갔다.

왕전과 이목의 대결에서 모든 조건이 왕전에게 유리했는데, 특히 병력에서 왕전이 유리하였으므로 군을 나누어 조나라의 요충지들을 협격할 수도 있었다. 그러나 노련한 왕전은 성급하게 행동하지 않았다. 이목이 오랫동안 경영해 온 북방의 병사들은 흉노와의 전투로 단련된 군사로 기동전에 능했다. 왕전이 군을 나눈다면 각개격파될 위험성이 존재하는 데다가 늘어진 보급로를 이목이 기병 전력으로 차단할 가능성이 있었다. 왕전은 이목의 조군과 대치 상태에 들어간 후, 장병들에게 굳건히 지키라는 명령을 할 뿐 아무것도 하지 않았고, 그저 진나라 조정에 이목의 제거를 요청하는 파발을 보낼 뿐이었다. 양단화의 남로군도 사마상이 이끄는 조군의 수비를 뚫지 못했다.

그러나 전쟁이 지친 조나라의 민심은 흉흉했다. 거듭된 전쟁과 재해로 민간에는 조나라가 망한다는 요언이 공공연하게 떠돌고 있었다. 조나라 조정의 대신 중에도 자신의 안위를 걱정하는 자들이 생겨났다.

이런 상황에서 진은 이목과 사마상을 제거하는 반간계를 획책했다. 진은 먼저 조의 상국 곽개(郭開)를 매수하기로 했다. 상인 출신의 재상 곽개는 아첨에 능해 조 유목왕이 태자 시절부터 총애했다. 명장 염파(廉頗)마저 모함하여 망명시킨 바 있었던 곽개는 진나라와 내통할 가능성이 큰 자였다. 그리고 조나라 조정에는 진나라에 매수된 간첩이 많았다. 진은 곽개 주변에 있는 첩자들을 통해 많은 황금을 곽개에게 뇌물로 주고 진나라로 끌어들였다.

곽개는 중상모략으로 이목을 몰아낼 계획을 짰다. 곽개가 성공하는 데 큰 도움을 줄 존재가 있었으니, 조나라의 태후였다. 도양왕이 살아있었을 때, 당시 후궁이었던 기녀 출신의 태후는 계략을 세워 태자인 조가(趙嘉)와 그의 모후를 빈번히 모함했다. 도양왕은 이 기녀 출신의 후궁을 총애해 결국 조가를 폐하여 조천을 태자로 세웠다. 이때 도양왕이 태자 조가를 폐하고 조천을 태자로 세우는 것에 대해 이목에게 의견을 물었는데, 이목은 조천의 어머니를 창기라 칭하며 반대해 모욕을 주었다. 기녀 출신의 태후는 사치스러웠고 돈과 미남에 약했다. 이를 이용한 진나라의 공작은 성공했고, 곽개와 태후를 비롯한 조나라 조정의 매수된 반역자들은 계속해서 이목을 모함했다.

곽개는 이목의 필체를 모방한 서신을 가지고 이목이 진과 내통하고 반역을 꾀하고 있다고 주장했다. 유목왕에게는 충직함과 간사함을 구별할 수 있는 능력이 없었다. 유목왕은 대노하여 이목을 파면하고 왕족인 조총(趙蔥)을 보내 이목 대신에 군대를 지휘하게 하였다. 그러나 이목은 전장의 장수는 왕의 명령조차 거부할 수 있다는 이유를 들어 병권을 반납하지 않았다. 이에 유목왕은 은밀히 계략을 세웠고, 비밀리에 사람을 보내 이목을 참살했다. 이목의 죽음으로 인하여 조군의 사기는 땅에 떨어졌다.

장군 사마상은 당황하여 급히 입조해 유목왕에게 간언을 올렸지만, 사마상마저 해임되었다.

그는 조나라의 간신들이 자신마저 죽이지 않을까 근심했다. 사마상은 가족을 데리고 조나라를 떠나 발해만으로 피신했다. 이목과 사마상을 대신해 조총과 안취(顔聚)가 새로운 지휘관으로 부임했으나, 이들은 무능했다.

BC 228년 봄, 왕전이 지휘하는 진군은 대대적인 공세를 펼쳐 조군을 대파했다. 조총은 참살되었고, 안취는 패잔병을 이끌고 한단으로 달아나 방어에 나섰지만 진군은 빠르게 한단에 도착했다.

조 유목왕은 대신들을 불러 모아 대응책을 논의했다. 곽개는 강대한 진군에 더 이상 맞설 수 없음을 주장했다.

"진나라군의 세력은 강대하고, 조나라의 병사는 적으며 장수도 진나라에 못합니다. 더 이상 항쟁하는 것은 계란으로 바위를 치는 것과 같습니다."

유목왕은 항복을 결정했고 조나라는 멸망하고 말았다. 유목왕은 상용(上庸)의 방릉(房陵)에 유배되었다.

폐위되었던 태자 조가는 장군 안취와 씨족 수백 가구를 이끌어 북쪽의 대군(代郡)으로 도망쳤다. 패잔병을 수습하고, 상곡군(上谷郡)과 대군을 점거한 조가는 왕으로 옹립되어 왕을 칭했다.

한단이 함락되고 조가가 대군으로 피신한 지 얼마 지나지 않아 진군은 역수(易水)에 이르렀다. 연나라 왕 희(喜)와 군신들은 진나라의 대군이 머지않아 연나라를 침공해 올 것을 알았다. 태자 단(丹)의 스승인 국무(鞠武)는 태자에게 서쪽으로는 조의 태자 조가와, 남쪽으로는 제나라와 연합하고, 초나라와 동맹을 맺은 다음 북쪽으로는 흉노와 우호 관계를 형성해 진나라에 공동으로 대항할 것을 건의했다. 그러나 위나라, 초나라, 제나라의 많은 신하들이 진나라에 매수되었음을 알고 있었다. 합종은 불가능했다.

BC 227년 연 태자 단은 자객 형가(荊軻)를 보냈으나 실패했다. 분노한 진왕 영정은 대군을 일으켜 왕전과 신승(辛勝)에게 연나라를 공격하게 했다. 연나라는 조가가 이끄는 조나라의 잔여 세력과 연합하여 진군에 저항했지만 역수의 서쪽에서 패했다.

BC 226년 진왕은 왕전의 원정군에 많은 병력을 증원하였고, 왕전은 연군을 대파하여 수도 계성(薊城)을 점령했다. 연왕 희와 태자 단은 요동(遼東)의 양평(襄平)으로 도주했다.

이에 진군은 주공을 남쪽으로 틀었다. 진나라 명장 왕전의 아들 왕분(王賁)은 10만 병력을 이끌고 초나라의 북부 지역을 공략하여 성 10개를 점령했다. 이는 위나라에 대한 초나라의 지원을 막으려

한 것이었다.

【이 해에 진왕 정은 신정에서 일어난 한나라 귀족들의 반란을 무자비하게 진압하고, 영진(郢陳)에 있었던 한왕을 죽였다.】

BC 225년 왕분이 이끄는 10만 진군은 북상하여 위나라를 기습하여 빠르게 위나라의 수도 대량(大梁)을 포위했다.

위왕은 요새화된 도시의 방어력에 의지하여 결사 항전을 택했다. 대량성은 주위에 그물 같은 수운망을 가지고 있어 물자 공급이 원활했다. 대량성의 군사는 10만에 달했고, 성내의 군량은 충분했다. 왕분이 이끄는 진군은 대량성에 맹공을 가했지만 사상자만 늘어났다.

대량은 오늘날의 하남성 개봉으로 황하가 인접한 곳으로 높이가 황하를 밑돌았다. 왕분은 대량을 수몰시키기로 했다. 왕분은 군사들로 하여금 대량성 주위의 수운로를 장악하여 대량성을 둘러싸는 제방과 대량성 서북쪽에 물길을 틀어 황하의 물을 끌어들여 그 하류를 막는 제방을 쌓도록 했다. 초봄인데도 진군이 제방을 쌓자 10일에 걸쳐 비가 내렸다. 왕분은 둑을 파괴하게 하니 대량성은 물에 잠겼다.

대량성이 물에 잠기고 시간이 지날수록 많은 사상자가 생겨났다. 성내가 물에 잠기자 물에 닿은 곡식은 썩어들어갔다. 우물이 오염되어 물을 먹고 죽는 자가 속출했다. 대량성이 물에 잠긴 지 3개월이 되어 물에 잠긴 성벽이 무너지기 시작해 성의 곳곳이 뚫리게 되었다. 성벽이 무너지자 왕분은 총공세를 명령했다. 수 차례의 공방전 후, 위왕은 성문을 열고 항복하여 위나라는 멸망했다. 위왕 위가

(魏假)는 머지않아 살해당했고, 진왕은 대량을 철저히 파괴했다.

 진의 다음 목표는 초나라였다. 초나라는 비록 쇠락했으나 여전히 남방의 대국이었다.
 진왕은 젊고 용감한 장수 이신(李信)에게 물었다.

 "내가 초나라를 공격해 빼앗으려고 하는데, 장군이 생각하기에 병사가 어느 정도면 되겠소?"
 "20만이면 충분합니다."

 진왕은 노장 왕전에게 물었다.

 "반드시 60만이 아니면 안 됩니다."
 "왕 장군도 늙었구려, 무엇을 그리 겁을 내시오! 이 장군이 과연 기세가 용맹하다더니, 그 말이 옳소."

 이신과 몽염(蒙恬)을 장수로 삼아 병사 20만 명을 이끌고 초나라를 정벌하게 했다.
 이신은 군사를 둘로 나누어 자신은 평여(平輿)를 공격하고, 부장 몽염은 침구(寢丘)를 공격하게 해 함락시켰다. 이신은 원정군을 합세하여 초나라의 수도인 수춘으로 남하해 일거에 초나라를 멸망시키려 했다.
 전황은 초나라가 불리했으나 초나라의 주력은 보존된 상태였다. 초의 장수 항연(項燕)이 진군에 맞섰을 때, 창평군(昌平君)이 거병하여 영진 일대를 장악하고 이신의 퇴로와 보급을 끊었다.

【진군이 점령한 많은 지역에서 반란 기미가 있었다. 진왕 정은 초나라를 정벌하기에 앞서, 초나라의 공자라는 특수한 신분을 가진 창평군이 초나라의 군민들을 위무하여 영진의 시국을 안정시키길 원했다. 진나라의 재상을 지냈으나 초나라의 왕족이기도 했던 창평군은 조국 초나라의 멸망을 두고만 볼 수 없었다. 창평군은 초나라의 공자라는 신분을 활용하여 반진세력을 결집한 후 진군의 후방에서 반란을 일으켰다. 본래 초나라의 땅이었던 영진 일대의 초나라 백성과 가까운 한나라 백성도 그에 호응하여 반란 세력은 순식간에 영진을 장악했다.】

이신의 진군은 예상치 못한 창평군의 반란으로 포위섬멸될 위기에 처했다. 일단 후방의 위협이 되는 창평군을 진압하기로 했고, 퇴각하여 반란군과 전투를 벌였다. 20만 대군을 이끈 초나라의 총사령관 항연은 진군을 추격했다. 3일 밤낮 동안 추격하여 진군을 후방에서 기습했다. 이신은 패잔병을 이끌고 퇴각했다. 항연은 조나라 국경까지 추격해왔으나 보루에 막혀 할 수 없이 선회해 남군을 공략했다. 항연은 초나라의 옛 실지를 되찾고 계속해 서진하여 한나라의 경내로 들어섰다.

진왕 정이 이에 스스로 빈양 땅으로 가서 왕전을 만나 사죄하며 말했다.

"과인이 장군의 계략을 쓰지 않아 이신이 과연 진나라 군대를 욕보였소. 지금 들으니 초나라 병사가 날마다 서쪽으로 진격하고 있다고 하니, 장군께서 비록 병중이라고 해도 과인을 버리지 말아 주시오!"
"노신은 지치고 병들어 정신이 혼미하니, 대왕께서는 부디 현명한 장수를 택해주십시오."
"그만하시오, 장군께서는 다시는 그런 말을 하지 마시오!"
"대왕께서 어쩔 수 없이 신을 쓰고자 하신다면, 60만 명의 병사가 아니면 안 됩니다."
"장군의 계략을 따르도록 하겠소."

왕전이 이번 전쟁에서 패배하여 초군이 북상한다면 한·위·조의 귀족들이 호응하여 진군을 몰아낼 가능성이 컸다.

BC 224년 왕전과 몽무(蒙武, 몽염의 아버지)는 60만 대군을 이끌고 평여로 진출했다. 이에 초왕 부추(負芻)는 전국의 병력을 동원했다. 항연은 본래 이끌던 20만 명의 군사와 초왕 부추에게서 증원받은 20만 명을 합친 40만의 대군을 이끌고 평여에서 진군과 대치했다. 그러나 왕전은 10여 리에 걸친 진을 펼치고 지킬 뿐 전투를 하지 않았다. 초군이 진군을 도발하며 전투를 유도해도 진군은 대응하지 않았다.

평여에서 100만 명에 달하는 군사가 대치 상태에 들어갔다. 삼진을 멸망시킨 진나라는 후방의 걱정 없이 대량의 물자를 지원하며 장기전을 벌였다. 왕전은 매일 양과 소를 잡아 병사들과 식사를 하고 훈련시켜 점차 병사들의 투지와 사기가 높아졌다. 진·초 양국의 병력이 총동원된 후 한 해를 넘기자 초나라는 농업 수확에 차질이 생겨나게 되었고, 정치적으로도 균열이 생기기 시작했다.

대치가 1년을 넘기자 항연은 초군에 동쪽으로 철군하라는 명령을 내렸다. 왕전은 즉시 출병해 암암리에 초군을 추격하여 용맹한 용사들을 선봉으로 앞세워 초군을 강타했다. 진군은 초군을 기(蘄)의 남쪽에서 대파하고, 추격을 계속해 연달아 초군을 격파해 대장 항연마저 죽였다. 왕전은 수도 수춘을 공격하여 초왕 부추를 포로로 잡았다.

초왕이 사로잡힌 이후 창평군은 강남으로 패퇴하여 회남에서 초왕으로 옹립되었다. 오월을 점거하고 장강의 지세를 경계로 삼아 진나라에 저항했으나, 왕전은 회남을 공격해 격파하여 창평군을 죽이고 초나라를 완전히 멸망시켰다.

BC 222년 진왕은 왕분에게 명령하여 요동을 공격하게 했다. 왕분이 연왕 희를 포로로 잡아 연나라는 멸망했다. 왕분은 돌아오는 길에 대를 공격하여 대왕 조가를 사로잡았다.

BC 221년 진왕은 몽염을 사령관으로 하여 제나라를 공격했다. 몽염은 제나라 서부를 공격해 들어갔다. 몽염의 진군이 여러 차례 돌파를 시도했지만 제나라의 방어선은 견고하여 전황은 교착상태에 빠졌다.

당시 제나라의 서부는 제수(濟水)를 경계로 하고, 장성이 서부와 남부를 둘러싸 그 길이가 350km에 달했다. 그러나 북부에는 이렇다 할 장애물이 없었다. 진왕 영정은 연나라에 주둔 중이던 왕분으로 하여금 군을 이끌고 제나라 북부로 남하하게 했다. 제나라 주력군이 서부에 묶인 사이, 왕분과 부장 이신은 연나라에서 출정하여 제나라의 북부를 무인지경으로 진군하며 수도인 임치(臨淄)를 포위했다. 임치의 병력이 수만 명에 달하고 수년 동안 버틸 군량이 있었지만 이미 6국 가운데 제나라만이 홀로 남은 상태였고, 버틴들 멸망의 시기만 늦출 뿐이었다.

왕분은 임치를 포위하고 섣불리 공격하지 않았다. 왕분은 제나라가 안에서 붕괴되고 있음을 알았다. 왕분은 임치에 사신을 보내 제왕 전건(田建)에게 항복할 것을 권고했다. 진나라는 제왕 건에게 500리의 봉토를 줄 것을 약속한 것이다. 제왕 건에게 있어, 재상 후승(后勝)도 제왕 건에게 항복을 권했다. 그리하여 제왕 건은 항복하고 제나라는 멸망했다.

제왕 건은 500리의 봉지가 아닌 공성(共城)의 송백나무 숲에 연금되어 음식을 거의 받지 못해 결국 굶어 죽었다.

◾ 6국은 왜 연합하지 못했는가

진의 중국 통일은 얼핏 보면 진의 막강한 군사 역량 때문인 것으로 보인다. 확실히 변법 개혁의 성공으로 기원전 3세기에 접어들 때 진은 독보적인 강국이 되었다. 그러나 전국칠웅 가운데 나머지 6국의 전체 역량은 영토가 진의 5배, 군사는 진의 10배로 계산되는 것을 보면 6국의 합종이 이루어지지 않은 것이 진이 6국을 겸병할 수 있었던 더 큰 이유이다. 진나라에 대항한 합종이 여러 차례 이루어져 소기의 성과를 거둔 사례들이 이를 입증한다.

그러므로 진은 6국에 간첩을 보내어 매수 등의 방법으로 친진(親秦) 세력을 부식시키고 반진(反秦) 인사를 공직에서 배제시키는 공작을 치열히 했다. 그리고 친진 세력을 활용해 6국의 합종을 방지했다. 이사가 진왕 영정에게 유세한 말에서 이것이 잘 드러난다.

다른 사람에게 의지하는 사람은 기회를 놓치지만 큰 공을 이루는 사람은 남의 약점을 파고들어 밀고 나갑니다. 옛날에 진나라 목공(穆公)이 패자(霸者: 제후의 우두머리)가 되고서도 동쪽에 있는 여섯 나라를 끝까지 함락시키지 못한 것은 무엇 때문입니까?
그것은 제후의 수가 너무 많은 데다가 주나라 왕실의 은덕이 여전히 쇠퇴하지 않았기 때문에 다섯 패자가 차례로 일어나 번갈아 가며 주나라 왕실을 더욱 존중했기 때문입니다.
그러나 진나라 효공(孝公) 이래 주나라 왕실이 쇠약해져서 제후들이 힘을 합쳐 관동(關東)은 여섯 나라로 줄어들었습니다. 진나라가 상승세를 타고 제후들을 눌러 온 지 벌써 6대나 되었습니다. 지금은 제후들이 진나라에 복종하여 마치 진나라의 군현이나 같습니다. 무릇 진나라의 강대함에 대왕의 현명함이라면 취사부가 단지 위에 앉은 먼지를 훔치듯 손쉽게 제후를 멸망시키고, 황제로서 대업을 이루어 천하를 통일하기에 충분합니다.
이것은 만년에 한 번 있는 기회입니다. 지금 게으름을 피우고 서둘러 이루지 않으면 제후들이 다시 강대해져서 서로 모여 합종(合從)하기로 약속할 것이고, 그렇게 되면 황제(黃帝) 같은 현명한 왕이 있을지라도 천하를 손에 넣을 수 없을 것입니다.

진나라 왕은 이사를 장사(長史 : 궁내를 총괄하는 벼슬)로 삼고, 그의 계책을 듣고 은밀히 모사들에게 금옥(金玉)을 가지고 가서 제후들에게 유세하도록 하였다. 제후국의 명사(名士) 가운데 재물로 통하는 자는 후하게 재물로 친분을 맺었고, 말을 듣지 않는 자는 예리한 칼로 찔러 죽였다. 또 군주와 신하 사이를 이간시키는 계략을 쓰면서 진나라 왕은 뛰어난 장수를 보내 그다음 일을 수행하게 하였다.

울료 역시 진왕 영정에게 비슷한 정책을 제안했다. 그는 6국의 권신(權臣)들을 매수해 6국을 내부로부터 붕괴시키는 방법을 쓰자고 건의했다.

> 진(秦)은 강하고 제후(諸侯)는 비유하자면 군현(郡縣)의 군주와 같으나, 신(臣)은 다만 제후(諸侯)의 합종(合從)이 두렵고, 한꺼번에 뜻하지 않게 일어난다면 이는 곧 지백(智伯)·부차(夫差)·민왕(湣王)이 망한 이유입니다. 원컨대 대왕(大王)께서 재물을 아끼지 마시고 그 호신(豪臣)에게 뇌물을 주며 그 지모를 어지럽힌다면, 불과 30만 금(金)을 잃고 제후를 모두 얻을 수 있습니다.

30만 금은 진나라 국고의 거의 전부에 달하는 것이었지만, 진왕 영정은 이를 받아들였는데, 아예 국고를 울료에게 넘겨주어 마음껏 쓰게 하며, 어디에 쓰는지 묻지 않기로 했다. 그리하여 울료는 간첩을 보내어 6국의 고관대작을 매수했다.

이러한 진의 외교정책은 시황제 즉위 후에 시작된 것이 아니었다. 진 혜문왕 때부터 본격 시작된 것으로 볼 수 있다.

진나라의 혜문왕은 초나라와 제나라의 합종을 깨려고 재상 장의를 초나라에 보냈다.

장의는 초나라 회왕(懷王)에게 이렇게 유세했다.

> 대왕께서 진실로 신의 의견을 들으실 수 있다면, 관문(關門)을 닫고 제와의 맹약을 파기하십시오. 그러면 신은 상(商), 오(於 : 현재의 섬서성)의 땅 600리를 초나라에 바치고, 진의 왕녀를 보내 대왕의 곁에서 소제하는 첩으로 삼으며, 진과 초가 통혼하여 오래오래 형제의 나라로 만들겠습니다. 이는 북으로는 제나라를 약화시키고 서쪽으로 진을 이롭게 하는 방법으로서, 이보다 더 좋은 계책은 없을 것입니다.

초 회왕은 장의의 감언에 넘어가 제나라와의 동맹을 깨니, 제는 오히려 진과 동맹했다. 초 회왕은 육백리 땅을 거저 얻을 생각에 부풀어 사신을 보냈는데, 장의가 놀렸다.

> "나에게 6리의 봉읍이 있는데, 이를 대왕의 좌우에게 바치고자 한다."

분노한 초 회왕은 군사을 일으켜 장군 굴개(屈匄)에게 진나라를 공격하도록 명령했다. 오히려 진군에게 8만이 참수되고 굴개는 전사하고 단양(丹陽)과 한중(漢中)지역을 빼앗겼다. 초는 다시 더 많은 군사를 동원해 공격했으나 남전(藍田)에서 대패하여 성 2개를 건네주고 강화를 맺었다.

이어 진은 검중(黔中)의 땅을 얻으려고 무관 밖의 진 영토와 바꾸자고 초에게 강요했다.

회왕은 "땅을 바꾸는 것은 원치 않는다. 장의를 넘겨주면 검중의 땅을 바치겠소."라고 했다.

진의 혜문왕은 장의를 보내려고 했으나 차마 입이 떨어지지 않았다. 그러나 장의는 자청하여 초로 가려 했다.

> 혜문왕 : 초왕은 그대가 상과 어의 땅으로 자기를 속였다고 화가 나서 그대에게 화풀이하려는 것인데 …….

> 장의 : 진은 강하고 초는 약합니다. 신은 근상(靳尙)이란 자와 친합니다. 그는 초왕의 부인(夫人) 정수(鄭袖)를 섬기고 있는데 초왕의 부인은 그의 말이라면 다 들어줍니다. 또 신이 왕의 부절(符節)을 받들고 초에 사신으로 가는데, 초가 감히 신을 처형할 수 있겠습니까? 설사 신을 처형해도 진을 위해 검중의 땅을 얻을 수 있다면, 신은 더 이상 바랄 것이 없습니다.

장의는 다시 회왕을 속일 수 있다고 자신하여 초나라로 갔다. 회왕은 장의가 도착하자마자 죽이려고 했다. 그러나 근상이 정수를 설득하고 있었다.

> 근상 : 장차 왕에게 천대받을 것을 아십니까?

정수 : 그것이 무슨 말인가?
근상 : 진왕은 장의를 총애하는데, (초는) 그를 내보내려 하지 않고 있습니다. 그래서 진은 상용의 땅 6현으로 초를 매수하고, 또 미인을 초에 보내면서 아울러 노래 잘하는 궁녀를 딸려 보내려고 합니다. 초왕은 땅을 중히 여기고 진을 존중하므로, 진의 궁녀는 반드시 귀한 대접을 받을 터이고 부인은 쫓겨날지 모릅니다. 초왕에게 말씀드려 장의를 구출하느니만 못합니다.

정수는 줄기차게 회왕을 설득했다.

신하들이란 각기 그 주군을 위해 일하는 법입니다. 지금 약속한 땅을 주기 전에 진이 장의를 보낸 것은 왕을 지극히 존중한 것입니다. 그런데도 왕께서 답례도 하기 전에 장의를 죽이시면, 진은 틀림없이 대노하여 초를 공격할 것입니다. 첩의 모자를 모두 강남으로 옮겨, 진의 손에 어육(魚肉)처럼 토막나는 일이 없게 해 주시기 바랍니다.

초왕은 장의를 용서한 다음, 전처럼 후한 대우를 했다.

반진 연합이 상책인데도 진의 집요한 뇌물 공세와 지식인 매수로 반진 연합이 그릇된 정책인 양 6국의 집정자들을 현혹시켰다. BC 260년 장평전이 한창일 때 제나라 왕이 취한 태도에서 잘 드러난다.

조나라가 위기에 몰리자 초와 제가 도우려 했다. 이에 진은 조를 도우면 초와 제를 공격하겠다고 협박했다. 군량이 떨어져가자 조나라는 제에 곡물을 요청했다. 제왕 전건이 거절하자 한 모신(謀臣)이 설득했다.

> 요청을 들어주어서 진나라 군사를 퇴각시키는 것만 못합니다. 들어주지 않으면 진나라 군사는 물러가지 않을 것이니 이는 진나라의 계책이 적중한 것이고 제나라와 초나라의 계책이 잘못된 것입니다.
> 또 조나라는 초나라와 제나라의 병풍과 같아서 이에 입술이 있는 것과 같으니 입술이 없으면 이가 시리게 됩니다. 오늘 조나라가 망하면 내일은 근심이 제나라와 초나라에 미칠 것입니다.
> 또 조나라 구원에 힘쓰는 것은 새는 물동이라도 들어서 타는 가마에 물을 부어주는 것과 같습니다. 조나라를 구원하는 것은 의로움을 높이는 것이고, 진나라 군사를 물러가게 하는 것은 이름을 드러내는 것입니다.
> 의로 망하는 나라를 구원하고 위엄으로 강한 진나라 군사를 물러가게 하는데, 이런 일에 힘쓰지 않고 곡식을 아끼는 데 힘쓴다면 나라를 위한 계책이 잘못된 것입니다.

제왕 전건은 듣지 않았다. 이에 진의 장수 백기는 장평에서 조나라 군사 40여만을 포로로 하고는 곧 조의 수도 한단을 포위했다. 멸망 위기를 맞은 조나라는 외교 공작으로 살아남았다.

「백기 열전」에 이렇게 기록되어 있다.

> 한나라와 조나라가 두려워하며 소대(蘇代)에게 후한 예물을 주고 진나라의 재상인 응후(應侯 : 범수)를 달래게 했다.

"무안군(武安君 : 백기)이 마복군의 아들을 잡았습니까?"

응후가 "그렇소."라고 말했다.

또 소대가 말했다.

"바로 한단을 포위할 것입니까?"

응후가 "그렇소."라고 말했다.

"조나라가 망하면 진왕은 천하의 왕이 되고, 무안군은 삼공이 될 것입니다. 무안군이 진나라를 위해 싸워서 이기고 일흔 남짓 재를 쳐서 뺐었고, 남쪽으로 언·영·한중을 평정하고 북쪽으로는 조괄의 군대를 모두 사로잡았으니, 비록 주공·소공·태공망의 공적도 이만은 못할 것입니다.

이제 조나라가 망하고 진왕이 천하의 왕이 되면 무안군은 반드시 삼공이 될 것인데, 그대는 그보다 낮은 자리를 참을 수 있겠습니까? 비록 그 밑에 있지 않으려고 해도 그렇게 되지는 않을 것입니다.

진나라가 일찍이 한나라를 공격해 형구(邢丘) 땅을 포위하고 상당 땅을 곤궁하게 했을 때, 상당 땅의 백성들은 모두 조나라로 갔으니 천하가 진나라의 백성이 되는 것을 싫어하게 된 지가 이미 오래되었습니다. 지금 조나라가 망하면 북쪽 땅은 연나라로 들어가고, 동쪽 땅은 제나라로 들어가며, 남쪽 땅은 한나라와 위나라에 들어갈 것이니, 그대가 얻을 백성은 얼마 되지 않을 것입니다. 그러므로 차라리 조나라의 땅을 나누어 받고 무안군이 공을 세우지 못하게 하는 쪽이 낫습니다."

이에 응후가 소양왕에게 말했다.

"진나라 병사는 지쳤으니, 한나라·조나라의 땅을 나누어 받고 화친을 맺어 우선 병사들을 쉬게 하십시오."

【소양왕은 이를 받아들이고 한나라의 원옹(垣雍)과 조나라의 성 6개를 나누어 받고 화친했다.】

정월, 병사를 모두 불러들였다. 무안군이 이를 듣고 이 일 때문에 응후와 사이가 나빠졌다.

이는 진나라 권신 범수와 장수 백기의 갈등을 이용하여 이간한 것이다.

그러나 2년 후 진의 소양왕은 조나라를 멸망시키려 대군을 동원해 위나라의 수도 한단을 포위했다. 위나라 신릉군(信陵君)이 주도하여 간신히 위나라와 초나라의 원군을 불러들여 진군을 격파하여 한단의 포위를 풀었다.

10년 후인 BC 247년 진이 장수 몽오를 보내어 위나라를 치자 조나라에 머물던 신릉군이 귀국하여 상장군이 되어 한·위·조·초·연 5국 연합군을 동원하는 데 성공했다. 연합군은 진군을 격퇴하여 함곡관까지 몰아내었다.

신릉군은 진의 통일을 20년 늦추었다는 평가를 받는다.

진은 신릉군을 실각시키려 황금 만근을 가지고 위나라에 보내 매수공작을 하고 반간계를 써서 성공했다. 물러난 신릉군은 실의에 빠져 술에 빠져 살다가 BC 243년 세상을 떠났다.

제왕 전건은 합종을 주장하는 신하의 간언을 물리쳤다.

제(齊)의 땅은 사방 몇천 리이며 대갑(帶甲)이 몇 백만입니다. 무릇 삼진(三晉)의 대부(大夫)는 모두 진(秦)을 불편하게 여기며 아(阿)·견(鄄)의 사이에 몇 백 명이 있는데, 왕께서 거두신다면 백만의 무리와 함께 삼진(三晉)의 옛 땅을 거두고 곧 임진관(臨晉關)에 들어갈 수 있습니다.

언(鄢)·영(郢)의 대부(大夫)도 진(秦)을 위하고 싶어 하지 않으며 성남(城南) 아래에 몇백 명이 있는데, 왕께서 거두신다면 백만의 병사와 함께 초(楚)의 옛 땅을 거두고 곧 무관(武關)에 들어갈 수 있습니다. 이렇게 된다면 제(齊)는 위엄을 세울 수 있고 진(秦)은 망하게 됩니다.

무릇 남쪽을 향하여 천자를 칭하는 것을 버리고 서쪽을 향하여 진(秦)을 섬기는 것은 대왕을 위해 취할 것이 아닙니다.

그러나 제왕은 듣지 않았다.

제왕 전건이 즉위한 이후 제나라는 40년 동안 출병하지 않았다. 전투를 경험하지 못하여 병졸과 장수가 실전 경험을 쌓지 못했고 기강이 해이해졌다. 제나라 사람들은 제왕 전건이 6국의 합종에 참여하지 않음을 불평했다.

제왕 전건 16년(BC 249), 후승(后勝)이 제나라의 재상이 되었다. 진나라는 그가 재물을 탐내는 것을 알고 많은 황금과 옥기를 후승에게 선물했다. 후승은 제나라 빈객들을 진나라에 많이 보냈는데, 진나라가 이들에게도 돈을 많이 주니 빈객들이 모두 진의 간첩이 되어 제나라 왕에게 진나라에 입조하고, 공격에 대비하지 말 것이며, 다섯 나라가 진나라를 공격하는 것도 돕지 말라고 권했다.

진나라가 다섯 나라를 집어삼킨 뒤 제왕 전건은 위협을 느끼고 군사를 집결시켰으나 너무 늦었다. 50년이 넘는 거짓 평화로 이미 전투력이 사라진 군대였다. 6국 가운데 칼도 뽑지 않고 제는 투항했다.

진은 한·조·위·연·초 5국을 멸망시킬 때 적지 않은 피해를 보았다. 진의 간첩 공작이 가장 성공한 사례가 제나라였다. 제나라의 식자 가운데 반진 동맹을 주장한 이는 거의 없었다. 지식인의 타락 부패가 가장 심한 나라가 제나라였다.

항복 후, 제왕 건은 압송되어 공(共) 땅의 소나무 잣나무 숲에 살다가 굶어 죽었다. 진은 이용 가치가 없어진 후승을 처형했다. 조나라를 멸망시키며 당장 곽개를 죽이지 않고 후대한 것은 아직 진나라가 6국을 통일하지 못했기에 남은 6국의 매수된 자들을 더 이용하기 위해서였다. 제나라를 멸망시키자 더 이상 그럴 필요가 없어진 것이다.

제나라 사람들은 왕이 일찌감치 제후들과 합종하여 진나라를 공격하지 않고 간신과 빈객들의 말만 듣고 나라를 망하게 한 것을 원망하여 노래했다.

소나무인가? 잣나무인가?
왕 전건을 공 땅에 살게 한 자들은 빈객들인가?

2장 일본, 독일의 도움으로 일어난 러시아 혁명

◼ 러·일 전쟁과 1차 러시아 혁명

1904년 2월 8일 일본 제2 함대는 인천에 정박 중인 러시아 순양함 바략 호와 카레이츠 호를 기습 공격하여 침몰시켰다. 이어 일본

제1군이 인천, 남양, 군산, 원산에 상륙하기 시작했다. 이날 밤 10시 조금 전 일본 연합함대의 어뢰정들은 여순 항구로 잠입했다. 러시아군은 일본의 기습공격을 전혀 눈치 채지 못하고 일본 어뢰정을 자신들의 경비정으로 오인했다. 9일 0시 30분 일본 어뢰정은 어뢰를 일제히 발사하고 퇴각했다. 이 공격에 러시아 전함 2척이 대파되고 배수량 6천 톤인 순양함 팔라다 호가 격침되었다. 9일 아침 여순 항에서 해전이 벌어졌으나 승패가 나지 않았다. 여순 항의 포대가 포격하여 일본 함대는 물러났다. 이날 일본 육군 선발대 2천 명이 인천 상륙을 마쳐 대한제국의 중립 선언은 의미가 없게 되었다.

10일 일본은 공식으로 러시아에 선전포고했다.

러일 전쟁에서 아카시 모토지로(明石元二郎, 1864~1919) 대좌의 첩보 공작활동이 일본의 승리에 큰 기여를 했다.

아카시는 1864년 후쿠오카에서 사무라이 가문에서 태어났다. 번교(藩校) 수유관(현재 후쿠오카 현립 수유관 고등학교)을 거쳐서 1883년에 일본 육군사관학교(육사 6기)를 졸업하고 보병 소위로 임관했다. 1889년에 육군대학교(5기)를 졸업한 후 참모본부에서 근무하는 동시에 해군사관학교 교관을 겸임했다.

청일 전쟁 때는 정보 수집 임무를 띠고 요동 반도와 화북 지방, 대만, 프랑스 식민지인 베트남을 두루 돌아다녔다. 청일 전쟁이 끝날 무렵 소좌로 승진했다. 1898년 미국 -스페인 전쟁이 일어나자 필리핀으로 파견되어 전쟁 상황을 보고했다. 청에서 의화단의 난이 나자 천진으로 파견되었다.

1900년 말 유럽 순회 무관으로 임명된 아카시 모토지로 대좌는 유럽 전역에 첩보망을 세웠다. 현지 일본 무역상과 포섭된 현지인들이 활동했다. 아카시는 1902년 8월 러시아 주재 일본 공사관의 무관이 되어 활동했는데 영일 동맹에 기반하여 영국 비밀 정보국(Secret Service Bureau, 현대의 Secret Intelligence Service, 즉 MI 6의 전신)의 도움을 받았다.

1903년 러시아와 일본 사이에 긴장이 높아가자 공작금 1백만 엔이라는 엄청난 거액을 받아(당시 일본 예산은 2억 3천만 엔) 러시아 육군의 이동과 해군의 배치 상태에 관한 정보를 수집하고 반체제 인사들과 접촉했다.

영국 비밀 정보국 소속의 첩보원 시드니 라일리(Sidney George Reilly, 1873년 무렵 출생)를 고용했는데, 라일리는 아카시의 요청으로 1903년부터 건축 목재 상인으로 위장하여 여순 항구로 가서 목재 무역 회사를 설립했다. 라일리는 러시아군 사령부의 신뢰를 얻어 러시아군의 동향과 여순 요새의 방어에 대한 정보를 영국과 일본에 가져왔다.

러일 전쟁이 발발하면서 러시아 주재 일본 공사관은 중립국 스웨덴의 수도 스톡홀름으로 이전했다. 아카시는 1904년 하반기 헬싱키로 가서 로마노프 왕조를 전복시키려는 러시아의 여러 혁명 조직과 접촉하고 러시아 제국에서 독립하려는 소수 민족 단체 - 폴란드 독립운동 조직, 핀란드 독립운동 조직, 그루지아 독립운동 조직을 지원했다.

【1809년 스웨덴의 일부였던 핀란드는 피란드 대공국 형식으로

러시아 제국의 일부가 되었다. 러시아 황제가 핀란드 대공을 겸임했다. 핀란드 주민은 독자적인 법률, 언어, 종교를 허용받았다. 19세기 말 러시아 제국의 방침이 바뀌어, 핀란드의 러시아화 정책이 시행되었다. 이에 핀란드 독립 운동이 일어났다.】

그러나 러시아의 여러 혁명 조직은 볼셰비키를 제외하고는 모두 일본의 지원을 거절했다.

모토지로는 특히 볼셰비키 지도자 리트비노프(Макси́м Макси́мович Литви́нов, 1876~1951), 보롭스키(Вацлав Вацлавович Воровский, 1871~1923)를 후원했다. 아카시는 스위스에 망명 중인 레닌과도 만나 정치자금을 주었다.

【아카시는 '타타르 사람인 당신이 타타르를 지배하는 로마노프 왕조를 무너뜨리는데 일본의 힘을 빌리는 것이 어찌 배신인가'라고 말하며 설득했다고 회고했다. 레닌의 부계 조상은 칼묵 몽고인이다】.

1905년 1월 22일(당시 러시아의 율리우스력으로는 1월 9일) 이른바 '피의 일요일' 사건이 일어났다.

이후 러시아 제국은 심각한 소요 사태에 직면했다('피의 일요일 사건'에도 아카시 모토지로의 공작이 있었다는 주장이 있다). 폴란드에서도 러시아 지배에 항거하는 노동자 총파업이 일어났는데 1월 말에는 참가자가 40만이 넘었다.

2월 17일 니콜라이 2세의 숙부인 모스크바 총독 세르게이 알렉산드로비치 대공(알렉산드르 2세의 5남)이 암살되었는데, 다음날 니콜라이 2세는 자문회의 설립과 언론자유 등을 약속하는 칙령을 발표했다.

  1905년 초 핀란드 독립운동 지도자 콘니 질리아쿠스(1855~1924)는 무장 투쟁을 계획했는데, 아카시 모토지로는 무기를 운송할 배 구입 자금을 주었다.

  1883년에 제조된 315톤의 기선 '존 그래프톤(John Grafton)'호를 샀는데, 겉으로는 핀란드 독립 운동에 동조하는 영국 상인 로버트 디킨슨(Robert Richard Dickenson) 이름으로 했다.

  '존 그래프톤(John Grafton)'호는 15,560정의 스위스 베테를리 라이플와 250만 발의 탄환, 3톤의 젤라틴 폭발물, 2,000정의 웨블리 MK 권총을 싣고 런던을 출항했다.

  7월 28일 비영국계 회사에 팔려 이름을 '루나(Luna)'로 바꾸었다.

  처음 계획은 네덜란드와 코펜하겐을 경유하여 핀란드 만의 연락 장소까지 간 다음, 항해를 계속 상트페테르부르크에 도착하는 것이었다. 여기서 일부 무기를 하적할 예이었다.

  몇 가지 문제로 항로는 변경되어, 배는 보스니아 만의 케미 시로 향했다. 여기서 무기 일부를 내렸다. 이어 핀란드 독립운동의 중심지인 야콥스타드(Jakobstad)로 항해하여 다시 무기를 하적했다. 이어 남쪽으로 항해하다가 좌초되었다.

  선원들은 남은 무기를 건지려 하였으나 불가능하자, 선장이 러시아 당국의 감시에 걸리지 않으려 자폭을 결정했다. 9월 8일 오후 배는 폭파되었는데, 폭음이 50km 떨어진 곳까지 들렸다.

1905년 9월 5일 포츠머스 강화조약으로 러일 전쟁은 일본의 승리로 끝났다.

모토지로의 첩보 공작을 잘 아는 독일의 빌헬름 2세는 "아카시만으로도 일본군 20만 명에 필적하는 성과를 거두었다"고 말했다.

육군 참모총장 및 병참 총장 야마가타는 일본 천황에게 아카시가 만주 주둔 일본군 10개 사단보다 더 가치가 있다고 보고했다. 이는 과장스런 표현이지만 아카시의 첩보·후방교란 활동이 놀라운 효과를 보았기에 나올 수 있는 말이었다.

▣ 독일의 전폭적 지원으로 성공한 볼셰비키의 집권

1914년 여름 1차 세계대전이 일어나자, 독일 정부는 적국에서 내분을 일으킬 수 있는 혁명가들을 이용할 생각을 했다. 독일 첩보부는 이미 유럽 각국의 거의 모든 혁명 조직과 정기적으로 접촉을 하고 있었다. 레닌이 지도자인 볼셰비키에 대해서도 잘 알고 있었다.

1910~1915년 사이 오스만 투르크 제국의 수도 콘스탄티노플에서 무기 중개상으로 활동하고 있던 러시아 사회민주당의 당원 알렉산드르 파르부스(Александр Львович Парвус, 1867~1924)는 콘스탄티노플 주재 독일 대사 방엔하임(Hans Freiherr von Wangenheim, 1859~1915) 남작과 친분을 맺었는데, 독일 정부가 지원하여 러시아 제국을 마비시킬 총파업을 일으키도록 제안했다. 독일 대사는 이를 받아들여 그를 베를린으로 보냈다. 1915년 3월 6일 베를린에 도착한 파르부스는 독일 정부에 20페이지의 계획

서를 제출했다. 이어 스위스로 가서 베른에서 레닌과 만났다. 이어 덴마크의 수도 코펜하겐으로 가서 러시아와 교역하는 수출입 회사와 "전쟁의 사회적 결과에 관한 연구소(Institut zur Erforschung der sozialen Folgen des Krieges)"를 설립했다. 파르부스는 사업의 이익과 독일 파트너들의 지불금을 러시아 혁명가들과 다양한 선전 활동을 지원하는 데 투자했다.

1917년 3월 8일 전쟁으로 인한 생활고를 견디지 못한 러시아의 페트로그라드(독일과 전쟁이 나자 독일식 명칭인 상트페테르부르크를 러시아식인 페트로그라드로 변경) 주민이 대규모 시위를 시작했고 경찰 및 헌병대와 충돌했다.

3월 12일 페트로그라드 수비대는 대부분 시위대 편에 섰다. 이날 국가 두마는 임시 정부 구성을 선포하고 이제 국가를 통제한다는 포고령을 발표했다.

3월 15일 니콜라이 2세는 퇴위를 선언하고 아우인 미하일 대공을 후계 차르로 지명했다.

이날 한 폴란드 젊은이가 취리히에 망명해 거주하는 레닌의 방에 뛰어들어 와 "러시아에서 혁명이 일어났습니다!"라고 소리쳤다. 레닌은 충격을 받아 망연자실했다. 그날 오후 취리히의 러시아 망명자들은 호수 주변의 가판대로 달려가 『노이에 취리히 차이퉁』을 사서 읽었다. 일주일 전 러시아의 수도에서 혁명이 시작되었고 두마가 황제의 각료들을 체포하라는 명령을 내렸다는 것이었다.

3월 16일 미하일 대공은 차르 직을 계승하기를 포기했다.

4월 2일 덴마크에 파견된 독일 특사는 외무부에 전보를 보냈다.

러시아를 혼란에 몰아넣기 위해 우리는 가능한 모든 방법을 동원해야 합니다. 또 가능한 모든 수단을 동원해 온건파와 과격파와의 갈등을 이용해야 합니다. 과격파가 정권을 잡는 것이 우리에게는 최상의 시나리오가 될 것입니다.

레닌은 러시아로 돌아갈 여러 방안을 생각하다가, 독일 정부에 요청하여 귀국하자는 동료의 제안을 받아들였다. 스위스 베른에 있는 독일 영사와 접촉했는데, 러시아를 '혁명화'하여 전쟁에서 이탈시키려는 독일 정부는 즉시 수락하였다. 그러나 레닌은 러시아 제국과 전쟁 중인 독일 정부와 공모한다는 의심을 받지 않으려 치외법권적 지위를 지닌 기차를 이용하기를 바랬다. 독일 정부가 받아들여 4월 9일 레닌과 동료 일행 30여 명은 '밀봉 열차'를 타고 러시아로 향했다. 독일, 스웨덴, 핀란드(이때 핀란드는 러시아 제국의 일부)를 거치는 귀향길이었다. 망명객들을 호송한 두 독일 장교는 기차 내에서 러시아 구역과 독일 구역을 구분하기 위해 바닥에 그은 선을 넘지 않았다.

4월 11일 아침 레닌 일행은 발트 해안의 항구 자스니츠(Sassnitz)에 도착하여 스웨덴 연락선으로 갈아타고 트렐레보리로 향했다. 이어 스톡홀름으로 갔다. 4월 13일 스톡홀름 시장이 정중하게 레닌 일행을 맞이하였고 스웨덴 사회주의자들은 성대한 연회를 준비했다. 레닌은 일생 처음으로 거물 정치인 대우를 받았다. 알렉산드르 파르부스가 레닌을 만나러 스톡홀름으로 왔다. 파르부스는 레닌의 대변인 격인 카를 라데크를 만났다. 4월 14일 레닌 일행은 열차를 타고 핀란드를 향해 출발했다. 4월 16일 밤 레닌 일행은 수도 페트로그라드의 핀란드 역에 도착했다. 환영 인파가 기다리고 있었다.

【러시아는 역 이름을 최종 목적지로 한다. 페트로그라드의 많은 역 가운데 핀란드로 가는 역에 도착했다.】

4월 17일 레닌은 곧장 사회주의 혁명으로 나아가야 한다는 이른바 4월 테제(Апрельские тезисы)를 발표했다. 다음은 그 주요 내용이다.

1. Резкая критика войны («кончить войну истинно демократическим, не насильническим, миром нельзя без свержения капитала»), абсолютный отказ от «революционного оборончества»
  전쟁에 단호히 반대(참된 민주적 講和로, 비강제적 강화로, 자본의 顚覆 제외를 하지 않은 강화로 전쟁을 끝내며, 혁명적 조국 방위에 절대 반대)
2. Буржуазно-либеральная» стадия революции завершена, и следует переходить к революции «социалистической», в ходе которой власть должна перейти в руки пролетариата и беднейшего крестьянства
  혁명의 부르주아-리버럴 단계가 성취, 사회주의 혁명으로 이전한다, 권력은 프롤레타리아와 가장 가난한 농민의 손으로 이전되는 과정을 따라.

3. Никакой поддержки Временному правительству
   임시 정부를 지지하지 말기
4. Необходимость противостояния блоку мелкобуржуа зных оппортунистических элементов при одновременном продвижении лозунга о необходимости перехода всей государственной власти к Советам рабочих депутатов
   프티 부르조아적 기회주의적 분자 블록과의 대결은 필수, 동시에 모든 정부 권력을 노동자 대표 소비에트에게로 이전의 필수불가결함을 진보적인 슬로건을 내세워야 함.
5. Не парламентская республика, а республика Советов рабочих, батрацких и крестьянских депутатов по всей стране, снизу доверху, с упразднением полиции, армии и бюрократического аппарата и замене постоянной армии всеобщим вооружением народа; Плата всем чиновникам, при выборности и сменяемости всех их в любое время, не выше средней платы хорошего рабочего.
   의회민주주의 공화국이 아니라, 아래에서 위로 경찰, 군대, 관료 조직을 철폐하고 상비군을 일반 무장 인민으로 교체하면서 노동자 대표 소비에트, 고용농 대표 소비에트, 농민 대표 소비에트 공화국을 수립해야 함; 선거로 뽑은, 어느 때든 교체 가능한 공무원에게 주는 봉급은 숙련 노동자의 평균 임금보다 많아서는 안됨.
6. Аграрная реформа - конфискация всех помещичьих земель и национализация всех земель в стране;
   토지 개혁 – 모든 지주의 토지와 모든 국가 소유 토지를 몰수

7. Банковская реформа - слияние всех банков страны в один общенациональный банк, подконтрольный Советам рабочих депутатов
   은행 개혁 - 모든 은행은 노동자 대표 소비에트의 통제를 받는 한 개의 국립은행으로 통합
8. Контроль Советов за общественным производством и распределением продуктов
   공공 물품의 생산과 분배는 소비에트가 통제
9. Партийные задачи РСДРП(б) (включая переименование в Коммунистическую партию);
   당의 과제(당명은 공산당으로 바꾸는 것을 포함하여)
10. Обновление Интернационала
    인터내셔널 창설.

레닌의 4월 테제는 엄청난 비난을 받았다. 자본가들은 레닌이 독일의 간첩이라고 주장했고 멘셰비키는 레닌이 '반동에 봉사하고 있다'고 비난했으며 러시아 사회주의의 아버지 플레하노프는 '대머리가 잠꼬대를 한다'고 말했다.

한편 라데크와 논의를 마친 파르부스는 베를린으로 가서 독일 제국 외무장관 아르투르 침머만(Arthur Zimmermann, 1864~1940)과 독대했다. 독일 재무부는 '러시아에서의 정치적 목표'를 달성하려고 파르부스에게 500만 마르크를 보냈다.

5월 1일 임시 정부의 외무장관 파벨 밀류코프는 협상국 측에게 제국 정부가 체결한 조약을 지킬 것이며 '승리할 때까지 전쟁을 계

속할 것'을 통보했다.

5월 3일 볼셰비키 세력은 '모든 권력을 소비에트로', '임시정부 타도', '밀류코프 타도'를 외치며 규탄시위를 벌였다.

5월 17일에는 미국 뉴욕에 머물던 트로츠키가 페트로그라드에 도착했다. 반유대주의 정책을 펴는 러시아 제정을 타도하고 싶었던 유대인 금융 자본가 제이콥 헨리 시프는 트로츠키와 레닌에게 각각 2천만 달러라는 거액을 혁명 자금으로 주었다.

볼셰비키는 1917년 2월까지 인쇄기 한 대를 마련할 돈도 없었다. 3월에는 볼셰비키의 기관지 『프라우다』는 재정난으로 운영 자금을 마련하려고 자선행사를 벌였다. 그러나 7월이 되니 매일 조간과 석간 32만 부를 발행할 수 있었고 팜플렛 35만 부도 인쇄할 수 있었다. 더구나 『프라우다』는 폴란드어판과 아르메니아판 등 40여 개 언어로 발행했다. 육군에는 『병사의 프라우다』, 해군에는 『골스 프라우다』, 전선에는 『참호의 프라우다』라는 이름으로 매일 10만 부 가량을 배포했다. 당 사무처 직원들에게도 정기적으로 봉급이 지급되었고 당원 수는 4월에서 8월 사이 2만 3천에서 20만 명으로 급증했다. 볼셰비키는 어디서 돈이 나는지 말하지 않았다.

7월 1일 임시 정부는 서남부 전선 오스트리아-헝가리군에 대한 이른바 '케렌스키 공세'를 시작했다. 전투의 승리로 임시 정부에 대한 지지를 끌어 올리려는 목적이었다. 독일군이 오스트리아-헝가리군을 도우려 반격했다.

7월 16일 대대적인 반전 시위가 벌어졌다. 병력 일부를 전선으로 파견하라는 임시 정부의 명령에 저항하고 있던 페트로그라드 제1 기관총 연대의 무장봉기가 시작이었다. 그들의 목표는 소비에트 중심의 권력을 수립하는 것이었다. 제1 기관총 연대 총회에서는 이를 위해 볼셰비키 당원을 위원장으로 하는 임시혁명위원회를 구성하고 다른 부대와 공장에 대표를 파견해 함께 행동할 것을 제안했다. 이에 많은 부대와 공장이 적극 지지를 보냈다. 그러나 볼셰비키는 무장봉기에 회의적이었다. 페트로그라드에서는 노동자와 병사들이 임시 정부를 타도하고 권력을 장악할 힘을 갖고 있었으나, 전국적으로는 민중 대다수가 여전히 사회혁명당과 멘셰비키를 따르고 있어 권력을 유지하기 불가능하다고 판단했기 때문이다. 볼셰비키 당 중앙위는 시위 자제를 결정했으나 시위 군중은 볼셰비키의 통제를 벗어나 있었다.

16일 저녁 7시 제1 기관총 연대를 선두로 대규모 무장시위가 본격적으로 시작되었다. 수도의 각 부대와 노동자도 시위에 가담했다. 시위대가 볼셰비키 본부인 크세신스카야 저택에 도착했고 스베르들로프 등 볼셰비키 지도자들은 지금은 때가 아니라고 자제를 호소했으나 시위대의 대답은 부정적이었다. 시위대의 완강한 입장에 볼셰비키는 굴복하여 부득이 방침을 변경했다. '타브리다 궁까지 행진하여 대표를 통해 우리의 요구를 전달하자'는 볼셰비키의 제안이 시위대에게 전달되었고 시위대는 이에 동의했다. 시위대는 '라 마르세예즈'를 부르며 밤 10시경 소비에트 본부인 타브리다 궁에 도착했다. 밤 12시경에는 노동자 병사 소비에트 집행위와 농민

소비에트 집행위의 합동회의가 열렸다. 5시간 이상 계속된 회의에서 시위대에 대한 압력행사에 거부 의사를 밝혔다. 다른 방에서 열린 볼셰비키 중앙위원회, 페트로그라드 소비에트 노동자평의회 등의 혁명파 합동회의에서는 17일에 다시 시위를 하기로 결의했다.

7월 17일 아침 임시 정부는 무장 시위를 금지한다고 경고하며 페트로그라드 군관구 사령관 휘하의 모든 부대에 질서 회복에 착수하라고 명령했다. 그러나 정부를 지지하는 군대는 카자크 연대와 사관학교 생도 등 극소수에 불과했다. 결국 정부는 전선 사령부에 파병을 요청하기까지 이른다. 반면 시위대는 오히려 세력이 크게 늘고 있었다. 크론슈타트에서 1만여 명이 배를 타고 도착하는 등 수도 근교로부터 병사와 노동자가 밀어닥쳐 시위대는 50만을 넘었다. 그러나 볼셰비키는 아직은 때가 아니라며 시위대를 설득하여 시위는 종결되었다. 한편, 수도의 시위에 자극받아 지방에서도 시위가 발생했다. 그러나 전체적으로 혁명파보다 타협파가 우세했기 때문에 더 이상 확산되지 않았다.

7월 19일 독일군의 역공에 대규모 사상자를 내고 케렌스키 공세는 멈추었다. 임시 정부에 대한 지지는 떨어졌다.

임시 정부는 볼셰비키 탄압에 나섰다. 법무장관은 블라디미르 레닌이 독일의 첩자라 주장했는데, 7월 18~19일 임시 정부는 『프라우다』 인쇄 공장과 볼셰비키 중앙위원회 본부를 부수었다. 7월 20일 임시 정부는 레닌, 트로츠키 등 볼셰비키 지도부에 대한 체포령을 내렸다. 7월 21일 정부에 충성하는 군부대가 전선으로부터 페트로그라드에 도착했다.

레프 카메네프, 레프 트로츠키는 체포되었고 레닌은 핀란드로 피신했다.

임시 정부는 프랑스 정보기관의 도움을 얻어 독일과 볼셰비키 간의 금전 거래를 철저하게 조사했다.

9월 10일 전선의 러시아군 최고 사령관 코르닐로프는 수도 페트로그라드의 무질서를 진압하려 일선 부대 일부를 수도로 보냈다. 이를 막을 수 없었던 케렌스키를 수반으로 하는 임시 정부는 노동자 소비에트에 영향력이 큰 멘셰비키, 볼쎄비키, 사회 혁명당에 도움을 요청했다. 트로츠키 등 볼셰비키 지도자들이 석방되었다.

9월 13일 볼셰비키의 영향력이 큰 철도 노동자의 파업으로 코르닐로프의 진군은 막혔다. 이후 볼셰비키의 영향력이 다시 커졌다.

10월 23일 볼셰비키 중앙위원회는 투표하여 무장봉기를 결의했다. 페트로그라드 소비에트 의장인 트로츠키가 군사혁명위원회를 조직했다.

10월 25일 트로츠키가 이끄는 무장봉기가 일어났는데, 페트로그라드 수비대가 호응했다. 26일 AM 2시 10분 페트로그라드를 전부 장악했다.

집권한 볼셰비키는 독일과의 거래의 모든 흔적을 지우고 싶었다. 10월 혁명으로 집권한 직후 트로츠키는 21권에 달하는 임시 정부의 관련 서류를 압수하고 파기했다.

볼셰비키 집권을 위해 거액을 쓴 독일 정부는 이어 볼셰비키가 정권을 유지할 수 있도록 계속 송금했다.

1917년 12월 3일 작성되어 빌헬름 2세에게 보고된 비밀문서에는 이렇게 써 있다.

볼셰비키는 다양한 통로로 우리로부터 꾸준히 자금을 공급받기 시작하면서 그들의 가장 중요한 기관지인 『프라우다』를 선전도구로 활용해 그들의 영향력을 확대할 수 있었습니다.

1918년 2월 5일 독일 외무부가 작성한 예산서에는 4,058만 997마르크가 러시아에서의 '선전과 특별한 목표'에 할당되었다. 1월 31일까지 2,656만 6,122마르크가 지급되었다. 이외에도 상당한 금액이 볼셰비키에게 전달되었다.
독일군 최고 사령관 루덴도르프도 레닌에 대한 자금 지원을 잘 알고 있었다. 나중에 상당 부분을 폭로했다.
11월 독일이 패전한 직후 파르부스는 스위스로 피신했다. 그의 스위스 은행 계좌에는 200만 스위스 프랑이 있었다. 그 후 파르부스는 유럽 전역에 펼쳐놓은 금전 거래를 관리하러 독일로 돌아왔다. 1924년 12월 그가 베를린에서 사망하자 그의 개인 서류는 모두 사라졌다.

레닌은 반대파가 주장한 것처럼 독일 간첩이었나?
레닌은 혁명을 위해서는, 집권을 위해서는 악마와도 거래를 할 수 있었다. 레닌과 독일의 결탁은 '기회의 연대', 그 순간에는 서로의 이익을 위해 협조하지만 목표를 이룬 뒤에는 뒤돌아서는 연대였다. 집권 후에도 계속 지령을 받는 관계는 아니었기에 간첩이라

할 수는 없다.

3장 체코슬로바키아의 '선거를 통한 공산화'

◢ 독일의 체코슬로바키아 점령과 체코슬로바키아의 항쟁

체코슬로바키아 국민 위원회는 1차 세계대전에서 동맹국의 패전이 임박하던 때인 1918년 10월 28일 프라하에서 체코슬로바키아의 독립을 선언했다. 체코인과 슬로바키아인은 오스트리아 제국의 소수 민족이었다. 이들이 연합하여 독립 공화국을 세우기로 한 것이다. 1920년 2월 제정된 체코슬로바키아 헌법은 내각제와 대통령 중심제를 혼합한 공화국을 규정했다. 그러나 내각제의 성격이 더 강했다.

슬로바키아 지역은 농업이 발달했고, 체코 지역은 공업이 발달하였으므로 체코슬로바키아의 장래는 낙관적으로 보였다. 그러나 독일인이 인구의 약 23%, 헝가리인이 약 6%를 차지하고, 소수의 폴란드, 헝가리인이 거주하는 등 다민족 국가였으므로 이들을 포용해야 하는 과제가 있었다.

1938년 3월 오스트리아 공화국을 합병한 히틀러의 다음 목표는 체코슬로바키아 합병이었다. 먼저 독일인이 많이 거주하는 체코슬로바키아의 주데텐란트(Sudetenland)를 박해받는다는 이유로 영토로 얻으려 했다. 주데텐란트를 흡수하면 나머지 체코슬로바키아는 독일의 점령에 저항할 수 없을 정도로 허약해지기 때문이었다.

  1938년 9월 17일 히틀러의 독일은 체코슬로바키아에 선전포고 없는 저강도 전쟁을 시작했다.

  9월 20일 영국과 프랑스는 유화책으로 체코슬로바키아 정부에 주데텐란트를 독일에 할양하라고 권고했다. 이에 22일에는 폴란드가, 23일에는 헝가리가 체코슬로바키아에 영토 할양을 요구했다. 독일 경보병은 잠시 국경을 넘었다가 돌아오곤 했다. 폴란드는 국경 지대에 병력을 집중시키고 23일에는 탐색전을 벌였다. 헝가리도 체코슬로바키아와의 국경 지대에 군을 배치했다.

  위기를 타개하려 9월 29~30일 이틀간 뮌헨에서 영국, 프랑스, 독일, 이탈리아가 회담을 열었다. 체코슬로바키아 정부는 대표를 보낼 수 있었으나 회담에 참여할 수 없었다. 히틀러는 주데텐란트가 최후의 영토 요구라고 말했다.

  9월 30일 체코슬로바키아는 뮌헨 협정을 받아들여 주데텐란트를 독일에 넘기기로 결정했다.

  10월 5일 독일의 강요로 베네시(Edvard Beneš, 1884~1948) 대통령은 사임했다.

  10월 6일 슬로바키아 인민당은 슬로바키아의 자치를 선언하였다. 티소(Josef Tiso, 1887~1947)가 슬로바키아 자치 정부의 수반이 되었다.

  10월 22일 베네시는 영국으로 망명을 갔다.

  11월 2일에는 슬로바키아 지역 남부의 헝가리인 거주 지역을 헝가리에게 할양하는 협정을 체결하였다.

11월 12일 새로운 헌법이 채택되어 체코와 슬로바키아의 연방 국가로 전환하였고 국명도 체코-슬로바키아가 되었다.

  11월 30일에는 폴란드에게 일부 영토를 할양하는 협정을 체결했다.

  1939년 3월 13일 티소가 인솔하는 슬로바키아 대표단을 접견한 히틀러는 슬로바키아의 즉각적 독립을 강압하였다. 14일 티소는 슬로바키아가 독립 국가임을 선언했다.

  3월 15일 독일군은 체코 땅에 진입했다. 3월 16일 히틀러는 체코 지역을 보헤미아·모라비아 보호령이라고 선포하였다. 3월 21일 히틀러는 전 외무 장관 노이라트(Konstantin von Neurath, 1873~1956)를 보호령의 총독으로 임명했다. 보헤미아·모라비아 보호령은 겉으로는 자치령이었고 자체 정부도 있었지만, 외교권이 없고 자체 군대도 보유할 수 없었다.

  4월 탈주한 체코슬로바키아 군인들로 이루어진 체코슬로바키아 독립군이 폴란드에서 결성되었다.

  7월 독일의 위성국가인 슬로바키아 공화국에서 헌법이 제정되었다.

  9월 1일 히틀러의 독일이 폴란드를 침공하여 2차 세계대전이 시작되었다. 이에 즉시 프랑스에서 베네시를 의장으로 하는 체코슬로바키아 민족 위원회가 수립되어 국제사회에서 체코슬로바키아 망명 정부로 인정을 받으려 했다. 프랑스 정부는 10월 2일 협정을 맺어 망명 정부를 승인하지는 않았지만, 프랑스 영토에서 체코슬로바키아군의 재건을 허용했다. 폴란드가 독일과 소련에 의해 점령당하자 체코슬로바키아 독립군은 대부분 프랑스로 이주했다.

10월 28일 체코슬로바키아 독립기념일에 체코 전역에서는 대대적인 반독일 시위가 벌어졌다. 이날 시위에서 독일군의 발포로 프라하 카렐 대학교 학생인 오플레탈(Jan Opletal)이 사망했다. 장례식에서 대학생들이 대대적인 시위를 하자 나치는 대거 체포하고 11월 17일 대학생 지도자들을 처형했다. 대학을 폐쇄하고 대학생 1천여 명을 수용소로 보냈다.

전직 각료들을 중심으로 한 '정치 사령부', 지하 군사 조직 '민족 수호' 그리고 광범위한 계층이 참여한 '우리 충성하리라 청원 위원회' 등 지하 단체가 연말까지 생겼다.

1940년 1월 24일 망명한 체코슬로바키아 병사들로 구성된 체코슬로바키아 군이 프랑스에서 재건되었다.

1940년 초 '정치 사령부', '민족 수호', '우리 충성하리라 청원 위원회'가 통합하여 국내 저항 중앙위원회(UVOD)가 결성되었다. 베네시의 망명 정부는 이를 국내 저항 운동의 대표 기구로 승인했다.

5월 독일군이 프랑스를 침공하자 체코슬로바키아 군의 제1 보병사단은 프랑스가 독일과의 패배한 전투의 마지막 단계에 참전했다. 망명한 체코슬로바키아 공군 조종사들도 프랑스 전투기를 타고 참전했다.

덩커크 철수 작전 때 500명의 체코슬로바키아 공군 조종사들과 체코슬로바키아 사단 병력 절반이 영국으로 철수하였다.

【체코슬로바키아 독립군은 독일에 대한 전쟁을 계속 수행했다.

독일의 런던 공습에 체코슬로바키아 조종사들이 전투기를 몰고 방어에 나섰다. 북아프리카 전선과 소련과 독일의 동부전선, 그리고 노르망디 상륙작전에도 참여했다.】

1940년 7월 18일 영국 정부는 체코슬로바키아 민족 위원회를 체코슬로바키아 망명 정부로 승인했다. 이어 소련은 1941년 7월, 미국 정부는 1941년 12월 승인했다.

1941년 여름 보헤미아·모라비아 보호령에서는 산업 전반에 걸쳐 파업과 태업이 빈발했다. 이 지역은 공업이 발달하여 나치 독일의 주요 산업 기지이자 병참 기지였으므로 히틀러에게는 심각한 문제였다.

1941년 9월 27일 히틀러는 비밀국가경찰국 국장 라인하르트 하이드리히(Reinhard Heydrich, 1904 ~ 1942)를 새로이 보헤미아·모라비아 보호령의 부총독으로 임명했다.

【비밀국가경찰국(Geheimes Staatspolizeiamt, 약칭 Gestapo)의 정식명칭은 친위대(SS) 국가보안본부(Reichssicherheitshauptamt) 제4국(Amt. Ⅳ)】

음악가 가정에서 태어난 하이드리히는 바이올린 연주에 능했다. 또한 만능 스포츠맨으로 수영, 스키, 승마는 선수급이었고 특히 펜싱 실력은 1928년 암스테르담 올림픽 때 독일 국가대표 선수로 선발될 정도였다.

총독 노이라트에게는 건강상의 이유로 '휴가'가 주어졌다. 그리하여 하이드리히가 실질적인 총독이 되었다. 이는 저항 운동이 강화되는 것에 대한 대응책이었다. 히틀러와 히믈러가 보기에 노이라트는 체코인에게 너무 자비로웠다. 하이드리히는 다음날 계엄령을 선포하고 연말까지 404명을 처형했다. 또한 체코 거주 유대인들을 강제 수용소로 보냈다.

1942년 2월 괴벨스는 하이드리히의 통치를 이렇게 평했다.

> 하이드리히는 효과적이다. 체코인들은 고양이와 쥐 게임 속에 있다. 그들은 주어지는 모든 것을 고분고분 삼킨다.

1942년 5월 체코슬로바키아 특공대는 유인원 작전(Operation Anthropoid) - 라인하르트 하이드리히 암살 - 을 성공시켰다.

* 하이드리히 암살 *

체코슬로바키아 망명 정부는 하이드리히가 사실상의 체코 지배자가 되자 곧 암살을 기획했다. 영국군 SOE(Special Operation Executive)의 협조를 얻었다.

영국에 망명 중이던 체코슬로바키아 망명 정부의 체코슬로바키아군은 요제프 갑치크(Jozef Gabčík) 육군 상사와 얀 쿠비시(Jan Kubiš) 육군 중사 등 20여 명을 선발하여 영국군 특수공작부인 SOE로부터 암살에 필요한 훈련을 받았다. 이 암살의 작전명은 '유인원 작전(Operation Anthropoid)'이었다.

1941년 12월 28일 밤 암살단은 영국 공군기로 체코 영내에 낙하해서 프라하로 잠입했다.

1942년 5월 27일 이른 아침 암살단은 트로야 다리 앞의 홀레쇼비체 거리로 향하는 곡선 길 인근의 트램 정거장에서 독일군 사령부가 있는 프라하 성으로 출근하는 하이드리히의 차량을 기다렸다. 오전 10시 30분이 조금 지나 하이드리히의 메르세데스 벤츠 오픈카가 나타났는데, 평소 하이드리히의 습관답게 경호 차량은 없었다.

차량이 곡선 길에 접어들고 속도를 줄이기 위해 브레이크를 밟자 갑치크는 차량 앞으로 뛰어들면서 비옷 속에 숨겨둔 스텐 기관단총을 꺼내 쏘았다. 하지만 탄환이 약실에 걸려 발사되지 않았다(스텐 기관단총은 급조된 총기였기에 탄환이 약실에 걸려 발사되지 않는 경우가 빈번했다).

총을 보고 하이드리히는 차를 모는 요하네스 클라인에게 차를 멈추라고 명령하고 루거 권총을 뽑아 응사하려 했다. 차가 멈췄을 때 쿠비시는 No.73 대전차 수류탄을 던졌으나 차 안이 아닌 뒷바퀴 쪽에 떨어졌다. 그럼에도 대전차 수류탄이 폭발하면서 하이드리히에게 심각한 부상을 입혔다. 폭발로 차량 실내장식과 섬유가 파편이 되어서 하이드리히의 횡격막, 비장, 폐가 크게 손상을 입었으며 갈비뼈도 부러졌다. 쿠비시도 폭발로 얼굴에 상처를 입었다. 도로 맞은편에 있던 트램도 유리창이 깨지고 승객들이 다쳤다.

하이드리히와 클라인은 권총을 뽑아 들고 부서진 메르세데스 벤

츠에서 뛰어내렸다. 클라인은 트램의 난간에서 비틀거리는 쿠비스에게 달려갔고 하이드리히는 스텐 기관총을 든 갑치크에게 비틀거리며 다가갔다. 정신을 차린 쿠비스는 준비해 둔 자전거에 올라타 페달을 밟아 도주하며 M1903 콜트 권총을 하늘로 쏘아 트램에서 쏟아져나오는 승객을 흩어놓았다. 클라인은 쿠비스를 쏘려 했으나 폭발로 정신이 멍한 상태여서 권총의 탄창을 눌러 잼이 걸렸다.

갑치크는 스텐 기관단총을 버리고 준비한 자전거로 가려다가 포기하고 전신주를 엄폐물로 삼아 하이드리히에게 권총을 쏘았다. 하이드리히는 권총을 응사하면서 트램 뒤로 몸을 숨겼는데, 고통으로 갑자기 몸을 웅크리고 도로 옆으로 비틀거리며 걸었다. 이어 난간에 쓰러졌는데, 한 손으로 난간을 잡아 몸을 지탱했다. 갑치크는 도주하고 클라인은 상관에게로 향했다. 하이드리히는 도망치기 시작하는 갑치크를 가리키며 잡으라고 명령을 내렸다.

갑치크는 근처의 정육점으로 도주했는데, 나치 동조자인 정육점 주인 브라우어는 도와달라는 갑치크를 무시하고 거기로 뛰쳐나가 고함을 지르고 정육점을 손가락으로 가리켰다. 이를 본 클라인은 정육점 안으로 뛰어들다가 문밖으로 나서는 갑치크와 부딪혔다. 갑치크는 권총을 쏘아 클라인의 다리에 두 발을 맞추었다. 이어 트램을 타고 안전가옥으로 탈주해서 이미 도착한 쿠비스와 합류했다. 이때 두 사람은 하이드리히가 중상을 입었다는 사실을 몰라 임무가 실패했다고 생각하고 있었다.

이때 하이드리히는 무사한 것처럼 보였지만, 수류탄 폭발로 튄 파편과 차에 있던 말총 시트 조각 등이 몸에 잔뜩 박힌 상태였다.

하이드리히는 현장을 지나던 프라하 시민과 경찰관에 의해 바로 브로프카 병원으로 이송되었다. 병원을 점거한 친위대는 다른 환자들을 모두 내쫓고 하이드리히 전용 응급체제를 갖추게 했으며, 일단 현지 외과 의사들이 수술을 진행했다.

 이날 늦은 오후 친위대 중장(SS-Gruppenführer) 킬 헤르만 프랑크(Karl Hermann Frank, 1898 ~ 1946)는 비상사태를 선포하고 프라하에 통행금지를 실시했다. 암살 특공대에게 도움을 준 이는 가족 전체가 처형될 운명이었다. 프랑크는 21,000명을 동원하여 36,000가구를 수색했다.
 하이드리히가 피격당했다는 보고를 받은 베를린의 하인리히 힘러는 선별한 친위대 소속 군의관들을 데리고 프라하로 건너갔다. 그러나 하이드리히는 처음 수술 당시의 예상과는 달리 패혈증이 생겨 6월 4일 오전 4시 30분에 사망했다. 하이드리히를 병원에 이송할 때 급한 나머지 농업용 트럭의 짐칸에 태웠는데, 이때 심각한 감염이 일어난 것으로 추정된다.
 이날까지 157명이 암살과 관련하여 처형되었으나 암살 특공대를 찾지 못했고 이들에 대한 정보도 들어오지 않았다.
 6월 9일 하이드리히의 장례는 국장으로 베를린에 신설된 제국 수상 관저에서 치러졌다. 히틀러는 죽은 하이드리히를 찬양하면서 1942년 2월에 만들어진 제3제국 최고 영예의 훈장을 수여했다.

 히틀러 친위대(Schutzstaffel)의 고위 장군 쿠르트 달루게(Kurt

Daluege, 1897~1946)가 하이드리히의 후임으로 와서 하이드리히의 죽음에 대한 대대적 보복을 했다.

나치에 대한 저항 운동을 돕고 하이드리히 암살과 관련이 있다면서, 리디체(Lidice) 마을을 대상으로 했다.

6월 10일 15세 이상의 마을 남자 173명이 총살되었다. 곧이어 6월 10일 마을에 없었던 9명이 체포되어 처형되었다. 마을 여성 203명과 아동 105명 가운데 대부분이 클라드노 시의 학교에 설치된 임시 수용소에 끌려갔는데, 이어 여성들은 강제 수용소로 보내졌다. 아동 105명 가운데 인종적으로 독일인과 가깝다고 판정된 아이들 9명은 독일화를 위해 독일 가정으로 입양되었다. 한 살이 되지 않은 아기 14명을 제외한 아이 82명은 절멸 캠프로 끌려가 가스로 질식사했다. 리디체 마을 사람 가운데 독일에 처형된 이는 모두 합해 대략 340명으로 남성이 192명, 여성이 60명, 아동이 88명이다. 나치는 마을을 방화하고 불도저로 파괴했다. 2차 세계대전이 끝난 후, 여성 143명과 아이 17명이 리디체 마을로 돌아왔다.

나치는 민간인에 대한 잔학 행위는 감추었는데, 리디체 마을 학살은 널리 선전해 연합국 국민의 분노를 샀다. AP 통신은 뉴욕에서 수신된 독일 라디오 방송을 인용해 보도했다.

> "마을의 모든 성년 남자는 총살되었고, 여성은 수용소에 넣어졌고, 아이들은 적당한 교육 기관에 위탁되었다.
> All male grownups of the town were shot, while the women were placed in a concentration camp, and the children were entrusted to appropriate educational institutions."

레쟈키(Ležáky) 마을에서는 SOE의 무선 통신 장비가 발견되었다.

6월 24일 이른 오후 게슈타포(Gestapo) 150명, 300명이 넘는 친위대 대원, 체코슬로바키아 부역자 30명은 게르하르트 클라게스(Gerhard Clages)의 지휘하에 레쟈키를 포위했다. 이들은 모든 마을 주민을 몰아내고 마을을 파괴했다.

성인 남녀 33명이 총살되었다. 아동 13명만이 총살을 면했다. 이들 가운데 두 소녀는 독일화를 위해 입양되었고 11명은 절멸 수용소로 끌려가 여름에 가스로 처형되었다.

6월 26일 나치는 레쟈키 학살을 세계에 알렸다.

【1943년 12월 중순 나치는 노동 수용소 인원 65명을 동원하여 레쟈키 마을의 잔해를 치웠다. 리디체 마을과 달리 레쟈키 마을은 2차 세계대전이 끝났어도 복구되지 못했다.】

암살에 성공한 암살 특대는 체코슬로바키아 정교회의 성 키릴로스와 성 메토디오스 대성당(Chrám svatých Cyrila a Metoděje, Saints Cyril and Methodius Cathedral)에 은신했다.

그러나 원거리 작전(Operation Out Distance)의 멤버인 카렐 쿠르다(Karel Čurda, 1911~1947)가 정보 제공자에게 관용을 베푼다는 발표가 나자 게슈타포에 자수해 특공대를 돕는 체코슬로바키아 주민 이름과 여러 은신처를 알려 주었다.

카렐 쿠르다의 정보 제공이 실마리가 되어서 게슈타포는 성 키릴로스와 성 메토디오스 대성당에 암살대원들은 머물고 있다는 것을 알아냈다.

6월 18일 무장친위대(Waffen-SS)가 성 키릴로스와 성 메토디오스 대성당을 포위했다. 2시간의 전투가 벌어져 쿠비시, 오팔카 등 세 명은 전사했고, 갑치크 등 나머지 4명은 성당 지하실로 들어가서 저항하다가 독일군이 지하실에 물을 채우려 하자 모두 자결했다. 현재 대성당에는 당시의 총알 자국 등이 그대로 남아 있으며 이곳에 전사한 대원들을 추모하는 자리가 마련되었다.

【원거리 작전은 런던의 체코슬로바키아 망명 정부가 기획한 것으로 프라하의 가스 시설을 파괴하는 것이 목표였다. 1942년 3월 28일 AM 2시에 특공대를 낙하산으로 체코 지역에 투하했다. 그러나 목표 지점에 떨어지지 않아 독일 비밀경찰에 쫓기게 되자, 개별적으로 활동하기로 하고 흩어졌다. 이 가운데 아돌프 오팔카(Adolf Opálka)와 카렐 쿠르다는 프라하로 가서 유인원 작전에 합류했다.

카렐 쿠르다는 나치로 전향하여 독일 여성과 결혼하고 적극적으로 옛 체코 망명 정부의 동지들을 팔아넘기는 등 열렬한 나치주의자로 활동했다. 전후 체포되어 전범 재판에 회부되었는데, 자신의 죄를 추궁하는 판사에게 "100만 마르크를 준다면 당신도 그랬을 것"이라고 항변했다. 1947년 4월 교수형으로 처형되었다.】

암살범들이 성당 지하실에 피신하는 것을 용인했다는 이유로, 체코슬로바키아 정교회의 수좌 주교인 프라하 대주교 고라스트 2세(Svatý Gorazd II.) 및 사제 2명을 총살하고, 550여 명의 정교도를 체포·처형하고, 보헤미아-모라비아 보호령 내에서의 정교회의 활동을 금지, 성당을 폐쇄했다. 그리고 보호령 내의 정교회 성직자들을 강제 수용소에 수감시켰다.

여름까지 지속된 독일의 보복행위로 1,500명 가량의 민족주의자들, 전직 장교, 지식인, 공산주의자 등으로 구성된 저항조직원들이 살해당했다.

이 때문에 연합군의 첩보작전에 큰 차질이 생겼다.

에드바르트 베네시(Edvard Beneš) 체코슬로바키아 망명 정부 대통령은 하이드리히 이후에도 나치 점령 정부에서 교육 및 국민계몽 장관을 맡고 있는 전직 체코군 장교 에마누엘 모라베츠(Emanuel Moravec)와 하이드리히의 후임자, 카를 헤르만 프랑크(Karl Hermann Frank)를 암살할 생각이었지만, 하이드리히 암살로 촉발된 독일의 보복으로 인해, 점령지 주민들이 겁을 집어먹고 협력하기를 극도로 꺼리자 더 이상의 암살은 감히 기도하지 못했다. 이에 영국 첩보부는 방침을 암살에서 납치로 바꾸게 됐다.

하이드리히 암살에 대한 나치의 대규모 보복은 종전 후 체코슬로바키아 내의 독일인들이 독일로 추방되는 데에도 기여했다. 하이드리히 암살 전까지 체코슬로바키아 망명정부의 공식 입장은 "체코슬로바키아를 수복하더라도 독일계 주민에게 보복은 하지 말고 화해해야 한다"는 것이 공식 입장이었다. 뮌헨 협정 전까지만 해도 수백 년 동안 같이 살아온 같은 나라 국민이기도 하고, 그 숫자도 당시 체코슬로바키아 인구 1,500만 중에 300만이 넘어 20% 이상의 비율이니 이들을 단번에 없애버리는 것은 망명 정부에게는 큰 부담이었다. 그러나 나치의 보복에 망명 정부는 독일계 주민과의 공존에 대한 기대를 접고 일부 필요한 인물들을 제외한 나머지를 모두 추방하는 것으로 방침을 굳히게 된다.

하이드리히 암살은 영화로 여러 차례 만들어졌다.

오스트리아 감독 프리츠 랑(Fritz Lang)이 1943년 《교수인들도 죽는다!(Hangmen Also Die!)》를 제작했다.

체코슬로바키아 암살 특공대가 영국 군용기로 낙하되어 하이드리히 암살을 했다는 것이 당시에는 알려지지 않아서, 체코슬로바키아 공산당과 연관된 레지스탕스 그룹이 하이드리히를 암살한 것으로 묘사했다.

가장 유명한 작품은 루이스 길버트(Lewis Gilbert) 감독의 1975년 작 《새벽의 7인(Operation Daybreak)》이다. 제작 당시에는 제목이 《Seven Men at Daybreak》였는데, 미국에서는 제목이 《The Price of Freedom》으로 상영되었다. 영국 작가 앨런 버지스의 1960년 작 대중 역사물 『Seven Men at Daybreak』을 각색한 작품으로 대부분 프라하에서 촬영했다.

2016년에는 영화 《앤트로포이드(Anthropoid)》가, 2017년에는 《철의 심장을 가진 남자(The Man with the Iron Heart)》가 제작되었다.

　　　　　＊　　　　　＊　　　　　＊

하이드리히 암살에 영향을 받아 영국 정부는 8월, 프랑스 망명 전부는 9월 뮌헨 협정을 무효화시켰다.

1943년 12월 망명 정부의 베네시 의장은 모스크바를 방문하여 소련과 우호조약을 체결했다. 이 조약은 종전 후 재생하는 체코슬로바키아가 그 독립과 안보를 소련에 크게 의존하는 것이었다. 1938년의 뮌헨 협정에서 영국과 프랑스에 버림받은 경험이 생생한 체코슬로바키아로서는 자연스러운 선택이었다. 베네시가 소련과 우호 관계를 맺고자 했던 이유 가운데 하나는 전후 소련이 체코슬로바키아 공산당을 사주하여 공산혁명을 일으키는 것을 피하고 싶었기 때문이었다.

 그리고 베네시는 모스크바에 본부를 두고 있는 체코슬로바키아 공산당 지도자들과 전후 체코슬로바키아에 대한 중대한 논의를 진행했다.

 베네시는 영국에 망명해 있는 체코슬로바키아 공산주의자들에게 대폭 양보하여 – 중공업 국유화와 2차 대전이 끝날 무렵에는 지역 인민위원회 수립도 인정 – 이들의 협조를 얻으려 했다. 1945년 3월 베네시는 모스크바에 망명한 체코슬로바키아 공산주의자에게 망명 정부 내각의 주요 자리를 주기까지 했다. 이미 1942년부터 공산당 중앙위원회 멤버인 노세크(Václav Nosek, 1892~1955)가 체코슬로바키아 민족 해방 위원회의 부의장이었다.

 1944년 6월 6일 노르망디 상륙작전이 시작되었다. 8월 25일 파리를 지키던 독일군이 연합군에 항복하여 파리가 해방되었다. 8월 29일 슬로바키아 지역에서 대대적인 반독 무장봉기가 일어났다. 독일군이 진입하여 봉기군과 전투했는데 10월 27일 봉기의 중심지인 반스카 비스트리차(Banska Bystrica)가 함락되었다. 그러나 독일군을 상대로 한 유격전은 계속되었다.

체코 중부 고지대에서도 유격전이 시작되어 1944년 가을에는 해방 구역이 생겨났다.

◾ 선거를 통해 공산당에게 나라를 빼앗긴 체코슬로바키아

나치 독일의 패망한 임박한 1945년 5월 1일 체코의 프르제로프에서 무장봉기가 시작되어 곧장 전국적으로 퍼졌다.

5월 5일 프라하에서도 무장봉기가 일어났다. 같은 날 미국의 제3군이 체코 국경을 넘어 클라토프, 스트라코니체, 플젠을 차례로 해방시켰다. 소련은 아이젠하워 연합군 사령관에게 미군이 프라하로 진격하지 말고 체스케부데요비체 - 플젠 - 카를로비바리 선에서 멈출 것을 요구했다. 아이젠하워는 동의했다. 5월 7일 독일 대표단이 프랑스의 렝스에서 항복 문서에 조인했고 5월 9일 이른 아침 소련군 전차가 프라하로 진입했고 체코슬로바키아 독립군도 진입했다.

5월 17일 베네시 대통령이 프라하로 돌아왔다.

6월 21일 토지개혁 1단계 조치가 대통령령으로 취해졌다. 독일인, 나치 협력자들의 토지, 국경 지대의 토지가 소작농과 소농에게 분배되었다. 이로써 소농, 소상인이 늘어났는데, 이들은 공산당을 지지했다.

10월 25일 대통령령으로 은행, 보험회사, 광산 등 주요 기간 사업과 식료품 사업이 국유화되었다. 이는 전체 산업의 3분의 2가 국유화된 것이다.

10월 28일 체코슬로바키아 공화국 임시 국민 의회가 출범하였다. 베네시가 대통령, 피르링게르(Fierlinger)가 수상이었다.

이때 체코슬로바키아 공산당은 '점진적' 방법으로 정권을 얻겠다고 공언했다. 공산당은 노동조합운동을 조직하고 장악했다. 노동조합 중앙위원회의 120명 대표자 가운데 94명이 공산당원이었다. 노동자, 농민, 중산층을 당원으로 늘려 1946년 5월까지 당원을 2만 7천에서 110만으로 늘렸다.

1946년 5월 26일의 총선에서 체코슬로바키아 공산당이 31% 득표로, 의석 300석 가운데 93석을 얻어 제1당이 되었다. 우익 정당인 국민 사회주의당, 인민당과 민주당은 각각 18%와 16%, 14%를 득표했다. 이 세 정당의 의석수를 합하면 144석이었다.

공산당 의장 고트발트(Klement Gottwald, 1896~1953)를 수상으로 하는 새로운 정부가 구성되었는데, 4개의 자유주의 정당과 4개의 사회주의 정당이 좌우합작으로 연립정부를 구성하였다. 공산당의 각료 수는 소수였다. 그러나 내무 장관, 재무 장관, 공보부 장관 등 주요 장관직을 공산당이 차지했다. 코세크는 임시 국민 의회 시절부터 내무 장관이었는데, 새로 구성된 내각에서도 내무 장관이었다.

1947년 6월 미국은 유럽을 부흥시키려는 마셜 플랜을 발표했다. 7월 체코슬로바키아 정부는 공산당의 동의를 얻어 마셜 플랜 예비 회담에 참석하라는 영국과 프랑스의 초청을 받기로 했다. 이에 스탈린은 체코슬로바키아 정부에 대표단을 모스크바로 보내라고 요구했다. 고트발트를 단장으로 하는 체코슬로바키아 대표단은 스탈린을 만난 후 예비 회담 참석 결정을 번복했다.

고트발트는 귀국하자 곧 체코슬로바키아 공산화를 서둘렀다. 1948년 5월에 총선이 예정되어 있었으나 공산당의 지지율이 떨어지고 있어서 승리를 기대할 수 없었다. 그리고 프랑스 공산당과 이탈리아 공산당이 총선에서 패하는 것을 목격했다. 체코슬로바키아 공산당은 반동 쿠데타가 임박하니 이를 막으려고 즉시 행동해야 한다고 선전했다. 이미 공산당이 언론계에 침투하여 각종 선전 매체를 장악한 상태였다.

이에 우익 정당인 국민 사회주의당, 인민당, 민주당이 비공산당 연합을 구축했으나 시기적으로 늦은 감이 있었다. 더구나 베네시 대통령이 참여를 거부하여 구심점이 되어줄 지도자가 부재했다. 공산당은 길거리의 장외 정치에 의존했는데 우익 연합은 의회 정치에만 의존하려 했다.

1947년 11월 공산당 중앙위원회 전체 회의에서 고트발트는 '반동분자들의 음모'가 무르익고 있다고 선언했다. '반동분자들의 음모' 뉴스는 전국적으로 유포되었다.

1948년 2월 초 우익 정당들이 우익 인사들에 대한 반국가 행위 기소에 대한 조사 위원회 구성을 요구했다. 이에 공산당원인 내무장관 노세크는 6명의 경찰 고위 간부를 모두 공산당원으로 교체했다. 이는 공산당이 수도 프라하에서 경찰을 완전히 장악하는 것을 의미했다. 행정부는 2월 13일 자로 이를 금지한다고 결정했으나 노세크는 받아들이지 않았다.

2월 21일 비공산당 정당인 국민 사회주의당, 인민당과 민주당의 각료 12명이 사표를 제출하였다. 이들 정당은 베네시 대통령이 사표 수리를 거부하고 그에 따라 공산당이 물러설 것으로 오판했다. 그러나 경찰과 무장한 공산당 민병대가 프라하를 장악했고 거리에서는 공산당이 조직한 대규모 시위가 일어났다. 프라하 대학생들의 반공 시위는 경찰이 진압했다. 공산주의자가 아닌 국방부 장관 스보보다(Ludvík Svoboda)는 공산당 계열 장교들에 의해 병영에 갇혔다.

공산당 정치국원인 코페키 공보부 장관은 모든 방송시설을 장악하는 등 일체의 선전기관을 독점하고, 이를 사임 각료에 대한 공격에 총동원했다. 국영방송 장악으로 베네시 대통령은 대국민 호소도 할 수도 없었다.

전국적으로 '행동위원회'가 급조돼 2월 위기는 절정에 달했다. 행동위원회는 사실상 소비에트(노동평의회)로서 공산주의자와 동조자로 구성됐다. 정당 대표로 조직되었던 이전의 인민위원회 역할을 대행했다. 행동위원회는 노동자위대와 인민자위대에 무기를 지급, 신문사와 은행, 국민전선 본부 및 지부들과 기타 주요 기관을 점거했고 가두 시위에 나섰다.

공산당 의장 고트발트는 거리를 장악한 10만 명의 시위대를 향해 연설하면서, 베네시 대통령이 새로 내각을 구성하지 않으면 총파업을 벌이겠다고 위협했다. 이때 베네시 대통령은 건강이 최악이어서 정신적 육체적으로 공산당의 요구를 거절하기에 무리였다.

2월 25일 내전 가능성과 소련군의 개입을 우려하여 베네시는 굴복하여 공산당의 요구를 받아들였다. 장관들의 사표를 수리하고 공산당의 요구대로 각료를 임명했다. 25명 가운데 13명이 공산당원인 새로운 내각은 겉보기에는 연립내각이었으나 공산당을 추종하는 사회민주당과 공산주의 동조자 일색이었다. 유일한 반공 성향의 장관은 마사리크 외무부 장관 1인이었다.
【2주일 후 그는 3층 창문에서 떨어진 시체로 발견되었다.】

고트발트는 프라하의 구시 광장에 운집한 군중 앞으로 나아가 '반동 세력의 패배'를 선언하였다. 체코슬로바키아 국민 대부분은 침묵하였는데, 이들은 자신들의 앞날이 어떻게 될지 알아볼 능력도 의지도 없었다.

공산당이 장악한 정부는 즉시 대규모 구속과 공무원 숙청을 했다.

3월 의회는 두려움에 떨면서 신규 내각에 대한 신임 투표에서 찬성 230, 반대 0명으로 표를 던졌다.

5월 9일 새로이 헌법이 제정되었는데, 체코슬로바키아를 인민주주의 국가라고 규정했다. 베네시 대통령은 노동 계급의 국가 권력장악을 규정과 새로운 선거법을 포함한 이 헌법의 서명을 거부했다.

5월 30일 총선에서 유권자는 공산당이 제출한 후보들에게만 투표할 수 있었다. 공산당은 300석 가운데 214석을 차지했다. 같은 해 사회민주당이 공산당에 흡수되면서 공산당의 의석은 압도적이 되었다. 비공산당 계열 의원도 모두 열성 동지였다.

6월 7일 베네시 대통령은 사임하고 일주일 후 고트발트가 대통령이 되었다.

【베네시는 9월 3일 병사.】

'평화적으로, 합법적으로' 체코슬로바키아가 공산화될 수 있었던 이유는 모든 공공 부문에 공산당이 침투하여 장악한 상태였기 때문이다. 공산주의자들은 이미 '권력의 지렛대'를 대부분 장악하고 있었다. 특히 경찰과 군부, 공보기관에는 예외 없이 공산당의 손길이 뻗쳤다.

체코에서 공산주의자들이 이용한 전략·전술은 기존 정치질서와 조직기구 등을 이용하면서 점진적으로 침투해 끝내는 모든 정치세력을 제거하고 정권을 탈취하는 '조용한 공산주의 혁명'이었다. 이러한 혁명 전술은 공산주의자들의 세력 부식(扶植)을 위한 양면작전으로 세력 구축의 '하향적 압력'과 '상향적 압력'으로 이뤄진다. 전자는 새로운 권력 기반 조성에 협력하는 정부 정책이고 후자는 노동조합의 혁명군 등을 의미하는 것으로 모두 공산혁명을 위한 압력으로 작용한다.

공산당은 농민·노동자의 대변자로 자처했다. 의회에서 타 정당 소속 의원 포섭으로 세력 신장에 힘쓰는 한편 거의 모든 정부 기관에 침투했다. 체코슬로바키아 공산당은 내무부, 경찰과 공보부, 농업부, 교육부 그리고 지방정부 대부분을 장악했다.

군부는 친공적인 장성의 협조하에 공산당이 침투했는데, 참모부와 특히 정보국이 그들의 수중에 들어갔다. 공산주의자들이 군부에 세력을 부식함에 따라 대통령의 통수권은 무력해졌다.

공산당은 이러한 기반에서 반대 세력 약화와 파괴에 주력했다. 비공산주의 정당들에 침투하여 궁극적으로 와해하려 했다. 이들 정당의 많은 당원이 공산당에 매수 포섭되었으며 그들 소속 정당에서 좌익 세력을 구성했다.

체코슬로바키아는 경제적으로 선진공업국이었을 뿐만 아니라 정치적으로도 서방 사회에 비견할 정도로 민주주의가 성숙해 있었고 체코슬로바키아 공산당도 의회 속의 공산당으로 성장해 온 것이 '평화적 정권 장악'과 밀접한 관련성이 있었다. 체코슬로바키아 공산당은 조직과 정치적 침투 정도에 있어 타 정치단체의 추종을 불허했고 국민 사이에서도 상당한 지지를 확보하고 있었다.
체코슬로바키아 공산당은 기존의 민주주의 체제 및 기구를 십분 이용, '평화적인 공산화'를 실현할 수 있었다.

4장 장개석은 왜 패배하였는가 - 3인의 스파이

국민당과의 대결에서 중국 공산당의 승리는 무엇보다도 첩보 공작의 성공 때문이었다. 국민당에 무수히 많은 간첩을 심어 놓았는데, 이 가운데 3인의 활약상을 소개한다.

■ 기조정(冀朝鼎)
- 의도적인 경제정책의 실패, 장개석에게 쏟아진 저주

- 미국 공산당과 중국 공산당 출신의 레드 이코노미스트
- 대일항전을 지원했던 국민을 배신한 국민당
- 일본 점령지 2억여 중국인이 해방 후 장개석을 저주한 이유

기조정은 1903년 산서성의 태원(太原)에서 태어났다. 부친은 산서성 사법청장과 교육청장을 지냈다. 1916년 북경의 청화학교(清華學校, 1928년 청화대학이 됨)에 들어갔다. 1919년 5·4 운동에 참여하여 사흘간 구류되기도 했다.

당시 청화학교는 미국 유학 준비 학교로 유명했다. 기조정은 1924년 미국 유학길을 떠났다. 유학가기 직전 중국 공산당 창시자인 이대조(李大釗, 1889~1927)를 찾아가 가르침을 구하기도 했다.

기조정은 시카고 대학에서 역사를 전공하여 1926년 졸업했다. 같은 해 미국 공산당에 입당했다. 1926년 겨울 유럽으로 건너가 벨기에 브뤼셀에서 열린 코민테른 주최의 세계 반제 동맹회의에 참석했다. 1927년 파리에서 미국인 공산주의자 여성 해리엇 레빈(Harriet Levine)과 결혼했는데, 같은 해 중국 공산당 유럽지부를 통해 중국 공산당에 입당했다. 1928년 여름 모스크바에서 코민테른 6차 대회가 열렸는데, 장개석에 토벌당한 중국 공산당 제6차 전국대표자 대회도 6월 18일부터 7월 11일까지 모스크바에서 열렸다. 주은래(周恩來, 1898~1976), 구추백(瞿秋白, 1899~1935), 이립삼(李立三, 1899~1967) 등 당 주요 인사 142명이 참석했다. 기조정은 코민테른 대회 6차 대회에 참석한 중국대표 주은래의 통역을 맡았고 이어 개최된 적색 국제노동자 대표단 회의에서도 중국

대표 등중하(登中夏, 1894~1933)의 비서 겸 통역이 되었다.

기조정은 중국으로 돌아가 '중국 혁명'에 투신하고자 했으나 주은래, 등중하, 미국 공산당 대표로 모스크바에 와 있던 윌리엄 포스터(William Zebulon Foster, 1881~1961)는 미국에서 중국 공산당을 돕는 여론 공작을 해야 한다고 설득했다. 1929년 기조정은 미국으로 돌아와 미국 공산당이 발간하는 신문《데일리 워커(Daily Worker)》와 잡지《차이나 투데이(China Today)》에 가명으로 국민당을 비판하고 중국 공산당을 옹호하는 글을 많이 썼다.

1936년 기조정은 컬럼비아 대학에서 경제학 박사 학위를 받았다. 논문 제목은 〈중국 역사상의 기본 경제구(Key Economic Areas in Chinese History)〉로서 2천년 간의 중국사를 경제적 관점으로 해석한 걸작이었다.

1937년 기조정은 태평양 문제 연구소(IPR, Institute of Pacific Relations)에 연구원으로 들어갔다. 그리고 잡지 《아메라시아(Amerasia)》에 중국 경제와 정세에 관해 많은 글을 기고했다.

【IPR은 태평양 연안 국가 간의 학술 포럼을 운영하는 국제 NGO로 1925년 설립되었다. 록펠러 재단과 같은 대기업이 출연하는 자금으로 운영되었는데, 회원 대부분이 기업과 정부의 엘리트들이었다. 1940년대 후반 매카시 상원의원은 회원 상당수가 공산주의자이며 미국 정부에서 수집한 정보를 소련과 중국 공산당으로 빼돌린다고 주장했다. 1952년 미국 상원의 내부 보안 소위원회는 IPR이 미국 공산당과 소련의 정책 홍보 수단이며 공산주의자의 목적을 위해 미국의 동아시아 정책에 영향을 주려 했다고 결론지었다.

《아메라시아》는 IPR 회원인 프레데릭 밴더빌트 필드(Frederick Vanderbilt Field, 1905~2000)가 1937년 만든 잡지이다. 프레데릭 밴더빌트는 철도왕 코르넬리우스 밴더빌트의 현손(玄孫)이다. 편집장은 기조정의 처 해리엇 레빈의 사촌인 공산주의자 필립 재피(Philip Jaffe, 1895~1980)였다. 1945년 《아메라시아》의 발행 부수는 2,000부 정도였고 비정기적으로 간행되었다. 발행 부수의 3분의 1 정도가 미국 정부 기관으로 배포되었다.

1945년 초 한 관리가 OSS(Office of Strategic Service, 전략사무국)의 비밀 보고서를 그대로 인용한 내용이 《아메라시아》에 실렸음을 알아챘다. 3월 OSS 요원 5인이 《아메라시아》 사무실을 몰래 들어가 수백 건의 비밀문서를 발견했다. 문서 대부분은 국무성으로부터 나온 것이었다. OSS가 국무성에 이를 알리자 국무성은 FBI에게 사건을 의뢰했다.

1945년 6월 6일 FBI는 필립 재피와 미국 외교관 존 서비스(John Stewart Service, 1909~1999) 등 6인을 체포했다. 또한 《아메라시아》 사무실을 급습해 1,700여 문건을 입수했다. FBI는 필립 재피 등 6인을 간첩죄로 기소하려 했으나 증거가 모자랐다. 결국 외교관 2명과 필립 재피를 공문서 유출 및 점유 죄목으로 기소했다.]

1939년 중국 최대무역회사인 환구무역공사 사장 진광보(陳光甫)가 기조정을 찾아왔다. 진광보는 단순히 무역회사 사장이 아니라 중화민국 육군 중장 계급을 지닌 중국 금융계의 거물이었다. 기조정은 진광보의 비서가 되었다.

진광보는 기조정을 고용하라는 미국 재무부 차관보 해리 화이트 (Harrry Dexter White, Harry Dexter White, 1892~1948)의 권유를 받고 기조정을 만난 것이다. 해리 화이트는 국제통화기금의 창설자, 브레튼 우즈 체제의 설계자이다.

【1차 세계대전에 중위로 참전하고 하버드 대학에서 경제학 박사 학위를 받은 해리 화이트는 유대인이었다. 그는 루스벨트 행정부의 실력자이던 모겐소 재무장관의 최측근으로서 국제경제 담당 국장이었는데, 외교문제에 대한 자문도 했다.

나치 독일이 적극 팽창 정책을 펴서 유럽에 전운(戰運)이 드리워지던 1938년 10월 모겐소 장관은 대통령에게 보내는 편지의 기초를 화이트에게 지시하였다. 주제는 국제 정세였다. 화이트는 독일, 일본, 이탈리아를 '침략자'라고 표현하면서 루스벨트 대통령이 '강철 같은 단호함'으로 행동해야 한다고 썼다. 모겐소 명의의 편지는 10월 17일 대통령에게 전달되었고, 11월 14일 대통령 주재 백악관 회의가 열렸다.

회의에서 루스벨트 대통령은 히틀러의 압박에 영국과 프랑스가 굴복한 뮌헨 회담을 언급하면서 미국이 전쟁에 대비해야 한다고 말하였다. 미국의 외교적 진로에 지침을 준 중요한 회의였다.

1941년 5월 하순에 화이트는 미국 국무부의 모호한 정책을 비판한 뒤 소련과 일본에 대한 정책 구상을 메모했다. 이 메모는 6월 6일 모겐소 장관에게 전해졌다. 당시 소련은 독일과 불가침 조약을 맺은 상태였다. 화이트는 소련에 경제적 이득을 제공, 獨蘇(독소) 유대 관계를 깨야 한다고 건의하였다. 일본에 대해서는 일본군이 점령한 중국과 인도차이나에서 철수하면 약간의 정치적 경제적 보상을 해주자는 제안을 했다.

화이트는 자진하여 미국 정부의 고급 문서와 정보를 소련에 넘겨주었다.

1930년대 미국에서 활동한 소련 첩보기관은 두 '스타'를 가졌는데, 화이트 이외의 한 '스타'는 국무부의 엘리트 高官 엘저 히스였다. 히스는 얄타 회담에 루스벨트 대통령을 수행한 사람이고, 유엔을 창립할 때 사무총장 역할을 하였다. 전향한 휘테커 챔버스 등의 폭로가 없었더라면 앨저 히스는 국무장관, 해리 화이트는 IMF 총재가 되었을 가능성이 있다.

미국 내의 소련 공작망은 화이트 전담 요원으로 철도은퇴자협회(Railroad Retirement Board)의 연구실장인 통계학자 에이브러햄 조지 실버만(Abraham George Silverman, 1900~1973)을 배치했다.}

1941년 기조정은 미국을 떠나 홍콩으로 가서 중미영 외국환평형기금 본부에서 일했다. 그러나 일본이 홍콩을 점령하여 평형기금 본부는 중경으로 옮겨갔고 기조정도 따라갔다. 기조정은 귀국한지 2~3년 만에 국민당 정부의 재정 금융 분야, 특히 화폐와 환율에 대한 정책을 직접 수립하고 집행하는 업무를 수행하게 되었다. 장개석의 큰 동서인 재정부장 공상희(孔祥熙, 1881~1967), 장개석의 손아래 처남인 행정원장 송자문(宋子文, 1894~1971)의 신임을 얻었다.

【1935년 국민당 정부는 전국 단일 화폐인 법폐를 신규 발행하고 400년간 유지되던 은본위제를 폐지하고 법폐를 영국 파운드화와 미국 달러에 연동시켰다. 외화와 연동된 법폐 가치를 안정적으로 유지하려면 외환을 많이 보유해야 했다. 1937년 중일전쟁으로 민간에서 금과 은, 외화를 대량으로 구입하고 은행이 일본군 점령하에 들어가자 법폐는 위기를 맞았다. 국민당 정부는 미국과 영국에 전쟁 수행을 위해 법폐 가치의 안정이 필수라고 호소했다. 그리하여 '중미영 외국환평형기금'이 조성되었다. 평형기금은 중앙은행의 권한을 대신하게 되었다.】

일본은 중일전쟁이 나자 1년여 만에 중국 국토의 3분의 1 정도를 점령했는데, 경제적 중요성이 큰 지역이라서 국민당 정부의 조세 수입은 전쟁 직전인 1936년의 6.7억 위안에서 1937~1940년 연평균 3.5억 위안으로 대폭 줄어들었다. 중일전쟁 8년 동안 국민 정부는 중국 총인구의 60%인 2.8억 명을 먹여 살려야 했다. 경작지는 절반 이하로 줄어들었고 생필품을 생산하는 공장은 거의 10분의 1 수준으로 줄어들었다.

국민정부는 재정난을 타개하려 세금을 올리고 국채를 발행했지만, 잘 팔리지 않았다. 통화 발행량을 늘리자 인플레이션이 심각해졌고 중국 화폐인 법폐의 가치는 나날이 떨어졌다. 결국 1942년 미국에 차관 5억 달러를 무이자, 무담보, 무상환기한이라는 파격적인 조건으로 얻어 통화량을 관리하게 되었다.

3가지 방법으로 통화량을 관리하기로 했다.

1) 미화 절약건국저축증권 : 법폐로 저축하면 1~3년 만기 후 달러로 지급해 주는 것.
2) 동맹승리 미화공채 : 법폐로 공채를 사면 10년 만기 후 달러를 주는 방법
3) 황금 저축 : 법폐로 금값을 지불하면 최소 6개월 후 금을 돌려주고 이자는 법폐로 주는 것

이에 응한 국민들은 정부에 긴요한 전시 자금을 지원하자는 애국심이 있었다. 그러나 큰 손해를 입었다.
【1944년 3월 중미영 외국환평형기금이 폐쇄되자 공상희는 기조정을 중앙은행 외환관리 위원회 주임이란 요직에 앉혔다.】

1945년 7월 31일 국방최고위원회 위워장 장개석은 "일본에 반격할 군비 확충을 위해 황금 저축에 대해 40%를 헌납받는다"는 내용의 선포를 했다. 이렇게 40%를 떼어 2개월 정부 재정 지출 분을 얻을 수 있었으나 국민당 정부의 신용은 땅에 떨어졌다.
교육부장 진립부(陳立夫, 1900~2001)는 강력히 반대했으나 장개석은 송자문이 오래 고심하여 내놓은 안이라며 무시했다.
1945년 9월 26일 국민당 정부의 재정부는 포고문을 발표했다. 법폐와 일본 점령지에서 사용하던 화폐의 교환 비율을 1대 200으로 하겠다는 것이었다. 당시 물가로 볼 때 교환 비율을 1 대 50으로 하는 것이 마땅했다. 이 조치로 점령지 중국인들의 재산은 4분

의 1로 줄어들게 되었다. 일본 점령지에 살던 2억여 중국인들은 장개석에 실망하고 분노했다.

이렇게 국민을 분노하게 한 '나쁜 정책'의 배후로 훗날 모두 기조정을 꼽았다.

1944년 국민당 정보기관인 중앙조사통계국은 공상희에게 기조정이 중국 공산당 간첩이라고 제보했다. 공상희는 새벽 2시 기조정을 불러 물었다. 기조정이 "저와 수년을 같이 지내셨는데, 제가 공산주의자로 보입니까?"라고 하니 공상희는 "그렇지 않은 것 같다."고 답했다.

기조정은 중국 공산당 집권 후 외자기업국 국장, 중국 국제무역촉진회 부주석 겸 인민은행 부이사장 등을 역임하다가 1963년 뇌출혈로 세상을 떠났다.

🔺 심안나(沈安娜)
- 장개석의 모든 말이 모택동의 귀에 들어가다

- 11년간 장개석 옆자리를 지킨 속기사
- 모택동에게 전달된 장개석의 특급 정보

국공 내전을 평가한 글 가운데 이런 것이 있다.

"이것은 불가사의한 신화였다. 중일전쟁 시기에 섬서성 연안(延安)의 동굴 속에 있던 중국 공산당은 장개석의 정치, 군사 전략과 계획을 정확하게 파악하고 있었다.

또 국공내전 시기 화북 각지를 전전할 때에도 그들은 장개석의 군사 전략과 병력 배치를 손바닥 보듯 보고 있었다. 오전에 중경에 있는 장개석이 누군가를 비난하면 늦어도 그날 밤 1,000여 km가 떨어진 곳에 있는 모택동의 귀에 그 소식이 들어갔다."

장개석의 속기사였던 심안나의 본명은 심완(沈琬)이다. 1915년 강소성 태흥에서 태어난 심완은 어려서부터 대담한 데가 있었다. 17세가 되던 해에 세 살 위 언니인 심민(沈珉)이 나이 많은 홀아비에게 강제로 결혼하게 되자 언니와 함께 가출해 상해(上海)로 갔다.

상해의 남양 고등상업학교에 입학한 자매는 학교 선생님 댁에서 선배인 화명지(華明之)와 서왈신(舒曰信)을 소개받았다. 이들은 중국의 미래를 위해 사회주의 혁명이 필요하다는 데 동의했다. 이때 자매는 이름을 러시아식인 이나(伊娜)와 안나(安娜)로 지었다. 심이나는 1934년 서왈신과 결혼한다.

학비가 없어 남양 상업학교를 졸업하지 못하고 당장 사회에 나가게 된 1934년 심안나는 형부 서왈신에게 진로에 대한 고민을 털어놓았다. 서왈신은 자신의 공산당 입당을 도와준 왕학문(王學文)에게 자문을 구했다. 일본 교토 제국대학에서 경제학을 전공한 왕학문은 당시 상하이에서 정보 활동에 종사하고 있었다. 그는 심안나에게 속기사가 되어 국민당 기관에 들어가 중국 공산당을 위해 정보를 수집하는 것이 좋겠다고 했다.

1934년 가을 심안나는 상해의 병훈 속기학교에 들어갔다. 겨울 국민당 절강성 정부가 속기사를 모집했고 심안나는 다른 학생 2명과 함께 교장의 추천을 받아 실습생으로 들어갔다. 속기 실력이 뛰어난 심안나는 1935년 1월 국민당 절강성 비서처 의정과의 전담 속기원으로 채용되었다. 그리고 이 해에 심안나는 화명지와 결혼했다. 항주에서 일하는 화명지는 1주일에 한 번 절강성의 성도 항주(杭州)를 찾아가 심안나가 빼돌린 기밀 서류를 가져갔다.

1937년 7월 중일전쟁이 일어났고 국민당 정부는 12월 13일 수도 남경을 포기하고 호북성 무한(武漢)을 거쳐 1938년 10월 사천성의 중경(重慶)으로 옮겨갔다. 심안나도 남편 화명지와 더불어 피난길에 올라 1938년 5월 국민당의 당정군 지휘부가 있는 호북성 무한에 도착했다. 중일전쟁으로 제2차 국공합작이 이루어져 중국 공산당은 반국가단체에서 집권 국민당의 파트너로 위상이 바뀌었다. 공산당의 홍군(紅軍)은 팔로군으로 편제되었다. 중국 공산당은 1937~38년 사이 14개 도시에 팔로군 사무처를 개설했다. 그리고 지방 조직을 개편해 10여 개 조직을 운영했는데, 이중 주은래가 지도하는 남방국(南方局)이 가장 중요했다. 남방국은 무한과 임시 수도 중경을 포함, 사천성, 운남성, 귀주성, 강소성, 강서성, 복건성, 광동성, 홍콩 등을 맡고 있었다. 지방 조직은 중도 세력을 친공산당화하는 통일전선 형성, 국민당과 군에 스파이를 잠입시켜 정보를 수집하는 것을 가장 중요한 목표로 했다. 중국 공산당 정보 조직인 중앙특과(中央特科)의 창설자 주은래가 남방국을 맡은 것은 당연했다.

심안나는 무한에서 주은래-등영초 부부를 만났다. 이어 이전에 모셨던 전임 절강성 성장(省長) 주가화(朱家華)를 찾아가 속기사로 일하고 싶다고 청탁했다. 주가화는 이때 국민정부 군사위원회 참사실 주임에 국민당의 정보기관인 중통(中統 : 중앙조사통계국)의 국장을 겸하고 있었다. 주가화는 심안나가 1938년 10월 특별당원으로 국민당에 입당하도록 도와주었고 기밀처의 속기원으로 일하도록 했다. 심안나는 매주 열리는 중앙상무위원회 속기를 전담했다. 이외에도 군사위원회, 국방최고위원회 등에서도 속기를 맡곤 했다. 장개석이 주재하는 회의에는 빠짐없이 참석했다. 심안나는 중국 공산당이 최종 승리하는 1949년까지 11년간 장개석의 육성을 기록했다.

심안나가 중국 공산당에 제공한 정보 가운데 가장 중요한 몇 가지를 소개한다.

1) 1935년 절강성 성 정부의 홍군 유격대 토벌 정보
장개석의 5차 공산당 토벌이 시작되자 중국 공산당은 근거지를 버리고 서쪽으로 피신했으나 절강성 인근의 홍군 유격대는 국민당군과 대치하고 있었다. 심안나는 복건성, 절강성, 강서성 접경지에서 활동 중인 유격대 소탕 작전 문서를 모아 중국 공산당에 전달했다.

2) 1946년 장개석-모택동 담판에서 국민당 협상 전략 입수
1945년 종전 후 국민당과 중국 공산당은 전후 중국 재건 방향에 대한 협상을 시작했다. 장개석과 모택동이 직접 만나고 실무자들도 토의했다. 10월 10일 이른바 '쌍십 협정'이 체결되었는데 내용을 보면 국민당의 패배였다. 공산당이 제안한 '정치협상회의'를 수용하고 국민당이 제안한 '국민대회 대표'는 인정받지 못했다.

1946년 1월부터 정치협상회의가 시작되었는데, 국민당의 협상 작전을 짜는 비밀회의에 속기사로 참석한 심안나는 그 내용을 매일 밤 공산당에 넘겼다.

3) 1946~49 국공 내전에서 국민당 군사전략 입수
1947년 3월 국민당 정부의 총참모장 진성(陳成)은 비밀회의에서 전쟁 상황에 대한 분석 및 향후 군사전략 등을 장개석에게 보고한다. 1947년 9월 국방부장 백숭희는 비밀회의에서 각 전장의 상황을 소개하고 다음 단계의 전략 계획을 발표한다. 심안나는 이를 공산당에 전달한다.
장개석이 속기를 금한 내용은 모두 기억하여 휴식 시 화장실로 가서 속기부호로 정리, 공산당에 전달했다.

심안나는 1939년, 1942년, 1946년 세 차례에 걸쳐 의심을 받았으나 국민당의 방첩(防諜) 능력이 허술하여 위기를 넘어갔다.

■ 곽여괴(郭汝瑰)
- 국공 내전에서 국민당 국방부 작전청장은 공산당 간첩

- 장개석 직계의 육군 중장
- 최정예 기계화 사단은 왜 6일 만에 괴멸되었나
- 요심 전역에서 중국 공산당이 대승한 이유
- 회해 전역, 56만 대군과 1인 스파이의 대결

이스라엘 정보기관 모사드의 영웅인 엘리 코헨은 '적국인 시리아의 국방부 차관이 될 뻔했던 간첩'이었다. 이에 비해 곽여괴(郭汝瑰, 1907~1997)는 적의 군사작전을 수립한 간첩이었다.

곽여괴는 1907년 대대로 문장가로 이름을 날린 지식인 가문에서 태어났다. 1926년 곽여괴는 의대 진학을 바라는 부친의 뜻을 물리치고 국민당의 장교 양성 기관인 황포군관학교 5기로 입학했다. 1927년 황포군관학교를 졸업하고 1929년 황포군관학교 동기인 원경명(袁鏡銘)의 소개로 중국 공산당에 입당했다.

1932년에는 육군대학에 들어가 3년간 수학했다. 육군대학에서 교관으로 전쟁사를 가르치고 있었던 곽여괴는 1937년 7월 중일전쟁이 발발하자 제14 사단의 참모장으로 참전했다. 8월 일본군이 상해를 공격하자 42여단장으로 상해 북단의 한 포구 근방에서 일본군을 10일간 묶어 영웅시 되었다. 국민당군은 상해를 4개월 동안 지킬 수 있었다.

1938년 국민당 정부가 중경으로 수도를 옮기자 일본은 호북성 무한에 40만 군을 투입했다. 국민당군은 110만으로 무한을 수비했다. 제9전구 사령관 진성이 무한 방어를 맡는데, 작전회의에서 무한을 수십 개 사단을 동원, 고리 모양으로 배치해 지키자고 했다. 그러나 곽여괴는 이러한 작전이 역배수진에 처할 위험이 있다며 반대했다. 무한을 지키기 위해 무한에서 싸울 필요는 없다며 무한 외곽으로 나가 전선을 크게 확대해 싸우자고 했다. 이에 따라 작전 계획을 변경했고 40만의 사상자를 낸 끝에 무한에서 일본군을 5개월 가까이 묶어 중경을 지킬 수 있었다.

진성 장군의 특별한 신임을 얻은 곽여괴는 제20 집단군의 참모장으로 승진했고 1944년에는 중장이 되어 주영 대사관의 부무관으로 1년간 파견 생활을 했다. 귀국 후인 1945년부터는 국방부에서 인사, 작전 수립 등의 업무를 수행했다.

1945년 초겨울 곽여괴는 중경에서 비밀리에 중국 공산당 창당 멤버이자 정보 업무를 책임진 동필무(董必武, 1886~1975)를 만났다. 곽여괴는 중일전쟁 시기 공산당 당원으로서 활동을 하지 못해 재입당하려 했다. 곽여괴는 중국 공산당의 근거지인 연안으로 가고 싶다고 했다. 그러나 동필무는 국민당에서 계속 활동하라고 권했다.

중국 공산당과 곽여괴의 연락책은 임렴유(任廉儒)였다. 임렴유는 천염은행(川鹽銀行)의 직원이었고 카톨릭 신도로 활동하고 있었다. 은행원 신분 이외에 카톨릭 잡지《益世報》기자를 겸해 자신의 정체를 감추었다.

곽여괴가 1945년 5월부터 1949년 중국 공산당의 승리까지 넘긴 주요 군사정보는 100여 건이 넘었다.

1946년 4월 국공내전이 시작되자 6월 군사위원회를 행정부 소속 국방부로 개조했다. 곽여괴는 국방부 제5청장(군 편제 담당), 제3청장(작전 담당) 등 핵심 요직을 두루 거친다. 국공내전의 승부를 가른 3대 전역(戰役)이 본격화된 1948년 하반기 곽여괴는 국방부 작전청장으로 모든 군사작전을 직접 입안하고 통제했다.

곽여괴는 47년 3월 국방부 작전청장이 되었다. 5월 국민당 정부의 최정예 부대인 기계화 제74사단이 전멸되는 참사가 벌어졌다. 산동성 탈환을 위해 선봉에 서서 진군하던 74 사단은 포위되어 전투 개시 후 단 6일 만에 완벽히 패배하고 사단장은 권총으로 자결했다. 곽여괴가 제공해 준 정보 덕에 산동성을 지키던 공산당의 화동야전군(華東野戰軍)은 어디에 주둔 중인 국민당 부대가 어느 지점을 목표로 언제 진군하는지 정확히 알고 있었기 때문이었다.

중국 공산당은 1948년 9월부터 1949년 1월까지 동북(만주), 화북 및 화동 지역에서 수십만 대군을 이끌고 순차적으로 공세를 폈다. 이 3대 전역에서 중국 공산당은 국민당군 150만 명을 궤멸시켜 사실상 국공내전의 승부를 결정지었다.

만주를 둘러싼 요심(遼瀋) 전역은 1948년 9월 12일 70만의 동북야전군의 포성으로 시작되었다. 국민당군은 만주의 대도시와 그 인근을 장악하고 있었다. 장춘(長春), 심양(瀋陽), 금주(錦州)를 함락하면 중국 공산당은 만주를 장악할 수 있었다.

국민당의 동북공산당토벌사령관은 위립황(衛立煌, 1896~1960)으로 휘하에 47만 병력이 있었다. 그는 주요 도시를 장악했으나 금주와 심양은 240km, 심양에서 장춘은 304km 떨어져 있어 중공군의 게릴라 전술로 고립되어 있었다. 동북야전군 사령관 임표(林彪, 1907~1971)는 1948년 5월부터 63만의 민간인, 국민당군 10만 명이 있는 장춘을 포위했다. 아사시키는 것이 목표였다. 포위한 지 한 달 만에 민간인 가운데 아사자가 나오기 시작했다. 국민당 정부는 물자를 공수(空輸)했으나 필요 물량의 3분의 1에 불과했다. 아사자가 속출하는 장춘에 9월 12일 임표는 공격을 시작했다. 국민당군이 항복하여 10월 19일 공산군이 장춘을 점령했다. 5개월간의 포위전에서 민간인이 최소한 37만이 아사, 20만이 유랑민이 되어 장춘에 남은 생존자는 6만이 조금 넘었다.

금주 포위전은 9월 12일 시작되었다. 금주를 구하기 위해 장개석은 12개 사단을 동원했으나 동북야전군에 막혀 전진하지 못했다. 10월 16일 동북야전군은 금주를 함락했다. 11월 2일에는 심양마저 함락했다. 국민당 군은 5만 5천 전사에 41만이 포로가 되었다.

요심 전역에서 국민당 군의 군사작전을 곽여괴가 수립했다. 세부적인 부대 이동, 공격 목표, 공격 개시일 등이 국민당의 동북사령부와 공산당의 동북야전군에 전달되었다. 곽여괴는 훗날 회고록에서 작전의 문제점을 알고도 말하지 않고 냉소만 지었다고 했다.

요심 전역의 승리로 만주를 장악한 중국 공산당은 남경과 상해가 있는 화동 지역을 목표로 했다. 이 지역으로 진공하기 위해서는 회해(淮海) 지역을 지나야 했다. 회해는 회수(淮水)를 끼고 회양(淮陽)과 해주(海州)를 포함한 지역으로 강소성·산동성·하남성·안휘성의 4개 성이 교차하는 곳이다.

1948년 11월 6일부터 시작된 회해 전역에서 국민당군은 56만 명, 인민해방군은 60만 명이 투입되었다. 전투가 시작된 지 65일 만인 1949년 1월 10일 국민당군의 절반 이상이 무너지고 최고 지휘관 두율명(杜聿明, 1904~1981)이 포로가 되어 끝났다.

회해 전역에서 서주(徐州)를 중심으로 병력을 집중시킨 국민당의 결정은 패전의 주요 원인이었다. 이는 곽여괴의 주장이었다.

서주 방어 사령관 장극협(張克俠)이 휘하의 병력(제59군단과 제

77군단)을 이끌고 투항하여 인민해방군이 서주로 쉽게 들어갈 수 있었다. 장극협은 1929년 중국 공산당에 비밀리에 입당하였는데, 장극협을 서주 방어 사령관으로 있힌 자가 곽여괴였다.

국민당 군 12병단은 11월 25일 안휘성 쌍퇴집에서 완전히 포위되어 12월 6일 12만 병력이 전멸했다. 이는 곽여괴가 12병단에 정면 승부하라고 지시하여 일어난 참사였다.

포로가 된 두율명은 10년간 옥살이를 하다가 1959년 석방되었다. 두율명은 1948년 7월부터 곽여괴를 의심했다. 70대 중반에 접어든 곽여괴는 1980년 북경에 있는 두율명의 집을 찾았다.

"두 장군, 예전에 제가 공산당과 관련이 있었다고 하셨지요. 추측이었습니까? 아니면 근거가 있어 하셨던 말씀인지요?"
"산동에서 온 사람이 말해줍디다. 근거가 있었지요."
"그 사람이 누구입니까?"
"비밀입니다. 말할 수 없어요."

두율명은 황포군관학교 1기생으로 5기생인 곽여괴의 선배가 된다. 두율명은 1981년 5월 7일 사망했다.

국민당에 공산당 간첩이 우글거렸던 이유는 방첩 기능이 매우 부실했기 때문이었다.
국민당의 정보기관은 2개로 국민당 소속인 중앙집행위원회 조사통계국(약칭 중통; 中統)과 군 소속의 군사위원회 조사통계국(약칭 군통; 軍統)이 있었다. 1946년 3월 19일 새벽 비행기 사고로 군통을 15년간 이끌었던 대립(戴笠, 1897~1946)이 사망하여 군통의 기능이 대폭 축소되었다.

전시 수도 중경에서 대립과 교류했던 주은래는 대립을 이렇게 평했다.

"얼핏 보면 요인 암살이나 정적 제거와는 거리가 먼 사람 같았다. 정보의 귀재라는 별명도 어울리지 않았다. 항상 코를 훌쩍거리고, 손이 유난히 예쁜 것 외에는 특색이 없었다. 하지만 보면 볼수록 소름이 끼쳤다. 그가 운영하던 특무조직은 전국의 통신망을 장악하고 재정·외교 업무를 제 손바닥 보듯이 파악하고 있었다."

대립은 1926년 29세의 나이로 황포군관학교 6기에 편입했다. 황포군관학교를 졸업하진 못했으나 훗날 명예 학위를 받았다. 황포군관학교의 한 동기생은 대립을 이렇게 평했다.

"흔히 대립을 영웅이라고 부른다. 나는 괴물이라고 생각한다. 항상 일에만 취해 있었다. 뼈를깎는 고통도 금세 까먹고, 무슨 일이 생겨도 놀라거나 원망하는 법이 없었다. 40만에 육박하는 비밀경찰을 한 손에 장악한 일인지하 만인지상이었지만 사람들 속에 섞여 있으면 표가 나지 않았다. 어딜 가나 흔히 볼 수 있는 그런 사람이었다. 재물에도 관심이 없었다. 그런 게 괴물이 아니면 뭐가 괴물인가."

장개석은 1949년 대만으로 패퇴하면서 한탄했다.

"우농(雨農 : 대립의 호)이 살아 있었으면 대륙을 잃지 않았을 텐데.
[若雨農不死 , 不至失大陸]"

대립과 장개석 두 사람과 가까웠던 청방(靑幇)의 두목 두월생(杜月笙, 1888~1951)도 "대립이 있었으면 공산군은 절대로 장강을 건너지 못했다."라며 한탄했다.

주은래도 이렇게 말했다.

"대립의 죽음으로 중국 공산당의 혁명은 10년 앞당길 수 있었다.
[戴笠之死 , 中国共産黨之革命 , 可以提前十年成功]"

대만 참모총장과 행정원장을 역임한 학백촌(郝柏村)은 이렇게 회고했다.

"대립의 조난은 반공 전쟁에 중대한 영향을 끼쳤다. 공산당에 침투해 잠복 활동하던 군통 요원들은 대와 단선 관계였다. 대가 죽자 허공에 뜬 신세가 돼버렸다. 중공에 헌신하는 것 외에는 선택의 여지가 없었다. 대는 특무공작의 천재였다. 대신할 사람이 없었다. 국민당이 대륙에서 실패한 가장 큰 원인은 대의 사망이었다. 절대 과장이 아니다.
임표(林彪)가 지휘하는 동북민주연군(東北民主聯軍) 내에도 군통 특무들이 잠복해 있었다. 대 사망 전까지는 동북에서 국군이 우세했다. 마셜은 총통을 압박만 했지 설득시키지는 못했다. 1946년 6월 6일 마셜이 요구한 두 번째 종전 요구를 어쩔 수 없이 수락한 후 총통은 지하에 있는 대가 그리웠다. 부인과 함께 유해가 안치된 영곡사(靈谷寺)에 갔다. 직접 제(祭) 올리며 영혼을 달랬다. 나는 총통이 그날처럼 애통해하는 모습을 본 적이 없다."

【장개석과 대립하였던 광서성의 군벌 이종인(李宗仁, 1891~1969)은 1949년 1월 장개석의 하야로 총통 대리가 되었으나 중국 공산당에게 전범으로 규정되었다. 16년 가까이 미국과 유럽에서 망명 생활을 하다가 모택동, 주은래가 응락하여 1965년 처 곽덕결(郭德潔)과 함께 중국으로 돌아왔다. 총리급 대우를 받으며 전국 각지를 유람했다. 귀국한 지 8개월 만에 홀아비가 되었다.

이종인은 평생 아내의 손이 거치지 않은 것은 먹지도 입지도 않았다. 아내가 죽은 뒤 그의 수발을 드는 주위 사람들이 너무 힘들어했다. 총리 주은래는 이종인을 재혼시키기로 했다. 75세 노인과 결혼하겠다는 여자들이 여럿 있었다. 이종인은 30대 중반만 되어도 퇴짜를 놓았다. 빼어난 미인인 27세의 간호사 호우송(胡友宋)이 자원했다. 호우송은 "나이는 상관없다. 결혼 상대가 누구인지 그게 중요하다"고 말했다. 사진을 본 이종인은 기뻐했다.

주은래가 호우송을 조사하니 결혼한 적도 없고 남자를 사귄 적도 없었다. 그러나 아버지도 어머니도 누구인지 알 수 없었다. 주은래가 호우송을 직접 만나서 물으니 호접(胡蝶, 1908~1989)이 생모라고 했다. 호접은 민국(民國) 시절 홍콩에서 활약하던 중국 최고의 여배우였다. 아버지는 어머니가 누구인지 알려주지 않아 모른다고 했다. 주은래는 대립이 생부일 것으로 짐작했다. 1967년 7월 이종인과 호우송은 간소한 결혼식을 올렸다. 48세나 나이 차가 났다.

1928년 대립은 혼자 정보 수집 활동을 했는데, 매일 아침 장개석에게 서류로 보고했다. 정확한 보고에 장개석은 감탄했다.
어느 날 장개석과 대립의 대화

"취미는 무엇인가?"
"없습니다."
"그래도 좋아하는 게 있을 것 아니냐. 나도 한때는 사창가 출입을 즐겼다."
"영화를 가끔 봅니다. 매화가 피면 꽃구경도 갑니다."

장개석은 극장갈 때 쓰라며 돈을 쥐여주었다. 며칠 후 대립을 호출해 물었다.

"영화를 봤느냐?"
「백운탑(白雲塔)」을 봤습니다."
"무슨 내용이냐?"
"매일 봤지만 내용은 머리에 들어오지 않았습니다."
"여배우에게 홀렸구나. 이름이 뭔가?"
"호접이라는 신인배우입니다."
"마음에 들면 인연을 만들어라. 딸이 태어나면 매화를 안겨줘라."

호접은 1939년 호우송을 낳았다.

1946년 3월 17일 청도(靑島)에서 호접의 이혼 소식을 들은 대립은 서둘러 전용기를 타고 상해로 갔다. 탑승 전 두월생이 그 비행기를 타지 말라고 했다는 말이 있다. 3월 19일 새벽 악천후로 상해로 가기를 포기하고 기수를 돌렸는데, 남경 인근의 공산당 통제 구역에서 비행기가 추락 사망했다. 단순 사고가 아니라 중국 공산당의 정보 책임자 강생(康生, 1898~1975)의 공작이라는 설, 반미 성향인 대립을 싫어한 미국 전략사무국(Office of Strategic Service : CIA의 전신)의 공작이라는 설이 있다.】

5장 공산화 위기를 극복한 인도네시아
– 인도네시아를 공산화하려 한 모택동

◪ 인도네시아의 독립과 수카르노의 용공 정책

네덜란드는 1826년 파푸아 뉴기니(오늘날의 西파푸아), 1848년 발리, 1849년 보르네오(칼리만탄), 1872년 수마트라의 대부분을 점령했다. 그러나 거액의 전쟁비용으로 만성적인 재정 위기에 시달렸다.

20세기에 들어서 네덜란드 총독부에 대한 원주민의 봉기는 거의 막을 내렸으나 민중을 교육시켜서 식민통치에 대항하려는 민족주의 운동이 일어났다. 이는 러일전쟁(1904~1905)에서 일본이 승리한 것에 자극받은 것이기도 했다.

참정권을 요구하던 이슬람 연합(Sarekat Islam)의 압력에 네덜란드 식민지 정부는 1918년 별다른 실권이 없는 폭스라드(Volksraad)를 만들었다. 1942년 12월 7일 일본이 하와이 진주만을 기습공격하면서 태평양 전쟁이 일어났다. 12월 15일 일본군은 브루나이를 침공했고 1942년 3월까지 네덜란드 식민지(현재의 인도네시아) 전역을 점령했다. 인도네시아인들은 욱일승천기를 흔들며 일본군을 환영했다. 그러나 일본은 인도네시아를 독립시켜 줄 듯하면서 인도네시아인을 이용했다. 인도네시아 독립운동 지도자 수카르노(Sukarno, 1901~1970)는 일본을 믿고 적극 협조했다.

1944년 9월 7일 일본의 패색이 짙어지는 가운데 일본 수상 고이소 구니아키(小磯國昭)는 인도네시아의 독립을 약속했다. 그러나 시기는 못 박지 않았다.

1945년 5월 인도네시아에 주둔한 16군 사령관 하라다 구마기치(原田熊吉)는 인도네시아 독립조사준비국(BPUPKI)을 만들었다. 수카르노는 의장으로 임명되어 대의원들과 인도네시아 독립 청사진을 논의했다.

8월 7일 인도네시아의 일본 군정(軍政)은 BPUPKI보다 규모가 작은 인도네시아 독립 준비위원회(PPKI)의 성립을 승인했다. 21명으로 이루어진 이 위원회는 독립 인도네시아 정부의 골격을 짜는 임무를 맡았다. 8월 9일 수카르노 등 PPKI의 수뇌부 3인은 일본 남방군 총사령관 데라우치 히사이치(寺內壽一) 육군 원수의 초청으로 베트남의 달랏에 도착했다. 데라우치는 인도네시아 스스로 독립 준비를 진행할 권한을 수카르노에게 주었다. 극진한 대접을 받고 수카르노 일행은 14일 자카르타로 돌아왔다.

8월 17일 수카르노는 인도네시아 독립을 선언했다. 일본의 8월 15일 항복으로 예정일인 8월 25일보다 앞당긴 것이었다. 18일에는 의원 내각제를 가미한 대통령 중심제 헌법이 공포했다. 수카르노가 대통령이 되었다.

10월 인도네시아 공산당(PKI, Partai Komunis Indonesia)은 재건을 선언했다. PKI는 1920년 5월 코민테른의 지도로 창당했다. 1926년 식민당국을 상대로 무장봉기를 일으켜 궤멸적인 피해를 입었다.

2차 세계대전 종전 후 네덜란드 정부는 대규모로 파병하여 인도네시아를 다시 식민지로 만들려 했다. 수카르노 대통령이 지도하여 4년 가까이 치열한 독립전쟁이 벌어졌다. 미국의 중재로 1949년 8월 헤이그에서 원탁회의가 열려 네덜란드는 인도네시아 독립을 승인했다.

10월 1일 모택동은 천안문에서 중화인민공화국 건국을 선언했다.

12월 27일 인도네시아는 네덜란드로부터 주권을 이양받았다.

1950년 4월 13일 인도네시아는 중국을 국가로 승인했다. 사회주의 진영에 속하지 않은 국가로서는 인도 다음으로 두 번째로 빠른 국가 승인이었다.

8월에는 이른바 1950년 임시 헌법이 시행되었다. 이 헌법은 단원제 의회의 의원 내각제를 규정했다. 대통령은 의회를 해산시킬 권한은 있으나 행정부를 이끄는 권력은 없었다.

1955년 4월 인도네시아 자바섬의 고원 도시 반둥(Bandung)에서 29개국 정상이 모여 아시아·아프리카 회의를 개최하였다. 인도의 네루 수상, 중국의 수상 주은래, 수카르노 대통령이 회의를 주도했다. 이 회의에서 평화 10원칙이 채택되고 반제국주의·반식민주의를 유대로 평화공존을 위한 '반둥 정신'이 결실을 맺는 정치 쇼가 벌어졌다.

　9월 29일 하원의원 선거가 열렸는데, PKI는 617만여 표(16.35%)를 얻어 257석 가운데 39석을 얻어 제4당이 되었다. 제1당은 843만여 표(22.32%)를 얻어 57석을 얻은 인도네시아 국민당(PNI, Partai Nasional Indonesia)이었다. 제2당은 인도네시아 무슬림 최고위원회 당(MASYUMI, Partai Majelis Syuro Muslimin Indonesia)으로 790여만 표(20.92%)를 얻어 역시 57석을 얻었다. 3당은 이슬람 계통 정당인 울라마 부활당(NU, Nahdlatul Ulama)으로 695만여 표(18.41%)를 얻어 45석을 얻었다.

　이외에 인도네시아 이슬람 연합당(8석), 인도네시아 기독당(8석), 카톨릭당(6석), 인도네시아 사회당(5석) 등 군소 정당도 의석을 얻었다.

　12월 15일 임시 헌법이 아닌 영구적 헌법을 만들 제헌의회 선거가 열렸다. 이 선거에서 9월의 하원의원 선거와 비슷한 결과가 나왔다. 주요 정당의 득표 순위와 의석 순위가 유지되었다. PKI는 623만여 표(16.47%)를 얻어 전체 514석 가운데 80석을 차지했다. PNI는 119석, MASYUMI는 112석, NU는 91석을 얻었다.

1956년 3월 4일 인도네시아 하원이 개원했다. 수카르노는 개원 연설에서 수카르노 대통령은 인도네시아 방식의 민주주의를 주문했다.

1957년 2월 수카르노는 '개념(Konsepsi)'이라고 명명된 연설을 했다. 수카르노는 인도네시아가 서구식 민주주의라는 잘못된 시스템을 받아들이는 실수를 저질렀다고 했다. 그 대안으로 상호 협력 내각을 제안했는데, 이는 선거에서 의미 있는 득표를 한 모든 정당이 내각에 참여하여 서로 협력하자는 말이었다. 수카르노는 인도네시아 인은 모두가 가족임을 역설하며 협력이 가능할 것이라고 주장했다. 그러기에 많은 정치 세력이 혐오하는 정당이지만 600만 표를 얻은 공산당도 반드시 내각에 들어와야 한다고 역설했다.

8월 17일 독립기념일에서 수카르노는 인도네시아 전통에 서구식 민주주의가 맞지 않기 때문에 지도자가 이끄는 새로운 민주주의를 도입해야 한다면서, 이 민주주의는 개인, 집단, 정당이 중심이 아니라 국가 중심적 민주주의가 되어야 한다고 주장했다. 수카르노가 주장하는 민주주의를 '교도 민주주의(Guided Democracy)'라 했다.

11월 일본의 기시 노부스케(岸信介) 수상이 인도네시아를 방문, 수카르노 대통령과 정상회담을 갖고는 총액 2억 2,300만 달러로 전후 배상 문제를 타결했다.

1958년 1월 인도네시아와 일본 정부는 평화조약과 배상 협정을 체결하여 정식으로 국교를 수립했다.

2월 반공 성향인 일부 인도네시아군이 수마트라에서 인도네시아 공화국 혁명정부(PRRI, Pemerintahan Revolusioner Republik Indonesia)를 세웠다.

3월 14일 PRRI 반란으로 수카르노는 계엄령을 선포했다.

7월 나수티온(Abdul Haris Nasution, 1918~2000) 육군참모총장은 1945년 헌법으로 돌아가자고 했다. 제헌의회가 의견이 엇갈려 정족수 3분의 2 이상의 지지를 얻는 헌법안을 제정하지 못했기 때문이다. 인도네시아군은 1945년 헌법으로 돌아가자는 시위를 조직했는데, 찬성 여론이 많았다.

12월 수카르노는 인도네시아 경제를 좌지우지하던 네덜란드 기업 26개를 국유화했다. 이 과정에서 4만여 명의 네덜란드인을 추방했다. 인도네시아 국민은 이 조치를 환영했다.

1959년 7월 5일 수카르노는 초헌법적인 대통령령을 발표하여 제헌의회를 해산하고 1945년 헌법을 국가 운영 체계의 기틀로 삼을 것을 선언했다. 수카르노는 제헌의회 3분의 2 이상의 지지를 얻어 1945년 헌법으로 돌아가려 했으나 실패하자 비상조치를 내린 것이다.

8월 17일 독립기념일의 연설에서 수카르노는 지난 의회민주주의 10년 동안의 시간 낭비가 혁명의 실패를 초래했다면서 혁명을 완수하기 위해 1945년 체제로 돌아가야 하며 의회가 아닌 대통령이 실권을 장악해야 한다고 말했다. 이로써 수카르노의 권력이 크게 강화되었다. PKI는 수카르노를 전폭 지지했다.

1960년 3월 하원이 4년간의 임기를 마쳤다. 수카르노는 대통령이 의원 절반을 지명하는 새로운 의회 체제를 만들었다. 9월에는 최고입법기관으로서 임시국민자문회의(MPRS)를 설치했다.

인도네시아는 네덜란드령 西 파푸아 뉴기니 문제로 네덜란드와 갈등이 심해지고 있었다. 전쟁을 준비하려고 미국의 문을 두드렸다. 미국이 거절하자 12월 나수티온 국방부 장관이 모스크바로 가서 25억 달러 상당의 무기 계약을 했다. 원금 상환 이전에 장기간의 거치 기간을 두는 좋은 조건이었다. 이로써 인도네시아는 동남아시아에서 군사력이 강한 나라가 되었다.

이해 말 수카르노는 민족주의(Nasionisme : 대표 세력은 군부), 종교(Agama : 이슬람), 공산주의(Komunisme) 3대 세력을 규합하여 나사콤(NASAKOM)으로 불리는 거국일치 체제를 주장하고 나섰다.

1961년 4월 수카르노는 미국을 방문하여 공산주의를 반대한다고 케네디 대통령에게 말했다. 소련이 제공한 무기가 네덜란드령 파푸아 뉴기니 주둔 네덜란드 군을 상대로 전쟁을 수행할 만큼 왔다고 본 수카르노는 12월 19일 네덜란드령 西 파푸아 뉴기니 침공을 명령했다. 군사작전 명은 트라코라 작전이라 했고 이를 위해 만달라 사령부를 조직했다. 사령관은 수하르토(Haji Mohammad Soeharto, 1921~2008) 준장이었다. 네덜란드령 파푸아 뉴기니를 침공한 인도네시아군의 군사적 성과는 별로 없었으나 미국이 압력을 가해 네덜란드는 협상에 나섰다.

1962년 8월 15일 네덜란드와 인도네시아가 뉴욕 협정이 체결되었다. 네덜란드가 인도네시아의 서 파푸아 뉴기니 합병을 인정하는 내용이었다. 이는 군사가 아닌 정치 외교를 통한 수카르노의 큰 승리였다.

8월 24일부터 9월 4일까지 자카르타에서 제4회 아시안 게임이 열렸다.

인도, 파키스탄, 아프가니스탄, 실론(스리랑카), 대한민국, 일본, 필리핀, 타이, 버마, 말라야 연방, 北보르네오, 사라왁, 싱가포르, 홍콩, 베트남 공화국, 캄보디아 등 17개국의 선수 1,460명이 참가하였다. 중공과 우호 관계라 중화민국(대만) 선수단에게 입국 비자를 주지 않았고, 인도네시아가 이슬람 국가이므로 이스라엘 선수단에도 입국 비자 발급을 거부하였다. 대한민국도 못 오게 하려 했다가 철회했다.

대회가 끝나자 국제 올림픽 위원회(IOC)는 스포츠 경기를 정치와 결부시킨 것을 문책하여 인도네시아의 올림픽 회원국 자격을 정지시키고, 1964년에 개최되는 도쿄 올림픽 출전을 금지시켰다. 수카르노는 이에 반발하여 IOC가 중화인민공화국과 북베트남을 회원으로 받아들이지 않으므로 정치적이라고 말하며 IOC는 제국주의와 식민주의의 도구라고 비난했다.

1963년 1월 수카르노는 말라야 연방(Federation of Malaya)의 행위를 신식민주의로 규정하고, 말레이시아 연방을 형성하겠다는 구상을 반대하는 대결 정책(Confrontation Policy)을 펼 것을 선언했다. 이에 중국 공산당은 지지를 표명하고 경제 지원을 할 용의가 있다고 밝혔다.

4월 인도네시아, 중공, 소련, 파키스탄, 이라크, 캄보디아, 말리 등 10개국이 신흥국 경기 대회(GANEFO, Games of New Emerging Forces)를 창설하기로 했다.

7월 수카르노는 임시국민회의의 뜻에 따르는 형식으로 종신 대통령이 되었다. 이후 나사콤에 대해 쓴 그의 저서들은 각급 학교와 대학에서 공부해야 하는 교과서가 되었고 신문과 단 하나뿐인 라디오 방송인 국영 인도네시아 라디오 방송(RRI)과 국영 TV 방송국(TVRI)은 '혁명의 도구'로서 수카르노의 뜻을 전파하느라 애썼다. 뉴기니섬에 있는 카르스턴즈 피라미드(Carstensz Pyramid)라 불리는 높이 4,884m의 인도네시아 최고봉을 수카르노 봉이라 개명하는 등의 우상화 작업도 벌였다.

수카르노의 권력은 누구도 대적할 수 없어 보였으나, 그의 권력을 떠받치고 있는 주요 두 기둥인 군과 공산당이 반목하고 있었으므로 실제로는 위태로웠다. 군과 민족주의자, 이슬람 조직은 수카르노의 비호 아래 급속히 세가 커가는 공산당을 보며 공산화가 임박했다는 위기의식을 공유했다.

수카르노는 군부 세력이 커지자, 이를 견제하려고 인도네시아 공산당에 더욱 의지하게 되었다. 아이딧(Dipa Nusantara Aidit, 1923~1965) 등 PKI 지도부를 내각 등 정부 요직에 여럿 진출시켰다.

【인도네시아 공산당 서기장 아이딧과 제2 부서기장 뇨토(Njoto, 1927~1965)는 1962년 3월 무임소장관으로 입각했다. 뇨토는 1964년 9월 내무 장관에 임명되어 토지 개혁을 맡게 되었다. 제1 부서기장인 루크만(Lukman, 1920~1966)도 내각에 들어갔다.

정권의 비위를 맞추며 세력을 늘리는 인도네시아 공산당의 접근

방식은 무산 계급의 봉기를 추구하여 집권하려는 다른 나라의 공산당과는 매우 다른 것으로 외침 外侵이 아닌 '내침 來侵'이라 할 수 있었다.】

9월 말라야 연방이 확대되어 싱가포르, 북보르네오를 통합하는 말레이시아 연방이 되었다. 9월 17일 말레이시아 정부는 공식적으로 인도네시아와 단교했다.

같은 달 PKI 서기장 아이딧은 다섯 번째로 중공을 방문했다. 모택동 등 중공 수뇌부와 회담하여 두 공산당의 우호 관계를 과시했다.

【1964년 중공의 인민출판사는 아이딧의 연설집인《인도네시아 혁명과 인도네시아 공산당》을 출간했다.】

11월 제1회 신흥국 경기 대회가 인도네시아 자카르타에서 열렸다. 51개국 2,700여 선수들이 참가했다. 신흥국 경기 대회는 올림픽에 대항하는 성격의 대회였다. IOC는 신흥국 경기 대회 출전자는 올림픽 출전을 금지하고 기록도 인정하지 않겠다고 대회 전에 천명했다.

이 대회에서 북한의 신금단(辛今丹)은 육상 400m에서 51초 4의 기록으로, 800m에서 1분 59초 1의 기록으로 세계 신기록을 냈다. 그리고 200m에서도 23초 5의 기록으로 금메달을 땄다.

【신금단은 1938년 7월 함경도에서 태어났다. 부친 신문준(辛文濬, 1915~1983)은 1·4 후퇴 때 인민군 징집을 피해 홀로 월남했다. 신문에 대서특필된 신금단을 알아본 신문준은 대한 올림픽 위원회에 연락하여 딸을 만나고 싶다고 했다. 남북한의 협의로 1964년 도

쿄 올림픽에서 부녀 상봉을 결정했다. 그런데 IOC가 신흥국 경기대회에 참가한 신금단의 출전 자격을 인정하지 않아 김일성은 북한 선수단의 전원 철수를 명령했다. 신문준 부녀는 우에노역에서 7분 정도 만날 수 있었다. 조총련 단원들이 신금단을 끌고 나갔다.]

이 해에 PKI는 농지개혁에 적극 임하는 방침을 채택하고는 '농민의 일방적 행동'이라고 하는 과격한 농민운동을 전개했다. 인도네시아 공산당의 전위 조직인 인도네시아 농민전선(Barisan Tani Indonesia)가 지도하여 미사용의 국유지, 부재지주의 농지를 농민이 일방적으로 점유하도록 했다.

같은 해 인도네시아 공산당 제7차 중앙위원회 제1·2회 확대회의에서 서기장인 아이딧은 무장투쟁 노선으로의 전환을 분명히 했다.

1964년 수카르노는 반미(反美) 캠페인을 시작했다.

정부 관리들은 미국 기업들이 인도네시아에서 보유하고 있는 여러 이권을 비난했고, 인도네시아 공산당의 사주를 받은 폭도 미국 서적과 비틀즈의 앨범을 거리에서 불태웠다. 미국 영화는 상영이 금지되었다. 인도네시아 밴드 쿠스 플러스(Koesu Plus)는 미국 로큰롤을 연주했다고 반역자로 몰려 옥살이를 했다.

이에 미국 정부가 인도네시아에 대한 원조를 중단하자, 수카르노는 "Go to hell with your aid."라고 응대했다.

1964년 10월 중국은 원자폭탄 실험에 성공하여 미국, 소련, 영국, 프랑스에 이어 세계에서 다섯 번째로 핵무기 보유국이 되었다.

◼ 모택동이 지원한 인도네시아 공산당의 음모

1965년 1월 초 미국과 유럽의 지원을 받아 말레이시아가 유엔 안보리 비상임이사국이 되자 수카르노는 격분하여 7일 유엔 탈퇴를 선언하였고 신흥 세력을 규합하여 제2의 유엔 격인 "신흥국 세력 회의(CONEFO, Conference of New Emerging Forces)"를 창설할 것을 제창하였다. 중국 공산당은 이를 열렬히 지지하였는데,《인민일보》는 1월 10일 자에 다음과 같은 사설을 실었다.

인도네시아가 유엔을 탈퇴한 것은 정의롭고도 정확한 혁명적 행동이다. 우리 정부는 단호히 수카르노 대통령의 과감한 결정을 지지한다. - 미국이 배후에서 조종하는 유엔이 자행하는 악행은 점점 늘어나고 있다. 수카르노는 유엔이라는 이 호랑이의 꼬리를 밟음으로써, 유엔에 대한 미신을 타파하는 일에 크게 이바지하였다. 6억 5천만 중국 인민은 1억 4천 만 인도네시아 형제·자매들과 함께 궐기하여, 제국주의와 신식민주의에 반대하기 위해 손잡고 전진할 것이다.

1월 13일 미국 CIA는 수카르노가 우익 지도자들과 나눈 대화를 기록한 문건을 공개했다. 내용은 수카르노가 PKI를 이용하고 버릴 소모품으로 여긴다는 것이다.

당신들은 내 친구가 될 수도 있고 내 적이 될 수도 있소. 그건 당신들이 정할 일이요. 오늘 나에게 당면한 눈앞의 적은 말레이시아입니다. 그러나 말레이시아 문제를 해결하고 나서 언젠가 때가 오면

PKI도 정리할 것이오. 단지 지금은 그때가 아닐 뿐이오.

수카르노의 말은 진심일까? 우익 지도자에게 하는 립서비스였는가? 수카르노와 PKI를 이간하려는 CIA의 공작이었을까?

1월 하순 인도네시아 외무장관 겸 정보부장 수반드리오(Subandrio, 1914~2004)가 중국을 방문해서 군사 분야에 관한 일련의 회담을 했다. 비슷한 시기, 인도네시아 공산당 서기장인 아이딧은 농민과 노동자를 무장시켜서 이른바 제5군을 창설할 것을 수카르노 대통령에게 적극 권유하고 있었다.

이때 인도네시아는 육군·해군·공군·경찰군의 4군 체제였다. 육군 32만, 해군 4만, 공군 3만, 경찰군 11만, 그리고 지방의 치안유지군 10만이 있었다. 해군과 공군은 소련의 군사원조를 받아 소련제 무기를 갖추고 있었다. 제5군은 노동자·농민을 주체로 하는 인민군(Peopl's Army)이라 할 수 있다.

아흐맛 야니(Ahmad Yani, 1922~1965) 육군장관 겸 육군 참모총장과 나수티온 국방부 장관 겸 3군 참모총장은 제5군이 공산당의 사병을 양병하는 일이라며 거부했다.

1965년에 들어서 노동자들도 미국 기업이 소유한 고무 농장과 석유 회사들을 점거하기 시작했다. 농촌에서는 농민들이 지주의 토지를 약탈했고 경찰과 대규모 충돌이 벌어졌다.

2월 7일 미국은 북베트남에 대한 폭격을 시작하였다.

같은 달 인도네시아 군사 사절단이 북경을 방문했는데, 수상 주은래는 제5군 설립을 화제로 삼았다.

4월 자카르타에서 반둥 회의 10주년 기념식이 열렸다. 48개국 대표가 참가했다. 대통령 관저에서 수카르노, 주은래, 일본 자민당 부총재 가와지마 쇼지로(川島正次郎)의 3자 회담이 열렸다. 이때 일본 정부는 5월 도쿄로 수카르노와 라만(Tunku Abdul Rahman, 1903~1990) 말레이시아 수상을 초대하여 화해시키려 하고 있었다.

회담의 주제는 '말레이시아 대결 정책 문제', 중일 관계의 개선 문제, 일본과 인도네시아가 베트남 문제의 평화적 해결에 나서는 문제 등 셋이었다. 주은래는 '말레이시아 대결 정책'에 대해서는 언급하지 않았고 나머지 둘은 반대했다.

회담 후 가와지마는 인도네시아와 말레이시아의 화해를 위한 중재 역할을 맡아 쿠알라룸푸르로 떠났다. 주은래와 중공 외교부장 진의(陳毅)는 자카르타에 남아 도쿄에서의 협상에 참여하지 말라고 계속 수카르노를 설득했다. 수카르노는 주은래에게 인도네시아 국내 정치는 위기이며 경제 위기는 절정에 이르러 파산 직전, 게다가 국내 치안은 더욱 좋지 않다고 말했다.

【수카르노가 국내외 정치에만 신경을 쓰는 가운데 인도네시아 경제 상황은 악화일로였다. 정부가 군비를 충당하려고 돈을 찍어내니 1964~65년 사이 인플레이션은 600%에 이르렀다. 수출을 전문으로 하는 대규모 플렌테이션의 쇠퇴와 밀수가 성행하여 외환 부족에 시달렸다. 인도네시아는 서방과 공산권에서 끌어들인 차관을 상

환하기 어려워 모라토리움이 임박했다. 사회간접자본에 투입할 예산이 없어 도로, 철도, 항만 등의 시설이 제대로 갖추어지지 않았다. 인도네시아 독립의 일등 공신인 군대도 부정부패가 만연해 신망을 잃어갔다. 수카르노에 대한 국민 지지도는 급격히 내려가 바닥 수준이었다.】

주은래는 두 가지 선물을 주겠다며 설득했다.

'첫째, 인도네시아가 경제난을 극복하는 것을 돕기 위해 중국은 인도네시아에 5천만 달러의 긴급원조를 제공한다.
둘째, 치안 문제 해결을 위해 인도네시아는 노동자와 농민을 무장시켜 제5군이라는 인민군을 창설하여 육군과 그 밖의 반대파 세력에 대항하게 한다. 인민군의 무장을 위해 중국은 5개 사단 정도의 병력 편성에 상응하는 무기를 인도네시아에 인도한다'

4월 말 고민한 끝에 수카르노는 주은래의 제안을 받아들여 도쿄에서 말레이시아와의 회담에 불참한다고 천명했다. 이는 일본의 중재를 지원하던 미국과 영국의 신뢰를 잃는 일이었다.
5월 17일 수카르노는 군의 강력한 반발에도 불구하고 제5군의 창설을 공식 촉구했다.
5월 23일 수카르노는 인도네시아 공산당 창당 45주년 기념대회에 참석했다.
【이때 PKI는 소련과 중국 공산당 다음으로 가장 큰 공산당 조직을 보유했다. 전국적으로 350만이 넘는 당원에 청년 행동대원 300

만 명이 있었고 조직원 350만 명인 노동조합과 회원 900만인 인도네시아 농민전선도 PKI가 통제했다. 이외에 여성 운동과 문인 단체, 예술인 단체를 고려하면 PKI는 2천만 명이나 되는 지지자를 보유하고 있었다. 의회에서도 상당한 의석을 보유한 제3당이었다. 그리고 PKI는 모든 정부 기구에 깊숙이 침투해 있었고, 인도네시아군은 PKI와 연계된 좌파와 미국이 기대를 거는 우파로 나뉘어져 있었다.】

5월 29일 수반드리오 외무장관 겸 정보부장이 길크라이스트 (Andew Graham Gilchtist, 1910~1993) 인도네시아 주재 영국 대사가 썼다는 편지를 공개했다.

길크라이스트가 영국 외무부에 보내는 것으로 '현지 군에 있는 친구들'의 도움을 받아 미국과 영국이 힘을 합쳐 인도네시아 정부를 전복시키겠다는 내용이었다. 이에 수카르노는 군을 더욱 의심했다.

【훗날 서방측에 귀순한 체코슬로바키아 공작원 라디슬라프 빗만(Ladislav Wittman)은, 이 서신이 인도네시아 군부의 반공주의 강경파 장군들을 끌어내리려는 인도네시아 공산당의 요청에 따라 체코슬로바키아 정보국에서 위조한 것이라고 말했다.】

5월 말 이집트 카이로에서 주은래, 수카르노, 파키스탄의 아유브 칸 대통령, 이집트의 나세르 대통령 등 네 나라의 정상이 만나 단결을 과시했다. 이들은 알제리 수도 알제에서 개최될 제2회 아시아 아프리카 회의를 기다리고 있었다. 그러나 개최 예정일 직전인 6월

19일 알제리에서 부메디엔(Houari Boumédiènne) 국방부 장관이 주도하여 무혈 군사 쿠데타를 일으켜 벤 벨라(Ben Bella) 대통령을 축출했다. 이 일로 제2회 아시아 아프리카 회의는 연기하기로 결정이 났는데, 실제로는 유회(流會)였다.

8월 3일 수카르노 대통령은 갑자기 쓰러졌는데, 의료진은 관상동맥 부정맥으로 진단했다. 이는 제2회 아시아 아프리카 회의가 취소되어 실의에 빠져 일어난 일이었다.

8월 4일 모택동은 인민대회당에서 서기장 아이딧이 인솔한 인도네시아 공산당 대표단과 회견했는데, 국내의 계급투쟁이 중요하다고 말했다. PKI 대표단은 모택동에게 이번 방문 기간에 무장투쟁과 농민운동의 경험을 배웠다고 말했다.

8월 5일 모택동은 인민대회당에서 PKI 대표단과 국가주석 유소기, 국무원 총리 주은래, 국무원 부총리 겸 공산당 중앙위원회 총서기 등소평(鄧小平, 1904~1997), 베이징 시장 팽진(彭眞, 1902~1997), 외교부장 진이, 강생(康生) 등과 동석하여 회견했다.

8월 7일 수카르노가 쓰러져 인사불성이 되었다는 소식을 주은래로부터 전해 들은 PKI 서기장 아이딧은 특별기를 타고 급거 귀국했다.

PKI의 뒷배는 나사콤 체제를 표방하는 수카르노였다. 수카르노는 PKI를 후원하고 중국 공산당과도 긴밀한 관계였다. 육군의 주류는 이러한 수카르노를 못마땅하게 여겼는데, 수카르노는 좌우 양쪽의 여러 세력에 의한 정치 균형 위에서 절대 권력을 행사하고 있었다. 그가 쓰러진다면 PKI의 운명은?

아이딧은 공산 혁명 시나리오를 모택동에게 털어놓았고 그에 대한 조언까지 들었다. 모택동은 큰 기대를 걸었다.

【모택동은 친중인 인도네시아 공산당과 일본 공산당에게 '권력을 탈취할 기회가 있다면 언제라도 무장투쟁을 위해 들고 일어나야만 한다'고 끊임없이 지시하였다.】

8월 17일 수카르노는 독립기념일 연설에서 인도네시아가 중국을 비롯한 공산주의 정권들과 반제국주의 동맹을 맺을 것이라며, 자카르타 - 프놈펜 - 하노이 - 베이징 - 평양이 축이 되는 새로운 아시아 블록이 형성되었다고 했다.

또한 군은 절대 정치에 간여하지 말라며, 제5군 창설을 승인했음을 다시 한번 천명했다.

8월 22일 여러 이슬람 반공 단체를 지지하는 야니 육군장관 겸 육군 참모총장은 수카르노 대통령에게 공산당 세력을 약화시키는 방향으로의 국정 개혁을 건의했t다.

9월 13일 아이딧은 '지금의 혁명 정세를 정점으로 발전시킬 필요가 있다'는 내용의 이례적인 발언을 했다. 이에 인도네시아 화폐인 루피아는 급락하고 쌀값이 급등했다. 자바섬의 여러 도시에서 쌀을 달라는 시위가 일어났다.

장군 평의회가 군사혁명을 일으킬 것 같다는 소문이 퍼졌고 수카르노를 경호하는 짜크라비라와 연대(Tjakrabirawa Regiment)의 대대장인 운뚱(Untung bin Syamsuri, 1926~1967) 중령은 무언가 일을 꾸미고 있었다. 자바섬은 무언가 큰일이 일어날 것이라는 분위기에 휩싸였다.

【대통령과 그 가족을 경호하는 짜크라비라와 연대는 1962년 6월 창설되었다. 인원은 육군, 해군, 공군, 경찰군 모두에서 충원되었다. 5개 부대로 구성되었는데, 이 가운데 대통령을 직접 경호하는 부대는 4개 대대로 구성되었다.】

10월 1일 새벽, 6인의 고위 장군이 납치 살해되는 사건이 벌어졌다. 이를 '9월 30일 운동'이라 한다. 행동이 9월 30일 밤부터 시작되었기 때문이다.

아흐맛 야니 육군참모총장의 집은 보통 11명의 군인이 보호했는데, 사건 일주일 전 6명이 증원되었다. 이 증원병들은 라티예프(Latief) 대령의 부대에서 왔는데, 라티예프는 9월 30일 쿠데타 주역 가운데 일인이었다. 이들 6명은 9월 30일 밤에는 나타나지 않았다. 밤 9시경부터 경비조에게 뭔가를 묻는 전화가 일정한 간격으로 걸려 왔다.

야니 장군은 9월 30일 저녁 7시경 최고 작전사령부에서 나온 한 대령과 동부 자바 사단장 바수끼 라흐맛(Basuki Rahmat) 장군을 만나고 있었다. 바수끼는 동부 자바에서 고조되는 공산당 활동을 보고했다. 야니는 다음 날 수카르노 대통령에게 보고할 때 바수끼와 같이 들어가기로 했다.

10월 1일 3시 15분경 운뚱 중령은 군 수뇌부인 7인의 장군 – 나수티온 국방부 장관, 육군 참모총장 야니 중장, 제1 육군 참모차장 파르만(Parman) 소장, 제2 육군 참모차장 수프랍토(Suprapto) 소장, 제3 육군 참모차장 하르요노 소장, 육군 참모본부 제4 차관보 판자이탄(Pandjaitan) 준장, 군 검찰총장 수토요(Sutoyo) 준장 - 을 납치하려고 트럭과 버스로 7개 분견대를 보냈다. 이들은 자카르타 근교의 할림 페르다나쿠수마(Halim Perdanakusuma) 공군 기지에서 출발했다. 이 일곱 분견대의 병력은 짜크라비라와 연대, 디포네고로 사단(중부 자바 관할), 브라위자야 사단(동부 자바 관할) 소속이었다.

새벽 200여 명의 군인들이 야니 장군의 자택을 겹겹이 포위했다. 이들은 대통령이 급히 부른다며 현관문 앞에서 야니를 독촉했다. 이른 새벽의 이례적 호출이 이상하게 느껴졌지만 야니 장군은 일단 따라가기로 했다. 먼저 목욕을 하고 옷을 갈아입으려 하자 병사들은 막으며 잠옷을 입은 채로 따라나서라고 요구했다. 야니는 격노하여 버릇없는 병사의 뺨을 때렸다. 이때까지도 야니 장군은 그들이 반란군이라는 것을 눈치채지 못했다. 현관문을 닫고 안으로 돌아서자 반란군 병사 하나가 소총으로 쏘았다. 현관 유리를 관통한 총탄이 여럿 야니 장군의 등에 박히고 그는 그 자리에서 숨을 거두었다.

반란군 병사들은 야니 장군의 시신을 트럭에 싣고 할림 페르다나쿠수마흐 공군 기지 바로 남쪽에 있는 마을인 루방 부아야(Lubang Buaya)에 있는 반란군 본부로 향했다.

판자이탄 준장 자택을 습격한 반란군은 1층의 사환들과 격투를 벌여 한 명을 사살했다. 반란군이 가족을 인질로 삼자 판자이탄 준장은 정복 차림으로 2층에서 내려와 반란군과 대치했다. 타협의 여지가 없자 권총을 뽑아 들었으나 반란군의 총탄이 판자이탄의 머리를 깨트렸다. 반란군은 시신에 몇 차례 더 총질한 다음 트럭에 싣고 루방부아야로 옮겨갔다.

하르요노 소장은 반란군과 대치하다가 일제 사격에 사살되었다. 반란군은 시신을 트럭에 싣고 루방부아야의 반란군 본부로 갔다.

새벽 4시경 반란군의 나수티온 체포조가 트럭 4대와 지프차 2대에 나누어 타고 평범한 단층집인 나수티온 장군의 자택에 도착했다. 아립(Arief) 중위가 이들을 지휘했다. 초소에 있던 20명 정도인 경비병들은 군용 트럭의 접근을 이상히 여기지 않았는데, 나수티온의 부관 피에르 텐데안(Pierre Tendean) 중위와 함단 만슈르(Hamdan Masjur) 경위는 마침 잠이 들었다. 체포조 병사들은 경비병을 제압하고는 15명 정도는 집안으로 들어왔다. 이때 나수티온 부부는 모기에 시달려 잠을 이루지 못하고 있었다.

밖이 소란하여 부인이 문밖을 내다보았는데, 반란군 병사들이 총을 겨누고 있었다. 급히 문을 닫으며 나수티온에게 위험이 다가왔음을 알렸다. 나수티온이 직접 상황을 알아보려고 문을 열자 반란군은 총격을 시작했다. 나수티온이 급히 문을 닫고 그의 부인이 자물쇠를 잠갔으나, 반대편으로 들어온 반란군이 침실을 향해 발포했다. 반란이 일어났음을 직감한 나수티온은 뒤쪽 정원으로 나가 이라크 대사관저와 접한 담으로 달려갔다. 반란군 병사들이 사격했으나 빗나갔다. 나수티온은 담을 넘다가 발목이 부러지면서 대사관 마당으로 떨어졌다.

한집에 살던 나수티온의 가족은 총소리에 놀라 모두 일어났다. 나수티온의 모친과 여동생 마르디아(Mardiah)는 나수티온의 침실로 들어가 5세인 나수티온의 막내딸 이르마(Irma)를 안고 피신하려 했다. 그러나 반란군의 총탄이 문을 뚫고 날아와 마르디아의 손을 관통했고, 어린 이르마는 세 발의 총탄을 맞아 척추가 부서졌다. 나수티온의 장녀인 13세의 얀티(Janti)와 유모 알피아(Alfiah)는 부관들이 쓰는 별채의 침대 밑에 숨어 위기를 넘겼다.

부관 피에르 텐데안 중위는 총소리에 깨어나 권총을 장전하고 별채에서 뛰어나왔지만 몇 걸음 못가 반란군에게 잡혔다. 어둠 속에서 반란군은 그를 나수티온 장군으로 착각했다.

나수티온의 부인은 뒤뜰에서 돌아와 피투성이가 된 어린 막내딸을 안고 전화로 구급차를 부르려 했다. 아립 중위가 저지하며 나수티온 장군의 행방을 집요하게 물었다. 나수티온의 부인은 그가 며칠간 일정으로 외출했다고 말했다. 호루라기 신호가 울리자 반란군은 오인 체포한 텐데안 중위를 트럭에 태우고 신속히 철수했다.

수프랍토 소장은 치통에 시달려 자택에서 잠을 이루지 못하던 중 급습을 당했다. 짜크라비라와 부대원인 반란군은 대통령으로부터 급한 소환이 있다며 수프랍토의 동행을 요구했다. 그는 범죄자처럼 루방부아야로 끌고 갔다.

수토요 준장은 집 안에 들어온 반란군이 대통령의 호출이라고 하자 이를 믿고 차에 올라 루방부아야로 갔다.

새벽 4시 10분경 파르만 소장 부부는 집 주변의 소란함에 잠이

깼다. 그의 자택을 지키는 경비병은 한 명도 없었다. 24명의 짜크라비라와 부대원이 응접실로 들어와 중대 사태가 벌어졌으니 대통령을 만나러 가자고 강권했다.

납치된 세 장군과 페르안 텐데안 중위는 혹독한 고문을 받고 처형되었다. 반란군은 이들 7명의 시신을 폐기된 우물에 버렸다.

나수티온 국방부 장관은 이라크 대사관의 화단에 숨어 있다가 아침 6시에 부러진 발목을 절룩거리며 집으로 돌아왔다. 이어 부관이 모는 차를 타고 국방부로 갔다. 국방부에서 나수티온은 반란을 진압할 병력을 보유한 수하르토 육군 전략 예비 부대 사령관에게 전문을 보내어 자신이 살아있음을 알렸다.

나수티온은 수하르토 소장에게 수카르노 대통령을 찾으라고 명령했고, 마르타디나타 해군 사령관, 하르토노 해병대 사령관, 유도 디하르조 경찰총장에게 자카르타로 들어오는 모든 육로와 해로를 봉쇄하라고 명령했다. 공군 사령관 오마르 다니가 반란의 동조자라는 정황이 분명하여 공군에는 아무런 명령도 내리지 않았다.

육군 전략 예비 부대
(Kostrad, Komando Cadangan Strategis Angkatan Darat)

1961년 3월 부대가 창설되었고 수하르토가 초대 사령관으로 임명되었다. 처음 이름은 육군 일반 예비 부대(Cadangan Umum Angkatan Darat)였으나 1963년에 육군 전략 예비 부대가 되었다.

반란군은 라디오 방송국과 자카르타 방송국, 그리고 독립 광장

(Medan Merdeka)을 점령했다. 대통령 관저인 이스타나 메르데카(Istana Merdeka : 독립 궁전)는 정체불명의 반란 부대에 포위되었다.

아침 7시 10분 무렵 운동 중령은 CIA와 공모하여 국가전복을 시도한 장군들을 체포, 제거했고 수카르노 대통령과 국가를 보호한다는 성명을 라디오를 통해 발표했다.

수카르노는 9시 30분 무렵 관용차를 타고 이스타나 메르데카에서 할림 공군 기지로 갔다. 푸른색 승용차가 뒤를 따랐다. 수카르노는 검찰총장 수나리오와 함께 공군작전사령부 건물에서 그를 기다리고 있던 오마르 다니 공군 사령관, 레오 와티메나 장군 등과 만났다. 이들은 수카르노에게 상황을 브리핑했다.

곧이어 수파르조(Supardjo) 준장, 수퍼노 소장, 수키모 소령 등 3인이 도착했다. 만달라 전투 사령관 수파르조 준장은 홀로 수카르노를 만나서 PKI 서기장 아이딧도 할림 공군 기지에 와 있음을 알렸다. 수파르조는 수카르노에게 쿠데타 승인을 요청했다. 수카르노는 강력히 거절하며 즉시 전투 행위 중지를 명령했다.

수카르노는 상황을 정확히 파악하기 위해 아흐맛 야니 중장, 수하르토 소장, 해군 사령관, 경찰총장, 위라하디수쿠마 자카르타 수비대장 등이 모이는 회의를 소집했다. 회의 장소는 대통령 전용기 조종사인 수산토 공군 대령의 자택이었다.

수하르토와 위라하디수쿠마가 불참한 가운데 수산토 대령의 자택에서 수카르노가 소집한 회의가 진행되었다. 수카르노는 자신에 대한 충성심이 강한 프라노토 렉소사모드라(Pranoto

Reksosamodra, 1923~1992) 소장을 아흐맛 야니 후임의 육군 참모총장으로 임명했다. 회의를 마친 수카르노는 할림 공군 기지로 돌아갔다.

오전 11시 육군 특수전 연대(RPKAD : Regimen Parakomando Angkatan Darat) 사령관 사르워 에디 위보어(Sarwo Edhie Wibowo, 1925~1989)가 육군 전략 예비 부대 사령부에 도착했다. 대령인 위보어는 야니 육군참모총장이 아끼는 고향 후배였다. 야니의 죽음에 그는 결사적으로 반란을 진압할 생각이었다.

12시 정오 운동 중령은 내각 해산을 선언하고 혁명 대표부가 발족하여 내각을 대신할 것이라고 공표했다.

오후 2시경 수카르노가 반란군에게 납치되어 할림 공군 기지에 잡혀 있다고 판단한 나수티온 국방부 장관은 수하르토와 해군 사령관, 해병대 사령관, 경찰총장에게 대통령 구출과 자카르타 치안 회복을 명령하고는 수하르토를 이 작전의 지휘관으로 한다는 명령을 내렸다.

수하르토는 사르워 에디 위보어에게 6시를 기해 국영 라디오 방송국과 자카르타 방송국을 탈환하라고 명령했다. 사르워 에디는 6시 예정대로 육군 특수전 연대에 공격 명령을 내렸다. 방송국을 장악했던 반란 부대가 대부분 할림 공군 기지로 철수했으므로 별다른 저항 없이 30분 만에 목표 건물들을 접수할 수 있었다. 이어서

1) 나수티온 국방부 장관이 운동 중령이 주도했던 반란을 분쇄했다.
2) 수카르노 대통령도 무사하고 건강하다.

3) 반란 관련자들이 속속 체포되고 있다.
  4) 혁명 대표부 분쇄는 수하르토가 담당하고 있다.

는 내용의 방송을 했다.

  오후 6시 대통령 관저를 포위했던 군부대들이 할림 공군 기지에 도착했다. 그러나 수카르노는 이들의 기지 진입을 불허했다. 측근들은 또 다른 대통령 관저인 이스타나 보고르(Istana Bogor : 사탕야자 궁전)으로 가서 추이를 살펴보자고 했으나 수카르노는 프라노토 육군참모총장 내정자의 도착을 기다려 보자고 했다.
  밤 8시 밤방 위자나르코가 할림 공군 기지에 도착해서 프라노토가 육군 전략 예비 부대 사령부에 와 있지만 수하르토의 반대로 할림 공군 기지로 올 수 없다고 수카르노에게 보고했다. 그리고 수하르토가 육군의 실권을 쥔 상태인 것도 알렸다.
  수하르토는 할림 공군 기지에 모인 반란군 수뇌부에 투항하지 않으면 곧 공격하겠다고 통보했다.
  밤 10시 30분 무렵 수카르노 일행은 할림 공군 기지를 떠나 이스타나 보고르로 향했다. 이 일은 곧 수하르토에게 보고되었다. 수카르노는 자정이 넘어 이스타나 보고르에 도착했다.

  10월 1일은 중국의 건국 기념일이기도 하다. 이때 북경에는 500명에 이르는 인도네시아 우호대표단이 집결해 있었다.

10월 2일 오전 2시 사르워 에디 위보어는 육군 특수전 연대를 지휘하여 할림 공군 기지를 공격했다. 가벼운 교전 끝에 6시 할림 공군 기지를 장악했다. 수카르노가 떠나니 혁명군이라 자임했던 반란군은 사기가 떨어졌다. 이로써 군사 반란은 진압되었다. 이날 진압군은 PKI 기관지 『하리안 라캿(Harian Rakyat : 인민일보)』을 발행금지시키고 각종 용공 성향의 언론매체를 폐쇄했다.

아이딧은 쿠데타가 실패했음을 알고는 중부 자바 지역으로 잠입하여 솔로를 거점으로 무장투쟁을 재개했다.

10월 3일 여섯 장군과 텐데안 중위의 처참한 시신이 루방부아야의 한 폐우물에서 발견되었다.

이날 PKI 서열 4위인 자카르타 지구 서기장인 뇨노(Njono, 1925~1968)가 체포되었다. 자백서를 썼는데, 내용은 다음과 같다.

1. 1965년 7월 중순부터 8월 말까지 정권 탈취를 위한 협의가 이루어졌고 중앙정치국은 아이딧을 의장으로 하여 군사작전의 실시를 결의했다.
2. 수카르노 대통령의 건강 문제, 장군 평의회가 그들의 반공 쿠데타 계획을 앞당길 가능성이 있다는 군사작전 결행의 이유였다.
3. 전술이 불충분하여 군사작전이 실패했다.
4. 군사 훈련은 할림 페르다나쿠수마흐 공군 기지 인근의 뽄독거데 루방부아야에서 했다.

10월 5일 살해당한 군인들의 장례식이 거행되었다. 이날부터 참혹한 이들의 시신이 신문과 TV 방송에 공개되어 인도네시아 국민이 격분하였다.

 자카르타 주재 각국 대사관은 장군들의 죽음을 애도하여 조기를 걸었는데, 중국 대사관과 쿠바 대사관만이 이를 거부했다.

 10월 6일 병원에서 치료받던 나수티온의 막내딸 이르마가 세상을 떠났다.

 10월 7일 자카르타 시내에서 인도네시아 공산당을 규탄하는 데모가 일어났는데, 이슬람 청년단·이슬람 학생연맹은 PKI 본부에 불을 질렀다. 시위 군중은 인도네시아 노동조합 중앙조직·인도네시아 농민전선·인도네시아 부인 운동·인민청년단·인민문화연맹·인도네시아 학생 운동·인도네시아 과학자 협회 등 여러 단체의 건물을 부수었다. 이외에 공산당 관련 학교와 서점이 습격받았다. 시위 군중은 행진하다가 미국 대사관 앞에서 '아메리카 만세'를 외쳤다. 거리에는 빨갱이를 죽이라는 고함소리가 난무했다.

 【반공을 외치는 대학생들이 정변 진압 직후 인도네시아 대학생 행동 전선(KAMI, Kesatuan Mahasiswa Indonesia)을 조직했다. 이 단체는 인도네시아 공산당 해체를 요구했다.】

 10월 8일 자카르타에서 중국을 규탄하는 시위가 벌어졌다. 이 무렵 자바의 화교(華僑) 상점 200여 곳이 약탈당했다. 수마트라에서도 친중친공적인 화교 상점, 중국계 학교와 단체가 습격받아 2, 3백 명이 죽임을 당하고 수천의 화교가 집을 빼앗겼다. 술라웨시와 발리에서도 화교 박해가 진행되었다.

 【이때 중국 국적의 화교는 1,134,420명으로 1954년보다 100만 명 정도가 감소했다. 인도네시아 국적의 화교는 230만 명 정도로

전체 화교의 3분의 2를 차지했다. 그리고 중화민국(대만) 여권을 소지한 이가 1,252명이었다. 인도네시아 정부가 중화민국을 승인하지 않아 이들은 실제로는 무국적자였다. 당시 화교가 인도네시아 인구에서 차지하는 비중은 2.5% 정도였다.

화교가 인도네시아 경제를 지배하므로 인도네시아 원주민들은 화교를 싫어하고 배척했다. '9월 30일 운동' 이후에는 화교가 중국 간첩으로 지목되어 화교 박해가 심해졌다.】

10월 11일 반란 주도자 운동 중령이 중부 자바에서 체포되었다.

이날 소련 공산당은 수카르노 대통령의 건강 회복을 기원하고, 수카르노 대통령의 질서 회복 노력을 높이 평가한다는 메시지를 보냈다. 소련은 중국 편향의 수카르노가 비동맹중립주의로 복귀하기를 바랬다.

10월 14일 시위대는 인도네시아 화교들이 세운 레스 푸블리카 대학(Universitas Res Publica)을 습격하여 불태웠다.

반공 시위는 인도네시아 전역으로 확대되어, 공산당원으로 지목된 자들에 대한 검거와 심문·살해가 광범위하게 행해졌다.

10월 15일 수카르노는 수하르토를 육군 참모총장으로 임명했다. 나수티온 국방부 장관의 강권에 따른 것이었다.

11월 22일 아침 아이딧은 솔로 근교 마을의 은신처에서 체포되었다. 조사를 받은 뒤 곧 처형되었다. 그의 자백서가 전한다.

【변호인도 증인도 없는 감금 상태에서 작성되었으므로 이 자백서를 의심하기도 한다.】

자백서의 내용을 요약하면 다음과 같다.

1. (쿠데타의 목적과 책임에 대해서) 내 자신이 인도네시아 공산당 주도하에 민족통일전선을 수립하고서 중국과의 관계를 더욱 긴밀하게 만들 방침이었다.
2. (계획과 실행에 대해서) 처음에는 1970년을 목표 시점으로 삼았지만 계획이 누설되는 바람에 조기에 결행하는 것으로 바꾸었다. 1965년 6월 이후로 운똥 중령 등과 협의를 진행하였고, 인민청년전선과 인도네시아 여성운동 연합 등의 행동 조직을 자카르타 근교의 할림 공군 기지에 집결시켜 훈련을 행하였다. 8월에 중국의 베이징에 들러서, 중국 공산당 수뇌부와 수카르노 대통령의 건강 상태 등에 대해서 이야기를 나누고 귀국하고 난 직후에 운똥 중령 등과 쿠데타의 실행에 대해서 의견을 나누었는데, 육군에게 그러한 움직임이 발각될 우려가 있었던 관계로 계획을 앞당겨서 9월 30일에 결행하기로 했다.
내 자신이 최고 책임자가 되지 않고 운동을 혁명 대표부 의장에 앉힌 것은 어디까지나 성공 가능성을 배려한 잠정적인 조치였다. 수카르노 대통령에게는 혁명 평의회를 설치하는 법안을 받아낼 방침이었지만 거부당했다. 쿠데타가 성공한 뒤에 수카르노 대통령에 대해서는 지위를 보전해 주면서도 빤짜실라(pancasila : 다섯가지 원칙)에 관해서는 그 이용도를 점차 줄여서 유명무실하게 만들고, 기존의 4군과는 별개로 제5군을 편성할 방침이었다.
3. (실패와 자아비판에 대해서) 인도네시아 공산당 간부 내에서조차 반대하는 이가 적지 않았고, 중국 등의 국제 공산주의 세력의 지원이 적었으며, 육군 내부에 침투시켜 놓았던 인도네시아

공산당 세력이 의도대로 움직여 주지 않았고, 반공적인 육군 세력의 소탕 작전이 너무 빨리 시작되는 등, 여러 측면에서 시기상조였다. 이것이 실패의 원인이다.

4. (실패 이후의 행동에 대해서) 결행했을 때에 나 자신은 자카르타에서 지휘를 맡고, 할림 공군 기지에서 수카르노에 대해서 장군 평의회의 존재와 그들의 쿠데타 계획에 대해서 진언을 했지만 수카르노는 믿으려 하지 않았다. 자카르타에서 쿠데타가 실패로 끝난 것을 이어받아서, 중부 자바에 혁명 평의회를 다시 설치하여 혁명 세력의 온존과 회복을 도모하기로 하고, 나 자신은 욕야카르타(Yogyakarta)에서 솔로로 향하였다.

5. (재기를 도모한 일이 실패한 것에 대해서) 솔로에서 10월 23일에 총궐기할 예정이었지만 육군의 소탕 부대가 진주해서 권력을 장악했던 관계로 계획은 실패로 끝났고, 나 자신도 체포되었다.

【일본 공산당 서기장 미야모토 겐지(宮本治, 1908~2007)는 무장투쟁 문제로 아이딧과 의견을 나눈 일이 있다. 미야모토는 모택동에 심취해 있던 아이딧은 곧장 행동에 옮기려는 듯 의욕이 넘쳐났다고 증언한다. 미야모토 겐지는 2차 아시아 아프리카 회의가 무산된 후 망동을 일삼던 모택동이 인도네시아 공산당을 등 떠밀어 권력 탈취를 위한 투쟁에 나서도록 했다고 보았다. 나중에 모택동은 일본 공산당 관계자에게 실패를 PKI의 책임으로 돌리면서, PKI는 '수카르노를 맹신하고, 군 내부에 있어서 당의 세력을 과신했으며', '동요하면서 최후까지 싸우지 못했다'고 말했다.】

11월 24일 모택동은 외국 빈객들 앞에서 세계 정세 변화에 대해 다음과 같이 말했다.

> 내가 보는 바로는 최근 세계 정세에 변화가 있었다. 이러한 변화의 시작은 금년 2월의 미국의 북베트남 공중 폭격과 금년 9월 30일부터 10월 1일에 걸쳐서의 인도네시아 사변(事變)이다.
> 최근 몇몇 새로운 사건이 일어났다. 하나는 미국의 학생 데모. 또 하나는 인도네시아 우파 세력이 발동한 반혁명 쿠데타. 세상의 일이라는 것은 어떤 때는 아주 좋아 보이다가도 갑작스레 온통 캄캄해지고 마는 듯이 보일 때도 있는 법이다. 우리의 정책이 올바르고, 추구하는 바가 올바르기만 하다면 인민들은 점차 눈을 뜨게 되어, 우리와 함께 들고 일어서게 되는 것이다. 소련의 흐루쇼프 같은 인간이 몇 명이 있든, 인도네시아 우파가 아무리 기세등등하게 창궐하더라도 인민 혁명의 국면을 바꿀 수는 없는 법이다. 인민이 승리를 거두기까지는 상당한 시간이 걸리리라 하는 것 뿐이다.

1965년 12월 10일 나수티온 국방부 장관은 이번 반란을 인도네시아 공산당에 의한 '9·30 운동(Gerakan 30 September)'이라고 규정하면서 인도네시아 공산당의 철저한 박멸을 호소했다. 그리고 외국의 지원을 빌어서 반란을 시도하려 했다고 말해, 중국이 배후라는 점을 암시했다.

인도네시아 공산당 반란 이후 1년 동안 이슬람계 청년 조직 등 풀뿌리 민중이 공산당원이나 관련자를 대량으로 처형했다.

정부 발표로는 사망자가 8만 9천인데, 적어도 30만 이상이라는 것이 중론이다.

1966년 4월 16일 중국 주재 인도네시아 대사 자워토(Djawoto, 1906~1992)는 미국 CIA의 대리인이 인도네시아 정치를 우경화하고 커다란 재앙을 불러들이고 있다고 수하르토를 비난하면서 중국에 망명했다.

7월 2일 인도네시아 대학생 행동 전선은 자카르타에 있는 중국 신화사 통신사의 지국을 점거했다.

10월 16일 무장한 인도네시아인 100여 명이 자카르타의 중국 대사관을 습격하여 대사관원을 폭행했다. 이들은 "베이징으로 돌아가라" "찌찌(cici : 중국인에 대한 멸칭)는 인도네시아에 살 권리가 없다" 등의 구호를 외쳤다.

이때 인도네시아 주재 대리대사 요등산(姚登山)은 온몸을 던져 맞섰다. 이윽고 강제 추방되어 돌아오자, 베이징 공항에 정무원 총리 주은래, 문화혁명 소조 고문 강생, 정치국 상무위원 진백달(陳伯達) 등 정부 요인과 홍위병 등 7천 인파가 나와 그를 맞이하였다.

1967년 10월 1일 반공을 외치는 인도네시아 대학생들이 자카르타의 중국 대사관을 습격하고 중국 외교관 20명을 구타해 부상을 입혔다. 이들은 중국과의 국교를 단절하라고 정부에 요구했다. 유엔 총회에 참석한 말리크 인도네시아 외무부 장관은 급거 귀국해 앞으로의 대중국 외교 문제를 검토했다.

10월 9일 인도네시아 외무부는 베이징으로부터 모든 외교관원을 철수시키며 양국 간의 공식적인 관계를 단절한다고 중공에 통고하는 코뮤니케를 공표했다. 말리크 외무부 장관은 베이징 주재 인도네시아 외교관 8명이 연금당하고 있다고 밝히며 그들이 무사히 귀국할 때까지 자카르타 주재 중국 외교관들을 억류하겠다고 말했다.

인도네시아 정부는 부상을 입은 외교관을 철수시키기 위한 중국 전용기가 오는 것도 허용하지 않았다. 《인민일보》는 인도네시아가 미제소수반화(美帝蘇修反華 : 중국에 반하는 미 제국주의와 소련 수정주의)의 앞잡이로서의 추악한 본성을 드러냈다고 맹비난했다.

* 모택동의 아이딧 애도 *

아이딧이 처형당했다는 소식을 들은 모택동은 1965년 12월 사(詞)를 지어 애도했다.

卜算子(복산자 : 詞의 형식의 한 가지)

悼艾地同志
아이딧 동지를 애도하다

疎枝立寒窓
추운 겨울 창가 맞은 편 듬성듬성한 매화 가지
笑在百花前
온갖 꽃들 재치고서 꽃을 활짝 피웠다네.
奈何笑容難爲久
어이하랴, 그 아름답게 웃는 모습 오래 가지 못하리니
春來反凋殘
봄이 오면 꽃잎은 도리어 시들고 말 것이니
殘固不堪殘
꽃잎이 시드는 것은 본래 유감스러운 일이지만
何須自尋煩
그렇다고 어찌 시드는 것을 안타까워할 필요가 있겠는가
花落自有花開日
꽃이 지면 반드시 꽃이 다시 피는 날이 올 것이니
蓄芳待來年
남은 향기 맡으며 내년을 기다리리라.

* * *

제2부 박정희 대통령의 안보 위기 극복
– 내침과 외침 극복, 그러나 김일성에게는 비장(祕藏)의 무기가 있었다

1장 한일 국교 협상과 반대 투쟁

  1963년 12월 17일 박정희 대통령 당선자는 5대 대통령에 취임하였다. 다음은 취임 연설의 일부이다.

------------- (전략) -------------

인간사회에는 피땀 어린 노력의 지불 없는 진보와 번영이란 존재하지 않는 것입니다. 격동하는 시대, 전환의 시점에 서서, 치욕과 후진의 굴레를 벗어나기 위해 오늘의 세대에 생존하는 우리들의, 생명을 건 희생적 노력을 다하지 않는 한, 내 조국 내 민족의 역사를 뒤덮은 퇴영의 먹구름은 영원히 걷히지 않을 것입니다.
정치적 자주와 경제적 자립, 사회적 융화 안정을 목표 대혁신 운동을 전개하여야 하겠습니다.
국민은 한 개인으로부터 자주적 주체의식을 함양하며, 자신의 운명을 스스로 개척한다는 자립·자조의 정신을 확고히 하고, 이 땅에 민주와 번영, 복지 사회를 건설하기에 민족적 주체성과 국민의 자발적 적극 참여의 의식, 그리고 강인한 노력의 정신적 자세를 바로잡아야 하겠습니다.

불의와의 타협을 배격하며, 부정부패의 소인(素因)을 국민 스스로가 절대 청산해야 하겠습니다. 탁월한 지도자의 정치적 역량이나, 그의 유능한 정부라 할지라도 국민대중의 전진적 의욕과 건설적 협조 없이는 국가 사회의 안정도 진보도 기대할 수 없는 것입니다.

-------------- (중략) --------------

민주정치는 몇 사람의 지도자나, 특수 계층의 교양에 의해 가능한 것이 아니라. 개인의 자각과 책임, 그리고 상호의 타협과 관용을 통한 사회적 안정 속에서 이루어지는 것입니다.

국민은 질서 속에서 살며, 정부로부터 시혜를 기대하기에 앞서, 스스로의 의무를 다하며, 때늦은 후회 이전에 현명하고 용감하게 권리의 자위를 도모하기에 힘써야 하겠습니다. 또한 대국적 안목과 이성적 통찰로써 '초가삼간의 소실'을 초래하는 우를 범하는 일이 없어야 하겠습니다.

질서와 번영 있는 사회에 영광된 새 공화국 건설의 기치를 높이 들고, 다시는 퇴영과 빈곤이 없는 내일의 조국을 기약하면서, 나는 오늘 사랑하는 동포 앞에 다시 한번 '민족의 단합'을 호소하는 바입니다.

-------------- (중략) --------------

나는 이 자리에서 우리가 당면한 현실적인 제 문제를 일일이 논급하지는 않겠습니다. 그러나 경제 문제를 비롯한 난국타개의 숙제는, 이미 공약을 통해 자청한 바 있으며, 신정부는 이를 위하여 능률적 태세로써 문제 해결에 임할 것입니다.

시급한 민생 문제의 해결, 그리고 민족자립의 지표가 될 경제개발

5개년 계획의 합리적 추진은 중대한 국가적 과제로서 여야협조와 정부 국민 간의 일치 단합된 노력으로써 그 성과를 기대할 수 있을 것입니다.

우리는 우리가 세운 목표를 향하여 인내와 자중으로 성실하고 근면하게 살아가는 근로 정신의 소박한 생활인으로 돌아가 항상 성급한 기대의 후면에는 허무한 낙망이 상접함을 명심하고, 착실한 성장을 꾀하는 경제국민이 되어야 하겠습니다.

이제 여기에 우람한 새 공화국의 아침은 밝았습니다.

침체와 우울, 혼돈과 방황에서 우리 모든 국민은 결연히 벗어나 '생각하는 국민' '일하는 국민' '협조하는 국민'으로 재기합시다.

새로운 정신, 새로운 자세로써 희망에 찬 우리의 새 역사를 창조해 나갑시다.

끝으로 하느님의 가호 속에 탄생되는 새 공화국의 전도에 영광 있기를 빌며, 이 식전에 참석하신 우방 친우들에게 감사의 뜻을 표함과 아울러 동포 여러분의 건투와 행운 있기를 축원하는 바입니다.

감사합니다.

1963년 12월 22일 오전 5시 독일 뒤셀도르프 공항에 한국에서 온 광부 1진 123명이 도착했다.

이들은 북부 함보른 탄광과 뒤셀도르프 서쪽 아헨 지역에 있는 에슈바일러 탄광에 배정됐다. 파독광부들은 지하 갱도 곳곳에서 땀과 눈물을 흘렸다. 목숨까지 잃는 경우도 있었다. 이들은 연금 저축 생활비를 제외한 월급을 고스란히 조국에 있는 가족에서 송금했다. 1977년까지 독일로 건너간 광부는 7,932명, 간호사는 1만 226명이다.

이들의 수입은 한국 경제 성장의 종잣돈 역활을 했다. 이들이 국내로 송금한 돈은 연간 5,000만 달러로 처음에는 한국 국민총생산(GNP)의 2%에 달했다. 이들의 급여는 모두 독일 코마르츠 방크를 통해 한국에 송금됐다. 이 코메르츠 방크가 지급 보증을 서서 차관 도입이 이뤄진 것이다.

【1961년 12월 서독 정부로부터 상업차관을 대한민국에 공여하겠다는 결정을 얻는 데 성공했지만 은행의 지급보증 문제가 생겼다. 천병규 재무부장관은 홍콩과 런던에 가서 지급보증을 해줄 해외 은행을 수소문했지만 국가 신인도가 제로였던 한국에 지급보증을 해 주겠다는 은행은 없었다. 당시 대한민국은 언제라도 북한의 남침으로 소멸될 수 있는 나라라는 인식이 국제사회의 상식이었으므로 무역도 큰 규모로 하기 어려웠다. 기적적으로 성공한 차관 도입이 물거품이 되는 듯 했다.

국가재건최고회의는 백영훈 교수에게 지급보증할 은행을 찾으라는 임무를 부여했다. 백영훈 교수는 유학 시절 사귄 독일 친구들을 만나러 다녔다. 당시 서독 노동부에서 과장으로 일하고 있던 대학에서 같이 공부했던 친구 슈미트가 찾아왔다. 슈미트는 서독에는 광부와 간호조무사가 필요하다며 한국이 이들 인력을 파견하면 그 급여를 담보로 돈을 빌릴 수 있다고 말해 주었다. 백영훈은 즉시 신응균 주독 대사를 찾았다. 신동균 대사는 한국 정부에 긴급 전문을 넣었고 한국에서는 바로 모집공고가 났다.

당시 서독 광부의 한 달 임금은 국내 임금의 7~8배에 달했다. 고임금을 받고 서독 같은 선진국에서 일할 수 있다는 생각에 수많은 사람이 몰렸다. 한국의 실업률은 40%에 육박했으며 1인당 국민소득은 79달러로 필리핀(170 달러) 태국(260 달러)에도 크게 못 미쳤다. 한국은행 외환보유고 잔액이 2000만 달러도 되지 못했다.

1차 광부 500명 모집에 2,894명이 몰렸다. 선발 자격을 2년 이상 경력을 가진 사람으로 내걸었는데도 도시에 사는 경험 없는 대학 졸업자들이 신청했다. 탄광을 구경도 못한 '가짜 광부' 들이 서류를 가짜로 만들어 응모했다. 1963년 9월 13일자 《경향신문》은 이렇게 보도했다.

신체검사에서 실격된 1,600명을 제외한 1,300여 명 중 절반이 광부 경력이 없는 고등 실업자임이 밝혀졌다. 노동청 관계자에 의하면 이들 광부 모집에 응모한 가짜 광부들이 300원 내지 500원으로 가짜 광산 취업 증명서를 사서 제출했으며 이 증명서 중에서 유령 광산 20여 개소가 발견되었다. 노동청은 전국 광산지역에 감독관을 파견해 유령 광산에 대한 조사를 할 계획이다'

실제로 1963년부터 1966년까지 독일에 입국한 광부의 30%가 대학 졸업자였다. 서독 루르 지방으로 파견된 광부들은 거의 대학 졸업자였다. 노동청은 1차 모집에 합격한 응시자들을 마치 고시 합격자 발표하듯 각 신문에 명단을 실었다.]

1960년대 초 한국의 경제 상황은 하루 세 끼를 쌀밥으로 먹으면 부자 소리를 들을 정도였다. 학교에 점심 도시락을 싸오지 못하는 학생이 도시락을 싸오는 학생보다 더 많았다. 정부 예산에서 미국의 무상 원조가 차지하는 비중이 이전보다 줄어들었어도 50%는 되

없다(1948년 건국 초기에는 한국 정부 예산에서 미국 원조가 차지하는 비중은 90%나 되었다). 미국의 원조가 없으면 군인, 교사, 공무원 등에게 봉급을 줄 수 없어 국가가 정상적으로 운영될 수 없는 형편이었다.

1961년 군사혁명이 성공하자 박정희 최고회의 의장은 즉시 경제개발 5개년 계획을 짜서 이듬해인 1962년 1월 5일 발표했다. 경제개발 계획은 1월 13일부터 실행에 들어갔다. 연도별 경제성장 목표는 1962년 5.7%, 1963년 6.4%, 1964년 7.3%, 1965년 7.8%, 1966년 8.3%였다.

경제개발을 하기 위해서는 막대한 자금이 있어야 하는 데 무상원조마저 줄고 있었다. 외국자본 유치가 절실했다.

서독으로부터 얻은 차관으로는 한참 부족했다.

한국에 대한 미국의 무상 원조는 1963년 2억 1,640만 달러에서 1964년 1억 4,930만 달러로 대폭 줄어들었다. 1963년 대통령 선거로 민간 정부로 탄생한 박정희 정권은 일본과 국교를 맺고 일제의 한반도 지배와 관련된 청구권 자금을 받아내어 그 돈으로 경제개발 5개년 계획을 추진하려 했다.

미국도 이를 지원했다. 미국은 한국전쟁 이후 일본을 중심으로 하는 지역 통합 전략을 동아시아 정책의 기조로 삼고 있었다. 미국 정부는 1950년대부터 한일 국교 회복을 적극 권고했다. 이에 따라 이승만 대통령도 마지못해 일본과 협상하기도 했다. 4·19로 탄생한 장면 정권도 일본과의 국교 수립을 적극 추진했다.

박 대통령은 주위 사람들에게 한일 국교 회복에 대하여 자신의 의견을 다음과 같이 밝혔다.

미국이 도와주고 있다고는 해도 원조 액수를 배로 늘려줄 리도 없고 또 언제까지 원조를 해줄지도 믿을 수가 없다. 하지만 일본한테는 우리가 당당히 받아 낼 돈이 있지 않은가. 그것을 반일 감정이니 굴욕이니 하며 망가뜨리는 일은 대단한 국가적 손실이다. 너무 감정만 앞세우면 안 된다. 일본이 미국에 머리 숙이고 배웠듯 우리도 그런 자세로 배워야 한다. 게다가 가장 가까운 이웃이 으르렁거리기만 하면 둘 다 손해다. 아무튼 빈곤 추방이란 대업을 성취하기 위해선 한일회담이란 역사의 틀에 순응해야 한다.

1964년 1월 딘 러스크 미 국무장관이 한국을 방문했다. 미국은 한일 국교 수립을 오래전부터 한국 정부에 요구해 왔다. "한일 국교 정상화 회담을 조기 타결하는데 양국이 합의하였다"는 내용의 공동성명이 발표되었다.
박 대통령은 1964년 2월 28일부터 3월 4일까지 연달아 기자회견과 대변인 발표를 통해 그동안 비밀리에 추진해 오던 한일회담을 3~5월 중에 타결, 조인, 비준을 한꺼번에 마치겠다고 발표했다.
그러나 일본과의 수교는 일본이라면 치를 떠는 국민 정서를 거스르는 일이었다. 한일 국교 수립을 반대하는 학생운동으로 민간 정부로 막 출범한 박정희 정권은 위기를 맞았다.
3월 6일 야당, 사회 종교 문화단체 대표 200여 명은 '대일 굴욕

외교 반대 범국민 투쟁위원회'를 발족시켰다.

3월 9일 서울 종로 예식장에서는 각계 정치인, 재야인사 등이 모여 구국선언을 채택하고 반대 투쟁에 전심전력으로 총궐기할 것을 다짐했다. 대일 굴욕외교 반대 범국민 투쟁위원회 의장인 윤보선 전 대통령이 구국 선언문을 낭독했다. 장택상은 한일회담을 한·일 합방에 비유하면서 "한·일 합방은 저들의 뜻대로 될 리가 없다"고 비난했다.

3월 24일 서울대 학생들은 교정에서 '제국주의자 및 민족 반역자 화형 집행식'을 열어 이케다 일본 수상과 이완용의 화형식을 거행했다. 이어 '민족 반역적 한일회담 즉각 중지'를 요구하며 가두시위에 나섰다. 이날 연세대와 고려대 학생들도 한일회담 중지를 요구하는 시위를 벌였다.

3월 25일 서울에서 11개 대학과 4개 고교, 지방에서는 6개 대학이 한일회담 반대 시위를 벌였다.

일본이 한일회담 진행 과정에서 보여준 오만함이 한일회담 반대 운동이 일어난 주요 원인이었다. 한국 정부는 외무 장관급 이상을 일본에 보내 협상했으나 일본 정부는 외무성 아시아 국장이 나오는 형편이었다. 한 마디로 일본은 한국을 미국 덕에 독립한 과거 식민지로 보고 있었다. 그런데도 박정희 정권이 이를 감수한 것은 순전히 돈 때문, 즉 나라가 가난한 탓이었다. 돈을 빌리려는 사람의 자세는 저자세인 데, 이는 국가 간에도 해당한다.

3월 26일 박정희 대통령은 한일회담에 관한 특별 담화문을 발표했다.

친애하는 국민 여러분! 지난 며칠 동안 한일회담 문제로 일부 학생들이 거리에 나와 시위를 가짐으로써, 시민 여러분에게 불안한 심려를 끼치게 되어 나는 위정자로서 매우 송구스럽게 생각합니다. 민주주의 국가인 이 나라에서 더욱이나 국가장래를 위한 호국상정의 일념에 불타는 젊은 학생들이 한일 문제에 대하여 깊은 관심을 가지고 시위에 나선 그 심정은 나도 충분히 이해 하고도 남음이 있습니다. 그러나 국사(國事) 해결에 있어서, 더구나 외교문제에 있어서 시위가 문제해결의 능사가 아니며, 이 이상의 시위 계속은 우리에게 도움이 되지 않는다는 사실을 나는 말하지 않을 수 없습니다.

------------ (중략) ------------

국민 여러분은 적어도 그러한 무능한 정부 그러한 배신적인 정부를 여러분들 스스로의 손으로 선출하지 않았다는데 굳은 자신과 안심을 가져야 할 것입니다. 나는 지난 3·1절에 한 일 회담에 임한 나의 확고한 대일 태도와 신념을 밝힌 바 있습니다. 국토가 남북으로 갈라져, 북한에도 괴뢰정권이 있음을 기화로, 양쪽에 각각 추파를 던지고 있는 일본의 지나친 상인적 태도에 경고하면서, 나는 한일 양국이 과거를 청산하고 새로운 아세아 반공의 사명에 충실할 것을 서로 다짐해 왔습니다. 한일회담은 아직도 많은 우방들의 큰 기대와 주시 속에서 진행 중에 있으며, 양국은 서로 상반되는 주장을 내세우고, 협상에 협상을 거듭하고 있습니다.

그 결과는 아직 아무도 예측할 수 없는 것입니다. **나는 이 회담의 진행 상황을 모두 국민 앞에 공개하지 못함을 매우 안타깝게 생각합니다.** 국가 대 국가의 외교관계에 있어서는 보다 유리한 외교적 실리를 위하여 비밀을 보전하여야 하는 것이며, 더구나 때에 따라서는 정부 의도와는 상반된 사실마저 진실인 양 말해야 하는 등 고도의 기술과 기밀보지를 가져야 한다는 외교의 특성을 국민 여러분은 이해하여야 할 것입니다. 이러한 외교적 과정에 있어서 오직 국민의 현명한 태도는 국민 여러분이 여러분의 정부를 신뢰하고, 격려해 주는 것입니다.

------------ (중략) ------------

일부 인사들은 한일회담에 있어서 우리의 태도가 저자세니, 굴욕적이니 하고 비난들을 하고 있습니다. 국민 여러분! 내가 만일 그들이 말하듯이 저자세 외교를 하였더라면 또 지나친 양보를 거듭하였더라면 한일회담은 이미 군정 초기에 결말이 나고 말았어야 할 것이지, 왜 오늘까지 주장의 대립 속에 강경 협상이 계속되어야 하겠습니까? 우리는 과거의 어느 때보다도 더욱 확고한 신념과 기본 방침, 그리고 양보의 한계선을 확실히 한 주장으로써 한일 회담에 임하고 있다는 사실을 국민 여러분은 믿어야 할 것입니다. 회담의 경위를 누구보다 소상히 알고 있는 역대 정권의 한일 회담관계자들이 지금도 이 회담에 대표로서 참여하여 진지하게 일하고 있으며, 그들은 한일회담 시초부터 그 기본정신을 충실히 지켜 일하고 있다는 이 엄연한 사실을 국민 여러분은 확실히 인식하여야 할 것입니다. 어떤 정당의 대표는 한일 회담에 있어서 청구권을 27억(불)을 받아야 한다느니, 또 어떤 정당의 인사는 그가 과거 집권 시, 일본 측에서 8억 5,000만 불을 주겠다는 것을 거절하였다고들 말하여 선량한 국민의 판단을 어지럽게 하고 있습니다.

나는 확실히 말해 두되, 이 모두가 다 터무니없는 엉터리 소리들입니다. 누구는 돈을 적게 받고 싶어 하는 사람이 어디 있겠습니까?

나는 그들에게 반문하겠습니다. 민주당 정권당시, 일본 측이 8억 5,000만 불을 지불하겠다는 제의가 있었다면, 그 당시 이 나라 외교책임자로서, 그 제의해 온 문서는 지금 어디에 보관 되어 있으며, 또 그 기록은 어디에 수록되어 있는가를 그는 밝혀야 합니다. 진정 그것이 사실이라면 오늘 그 사람은 국가이익을 위하여 밝힐 의무가 있는 것입니다. 국민 여러분! 우리 정계에는 아직도 이러한 무책임한 발언을 다반사로 하고 있는 정치인들이 있다는 사실을 직시하여야 할 것입니다.

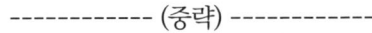
------------ (중략) ------------

친애하는 국민 여러분! 우리는 오늘날 분명히 큰 시련 앞에 서 있습니다. 그것은 하루 바삐, 헌정의 토대를 공고히 하고, 정치적 정도를 확립하는 것입니다. 시위는 의사를 표시하여, 정부시책에 그 뜻을 반영시키도록 하는 한 수단을 될지언정, 전체국민의 의사로써 세운 정부는 제약하고, 그 뜻대로 해 줄 것을 강요해서는 안 되는 것입니다.

더욱이 그 방법이 도를 넘은 위법일 경우에는 다수 국민의 이익과 질서를 위하여 정당한 대 책을 마련하지 않을 수 없을 것입니다. 친애하는 애국시민 여러분! 그리고 학생 여러분! 우리는 긴 안목으로 대국의 내다보아야 하겠습니다. 우리는 국제사회에서 고독하지 말아야 할 것이며, 또 더욱이 극동에 몰아치고 있는 차가운 국제적 정세 속에서 우리의 위치를 정확히 파악하여야 할 것입니다.

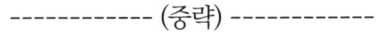
------------ (중략) ------------

친애하는 국민 여러분! 제2차대전이 종결된 지 20년, 모든 민족에게 새로운 세계가 전개되고 있는 이 때에 우리는 아직도 남북 대립의 소비적 침체 속에서 헤어나지 못하고 있습니다. 우리는 이제 (신세계)를 추구하여야 합니다. 우리는 조국을 개방하고 이북 동포를 받아들일 차비를 차려야 합니다. 그것은 스스로 문을 개방할 수 있는 경제적·사회적·이념적 자신의 위치를 구축하는 것입니다. 학생 여러분! 지성인 여러분 우리는 냉정히 다가오는 사명을 인식하고 이에 대한 준비가 있어야 하겠습니다.

------------ (중략) ------------

확실히 학생 여러분의 사심 없는 애국 시위는 일본의 반성을 촉구하고 10여년 계류 중에 있었던 한일회담 진전에 큰 힘이 되었다고 생각합니다. 이제 학생 여러분은 부디 각자 학원에 돌아가 다시 학업에 충실해 줄 것을 간곡히 당부해 마지 않습니다. 끝으로 나는 오늘 외무부와 관계 당국에, 모든 학교의 학생대표들에 대하여 그들의 양식을 믿고 한일회담의 진행 상황을 그대로 소상히 설명해 줄 것을 지시하였음을 참고로 밝혀두는 바입니다.

  3월 30일 서울의 11개 대학의 학생 대표들이 박 대통령을 면담하고 요구사항을 전달하여 학생 시위는 일단 진정되었다.
  이즈음은 춘궁기였다. 많은 사람들이 아사를 면하려고 산으로 가서 칡뿌리를 캤다. 야산의 칡뿌리를 다 캐서 30~40리를 걸어 깊은 산으로 들어가야 구할 수 있었다.

4월 들어 학생 시위는 잠잠해졌으나 4월 19일을 전후하여 다시 일어났다.

5월 20일, 서울대 문리대 교정에서 '한일굴욕회담 반대 학생총연합회'가 주최한 '황소 식 민족적 민주주의 장례식'이 열렸다. 학생들은 선언문에서 反외세, 反독재, 反買辦의 민족민주정신과 민족자립의 중요성을 강조하고, 5·16 군사혁명은 4·19 혁명을 부정하는 것으로 규정했다.

[매판(買辦) : 매판은 본래 청에 있는 외국 상관(商館)이나 영사관에서 중국 상인과의 거래 중개를 위해 고용한 중국인을 뜻한다. 1770년 무렵 이후 널리 쓰인 어휘이다. 의미가 외국자본에 붙어 사익을 탐하며 자기 나라의 이익을 해치는 자로 변했다.]

1961년 5월 16일 새벽 총성과 함께 이 나라의 모든 권력은 일군의 청년 장교들에게 장악되었다 … 그로부터 3년, 무(無)비판의 뒷장막에서 온갖 화려한 계획과 공약 뒤에 도사리고, 중앙정보부를 비롯한 권력기관의 모골이 송연한 공포정치와 수도방위사령부 등의 총칼의 보호를 받으면서 너무나 엄청난 죄악을 저지르고, '역사적 퇴보'를 이 나라 민족사에 강요하였다 … **피로서 되찾은 한국을 일본 의존적 예속의 쇠사슬에 묶는 것이 근대화요, 자립이라고 거짓말하는 자 소위 '민족적 민주주의'를 장사 지내자!** 영원히 잠들게 하자.

이어 문리대 미학과의 김지하가 지은 조사(弔辭) 낭독이 있었다.

시체여! 너는 오래전에 이미 죽었다. 죽어서 썩어가고 있었다.
넋 없는 시체여! 반민족적, 비민주적, 민족적 민주주의여!
시체여! 죽어서까지도 개악과 조어와 전언과 번의와 난동과 불안과 탄압의 명수요 천재요 거장이었다,
5월 16일만의 민족적 민주주의여! 백의민족이 너에게 내리는 마지막의 이 새 하얀 수의를 감고 훌훌히 떠나가거라! 너의 고향 그곳으로 돌아가거라.
안개 속으로 가거라!
이제 안개가 걷히면 맑고 찬란한 아침이 오리니
일찍 죽어 복되었던 네 운명에 감사하리라!
그러나 시체여! 지금 너는 무엇을 하고 있는가?
바로 지금 거기서 네 옆 사람과 후딱 주고받은 그 입가의 웃음은 무엇을 뜻하고 있는가?
대량 검거의 군호인가? 최루탄 발사의 신호인가? 그러나 시체여! 우리는 믿는다.
그것은 목 메이도록, 뜨거운 조국과 너의 최초의 악수인 것을! 우리는 안다.
그것은 죽은 이의 입술 가에 변함없이 서리는 행복의 미소인 것을.
시체여!

이후 1964년 한일 협정 반대운동은 반정부투쟁의 성격을 강하게 띠기 시작했다. 이후 전국 31개 대학 학생회는 '난국 타개 학생 대책 위원회'를 결성하고 5월 25일과 26일 각 대학별로 '난국 타개 궐기대회'를 가졌다.

5월 30일 서울대학교 문리대생들이 교정에서 자유쟁취 궐기대회를 열어 한일회담 성토와 박정희 정권 성토식을 한 다음 단식농성에 들어갔다. 학생회장인 김덕룡(金德龍)은 '오늘의 단식투쟁은 내일의 피의 투쟁이 될 지도 모른다'는 선언문을 낭독하고 단식농성에 들어갔다.
　시간이 흐를수록 단식농성에 참여하는 학생들 수가 점점 늘어갔다. 무저항적인 학생들의 농성 현장에는 교수들과 시민들이 줄을 이어 찾아와 그들을 격려했다.
　【5월 말 강원룡 목사는 사태를 수습해 보겠다는 생각에 민정당 총재인 안국동 윤보선의 자택을 찾아갔다. 이날 있었던 일을 이를 강 목사는 자서전에서 다음과 같이 언급한다.

　　안국동에 있던 그의 집에 갔더니 "먼저 온 손님들과 얘기가 아직 안 끝났으니 잠시 기다려 달라"는 전갈이어서 나는 안내하는 대로 빈방에 들어가 내 차례를 기다렸다.
　　그런데 그 방이 바로 윤보선과 손님들이 만나고 있는 방과 맞붙어 있어서 그들이 하는 얘기가 다 내 귀에 들려왔다.
　　우선 나를 어리둥절하게 만든 것은 억센 경상도 사투리를 쓰는 남자의 볼멘 목소리였다.
　　"내무장관이라면 몰라도 그건 안 됩니다."
　　무슨 소리인가 주의 깊게 들어보니 어처구니없게도 그 방에 모인 사람들은 이제 곧 박 정권이 무너지고 윤보선이 정권을 잡는다는 가정 아래 자기들끼리 조각(組閣 : 내각을 조직함)을 하고 있는 것이었다. 나는 너무 실망을 한 나머지 그냥 그 집에서 나오고 말았다.】

6월 2일 고려대, 서울대 법대, 서울대 상대생들이 가두로 진출하여 데모를 주도하자 서울의 각 대학생들이 이에 호응하여 거리로 나왔다. 이날 학생들은 박 대통령의 하야를 요구했다.

6월 3일 정오, 일제히 거리로 나온 서울의 18개 대학의 학생들 1만 2천 명은 국회의사당 앞에서 연좌시위를 했다. 이어 경찰과 충돌하면서 도심으로 진출했는데, 7천여 명은 중앙청 앞까지 나아갔다. 동아 방송은 상황을 실시간으로 생중계했다. 학생들은 주로 "박 정권 하야, 악덕 재벌 처단, 학원 사찰 중지, 여야 정객의 반성 촉구, 부정부패 원흉 처단" 등의 구호를 외쳤다. 경찰은 청와대로 올라가는 통의동 앞에 대형 널빤지로 겹겹이 바리케이드를 세웠다. 그 뒤에는 군용 트럭이 대기하고 있었다.

이날 학생 시위는 한 마디로 제2의 4·19를 목표로 한 것이었다.

오후에 청와대에서 국무총리, 내무부장관, 국방부장관, 합참의장 등이 참석한 국가안보회의가 열렸다. 김성은 국방부장관이 계엄령 선포를 주창하자 모두 동의했다.

박 대통령의 부름에 오후 4시 30분 경 버거 미국대사와 해밀턴 하우저(Hamilton H. Howze) 유엔군 사령관 겸 주한미군 사령관이 헬기를 타고 청와대에 도착했다. 대통령은 한국군을 계엄군으로 동원하여 서울로 진입하는 것을 유엔군 사령관이 승인해달라고 요청했다. 그리고 버거 대사에게는 미국 정부에 통보해 달라고 말했다.

저녁 6시경, 시위대는 청와대 바로 앞까지 진출했다.

시위대는 바리케이드 앞에 주저앉아 연좌에 들어갔다. 경찰이 최루탄을 마구 쏘면서 진압을 시작하자 대학생들은 동숭동의 서울대 문리대 단식 농성장으로 이동했다.

밤 9시 40분 정부는 1시간 40분을 소급한 오후 8시를 기해 서울 전역에 비상계엄령이 발효됐다고 선포했다. 이는 박정희 정권 최초의 계엄령이었다.

방송 담화로 계엄령을 선포하면서 박정희 대통령은 자책하면서도 학생들을 비판했다.

때로는 의욕의 과잉으로 무리한 시책을 강행한 나머지 다소간 민심과 유리된 바도 없지 않아 있었고 경험의 미흡으로 뜻 아닌 결과를 초래한 것도 있고 하여 한없이 자책의 심회(心懷)를 금할 수 없습니다. 이러한 결과적 책임은 모두 나에게 있는 것이며 그 누구에게도 책임을 전가할 생각은 없습니다. 정녕 나대로 성의를 다하여 한다는 일이 결과는 반대현상으로 나타났던 일도 있었습니다. 내가 이런 말을 하는 것은 둔사(遁辭)도 변명도 아닙니다. 다만 솔직한 고백에 불과합니다.

… 그야말로 가난한 나라의 학생들이 후일의 웅비에 대비하기는커녕, 조국을 사랑하고 민족의 앞날을 걱정한다는 소위 현실 참여가 바로 이것이라면 실로 가공할 모순이며, 가증스러운 작폐라 아니 할 수 없는 것입니다. …

【대학생 시위 배후에 미국이 있다는 소문이 널리 퍼져 있었다. 강원룡 목사도 이를 믿었다. 미국대사와 주한미군 사령관이 헬기를 타고 청와대로 들어갔다는 보도에 박정희 대통령에게 망명을 권유하는 것으로 착각했다. 강원룡을 담당하던 정보부 직원이 쫓아와

"지금 박 대통령에게 긴급히 하고 싶은 조언이 있다면 해달라"고 하자 "대통령께 더 이상 주저하지 말고 미군 헬리콥터를 타고 도망가라고 하시오. 그것이 박 대통령이 살 수 있는 길이오."라고 대답했다.】

6월 4일 6사단(사단장 김재규)과 28사단이 계엄군으로 서울로 진입하여 수도경비사령부 병력과 함께 시내의 요소를 장악했다. 일체의 옥내외 집회·시위의 금지, 대학의 휴교, 언론·출판·보도의 사전검열, 영장 없는 압수·수색·체포·구금, 통행금지시간 연장 등의 조치가 취해졌다.

계엄사령부는 1,120명을 연행하여 학생 168명, 민간인 173명, 언론인 7명을 구속했다. 김덕룡, 이명박, 이재오, 손학규, 현승일, 이경우 등이 구속된 학생 지도부였다.

계엄령 선포 직후 김종필 공화당 의장과 중앙정보부장 김형욱은 사표를 냈다.

6월 6일 박정희 대통령은 김종필의 사표를 수리하고 김형욱의 사표는 반려했다.

6월 18일 김종필은 2차 외유(外遊)를 떠났다.

7월 29일 박 대통령은 서울에 선포된 계엄령을 해제했다. 그러나 한일 회담은 곧장 재개되지 않았다. 일본 정부가 한국의 정세를 관망하겠다며 물러났기 때문이다.

【11월 말이 되어야 회담이 재개되었다.】

* 인혁당 사건은 조작인가? *

중앙정보부는 6·3 사태를 지켜보면서 특이한 점을 발견했다. 대학생들의 반정부 선전문에서 '매판 자본가' '피어린 항쟁' 등 북한 선전물에 등장하는 용어들이 나타났다. 중앙정보부 제5국(국장 홍필용)이 이를 추적했는데, 실무는 제5국 대공 과장 이용택이 했다. 제5국은 북한의 지령에 따라 1962년 1월 대한민국에 인민혁명당이라는 비밀 지하조직이 결성됐고, 이 조직이 6·3 사태에 개입했다는 정보를 입수했다.

1964년 8월 14일 중앙정보부장 김형욱은 기자회견을 갖고 이런 발표를 했다.

1962년 1월 서울 남대문구 부암동의 우동읍 집에서 북괴로부터 특수사명을 띠고 남하한 간첩 김영춘 사회로 통일민주청년동맹 중앙위원장이던 우동읍과 민주민족청년동맹 경북도 간사장이던 도예종 등이 발기인회를 갖고 외국군 철수와 남북 서신, 문화·경제교류를 통한 평화통일을 골자로 한 북괴노동당 강령·규약을 토대로 발족한 인민혁명당은 북괴 지령에 따라 한일회담 반대 학생 데모를 조직적으로 일으키는 방향으로 개편, 강화하여 3·24 학생 데모가 일어나자 '불꽃회' 간부 등을 포섭, 학생 데모를 배후 조종함으로써 현 정권을 타도, 국가변란을 음모했다.

이 사건은 재판 과정에서 일부 검사들이 증거 부족을 이유로 기소를 거부하는 등 조작 논란이 일었다. 확실히 심증은 뚜렷하나 물증이 적었다. 그러나 인민혁명당 총책 김배영(발표할 때는 김영춘)은 수사 도중 월북하여 간첩 교육을 받고 1967년 남파되었다. 권총 여섯 자루에 실탄 300발을 소지하고 부산 다대포에 침투했다가 체포되었다. 이때 김배영은 권총 이외에 무전기, 난수표, 공작금을 소지하고 있었다. 당시 수사 실무자였던 이용택은 진해 별장에 내려오는 박정희 대통령을 살해하라는 지령을 받고 왔다는 증언을 남겼다.

1961년 9월 11일 북한 노동당 4차 대회가 열렸다. 이날 김일성 연설 가운데 일부이다.

> 남조선 인민들이 반제·반봉건 투쟁을 성과적으로 진행하며 이 투쟁에서 승리를 쟁취하기 위하여는 맑스·레닌주의를 지침으로 하여 노동자·농민을 비롯한 광범한 인민대중의 리익을 대표하는 혁명적 당을 가져야 합니다. 이러한 정당이 없이는 인민대중에게 명확한 투쟁 강령을 줄 수 없으며, 혁명 군중을 굳게 결속할 수 없으며, 군중투쟁을 조직적으로 전개할 수 없습니다.
>
> 혁명적 당이 없었고 명확한 투쟁 강령이 없었으며 따라서 기본 군중인 로동자·농민이 항쟁에 광범히 참가하지 못하였기 때문에 4월 봉기는 철저히 조직적으로 전개되지 못하였으며 남조선 인민들은 그들이 흘린 피의 대가를 미제의 다른 주구들의 손에 빼앗기지 않을 수 없었습니다. 역시 혁명적 당의 령도가 없었으며 로동자·농민·병사 대중의 각성이 부족하였기 때문에 남조선 인민들은 군부 상층의 파쑈 분자들에 의한 권력 탈취를 막지 못하였으며 민주주의적 권리에 대한 적들의 공격을 반대하여 효과적인 반격을 조직하지 못하였습니다. 남조선 인민들은 이 쓰라린 경험에서 반드시

교훈을 찾아야 합니다. 남조선 인민들은 광범한 군중 속에 깊이 뿌리박은 로동자·농민의 독자적인 당을 가져야 하며, 그 합법적 지위를 쟁취하여야 합니다.

*   *   *

9월 18일, 박정희 대통령은 언론과의 관계를 수습하기 위해 한격만(韓格晩) 한국 신문윤리 위원회 위원장을 초청하여 청와대 집무실에서 언론 문제와 관련하여 격의 없는 대화를 나누었다. 다음은 대화 가운데 박정희 대통령의 언론관을 엿볼 수 있는 대목이다.

▶ **박정희** : 민주주의의 기본바탕이 언론자유에 있다는 생각에 변함이 없습니다. 누구나가 다 아는 사실이지만 언론자유 없이 민주주의가 이룩되겠습니까.
그만큼 언론자유란 소중하고 비중이 큰 것인데, 여기에 따르는 것이 책임입니다. 과거 우리나라 언론이 물론 일제시대엔 민족수난에 대비해서 싸운 업적이라든지 그 후에도 민주주의에 바탕을 이룩하기 위해 투쟁의 선봉에선 공로는 높이 평가하고 있습니다.
그러나 공로가 있는 반면에 과오도 많았습니다. 언론의 자유를 벗어나 얼마나 많은 잘못을 저질렀습니까. 국가 이익에 벗어나는 언론이 많았습니다.
5·16후 최고위원 때 한국 언론의 정화 문제가 논의된 적이 있습니다. 그때 혁명정부는 언론자유는 부르짖으면서도 어느 정도의 규제가 필요하다고 주장하는 측이 많았습니다.
그런데 5·16 혁명이 올바른 민주주의를 위한 거사였다면, 민주주의의 등불인 언론을 탄압해서는 안 된다는 내 의견으로 규제를 하자는 제의는 좌절되었습니다.

언론인 스스로에게 맡겨보자는 내 의견은 2년 반 동안의 군정에서 완전히 실망을 가져왔습니다. 그래도 계속 강경하게 입법을 주장하는 사람들을 후퇴 시킨 후 참다못해 군정중간에 규제법 초안을 마련하기 위해 회의를 가진 적이 있습니다.

그때 언론인 몇 분이 그 사실을 알고 찾아와 "우리 일은 우리에게 맡겨라 자중하고 깨달아 자율적으로 하겠다"해서 그러면 맡겨보자고 치워버렸습니다. 1962년 초에 다시 윤리위 강화문제가 논의되었지만, 그땐 선거가 가까워 온 시기였기 때문에 흘려버리고 민정 후에는 전혀 규제법을 논의해 본 적이 없습니다.

6·3 사태 이후의 야당의 공격과 군정의 비위사실이 신문에 폭로되고 정부가 두들겨 맞기 시작할 때 나는 내가 집권하고 있는 동안 잡으려던 질서를 못 잡은데 대한 양심의 가책도 받고 괴로웠습니다. 그런데 갈수록 신문들은 비판의 도를 지나쳐 학생들의 데모를 선동하고 영웅처럼 선전했습니다. 결국 아무 대책 없이 일부 불순한 학생들의 데모에 신문이 편승하기 시작했습니다. 결국 그때 나는 신문이 현 정부를 물러서라는 말이냐, 물러선 후엔 어쩌겠다는 것이냐는 것을 묻고 싶었습니다.

부득이 계엄령을 선포했습니다만, 그때 데모한 학생들은 대부분 선량한 학생이었고, 이름만 학교에 걸어놓은 몇몇 불량학생이 교내의 주도권을 잡고 선동을 했던 게 아닙니까.

그래서 이대로 가다간 누가 집권을 하든지 시정하지 않으면 도저히 나라의 질서를 잡을 수 없다고 생각한 끝에 언론입법을 착상한 것입니다. 이 기회에 언론이 지금까지 지녀온 타성을 버리게 하려면 최소한의 규제는 필요하다는 것을 느꼈고, 질서가 잡힌 후는 차츰 들어줄 작정을 하고 시작한 겁니다. 처음엔 당내에서 퍽 강경하게 나오는 것을 깎고 다듬어서 만든 것인데 입법 때 담화에도 있었지만 언론을 위축시키거나 정부의 부정을 감추려는 생각은 추호도 없었습니다.

▶ **한격만** : 신문이 6·3사태 때 지나치게 선동적이었다는 것은 저도 인정합니다.

▶ **박정희** : 6·3사태 때 학생들의 돌에 어린이가 맞아 머리가 깨어진 것을 경찰 곤봉이 철없는 어린이를 쳤다고 자극적인 기사를 쓰는가하면, 그런 것을 마치 3·15 부정선거 당시의 마산에서의 김주열 군 사건같이 선동하며 우발적 기회를 노리는 것을 보고 한심스러웠습니다.

▶ **한격만** : 만일 대통령께서 신문의 발행인이나 편집인이 되신다면 어떤 신문을 만드시겠습니까.

▶ **박정희** : 이상적인 신문을 하나 만들 거예요. 공정하게 쓰고, 주관을 개입하지 말고, 야당인이고 여당인의 편이 아닌 국민의 편에 서고, 어떤 정치집단을 도와주는 것이 아니라 국가이익을 위주로 하는 신문을 만들겠어요.

1964년 10월 14일 소련공산당의 최고지도자 흐루쇼프(Никита Сергеевич Хрущёв, 1894~1971)가 최고회의의장 브레즈네프에 의해 자진 은퇴 형식으로 실각하였다. 김일성에게 개인숭배 비판을 강요했던 흐루쇼프의 실각은 김일성에게 희소식이었다.

흐루쇼프의 실각을 계기로 북한과 소련의 관계는 복원되기 시작했다. 11월 김일성은 10월 혁명 47주년 기념행사를 위해 내각 제1부수상 김일을 단장으로 하는 대표단을 소련에 파견했다. 북한 대표단은 새로 집권한 브레즈네프 당 중앙위원회 제1서기와 코시킨 수상을 면담했다.

【김일성은 흐루쇼프의 스탈린 격하 운동을 못마땅하게 여겼다. 1963년에 들어 북한은 소련을 직접적으로 비난하기 시작했다. 소련 지도부의 '수정주의적 경향'과 '분열주의적 책동', '고압적 자세', '과거 개인숭배 비판을 강요하며 각국 내정에 간섭했던 대국주의적 태도', '사회주의적 국제 분업을 일방적으로 강요하고 자립적 민족경제 노선을 중상하며 제국주의나 하는 비방을 늘어놓는 행위' 등을 비판했다.

북한이 소련을 비판하는 목적은 군사 및 경제 원조나 개인숭배 비판 등을 통해 북한 내정에 간섭하려는 소련에 대해 자율성을 확보하는 것이었다.

1962년 가을부터 1964년 10월까지 북한과 소련의 관계는 양국 간에 단 한 차례의 정부대표단 방문도 없을 정도로 악화되었다.】

11월 30일 한국은 수출 1억 달러를 달성했다. 가발이 주요 수출 품목이었다.

12월 6일 서독 카를 하인리히 뤼프케(Karl Heinrich Lübke, 1894~1972) 대통령의 초청으로 박 대통령은 서독으로 떠났다.

【이 방문은 우여곡절이 많았다. 서독 언론은 헌신적으로 일하는

한국 광부들에 대한 보도를 자주 했다. 지하 갱도 1,000m에서도 시간외 근무를 마다않고 일하는 광부들의 모습이 TV에 방영되자 독일인들은 감명을 받았다. 서독 국회의원들은 의원용 병원에서 한국인 간호조무사들의 도움을 많이 받았다. 국회의원들이 국회에서 '한국에 관심을 가져야 한다. 한국의 대통령을 초청해 우리의 마음을 전하자'는 결의안을 채택했다. 뤼프케 대통령도 개발도상국에 관심이 많았으므로 한국 대통령을 초대했다.

그런데 서독 방운 10일 전에 일이 터졌다. 5만 달러를 주고 20일 동안 미국의 노스웨스트 항공사에서 비행기를 빌렸는데 미 의회가 쿠데타로 집권한 한국 군인이 미국 비행기를 이용하면 다른 나라를 자극한다고 하여 갑자기 취소되었다.

백영훈 교수가 대통령 특사로 비행기 제공을 부탁하려고 서독에 갔다. 서독에 두터운 인맥이 있는 최두선 전 동아일보 사장과 같이 갔다. 백영훈 특사는 박정희 대통령의 서독 방문일정을 상의하겠다며 서독 대통령 비서실장과 노동부 차관을 함께 만났다. 이 자리에서 비행기 이야기를 꺼내려니 차마 입이 떨어지지 않았지만 용기를 내서 말했다.

"비행기가 없다. 서독이 잘 사는 나라이니 비행기 좀 제공해 주면 안 되겠느냐?"

독일 관료들은 한동안 물끄러미 쳐다보더니 일단 돌아가라고 했다. 백영훈 일행이 떠나기 직전 비행기를 제공하겠다는 연락이 왔다.

결국 홍콩을 경유해 서독으로 들어가는 루프트한자 소속 여객기 (보잉 707)가 경로를 변경해 1964년 12월 3일 서울에 착륙했다.]

박정희 대통령 일행은 12월 6일 이 여객기를 타고 홍콩-방콕-뉴델리-카라치-카이로-로마-프랑크푸르트를 거쳐 28시간 걸려 12월 7일 아침 독일 퀼른 공항에 도착했다. 조선일보 정치부 이자헌 기자는 이 비행을 다음과 같이 회고한다.

> 대통령과 장관들은 1등석에 타고 다른 일행은 이코노미 석에 탔다. 화장실에 가보니 이상하게 생긴 물건이 거울 앞에 있었다. 이게 무슨 용도냐를 두고 논란이 일었다.
> 그때 여기자로 유일하게 수행기자로 포함됐던 한국일보 정광모 기자가 '물비누'라고 설명해 줘 실소를 금치 못했다. 기자들도 국제적 촌놈이었고 대통령 일행도 참 초라한 행차였다. 기내의 박 대통령 표정도 밝지는 않았다.

12월 8일 박정희 대통령은 뤼프케 대통령과 회담을 가졌다.

12월 9일 오찬에서 서독 에르하르트(Ludwig Wilhelm Erhard, 1897~1977) 수상과 박정희 대통령은 두 시간 동안 한국경제에 대해 서로의 의견을 말했다. 백영훈 교수가 통역했다.

백영훈 교수는 그날 박 대통령의 모습을 평생 잊을 수가 없었다. 47세의 박 대통령은 서독 수상에게 '우리 국민 절반이 굶어 죽고 있다'고 울먹이며 말했다. 그러면서 '우리 국민들은 거짓말 안 한다. 빌린 돈은 반드시 갚는다. 도와 달라. 우리 국민 전부가 실업자다. 라인 강의 기적을 우리도 만들겠다'고 했다.

"왜 쿠데타를 했느냐?"라고 묻는 에르하르트 수상의 질문에 박 대통령은 이렇게 말했다.

우리 한국도 서독과 마찬가지로 공산국가들로부터 위협을 받고 있다. 공산국가들을 이기려면 우선 잘 살아야 한다. 내가 혁명을 한 이유는 정권을 탐해서가 아니다. 정치가 어지럽고 경제가 피폐해져 이대로는 대한민국이 소생할 수 없다는 위기의식 때문이었다. 그런데 우리에게는 돈이 없다. 돈을 빌려 주면 반드시 국가 재건을 위해 쓰겠다.

박 대통령의 말이 끝나자 에르하르트 수상은 그의 손을 꼭 잡더니 이렇게 말했다.

내가 경제장관 할 때 한국에 두 번 다녀왔다. 한국은 산이 많더라. 산이 많으면 경제발전이 어렵다. 독일을 보라. 히틀러가 아우토반(고속도로)을 깔았다. 한국에도 고속도로를 깔아야 한다. 고속도로를 깔면 그 다음엔 자동차가 다녀야 한다. 자동차가 다니면 고용이 늘고, 새로운 산업이 일어나고 세금이 들어온다. 국민차 폴크스바겐도 히틀러 때 만든 것이다.
그런데 자동차를 만들려면 철이 필요하다. 그러니 제철공장을 만들어라. 정유공장도 필요하다. 자동차 연료로도 필요하지만, 앞으로는 석유화학공업 시대다. 나일론 섬유, 플라스틱 공업 등 연관산업이 일어난다. 독일은 마이스터라고 하는 기능장(技能長) 제도가 있다. 한국도 기술 인력을 육성하는 제도가 필요하다. 한 나라의 경제가 안정되려면 중산층이 탄탄해야 하는데 그러려면 중소기업을 육성해야 한다. 우리가 돕겠다. 경제고문을 보내주겠다.

이어 에르하르트 수상은 잠깐 뜸을 들이더니 말했다.

마지막으로 부탁이 하나 있다. 일본과 손을 잡아야 한다. 이것은 공산주의를 막기 위해 중요한 일이다.
독일은 프랑스와 32번을 싸웠다. 독일은 한 번도 전투에서 진 일이 없다. 그러나 전쟁에선 모두 패했다. 독일인은 지금도 한이 맺혀 있다. 그러나 제2차 세계대전이 끝나자 우리 콘라트 아데나워 수상은 프랑스 드골 대통령을 찾아가 악수했다. 한국도 그렇게 했으면 좋겠다. 그것이 공산주의를 막는 길이기도 하다.

박 대통령은 "우린 일본과 싸운 일이 없다. 매일 맞기만 했다. 얼마 전까지만 해도 일본이 한국을 36년 동안 지배했다"고 반박했다. 그러자 에르하르트 수상은 "지도자는 미래를 봐야 한다"고 말했다.
박 대통령은 "일본이 사과하면 받아줄 수는 있다. 우린 아량이 없는 국민은 아니다"라고 말했다.
에르하르트 수상은 박 대통령의 손을 마주 잡으며 자리에서 일어났다. 그리고 회담 후 담보가 필요없는 1억5000만 마르크를 한국 정부에 제공하겠다고 했다.
12월 10일 박 대통령은 뤼브케 대통령의 안내로 한국의 광부들이 일하는 루르 탄광을 방문했다. 한국에서 온 대통령을 기다리며 선 광부들의 얼굴엔 온통 석탄이 묻어 있었고 작업복은 흙투성이였다. 박 대통령과 육영수 여사가 단상에 올랐다. 현지 광부들로 구성된 밴드가 애국가를 연주하기 시작했다. 그런데 아무도 애국가를 따라 부르지 않았다. 500여 명의 광부 등 모두 고개를 숙이고 어깨를 들먹였다. 연주가 끝나자 박대통령이 손수건으로 눈물을 훔치고 코를 풀더니 연단으로 걸어 나와 말했다.

"만리타향에서 이렇게 상봉하게 되니 감개무량합니다. …"

이 구석 저 구석에서 흘러나오던 흐느낌이 통곡으로 변해 가자 박대통령은 연설 원고를 옆으로 밀친 뒤 이렇게 말했다.

이게 무슨 꼴입니까? 내 가슴에서 피눈물이 납니다. 광부 여러분, 가족이나 고향 생각에 괴로움이 많을 줄 알지만… 비록 우리 생전에는 이룩하지 못하더라도 후손들에게 만큼은 잘 사는 나라를 … 물려줍시다. 열심히 합시다. 나도 열심히…

결국 박 대통령은 말을 맺지 못하고 소리 내어 울어 버렸다. 그 자리에 함께한 뤼브케 대통령도 눈시울을 적셨다.
11일에는 서베를린으로 가서 베를린 징벽을 보고 서베를린 시장 브란트와 면담했다.
서독에서 머문 일주일(12월 7~14일) 동안 박 대통령은 주로 서독 산업 시설을 시찰했다. 자동차 전용도로로 아우토반을 달렸고 제철소를 견학했다. 아우토반에 가장 관심을 보였다.
백영훈 교수는 서독 방문에서 박 대통령이 나라와 국민을 위해 목숨을 걸었다는 느낌을 받았다.

1965년 4월 3일 한일 국교 협정이 가조인되었다. 이에 따라 반대 운동 또한 전국적으로 번져나갔다.

6월 22일 일본 동경에서 한일 국교 협정이 조인되었다. 이제 반대 투쟁은 국회 비준 반대 투쟁으로 바뀌었다.

7월 1일 한경직, 김재준 목사를 비롯한 166명의 목사와 교역자들이 비준 반대 성명을 발표했다.

7월 2일 영락 교회에서 열린 한일 협정 비준 성토 대회가 열렸다. 강원룡 목사는 여기에서 비준을 반대하는 강연을 했다.

8월 14일 야당 의원들이 불참한 가운데 한일 협정 비준 동의안이 통과되었다.

2장 한국과 베트남 전쟁

1954년 7월 21일 제네바협정이 조인됨으로써, 베트남은 북위 17도선을 군사분계선으로 하여 남북으로 양분되었다. 그러나 남부의 베트남 공화국에서는 계속되는 군사 쿠데타로 정국이 불안했고, '남부 베트남 민족해방전선(베트콩)'과 일부 민족주의자 세력 및 반정부주의자들은 연합세력을 형성했으며, 북부의 월맹(越盟, 베트남 독립 동맹)은 본격적으로 무력 침공을 개시하였다.

한편, 미국은 군사원조, 군사고문단의 파견에 뒤이어 미 군사원조 사령부를 설치함으로써 베트남전에 적극 개입하는 처지가 되어버렸다. 그러던 중 1964년 5월 2일 사이공 항에 정박해 있던 미국 수송선이 베트콩에 의하여 격침되고, 이어 8월 2일과 4일 제1·2차 통킹 만 사건이 일어났다.

미국은 다음날 2척의 항공모함을 급파하여 반격과 함께 월맹의 유류저장소를 집중적으로 공격함으로써 베트남전은 본격적으로 확산되었다. 이어 린든 존슨(Lyndon Baines Johnson, 1908~1973) 미국 대통령은 한국을 포함한 우방 국가들에게 협조와 참전을 요청하는 '다국적 동맹 캠페인'을 벌였다.

이에 따라 한국 정부는 비전투부대를 베트남에 보내는 계획안을 수립하고 베트남 파병에 따르는 제반 준비에 착수했다. 구엔 칸 베트남 수상도 한국군의 지원을 호소하는 공식 서한을 보내 왔다.

그리하여 1964년 9월 11일 제1 이동외과병원(130명) 및 태권도 교관단(10명)이 해군 LST 편으로 부산항을 출발해서 9월 22일 베트남의 사이공에 도착했다.

1964년 10월 16일 중국이 신강 위구르 자치구의 사막에서 원자폭탄 실험에 성공하여 미국, 소련, 영국, 프랑스에 이어 세계에서 다섯 번째로 핵무기 보유국이 되었다.

【1945년 미국 원자폭탄 개발, 1949년 소련 원폭 실험 성공, 1952년 영국 원폭 개발, 같은 해 미국 수소폭탄 개발, 1953년 소련 수소폭탄 개발, 1957년 영국 수소폭탄 개발, 1960년 프랑스 원폭 개발.】

중국의 핵무기 개발은 1955년 1월 15일 열린 공산당 중앙 서기처 확대회의에서 결정됐다.

당 주석 겸 국가주석 겸 당 중앙군사위원회 주석인 모택동(毛澤東, 1893~1976)이 전격 소집한 이 회의에는 국가 부주석 주덕(朱德, 1886~1976), 중국 공산당 중앙위원회 부주석 유소기(劉少奇, 1898~1969), 국무원 총리 겸 외교부부장 주은래(周恩來, 1898~1976), 중국인민정치협상회의 전국위원회 부주석 팽진(彭眞, 1902~1997), 당 중앙군사위원회 부주석 겸 국무원 부총리 겸 국방부부장 팽덕회(彭德懷, 1898~1974), 국무원 부총리 등소평(鄧小平, 1904~1997) 등 중국 공산당 최고 지도부가 참석했다.

이 회의에서 중국 최고의 지질 전문가 이사광(李四光, 1889~1971)과 프랑스 유학파로 퀴리 연구소에서 근무했던 핵물리학자 전삼강(錢三强)이 핵무기 개발 가능성을 보고했다. 이사광은 광서-장족(廣西-壯族) 자치구에서 풍부한 우라늄 매장을 확인했다며 우라늄 표본을 선보였다. 전삼강은 소련으로부터 원자핵 파괴 장치인 가속기(사이클로트론)와 원자로 제조기술만 습득하면 핵무기를 만들 수 있다고 말했다. 모택동은 참석자들의 의견을 물었고 3시간에 걸친 회의는 핵무기 개발을 만장일치로 결정했다. 중국은 한국전쟁 때 미국의 첨단무기에 놀란 나머지 소련에 핵무기 개발 지원을 요구했으나 거절당한 바 있다.

1956년 2월 흐루쇼프는 스탈린 격하 운동을 시작했고 서방과의 평화공존을 주장했다. 이에 모택동은 수정주의라고 반발했다. 계속 관계가 악화되어 1959년 6월 소련과 중국은 공식적으로 군사 기술 협력 관계를 끝냈다.

모택동은 소련과의 관계가 냉각되면서 자립을 추구했는데 문제는 중국이 현대 문명의 기반이 되는 석유가 나지 않는 나라였다는 것이다. 그러나 지질학자 이사광은 중국에 석유가 매장되어 있다고 주장하며 만주 지역 탐사를 주장했다. 이에 엔지니어 왕진희(王進喜, 1923~1970)가 지휘하는 채굴반은 50년대 중반부터 겨울에 영하 40도까지 내려가는 늪지대인 흑룡강 성의 송요(松遼) 분지를 탐사했다.

1959년 9월 26일 흑룡강 성의 송요(松遼) 분지에서 엄청난 매장량의 유전이 발견되었다.

이사광의 가까운 벗인 중국 국무원 총리 주은래는 감격스러워 '큰 경사'라는 뜻의 대경(大慶)을 유전의 이름으로 지었다. 대경 유전의 매장량은 정확히 알려지지 않았는데 220억 배럴 이상의 어쩌면 400억 배럴이 넘는 초거대 유전(super-giant oil field)이었다. 매장량 100억 배럴 이상의 초거대 유전은 전 세계에서 10개 정도에 불과하다. 대경 유전은 사우디아라비아의 가와르(Ghawar) 유전, 쿠웨이트의 부르간(Burgan) 유전 다음가는 대형 유전이다.

【지질학자 겸 정치인인 이사광은 종족으로는 몽고인이었다. 이사광은 본명이 이중규(李仲揆)로 하북성의 황강(黃岡) 시에서 태어났다. 그의 조부는 몽고인 걸인이었는데 하북성으로 흘러 들어왔다. 이사광은 1904년 일본으로 유학가서 홍문학원(弘文學院)과 대판고등공립학교에서 수학했다. 이때 중국동맹회에 가입했다. 1911년 귀국했는데 그해 9월 국비 유학생 시험을 수석 합격하여 1913년 영국으로 유학을 갈 수 있었다. 버밍엄 대학에서 지질학을 공부하여 1919년 석사학위를 받고 귀국했다. 귀국 즉시 북경 대학

지질학 교수가 되었다. 1928~1938년 사이에는 국립무한대학 준비위원장으로 대학 설립을 책임졌다.】

1949년 중화인민공화국이 세워지자 중국과학원 부원장, 지질부 부장 등 여러 자리를 역임했다.

대경 유전은 1963년부터 생산을 개시하여 중국 공업을 떠받친 원동력이 되었다. 이로써 중국은 국내 자급을 달성함과 아울러 북한 및 북베트남에 수출하기도 했다. 유전건설지휘소를 중심으로 하는 40개의 마을이 건설되고 이 주위에 다시 농업과 중소공업을 겸한 공농촌이 168개나 들어서 불모이던 늪지대인 송요 분지는 번화한 대경 시로 변모해 갔다.

대경 유전은 중·소 국경의 가장 가까운 곳에서 불과 400㎞밖에 떨어지지 않은 곳에 있어 소련이 중국을 공격하는 경우 최우선의 공격목표가 될 것이었다. 이 때문에 중국은 발견 후 10년이 넘도록 비밀로 했다. 석유저장 탱크의 지붕이 얼룩 페인트로 위장되었고 주요 시설들을 콘크리트로 싸서 지하 3m 속에 감추었다.

그리고 1961년 산동성 북동부의 발해만 연안 지역에서 매장량 300억 배럴이 넘는 승리 유전(勝利油田)이 발견되고 1964년부터 원유가 채굴되어 중국은 석유에 대한 고민에서 벗어날 수 있었다.

1961년 출범한 미국 케네디 행정부는 중국의 핵무기 개발을 우려해 중국의 핵시설을 같이 폭격할 것을 소련 정부에 제안했으나 흐루쇼프는 관심을 기울이지 않았다. 이런 가운데 중국 공산당은 독자적으로 원폭 실험에 성공했다.

그러나 중국이 1964년에 만든 원자폭탄은 너무 커서 미사일 탄두로 탑재할 수 없었고 폭격기에도 실을 수 없었다. 다시 말해 실전용으로 쓸 수 없는 것이었다. 중국 핵과학자들은 폭탄 소형화에 매진했다.

【중국은 원자폭탄을 소형화하여 1966년 중거리 탄도 미사일 동풍(東風)-2A에 핵탄두로 달아 발사 실험에 성공했다.】

김일성은 중국 핵실험 직후 북경에 가서 모택동을 만나 핵실험 성공을 축하했다. 모택동은 "중국은 인구도 많고 나라도 크다. 체면이 필요하다. 그래서 핵실험을 했다. 북한은 그럴 필요가 있나."라고 응대했다.

모택동은 김일성이 보는 앞에서 인민해방군 핵실험 책임자를 불러 "이번 실험에 들어간 돈이 얼마냐?"고 물었다. 그가 낮은 소리로 귀엣말하자, 모택동은 "김일성 동지 앞에선 괜찮다"면서 "20억 달러"라고 솔직히 말해줬다. 20억 달러는 이 해에 열린 도쿄 올림픽 전체 예산 28억 달러의 3분의 2가 넘는 액수였다.

11월 3일(미국 시간) 45번째 미국 대통령 선거가 실시되었다. 현직 대통령인 민주당 후보 존슨이 4,312만여 표(61.1%)를 득표하여 2,717만여 표(38.5%)를 득표한 공화당의 배리 골드워터(Barry Goldwater) 후보에게 압도적인 표 차로 승리했다.

1964년 12월 18일 윈스럽 브라운(Winthrop Gilman Brown, 1907~1987) 주한 미국대사가 박정희 대통령에게 베트남 상황을 설명하고, 한국군을 증파해 줄 것을 요청했다. 박정희 대통령은 이를 받아들여 국방부는 그 준비에 착수했다.

1965년 1월 2일 베트남 정부는 제2차 추가 지원을 요청하는 공식 서한을 한국 정부에 보내 왔다. 이에 따라 육군 준장 조문환(曺文煥)이 지휘하는 1개 공병대대, 1개 경비대대, 1개 수송중대 및 1개 해병·공병 중대로 구성된 비둘기부대가 구성되었다.

1월 26일에는 국회에서 베트남 파병안이 통과되었다.

3월 10일 비둘기부대는 인천항을 떠나 3월 16일 사이공에 도착, 다얀으로 이동하여 임무를 수행하기 시작하였다. 미국도 3월부터 지상군을 증강하기 시작했다.

4월 3일 한일 양국 정부는 '어업', '청구권', '재일 한인의 법적 지위' 등 3개 현안을 일괄 타결하고 각각 협정에 조인했다. 이에 야당과 학생들은 4월 13일 대규모 가두시위를 벌였다. 이 시위에서 동국대생 김중배가 부상을 입었는데, 15일 밤 사망하여 시위는 격화되었다. 이에 박정희 정부는 4월 16일 오후 휴교령을 지시했다.

5월 2일 진해 제4 비료공장 준공식이 있었는데 이날 참석한 박 대통령은 연설에서 한국 지식인과 대학생의 행태를 다음과 같이 비판했다.

… 과거 일제시대에 우리가 일제와 싸우던 것과 마찬가지인 정신자세, 즉 왜적(倭賊)이 와서 우리를 점령하고 우리를 식민지화하고 우리가 남의 노예가 되었을 때, 우리가 일제에 대항하던 이러한 정신자세는 근본적으로 뜯어고쳐야 되는 것입니다.

… 지금 우리 한국의 지식인 가운데, 인텔리 가운데는, 정부가 하는 일은 무조건 반대해야만, 그 사람이 아주 인텔리이고 지식인이

고 애국자 연합입니다.

정부가 하는 일은 그네가 아무리 생각해도 옳다고 여럿이 있는 앞에서 이야기하였다가는 "저 사람은 정부에 아부하는 사람이며 소위 요즘 말하는 사꾸라요, 저 사람은 무슨 정부의 앞잡이다"하는 이런 우리 한국의 인텔리들의 사고방식이 근본적으로 뜯어 고쳐지기 전에는 한국의 근대화라는 것은 어렵습니다.

… 오늘 이 자리에 학생들도 좀 얼굴을 보이기 때문에 내 좀 더 얘기를 하려 합니다. 학생들! 지금 정치인들이 국회에서 뭐라고 떠들면 내용도 모르고 덮어놓고 거리에 나와서 플래카드를 들고, 무슨 학교에서 성토대회도 하고, 「무슨 정부 물러가라, 매국하는 정부 물러가라」하는 등 이런 철없는 짓도 하는데, 나는 학생제군들에게 솔직히 이 자리에서 얘기해 두거니와, 제군들이 앞으로 이 나라의 주인공이 되자면, 적어도 10년 내지 20년 후에야라만 제군들이 이 나라의 주인공이 되는 것입니다. 제군들의 시대가 오는 것입니다. 오늘 이때에 우리들 기성세대가 모든 것을 책임지고 여러분들 못지않게 나라에 대한 것을 걱정하고 근심을 하고 노력을 하고 있다는 것을 여러분들은 잊어서는 안 되는 것입니다. 내가 학생 여러분들을 절대 무시하는 것이 아니라 나도 여러분들과 같이 한 20대 젊은 시절의 학생 시절을 생각 좀 해보는데 여러분들은 아직까지도 공부를 하고 배워야 되고 모든 것을 훈양을 해야 되고 자기의 실력을 배양할 시절입니다.

여러분들이 정부가 하는 일, 정치적인 문제, 사회적인 문제에 낱낱이 직접 간섭하거나 참여하거나 직접 행동해온 길, 그런 시기도 아니고 또 그런 것이 여러분들의 책임도 아니라는 것을 확실히 알아야 합니다.

그런데 지금 학생들은 4·19 정신 운운하며 뛰어나옵니다. 여러분들의 선배가 4·19 당시에 거리에 나와서 한국의 민주주의를 같이 지키기 위해서 뛰어나온 그 정신은 그야말로 백년에 한번, 수백 년에 한번 있을까 말까한 이런 숭고한 정신인 것입니다. 어떠한 사소한 정치적인 문제가 국회나 사회에서 논의가 될 때 그 문제 하나하나를 들고 학생들이 거리에 뛰어나와서 그것이 4·19 정신이라고 이렇게 떠든다면 그야말로 4·19 정신을 그 이상 더 모독하는 것이 없을 뿐더러 4·19 정신은 절대 그것이 아니다는 것입니다.

작년 연말에 내가 독일에 방문했을 때 독일 대통령이 첫날 저녁에 나를 만나서 한 얘기를 지금도 기억하고 있습니다. "한국엔 왜 학생들이 거리에 뛰어나와서 정치문제에 대해서 자꾸 간섭하기 좋아합니까?" 나한테 이렇게 질문합니다. 나는 다소 창피스럽기도 하고 부끄럽기도 해서, "한국의 학생들은 일부 그런 학생이 있지만, 대다수 학생들이 다 건실하고 나와서 하는 것은 일부 학생들뿐이다. 당신 나라에도 그런 학생들이 있을 수 있지 않느냐", 이런 답변을 했더니 독일 대통령이 하는 말이 "내가 알기에는 학생들이 거리에 나와서 정치문제를 가지고 데모를 하고 떠드는 나라치고 잘 되는 나라가 없습디다." 나한테 이렇게 이야기합니다.

"자기나라 독일은 1차 대전 이후 그동안의 전쟁을 두 번 했고 정권이 몇 번 바뀌고 사회에 여러 가지 혼란이 있었지만 1919년에 한번 함부르크 항에서 영국 배와 독일 배가 충돌을 했을 때 한번 학생 데모사건이 있은 연후에 그 뒤에 학생들은 한 번도 거리에 나온 일이 없다. 학생들은 어디까지든지 이 시기에는 공부를 해야 되고 배우는 시간이고 실력을 양성해야 하는 시간인데 자기들이 직접 이런 일에 참여할 시기가 아니라는 것을 확실히 알고 있다. 그런데 왜 한국의 학생들은 거리에 나오기 좋아합니까? 학생들이 거리에 떠든다고 해서 난 절대 그 사람들이 애국주의 학생이라고 보지 않습니다."

혹 대통령이 이런 소리 한다고 해서 일부 학생들이 불만을 품을지 모르지만은 오늘 이 자리에서 우리 한국의 일부 철부지한 학생들에게 확실히 이야기합니다. 여러분들이 오늘날 한일문제를 가지고 거리에 나와서 떠든다는 것은 그야말로 일부 정치인들의 앞잡이 노릇밖에 안 된다는 것을 확실히 인식해야 합니다. **한일회담의 내용이 어떻게 되는지 어떤 점이 여야 간에 싸우고 있는 쟁점인지, 내용이라도 알고 떠들어야 덮어놓고 뭐라고, 요즘에 바깥의 세상이 뒤숭숭하니까 학생들이 거리에 나와서 한번 기분을 풀기 위해서 나가보자는 이런 사고방식을 가진 학생들이 있다면 이것은 한국의 장래를 위해서, 우리 조국의 앞날을 위해서 대단히 걱정되는 일이라 이겁니다.**

5월 16일 박정희 대통령은 존슨 미국 대통령의 초청으로 미국을 방문하였는데 전례없는 대환영을 받았다. 미국의 동맹국 가운데 유일하게 한국만 대규모 전투부대 파병에 적극적이었기 때문이었다. 존슨은 그 보답으로 한국군 현대화를 지원하고 경제 원조를 해 줄 생각이었다. 박 대통령은 워싱턴에서 존슨 미국 대통령과 정상회담을 가지고 5월 18일 공동 성명서를 발표하였다.

내용은 우호 관계의 증진, 한국에 대한 원조 계속, 한·일 국교정상화, 한국경제개발을 위한 1억 5,000만 달러의 장기개발차관 공여, 한·미 공동으로 과학기술연구소의 설치, 한·미 행정협정 조기 타결 등이었다.

당시는 주목하는 이가 거의 없었지만 이 가운데 의미가 남다른 것이 한·미 공동으로 과학기술연구소를 설치한다는 항목이었다. 존슨 대통령은 박정희 대통령에게 개인적으로 큰 선물을 주고 싶어 자신의 과학고문인 도널드 호닉(Donald Honig) 박사에게 자문을 구했는데, 그는 공과대학 설립을 제안했다. 그러나 박 대통령은 정상회담에서 간곡히 과학기술연구소를 만들어 달라고 부탁했다.

6월 14일 한국 정부는 베트남으로부터 한국군 1개 전투사단 지원요청서를 접수했다.

6월 22일 한국과 일본은 한일 수교에 관한 기본 협정에 조인하였다.

한국 정부는 무상 원조 3억 달러, 유상 원조 2억 달러, 상업 차관 3억 달러의 청구권 자금을 얻어냈다. 이는 당시 한국 정부 예산의 몇 배나 되는 거액이었다. 한 푼이라도 더 받으려는 한국은 불리한 입장이었으나 미국 존슨 행정부가 한국 편을 들어 중재하여 예상보다 많은 액수를 받을 수 있었다.

6월 23일 한국 정부는 한국군 1개 전투사단 베트남 파병에 관한 대미합의각서를 베트남에 수교했다.

8월 13일 한국 국회에서 전투사단 파병안이 통과되었다. 야당은 결사반대하였는데, 여당인 공화당에서도 정구영, 서인석, 박종태 의원은 반대표를 던지거나 기권했다.

8월 14일 한일협정비준동의안이 여당 단독으로 국회를 통과했다. 이에 대학생들은 한일협정 비준을 무효화를 주장하며 시위를 벌였다. 모든 학교가 개강한 8월 23일 시위 규모가 커졌는데, 이들은 박정희 정부 타도 구호를 다시 외쳤다.

8월 26일 경찰 병력으로 치안유지가 불가능하다고 판단한 서울특별시장 윤치영(尹致暎)의 요청으로 박정희 대통령은 박 대통령은 서울 일원에 위수령을 선포했다.

8월 29일 맹호부대(수도사단)가 파월부대로 결정되었으며, 채명신(蔡命新) 소장을 지휘관으로 파월부대 편성에 착수하여 4주간의 국내 훈련이 실시되었다.

9월 25일 위수령이 해제되었다. 이날 중앙정보부는 국가전복을 기도했다는 혐의로 학생 11명을 구속 기소하고 6명을 수배했다.

10월 16일 맹호부대 본대는 부산항에서 출국하여 10월 22일 퀴논 항에 도착한 다음, 11월 3일 미 제 1공수사단으로부터 전술 책임 지역을 인수하였다.

한국 정부가 베트남에 파병한 이유는 여러 가지이지만 경제적 이득을 얻기 위한 것도 주요 목적이었다. 베트남 파병으로 이른바 '베트남 특수'가 일어났다.

베트남 파병의 경제적 효과

한국은 베트남전쟁에 참전함으로써 대외원조삭감정책으로 전환하고 있던 미국으로부터 군사원조 삭감중지와 1억 5천만 달러의 장기차관 도입에 성공했다. 이로써 5만 5천 명 규모의 전투요원과 노무자·기술자 등 민간인 1만 6천 명이 베트남에 파견되고, 이에 따라 베트남과의 무역액이 증가함과 동시에 베트남 특수라는 새로운 무역외수입이 생겼다. 1965~70년 사이 한국정부는 미국 정부로부터 총액 9억 2,700만 달러의 원조를 받았다.

1965년의 수출총액이 1억 7천 5백만 달러 정도였다는 것을 생각하면 이 같은 규모는 엄청난 액수였다. 베트남 특수는 1960년대 후반~70년대 초 주요 외화 획득원이었다.

베트남 파병은 당시 심각한 사회문제였던 높은 실업률을 줄이는 데도 큰 도움이 되었다. 1965~1972년 사이 한국 기업들이 베트남 전쟁과 관련하여 벌어들인 돈과 군인, 노무자들이 받은 봉급은 모두 7억 5천만 달러에 달했다.

또한 한국 정부는 파병에 대한 반대급부로 미국으로부터 좋은 조건의 공공차관을 도입할 수 있었다. 1966~1972년 사이 11억 달러의 공공차관이 들어왔는데, 주로 사회간접자본 건설에 투입되어 한국 경제 발전에 큰 역할을 했다.

1966년 2월 10일 한국과학기술연구소(KIST, Korea Institute of Science and Technology)가 재단법인으로 설립되었다. 이 연구소에는 미국 정부와 한국 정부가 각각 1천만 달러를 출연했다. 박 대통령도 개인 돈 100만원을 기부했다. 초대 연구소장으로는 최형섭(崔亨燮. 1920~2004) 원자력 연구소 소장이 임명되었다.

한국원자력연구소(韓國原子力研究所)

1950년대 한국의 에너지 사정은 너무나 열악했다. 전력 부족으로 허덕이고 있었고 대도시도 수시로 정전이 되었다.

1956년의 경우 총 에너지 소비량은 8756 TOE(TOE=석유환산톤)에 불과했다. 이 가운데 숯이나 땔감이 6475 TOE로 전체 소비량의 74%나 차지했다. 석탄은 1634 TOE로 18.6%를 차지했다. 석유와 액화천연가스(LNG)로 얻는 에너지는 6%도 되지 않았다. 에너지 확보가 되어야 산업 발전도 가능할 터였다.

1956년 국제 전력계의 거물인 워커 리 시슬러(Walker Lee Cisler) 박사가 방한했다. 그는 2차 세계대전 후 유럽의 전력망 복구에 기여한 인물이다. 시슬러 박사는 이승만 대통령을 만났는데 우라늄과 석탄이 들어있는 작은 나무상자를 열어 보여주었다. 그는 "이 우라늄 1g으로 석탄 3t의 에너지를 낼 수 있다. 한국은 자원 빈국이 아니냐. 석탄은 땅에서 캐는 에너지이지만 원자력은 사람의 머리에서 캐내는 에너지다. 한국처럼 자원이 적은 나라에서는 사람의 머리에서 캐낼 수 있는 에너지를 적극적으로 개발해야 한다. 우라늄을 이용한 원자력발전을 하려면 인재를 육성해야 한다. 지금부터 젊은 사람을 키운다면 한국은 20년 후 원자력발전으로 전깃불을 켤 수 있는 나라가 될 것이다." 라며 원자력산업에 투자할 것을 권고했다. 이승만 대통령은 평소 "앞으로 국방·안보적 차원에서도 원자력이 반드시 필요하다"고 강조했었으나 한국이 과연 원자력발전을 할 수 있느냐에 대해서는 확신을 갖지 못했다. 시슬러의 설명을 듣고 원자력산업에 적극적으로 도전했다.

1956년 이승만 대통령은 한·미 원자력협정을 체결했다. 이후 4년간 237명의 국비유학생을 뽑아 미국과 영국으로 보냈다. 1인당 유학비로 6000달러 이상이 들었다. 당시 1인당 국내총생산(GDP)이 70달러였던 것을 고려하면 국가 차원에서 사활을 걸었던 것이다.

1968년 3월에는 원자력법을 제정했고, 1959년 1월 대통령 직속기관으로 원자력원이 출범했고 3월 산하의 원자력연구소가 설립되었다. 그리고 이 해에 서울대에 원자력공학과가 신설되었다.

1959년 7월 14일 출력 100kw의 연구용 원자로 트리가 마크-Ⅱ 기공식이 거행되어 1962년 설치가 완공되었다. 이 연구용 원자로로 기초실험과 교육훈련을 하고 동위원소를 생산해 의료에 사용했다. 1969년 4월 원자력연구소는 출력 1MW의 트리가 마크-Ⅲ를 도입해 두 개의 실험용 원자로를 운영하게 되었다.

> 1973년 방사선 의학연구소, 방사선 농학연구소와 통합되어 과학기술처 산하의 정부출연 연구소인 한국원자력연구소로 새롭게 출범했다.
> 1980년 한국핵연료개발공단과 통합되어 한국 에너지연구소로 명칭이 변경되었으나 1989년 한국원자력연구소로 처음 이름으로 환원되었다.
> 1990년 한국 원자력안전기술원이 분리되었고, 1996년 원자로 계통 설계 사업, 핵연료 사업, 방사성 폐기물 사업을 산업체로 이관했다. 2004년 한국원자력통제기술원이 분리되었고, 2006년 정읍 방사선 과학연구소를 설치했으며, 2007년 원자력의학원이 분리·독립되는 한편 한국원자력연구원으로 이름을 바꾸었다.
> 2차 세계대전 후 신생 독립국 중 원자력 기술 자립은 물론 해외 수출까지 달성한 나라는 대한민국이 유일하다.

　최형섭 박사는 1920년 11월 2일 경상남도 진주에서 출생했다. 1936년 대전 중학교를 졸업하고, 일본 와세다 대학에서 금속 공학을 전공하여 1944년 채광야금과 공학사 학위를 받았다. 이후 서울대학 이공학부 전임강사(1946~1947), 해사대학 교수(1947~1948), 국산자동차주식회사 기술고문(1948~1950)을 역임하였다. 공군 항공수리창장(1950~1953)으로 재직하던 중 미국 유학을 떠나, 1955년 미국 노트르담 대학원에서 물리야금 전공 공학석사, 1958년 미국 미네소타 대학원 화학야금 전공 공학박사 학위를 받았다.
　1959년 귀국하여 국산자동차주식회사 부사장(1959.7~1961.1)이었다가 1962년 4월 원자력연구소 소장으로 임명되었다.
　박 대통령은 최형섭 박사에게 임명장을 주는 자리에서 과학기술에 대한 자신의 견해를 다음과 같이 밝혔다.

　"나는 평소 우리가 살 길은 기술 개발 밖에 없다고 생각하고 있습니다. 이미 한 말이지만 이번 연구소 사업만은 내가 직접 돌봐줘야 겠습니다."

그러나 법인만 설립된 것이었지 연구소의 부지(敷地)도 아직 정해지지 않았다.

1966년 3월 4일 윈스럽 브라운 주한 미국대사는 한국군의 베트남 추가파병에 대한 미국 측의 보상조치를 약속한 문서를 한국정부에 전달했다. 이것이 이른바 브라운 각서이다.

이 각서는 브라운 주한 미국대사가 이동원 외무부 장관에게 보낸 A4용지 5장 분량의 편지 형식으로 돼 있다. 보상 내용은 군사원조 10개 항과 경제원조 6개 항인데, 그 내용은 다음과 같다.

군사원조

(1) 한국군의 현대화 계획에 수년간 상당량의 장비를 제공한다.
(2) 추가 파병 병력에 필요한 장비를 제공하고 그 경비를 미국 정부가 부담한다.
(3) 파병 병력을 대체할 보충 병력 장비와 소요 재정을 미국 정부가 부담한다.
(4) 한국의 대(對)간첩 활동능력 개선 요구를 충족한다.
(5) 탄약 생산 증가를 위한 병기창 확장용 시설을 제공한다.
(6) 한국 공군에 C-54 항공기 4대를 제공한다.
(7) 파병 장병의 해외근무수당을 제공한다.
(8) 전사자 부상자에 대한 보상금을 2배 지급한다.

경제원조

(1) 추가 파병에 소요되는 추가 비용 전액 지원
(2) 주 베트남 미군 일부 구매품목의 한국 발주
(3) 한국에 대한 기술 원조 강화
(4) 추가 개발차관 제공
(5) 1500만 달러의 프로그램 차관 제공

한국 외무부는 1966년 상반기부터 1969년 말까지 매달 국방부와 재무부 등 관계부처와 협의를 갖고 각서 이행 실적을 분기별로 꼼꼼히 점검했다.

1966년 6월 1일 월남 증파 전투사단으로서 백마부대(보병 제9사단)가 구성되었으며, 육군소장 이소동(李召東)을 지휘관으로 부대 증편 및 파월을 위한 4주간의 교육이 실시되었다. 백마부대 지휘부는 9월 22일 여의도공항에서 나트랑으로 공수되어 9월 23일 지휘소를 열고 작전업무를 수행하기 시작했다.
베트남 주둔 한국군이 담당한 작전지역은 월남 중부 동해안지역으로 정치·군사·경제면에서 볼 때 가장 중요한 지역이었다. 이 지역은 해안선을 따라 너비 50㎞에 이르는 최남단 백마부대 담당 지역으로부터 맹호부대 담당의 북단에 이르는 길이 372㎞에 달하는 넓은 지역이었다.
이 넓은 지역에서 불과 4만 8천여 명의 병력으로 전선 없는 전장에서 공산게릴라의 침투를 막아 내는 큰 전과를 거두었다.

해군은 백구부대와 해병대인 청룡부대를 베트남에 보냈다. 귀국할 때까지 백구부대는 베트남의 1,000여 마일에 달하는 해안선에 있는 크고 작은 항구와 부산에서 베트남까지 총 462회의 수송 작전을 전개하여 모두 56만 2000톤의 군수물자를 수송했다.

청룡부대는 여단급 작전 55회, 대대급 작전 106회, 소부대급 작전 14만 4173회 등 수많은 크고 작은 작전을 통하여 전과를 올렸다.

한국은 1966년까지 베트남에 2만 3,865명을 파병하고 1969년에는 파병 인원을 대폭 늘려 1969~1972년 사이에 최대 4만 7,872명의 한국군이 베트남에 상시 주둔했다. 1965년부터 1973년까지 베트남 참전 8년간 총 31만 2,853명의 병력이 파견되었다.

8월 브라운 주한 미국대사는 윌리엄 번디(William Bundy, 1917~2000) 미 국무부 아시아 태평양 담당 차관보(Assistant Secretary of State for East Asian and Pacific Affairs)에게 한국이 '은둔의 왕국'에서 탈피하여 국제무대로 도약하는 모습을 서술한 서한을 보냈다.

오늘날 한국의 국가적 태도는 외부세계에 대한 의심과 의존으로부터, 갈수록 높아지는 스스로에 대한 자신감과 희망으로 변환되고 있다. 이제 한국은 더 이상, 그리고 어쩌면 다시는 결코, 그처럼 오랜 세월 동안 그러해 왔던 '은둔의 왕국'으로 되돌아가지 않을 것이다. 전통적으로 한국은 앞을 보기보다는 뒤를 돌아보고, 밖을 내다보기보다는 안을 들여다보며, 자신이 먼저 손 내밀고 다른 국가들에 영향을 주기보다는 다른 국가들과의 관계를 회피하고 외면하는 나라였다. 오늘날 한국은 외부 세계에서 자신의 위치를 적극 주장하고, 영향력 행사를 열성적으로 추구하며, 권리의 문제로서 강대국

들이 자신과 협의하고 자신의 의견을 존중해 주기를 진심으로 기대하고 있다. (하략)

미국 국무부의 직급

전 세계를 상대로 외교 업무를 하는 미 국무부 조직은 매우 복잡하고 직급도 다른 나라와 많이 달라 번역하기가 어렵다.

서열 1위는 장관으로 정식 명칭은 미국 국무부 장관(United States Secretary of State)이다. 그다음은 부장관(副長官, Deputy Secretary of State)인데, 이 자리는 1972년 생겼다.

2001년 경영과 자원 담당 부장관(Deputy Secretary of State for Management and Resources) 직위가 생겨 부장관이 2인이 되었다.

부장관 다음으로 차관(Under Secretary of State)이 있는데, 1919년 생긴 직위이다.

1972년까지는 1명이었으나 현재는 정치, 경제성장, 공공외교, 국제 안보, 인권 등의 분야를 담당하는 6명의 차관이 있다.

차관 다음으로는 차관보(Assistant Secretary of State)가 있는데 차츰 늘어나 2010년 이후 24명이나 된다.

국무부 차관 중의 하나인 정치 담당 차관(Under Secretary of State for Political Affairs) 휘하에는 세계 각 지역을 담당하는 7명의 차관보가 있다.

- 아프리카 담당 차관보(Assistant Secretary of State for African Affairs)
- 동아시아 태평양 담당 차관보(Assistant Secretary of State for East Asian and Pacific Affairs)
- 유럽 유라시아 담당 차관보(Assistant Secretary of State for European and Eurasian Affairs)
- 근동 담당 차관보(Assistant Secretary of State for Near Eastern Affairs)
- 남아시아 중앙아시아 담당 차관보(Assistant Secretary of State for South and Central Asian Affairs)
- 서반구 담당 차관보(Assistant Secretary of State for Western Hemisphere Affairs)
- 국제조직 담당 차관보(Assistant Secretary of State for International Organization Affairs)

차관보 밑에는 부차관보(Deputy Assistant Secretary) 직이 있다.

8월 8일 중국 공산당 중앙위원회에서 모택동이 '프롤레타리아 문화대혁명에 관한 결정안 16개조'를 발표함으로써 본격적인 문화대혁명이 시작되었다.

모택동은 대약진 운동의 실패로 1959년 국가주석 자리를 유소기에게 넘겨주고 당 주석과 당 중앙군사위원회 주석 직위만 가지고 있었다. 권력을 상당 부분 잃은 모택동은 유소기(劉小奇) 등 반대파를 쓸어버릴 생각이었는데, 이에 어린 학생들로 구성된 홍위병(紅衛兵)을 이용했다.

8월 18일 전국 각지에서 온 100만의 홍위병들이 천안문 광장에 모였다. 홍위병들에게는 붉은 완장이 지급되었는데, 이들은 자정부터 모택동을 기다렸다. 동이 틀 무렵 마오쩌둥이 나타나 잠시 홍위병들과 악수를 나누었고 국방부부장 임표(林彪, 1907~1971)가 "착취 계급의 모든 낡은 사고와 낡은 문화, 낡은 전통, 낡은 관습을 타도하라!"라고 연설했다.

모택동을 직접 보게 된 홍위병들은 고무되어 무리지어 북경 시내를 돌아다니며 '혁명의 적'을 처단하기 시작했다. 북경 3여자 중학교에서 홍위병이 교장을 때려죽였고 북경 사범대학 산하 중학교에서는 교사들에게 끓는 물을 끼얹는 고문을 가했다. 홍위병들은 교사들을 붙잡아 못과 배설물을 삼키게 하고 서로 따귀를 때리게 강요했다. 교사들뿐만 아니라 모택동의 눈에 거슬렸던 지식인들도 타도 대상이 되었다.

【1976년 10월 모택동 사망 시까지 10년 간 지속된 문화혁명은

대한민국에게는 축복이었다. 문화혁명으로 중국의 경제는 물론 과학기술, 문화예술도 퇴보했다. 문화혁명 없이 중국 공산당이 개방체제로 갔다면 한국이 국제 시장에서 중국을 이기기는 매우 어려웠을 것이다.】

1966년에 들어서 급격히 냉각되던 북한-중국 관계는 중국에 문화혁명의 광기가 불어 닥치자 갈등 관계가 되었다. 문화혁명 주도자들과 홍위병들은 북한 지도부를 수정주의자로 몰아붙였다. 일부 홍위병들이 두만강을 건너 북한으로 들어와 문화혁명을 선전하는 대자보를 붙이기까지 했다. 이에 북한 지도부는 중국 공산당을 교조주의자, 종파주의자로 비판했다.

1966년 10월 6일 한국과학기술연구소 건물 설립 기공식이 열렸다.

부지는 농림부 산하 홍릉 임업시험장이었다. 동구릉 지역, 홍릉 임업 시험장, 말죽거리 숲 등이 후보였는데, 모두 조림 사업과 관련된 임업시험장으로 쓰이고 있어 농림부의 반대가 심했다. 박정희 대통령이 직접 나서서 30만 평의 홍릉 임업시험장 가운데 8만 5천 평을 썼다. 처음으로 근대적 연구소 건물을 세우는 것이라 중요성이 컸는데, 당시 변변한 건설회사도 없어 육군 공병에 맡겼다. 대통령 특명으로 육군공사 조정 통제단이 발족되어 공사를 맡았다. 설계에서 완공까지 기간으로 5년을 잡았다. 설계, 자금 사용과 절차, 자재 구매에 이르기까지 전 과정을 한미 공동 사업으로 추진했다. 공사 감리는 미국 제도를 따랐다.

10월 31일 존슨 대통령은 서울을 방문했다. 수백만 서울 시민이 길거리에 나와 열광적으로 환영했다. 박 대통령과의 정상회담에서 베트남에 대한 지원, 한국 경제발전을 위한 계속지원, 한국안보 및 국군 현대화를 위한 군사지원 계속 등에 합의했다.

1967년에 들어서서 홍위병들은 김일성을 흐루쇼프와 같은 수정주의자로 비난하고 북한에서 김일성을 반대하는 '정변'이 일어났다는 등의 허위사실을 유포하기 시작했다. 북한 지도부는 이에 대응해서 1967년 1월에 해명 성명을 발표하고, 북한 군부에 대해서는 당과 수령에 대한 충성을 한층 강조했다. 중국과 북한의 관계는 악화되어 서로 현지 대사를 소환하기까지 했다.

1967년 3월 정일권(丁一權) 국무총리가 미국을 방문하여 미 정부 고위층과 일련의 회담을 가졌다.
이 방문의 주요 목적은 지지부진한 브라운 각서 1항 '한국군 현대화 계획'의 이행을 촉구하기 위함이었다. 정일권은 로버트 맥나마라(Robert McNamara) 미 국방장관에게 조속한 이행을 촉구했다.
베트남에 대한 공동협조, 한국군의 현대화 계속, 경제개발 5개년 계획에 대한 지원 계속, 대한민국 국제차관단의 구성, 한·미간 무역 증대를 위한 연례 상무장관회의(常務長官會議)의 개최 등을 합의한 공동 성명서가 발표되었다.
3월 30일 박 대통령은 과학기술 진흥을 위해 과학기술처를 신설했다. 같은 날 원자력 청도 신설되었다. 과학기술처 초대 장관으로는 김기형(金基衡) 박사가 임명되었다.

【김기형 박사는 미국 펜실베이니아 주립대학에서 요업 공학박사 학위를 받고 세계 각국에서 특허를 40개 이상 얻는 업적을 쌓았다. 1966년 8월 박 대통령의 특별 초청으로 11년 만에 귀국했다.】

6월 5일 이스라엘이 이집트, 요르단, 시리아를 선제공격하여 3차 중동전쟁이 일어났다. 이스라엘의 기습 공격이 예상외의 대성공을 거두어 며칠 만에 가자 지구, 요르단 강 서안, 시나이 반도를 점령했다.

6월 10일 전쟁 당사국들이 UN의 정전 결의를 받아들여 6일 만에 이스라엘의 압승으로 전쟁이 끝났다.

6월 17일 중국은 수소폭탄 실험에 성공했다.

【프랑스는 1968년 수소폭탄을 개발했다.】

3장 1967년 6대 대통령 선거

1967년 6대 대통령 선거에서 박정희와 윤보선 후보는 다시 대결했다. 윤보선 후보는 통합 야당 신민당(新民黨)의 대통령 후보였다. 박정희 대통령은 4월 15일 대통령 출마를 밝히는 연설을 하면서 자립에의 의지를 다시 강조했다. 다음은 그 일부이다.

민족 주체성의 확립이나 자립은 말로서만 되는 것이 아니라, 그 생산적 실천에서만 가능한 것이며, 더구나 현실과 동떨어진 원리적인 이론에 찾을 수 있는 것이 아니라, 일하는 직장에서 찾을 수 있다는 것을 나는 강조하지 않을 수 없습니다.

국민 여러분!

민족적 민주주의의 제1차적 목표는 자립에 있습니다. 자립이야말로 민족 주체성이 세워질 기반이며, 민주주의가 기착(寄着) 영생할 안주지인 것입니다. 민족자립이 없이 거기에 '자주'나, 무슨 '주의'나가 있을 수 없으며, 자립에 기반을 두지 않는 민족주체성이나 민주주의는 한갓 가식에 불과하다는 것이 나의 변함없는 신조입니다. 따라서 노력은 자립성취를 위해 집주(集注)되어 왔으며, 앞으로도 민족자립이 성취될 때까지는 그 노력의 방향에 변함이 없을 것입니다.

국민 여러분!

우리에게 자립의 날은 가까이 오고 있습니다.

국민 여러분의 주변을 살펴보십시오. 거의가 우리 손으로 만든 국산품들입니다. 나라 살림도 대부분 국민 여러분의 세금으로써 꾸려나갈 수 있게 되었습니다. 우리 신용으로 얼마든지 외국에서 돈을 빌려 올 수도 있게 되었으며, 정부가 가진 외화도 여러분들에게 빌려 줄 수 있게 되었습니다.

남의 원조에 기대야 할 것은 극히 적은 부분으로 줄어들었습니다. 이 얼마나 금석지감이 있는 이야기들이겠습니까?

국민 여러분!

수년 전 내가 자립을 강조하고 민족적 민주주의를 제창했을 때, 많은 사람들은 우리에게 자립은 달성할 수 없는 먼 곳에만 있는 줄만 알고, 원조 없이는 곧 죽는 것으로만 생각하고 있었습니다.

미국의 원조 액수가 얼만가에만 관심이 있고, 우리가 수출할 액수

가 얼만가에는 생각조차 없었던 것이, 솔직히 말해서 그 때의 우리 정치인들의 태도가 아니었습니까? 이제 원조 액수보다 수출 액수에 관심을 쏟고 있는 것이 오늘의 한국 국민의 모습이 아닙니까? 그런 국민 여러분!

우리는 아직도, 더 많은 공장을 건설해서 국민 생활을 더욱 풍요케 해야 하겠으며, 더 많은 수출을 하여 경제적 완전자립을 성취해야 하겠으며, 더 많이 증산하고 기업농을 발전시켜 농가소득을 올려야 하겠습니다.

…

우리 공화당이 내놓은 백 가지 공약사업도 중요하지마는, 보다 근본적인 문제는 내가 얼마나 일하고, 또 국민 여러분이 얼마나 일하는가에 달려 있는 것입니다.

어떠한 당의 공약사업도 그 당이 할 수 있는 것이 아니라, 결국 국민 여러분들이 하는 것임을 나는 분명히 밝혀 두는 바입니다.

우리가 나갈 진로나 계획은 이미 우리가 정성을 다해 만든 제2차 5개년 계획에 다 담겨 있습니다. 문제는 얼마나 노력하고 일하는가에 달려 있습니다.

나는 앞으로 4년 동안 더욱 분주히 지방을 다녀 국민 여러분을 격려할 것이며, 또 더욱 일할 것을 국민 앞에 약속합니다.

나는 일하는 대통령이 될 것을 국민 앞에 약속합니다.

…

선거 운동 기간 중 박정희 후보는 지방 발전 공약은 일체하지 않았다.

4월 18일 전주에서 2차 유세를 가진 박정희 후보는 경제 성장과 관련해서 자신의 청사진을 밝히면서 "이러한 일을 거짓말과 소란만 떠는 야당에 맡겨 잘해 나갈 것이라고 생각하는 분이 있으면 아무 생각 말고 야당에 표를 찍으시오. 그러나 박 대통령과 공화당만이 일을 잘할 수 있다고 생각한다면 나에게 표를 찍어주시오"라고 했다.

4월 21일 신민당 대변인 김대중은 "약 100억 원으로 예상되는 공화당 선거 자금의 출처를 밝히라"는 성명을 발표했다. 김대중은 "대통령 선거운동비가 규정에 따라 2억 8천만 원으로 제한되고 있는데 공화당은 그 몇 십 배를 사용하고 있다"고 주장했다.

4월 23일 대구 수성천 변에는 약 30만 명의 청중이 모여들었다. 박정희 후보는 연설을 끝내면서 "야당은 거짓말, 생떼, 중상모략을 하는 데 세계에서 둘째가라면 서러워한다"고 비난했다.

4월 27일 광주에서 10만 청중이 몰린 가운데 박정희 후보는 야당의 주장을 반박했다.

> "요즘 민주주의가 사망했다고 하는데 '수염이 석자라도 먹어야 산다'고 배가 불러야 민주주의도 할 수 있는 겁니다."
> "야당 사람의 몸은 20세기 것이나 머리는 19세기 것입니다. 이 야당인(野黨人) 머리의 근대화가 우리나라 근대화의 첩경입니다."
> "야당 유세에 관이 방해해서 청중이 안 모인다는데 우리 국민은 관이 방해하면 샛길로 해서라도 더 많이 모입니다."

5월 3일 실시된 6대 대통령 선거에서 박정희 후보는 윤보선 후보에 116만 표 차로 압승을 거두었다.

1967년 제6대 대선 지역별 득표 현황

지역	박정희		윤보선	
서울	59만 5513	45.2%	67만 5716	51.2%
부산	33만 8135	64.2%	16만 4077	31.2%
경기	52만 5676	40.9%	67만 4964	52.6%
강원	42만 9589	57.1%	34만 9807	41.7%
충북	26만 9830	46.6%	25만 2469	41.2%
충남	48만 9516	45.3%	50만 5076	46.8%
전북	39만 2037	39.7%	45만 1611	48.7%
전남	65만 2847	42.0%	68만 2622	43.9%
경북	108만 3939	64.1%	44만 7082	26.4%
경남	83만 8426	68.6%	28만 1545	23.4%
제주	7만 3158	56.5%	4만 1572	32.1%
합계	568만 8666	51.4%	452만 6541	40.9%

박 후보가 윤 후보를 크게 이길 수 있었던 것은 1차 경제개발계획(1962~1966)이 성공한 때문으로 볼 수 있다.

대선에 이어 6월 8일 실시된 7대 국회의원 선거는 3선 개헌추진 징후였다.

공화당이 압승을 거두기 위해 지나친 무리수를 벌였다. 중앙정보부장, 내무부장관뿐만 아니라 중앙 부처의 고위 공직자들이 대거 지방으로 내려가 선거운동에 동원되었다.

선거 결과는 공화당의 압도적인 승리였다. 공화당 131석, 신민당 41석으로 개헌선인 117석을 10석 이상 초과하는 것이었다. 기타 군소 정당은 당선자가 없어 몰락했다(군소 정당의 당수 6인이 낙선했다). 극심한 여촌야도(與村野都) 현상이 나타나 공화당은 서울 14개 지역구에서 겨우 1석을 얻었고 부산에서도 7개 지역구 가운데 2석만을 얻었다. 농민들이 보릿고개에 고생하던 것에 비해 도시민은 식량난이 덜했다. 이 때문에 농민이 적극적으로 박 정권을 지지했다.

7대 국회의원 선거결과에 신민당은 "유령 유권자 조작, 관권과 폭력에 의한 공포분위기 조성, 공개투표·대리투표 등으로 부정을 자행한 6·8 선거는 완전 범죄적 선거"라고 주장하면서 전면 재선거를 요구했다.

6월 13일 박정희 대통령은 김대중의 정치인으로의 행태와 선거수법을 비난하였다. 명망 높은 변호사로 박 정권에 참여하여 당 총재를 지내고 이때는 당 의장이었던 정구영 씨는 회고록에서 이를 기록했다.

그때 근 두 시간 간곡하게 진언을 했어. 대통령도 여러 가지 보고 느낀 점을 얘기해. 지나친 타락 선거였다는 점도 인정해. 그렇지만 야당의 주장은 또 뭐냐는 거야. 전면 재선거를 하라는데, 그거 정권 내놓으라는 소리 아닙니까, 그러는 거야.

「제가 이번 선거에서 몇 사람은 국회에 들어오지 못하기를 바래서 특히 그 지역의 공화당 후보를 특별 지원했습니다. 그 몇 사람은 내게 반대한다 해서 그런 것 아닙니다. 6대 국회 4년 동안 보니까 그 사람들은 이면에선 뒷거래다 뭐다 해서 제 실속을 차립니다. 그런데 표면에서는 저만이 애국자고 깨끗한 사람인양 행세합니다. 차관 승인 같은 것도 양해한다고 뒤에서 업자에게 약속하고 정작 공식회의에선 내가 언제 그랬더냐는 듯 시치미를 떼고 특혜 아니냐고 짐짓 때리고 그럽니다. 이런 거짓말장이들이 국민한테 도리어 인기가 있고 표를 더 받습니다. 이번 선거에서 여당만 돈을 썼습니까. 야당에도 여당 못지않게 돈을 쓴 사람이 있습니다. 김대중 같은 사람 선거 운동 한 것은 온통 마타도어 흑색선전입니다. 당해 낼 재간이 없어요. 잔꾀와 속임수로 선거를 치러요. 그래 놓고 부정선거다, 재선거하라는 소리 이 사람이 앞장서서 하고 있습니다. 어느 선거나 어느 정도의 타락과 부정은 있기 마련입니다. 우리 같은 형편에선 더욱 그렇습니다. 그렇지만 이번 선거에서 투표 부정, 개표 부정은 없었지 않습니까.」그러는 거야.
「선생님 말씀 충분히 이해는 합니다만 그 방식으로 이 문제 해결은 않겠습니다」대통령이 아주 단호하게 잘라 말해.

『정구영 회고록, 실패한 도전』 중앙일보사, 1987,
제10장 67년 선거와 그 후유증 pp.174~175)

신민당은 전면 재선거를 요구하며 국회 등원을 거부하였고 11월 여야 간에 협상이 벌어졌다. 이때 박정희 대통령은 김대중에 대해 "고지서가 발부된 세금까지 깎아달라고 청탁했다. 흥정하고도 약속대로 안하고 딴전부리기 일쑤다. 겉으로 저만 깨끗하고 애국자고 민주주의자다. 국민들은 그런 걸 모른다."고 말하며 비난했다.

4장 북한의 무력 도발과 간첩 공작

1967년 북한에서는 정치·사회·문화 방면에서 큰 변화가 일어났다. 1967년 5월 조선노동당 중앙위원회 제4기 15차 전원회의가 열렸다. 이 회의를 계기로 정치적으로는 상당수 고위 간부들이 숙청

당했고, 전체 사회적으로 김일성 사상을 의미하는 유일사상 체계의 확립이 강조되었으며, 개인숭배 캠페인이 대대적으로 전개되었다.

모든 행사와 의식은 김일성 수령에 대한 찬양으로 시작되었고, 대중 학습은 김일성의 혁명 활동 암송 중심으로 이루어졌으며, 언론은 김일성의 '위대성'을 증명하는 것을 자신의 제1의무로 삼게 되었다.

북한의 개인숭배 캠페인은 김일성 개인의 '탁월성' 강조를 넘어 김일성 가계를 우상화하는 방향으로까지 나아갔다. 김일성 가계의 우상화는 1967년 9월 여성동맹이 김일성의 어머니인 강반석을 모델로 한 「강반석 여사의 모범을 따라 배울 데 대하여」를 토론하면서 본격화되었다.

북한의 대남노선도 '군사화'되었다. 북한은 1970년대의 이른바 '결정적 시기' 조성을 위하여 '혁명적 대사변을 주동적으로 맞이하자'는 구호아래 모든 정책을 군사력 강화에 집중했다.

1967년 3월 노동당 중앙위원회 4기 15차 전원회의에서 경제건설 중시파로 알려진 노동당 비서국 대남 담당 비서 이효순(李孝淳, 1907~미상)이 대남 공작 실패와 김일성 사상에 투철하지 않다는 이유로 사퇴했다.

4월 조선노동당 직할 남조선국이 신설되니 대남 공작기구의 확대였다. 인민군 총정치국장 허봉학(許鳳學)이 남조선국장으로 임명되었다. 이후 북한은 대남공작 사업에 더욱 중점을 두었고 특수부대가 창설, 확대되었다.

8월 12일 북한은 민족보위성 정찰국 직속의 대남 공작 특수부대를 창설했다. '124군 부대'란 명칭을 가진 이 부대는 2,400명으로 구성되었고 300명씩 8개 기지로 나누어 유격 훈련을 받았다. 각 기지는 남한의 1개 도(道)를 담당했는데 제6 기지는 서울과 경기도를 담당했다. 또한 1967년 12월 16일 최고인민회의 제4기 1차 회의에서는 남한 혁명화를 강조하는 '10대 정강'을 발표했다.

【과다한 군사비 지출로 북한 경제는 성장이 더뎌졌다. 공식 통계에 따르더라도 북한은 1967년~1969년 사이에 전체 예산의 30% 이상을 국방비에 쏟았다. 당시 북한의 예산 규모가 국민총생산의 70% 정도였음을 고려하면, 국방비 지출은 국민총생산의 20~30%에 달하는 수준이었다. 어느 나라든지 국민총생산의 20~30%를 국방비에 지출하고도 경제를 발전시킬 수는 없는 법이다.】

  베트남 전쟁에서 난관에 봉착한 미국 정부는 1967년 한국군의 추가 파병을 요청했다. 북한은 이 같은 미국의 의도를 최대한 저지하기 위해 남한에 게릴라 파견을 적극 추진했다. 1967년 한 해에만 휴전선과 남한 후방에서 218건의 교전이 있었다. 북한군은 228명이 전사하고 57명이 포로가 되었으며 한국군과 미군은 131명이 전사, 294명이 부상했다. 한국 측 민간인 사상자는 22명, 부상 53명이었다.

  1967년에는 북한의 무장 게릴라가 침투한 사건 또는 간첩단 사건이 한 달 평균 10건 이상으로 빈번하게 신문에 실렸다. 신문사에서는 이들 사건을 중급 기사 수준으로 취급했다.

이러한 가운데 1968년 1월 21일 박정희 대통령 살해를 목적으로 한 북한 특공대의 청와대 기습사건이 일어났다. 이에 미국 정부는 미지근한 반응을 보여 박정희 대통령의 미국에 대한 불신이 커졌다.

【67년 8월부터 5개월간 특공 훈련을 받은 북한 특공대 31명은 1968년 1월 실전과 같은 예행연습을 했다. 1월 9일 저녁 8시 40분 청와대와 건물 구조가 비슷한 사리원의 황해북도 인민위원회 건물을 기습했다. 건물을 경비하던 인민군 가운데 12명을 사살하고 40여 명을 부상시켰다.】

북한군 특수부대 출신인 31명의 북한 특공대는 1월 17일 밤 9시 무렵 휴전선 북방한계선을 넘었고 1월 18일 새벽 2시 무렵 휴전선의 남방한계선을 통과한 후 새벽 5시에 이동을 멈추고 야영에 들어갔다. 18일 저녁이 되자 얼어붙은 임진강을 걸어서 건넜다. 밤새 이동한 후 19일 새벽 5시경 파주군 법원리 초릿골 뒷산인 삼봉산에서 숙영에 들어갔다.

1968년 1월 21일 밤 10시경 서울 시내에 침입했다. 북한 특공대는 서울 세검정에서 청운 2동 쪽으로 침입하려 했다. 이들을 처음 검문하려 했던 세검정 파출소 소속 경찰관은 종로 경찰서에 수상한 자들이 나타났다고 보고했다. 종로 경찰서의 경찰이 출동하여 검문을 요구하자 일당 중 1명이 종로 경찰서장을 사살하고 수류탄을 터뜨렸다. 이에 수도경비사령부 30경비대대가 박격포로 조명탄을 쏘아 올렸다. 북한 특공대는 포위된 줄로 착각하여 뿔뿔이 흩어져 파주와 고양 방면으로 도주했다.

대간첩작전 본부는 군과 경찰, 헬리콥터 등의 장비를 동원, 밤새 수색작전을 벌였다. 결국 군경합동부대는 1월 30일까지 27명을 사살하고(자폭 1명 포함) 1명을 생포했다. 생포되어 유일한 생존자가 된 이가 김신조이다. 남한 민간인 7명이 사망하고 국군 23명이 전사했다. 북한 특공대가 이들이 청와대로부터 1km가 채 안 되는 지점까지 접근하였던 것은 너무나 충격적일 일이었다.

박정희 대통령은 이 사건에 분개하여 북진 보복을 생각할 정도였다.

사건 당일 밤 늦게 주한 미 대사 윌리엄 포터(William Porter)를 불러 미국의 즉각적인 보복을 요구했다. 박정희 대통령은 흥분한 목소리로 "대사! 북한군 30명이 쳐들어와 나를 죽이려 했소."라고 말했다. 북한의 도발에 효과적으로 대응을 하지 못하고 끌려가다가는 한국과 미국은 계속해서 당하게 될 것이라고 경고하면서 박 대통령은 "북을 공격해야겠소. 이틀이면 평양에 닿을 수 있다고 생각하오"라고 결의를 표명했다.

포터 대사는 "하시려거든 혼자 하십시오"라고 받아넘기고 청와대를 나왔으나 내심 몹시 걱정했다. 그러나 실제로는 이때 대한민국은 북한을 공격할 역량을 갖추지 못했었다.

한국 정부의 기대에도 불구하고 미국은 청와대 습격 사건에 대응하는 아무런 조처도 취하지 않았을 뿐 아니라 오히려 박 대통령의 단독 보복책을 경계했다.

【김신조가 체포되자 경호실장 박종규는 직접 심문했다. 김신조

는 종이에 그림을 그려가며 청와대 내부구조와 인원 및 화력의 배치 등을 설명했다. 설명을 다 들은 박종규의 얼굴이 창백해졌다. 1967년 동베를린 간첩단 사건 때 경호실장 부속실의 여직원 김옥희도 간첩 혐의로 구속되었는데, 박종규는 이를 자신을 매장시키기 위한 음모로 보고 김형욱을 찾아가 항의했다. 중앙정보부는 김옥희가 청와대를 출입하는 유명 인사들의 명단, 청와대 내부구조 등을 남편 조영수에게 전하고 조영수는 67년 3월 파리를 경유하여 평양에 보고하고 돌아온 것으로 판단했다. 이것이 옳은 것임이 김신조에 의해 밝혀진 것이다. 조영수는 무기징역, 김옥희는 징역 3년형을 선고받았다. 이에 김형욱은 너무나 가벼운 형이라고 분개했다.】

이틀 후인 1월 23일에 미국 해군의 정보 수집 보조함 푸에블로(Pueblo) 호가 승무원 83명과 함께 북한에 납치되었다.

작은 화물선을 개조하여 만든 푸에블로 호는 배수량 106톤의 작은 배로 캘리버 50mm 기관포 2문을 갖추었을 뿐 별다른 무장이 없었다. 이날 1월 23일 1시 45분에 동경 127°54′3″, 북위 39°25′ 공해상에서 무장한 4척의 북한 초계정과 출동한 미그 기 2대의 위협 아래 나포되어 원산항으로 강제 납치되었다. 함장 중령을 비롯한 6명의 해군장교와 수병 75명, 민간인 2명을 포함한 총 83명이 승선하고 있었다.

푸에블로 호는 이 날 정오 무렵 추적하는 북한 초계정으로부터 "국적을 밝혀라."라는 요구에 미국 함선이라고 답변했다. 북한 초계정이 다시 "정지하라. 그렇지 않으면 발포하겠다."는 요구에 "공해상에 있다."는 답변으로 이를 거절했다. 약 1시간 뒤 북한 초계정의 연락을 받고 3척의 무장 초계정과 2대의 미그 기가 출동해 왔다. 미그 기가 푸에블로 호 우현을 선회 비행하며 위협 신호를 보내고 있는 동안, 오후 1시 40분 북한 무장 수병들이 푸에블로 호에 승선하여 곧 원산으로 갈 것을 강요했다.

2시 10분 푸에블로 호는 무력 저항을 하지 않고 원산항으로 끌려간다는 보고를 했다.

2시 32분 "엔진이 모두 꺼졌으며 무전연락도 이것이 마지막이다.", "원산 항으로 끌려간다."는 최종 보고를 했다. 미 해군 함정이 공해상에서 납치되기는 미국 역사상 106년 만에 처음 있는 일이었다.

미국 정부는 즉각 국가안보회의(NSC)를 소집하고 극동 주둔 제5공군에 비상출격 대기령을 내리는 한편, 핵추진 항공모함 엔터프라이즈 호를 원산 근해로 보내는 등 강경조처를 강구했다.

공해상의 납치 행위를 규탄하는 세계 여론이 들끓는 가운데 사건 다음날 1월 24일 11시 판문점에서 군사정전위원회 본회의가 열렸다. 이날 회담에서 유엔군 측 대표는 북한 무장 특공대의 서울 침입을 규탄하고 푸에블로 호는 북한 육지로부터 16마일 떨어진 동경 127°54′3″, 북위 39°25′ 공해상에서 납북되었다고 지적했다. 그는 "미국은 국제법상 배상을 요구할 권리를 가지고 있다."고 주장하면서 승선원 전원과 푸에블로 호의 즉각 송환을 요구했다.

이에 북한 대표 박중국(朴重國)은 납북 지점은 동경 127°46′, 북위 39°17′으로 북한 영해를 침범했다고 주장했다.

미국은 사건이 나자 즉시 소련에게 중재를 요청했으나 소련은 거절했다. 사건 해결을 위한 국제적십자사의 북한적십자사와의 접촉도 실효를 거두지 못했다.

이러한 북한의 무력 도발에 한국 국민뿐 아니라 주한 외국인마저 크게 동요했다.

1월 27일 윌리엄 포터 대사는 미 국무부와 태평양사령부, 주한미군사령부등에 '도피·탈출 작전(Escape and Evasion Plan)'이라는 비밀전문을 보냈다. 그는 '도피·탈출 위원회'가 주한미군사령부와 협조해 도피·탈출 작전을 검토하고 있다고 보고했다. 그러나 그는 "주한미국대사관은 조심스럽게 상황을 검토했으며 지금 시점은 도피·탈출 작전에서 공식적으로 경고할 단계는 아니라고 믿는다"고 자신의 의견을 개진했다.

도피·탈출 작전은 한반도 유사시 한국에 거주하는 미국 국민을 한반도 밖으로 비상 소개시키는 작전을 말하는 것으로 주한미군사령부의 작전 계획 가운데 하나이다.

2월 1일 포터 대사는 국무부에 다시 도피·탈출 작전에 대해 보고했다. 그는 "한국에 체류 중인 미군 가족과 비필수 미국 국민이 약 1만 1천명에 이르는 것으로 추정된다"고 했다. 또 네덜란드와 일본, 독일, 스웨덴, 그리고 유엔 산하 기구도 미국이 만약 미국 국민을 한국에서 탈출시킨다면 자국민들도 그 대상에 포함시켜 달라고 요구했다고 알렸다.

미국은 푸에블로 호 승무원의 석방을 위해 박 정권을 따돌리고 판문점에서 비밀협상을 벌였다. 미국이 군사력이 아닌 협상으로 해결하려 한 것은 베트남전으로 발목이 묶인 때문이었다.

2월 2일 3번째 비밀협상에서 미국이 영해 침입을 시인, 사과하는 조건으로 승무원을 송환한다는 조건에 합의했으나 북한은 승무원 석방에 따른 대가를 요구했다.

미국과 북한과의 비밀교섭이 진행되고 있던 1968년 2월 6일, 정일권 국무총리는 포터 대사와 본스틸(Charles Hartwell Bonesteel) 유엔군 사령관 겸 주한미군 사령관을 불러 청와대 기습 사건을 우선적으로 다루지 않는 데 대해 항의하고 자위권 행사도 불사하겠다는 강경한 결의를 전달했다.

이와 때를 같이하여 국회에서도 1·21 사건을 국가 안전을 위협하는 중대 사건으로 단정, 한국 단독으로라도 단호한 조처를 취할 것을 촉구하는 결의안을 만장일치로 통과시켰다.

2월 7일 진주 - 순천을 잇는 경전선 개통식이 있었다. 이 자리에서 박 대통령은 인사말을 통하여 '일하면서 싸우고, 싸우면서 건설하는' 향토방위 태세의 정비를 위한 250만 재향군인의 무장을 천명했다.

한국정부의 강경한 자세에 미국의 존슨 대통령은 2월 11일 1964~67년 사이 국방부 차관(Deputy Secretary of Defense)을 지낸 사이러스 밴스(Cyrus Roberts Vance, 1917~2002, 카터 행정부 시절 국무장관 역임)를 특사로 파견하여 한국 정부를 누그러뜨리려 했다. 밴스 특사가 존슨 대통령에게 받은 지시는 간단했다.

"박이 북한을 공격하지 못하도록 하라.
(Do what is necessary to stop Park from invading North Korea.)"

미국 대통령 전용기를 타고 2월 12일 서울에 도착한 밴스 특사는 박 대통령에게 1억 달러의 추가 군사 원조와 M16 소총 공장의 건설을 약속했다. M16 공장은 박 정권이 1년에 걸쳐 미국에 요구해 온 것이었으나 미국은 시간만 끌고 있었다. 미국은 남한의 군사력이 강해지는 것을 원치 않았기 때문이다. 이때 한국군의 기본 화기는 제2차 세계대전 때 미군이 쓰던 M-1소총이었다. 이에 비해 북한은 이미 1960년대에 자동소총은 물론이고 탱크와 대포까지 만들고 있었다.

밴스의 약속에 박 대통령도 많이 누그러져 "한국 단독으로 북을 공격하지 않겠다"는 약속을 했다. 미국 정부가 밴스 특사를 파견하고 방위 지원을 약속하는 등 저자세를 취한 것도 한국이 당시 월남에 4만 명이 넘는 병력을 파견하여 미국을 도와주고 있었던 객관적 현실 때문이었다. 박 정권은 미국이 한국을 계속해서 무시한다면 파월 병력을 철수하겠다는 뜻을 미국에 시사했었다.

그러나 미국은 실제로 입장이 변한 것은 아니었다. 본스틸 주한 미군 사령관 겸 유엔군 사령관은 한국군의 단독 행동을 막기 위해서, 한국군에 대한 유류 공급을 일시 중단하는 등 사전 견제 조치를 취했다.

2월 21일 미 국무부는 주한 미국 대사관에 전문을 보냈다. 네덜란드 대사관이 한국에서 소개가 필요할 경우 자국민을 도와달라고 미국정부에 요청했다며 한국체류 네덜란드인은 서울 16명 등 모두 21명이라고 했다. 미 국무부는 이 전문에서 "만약 소개 작전이 진행되고 네덜란드인들이 도움을 요청한다면 (비행기) 좌석에 여유가 있으면 비용 본인 부담조건으로 주한 미국대사가 이들을 탈출대상에 포함시켜 주라"고 지시했다.

　3월 31일(미국 시간) 존슨 미국 대통령은 TV 연설에서 평화 협상을 위해 북 베트남 폭격을 중지한다고 밝혔다. 이어 연설을 마치면서 대통령 불출마 선언을 하여 세계를 놀라게 했다.

　【한국 정부는 북한 특공대 29인의 시신을 북한에 넘겨주려 했으나 북한 정부는 남파 사실을 부인하며 남한에서 일어난 반정부 폭동이라 선전했다. 이에 시신을 경기도 문산으로 가는 국도변에 매장했다.】

　4월 1일 대전공설운동장에서 향토예비군이 창설식이 있었다. 1·21 사건에 충격을 받은 한국 정부가 북한의 비정규전에 대비하기 위하여 만든 것으로 군 전역자 250만 명이 향토예비군으로 편성되었다.

　1968년 4월 중순 하와이 호놀룰루에서 세 번째로 박정희-존슨 정상회담이 열렸다. 이 회담에서는 북한의 도발이 아시아의 평화와 안전에 위협이 되며, 중대사태가 발생할 경우 이에 대한 조치를 즉각 결정키로 합의하고, 국군 현대화의 필요성을 인정, 한·미 국방각료회의를 개최하기로 하는 한편 주한미군의 계속 주둔을 재확인하는 공동성명을 4월 18일에 발표했 다. 5월에는 워싱턴에서 한미 국방장관의 회담이 열려 1억 달러의 군사원조를 추가로 한국에 제공하기로 결정되었다.

5월 13일 베트남전을 종식시키기 위한 휴전 협상이 미국과 월맹 사이에서 시작되었다.

1968년 7월 20일 중앙정보부는 목포 앞 임자도(荏子島)를 거점으로 하여 활동해 온 북한 고정 간첩단을 적발, 간첩 27명을 구속하여 검찰로 보냈다고 발표했다(수배자는 118명).

발표문에 따르면 지하당 전남도책(全南道責)인 정태홍(鄭泰洪, 일명 정태묵)·최영길(崔永吉, 본명 최영도)·김종태(金鍾泰)·윤상수(尹相秀) 등 간첩단은 1962~1967년 사이 고기잡이를 가장하여 뱃길로 연 13회 북한을 오가며 지령을 받고 1,845만원의 공작금을 받아 후방 유격기지 건설을 목표로 활동했다. 이들은 목포와 서울에 동방수지공업·동성 서점·삼창 산업 등 3개 위장업체를 운영하며 연락 기지로 삼았다. 임자도 주민들이 신고하지 못할 정도로 임자도에서 이들의 세력은 컸다.

임자도 간첩단이 북한으로부터 받은 지령 내용은 다음과 같다.

① 남로당 조직을 재건하여 지하당 조직을 확산할 것
② 사회주의자 서클을 조직할 것
③ 공작 조직의 간부를 양성할 것
④ 혁신계 등 중도 정치노선의 정당에 침투할 것
⑤ 1967년 5월의 대통령 선거에는 제1야당을 지원하고 모 혁신 정당의 당수를 사퇴시킬 것 ⑥ 1967년 6월의 국회의원 선거에는 극렬적인 야당 인사를 지원할 것
⑦ 지하당은 장차 유격대로 발전시키고 이에 대비하여 도서 지역

에 유격기지를 설정할 것
　⑧ 출판사를 경영하되 장기적인 안목으로 반공법에 저촉되지 않는
　　범위 안에서 반미·반정부 사상을 고취시킬 것
　⑨ 반공법·국가보안법 사건을 주로 맡는 변호사를 적극 포섭할 것

　1942년생인 정태홍은 전남 목포 출생으로 목포상고를 졸업하고 (김대중의 목포상고 1년 선배) 보성 전문에 진학했으나 중퇴했다. 정태홍은 남로당 전남도당 위원장으로 활동하다가 체포되어 10년형을 받아 복역하고 나왔다.

　1965년 3월 정태홍은 고정간첩 김수영에게 포섭되어 북한으로 갔다. 노동당 대남 담당 비서 이효순을 만나 노동당에 입당하고 지하당 조직 방법 등을 교육받고 무전기 3개, 난수표 1매를 받아 복귀했다. 정태홍은 북한에 4회 왕복하며 공작금 800만원 받고 활동했다.

　최영길(최영도)은 임자면의 前 면장으로서 임자도의 공작 기지를 관할했다. 1967년 총선에서는 김대중의 선거 참모로 활동해 목포에서 당선시키는데 공헌했다.

　정태홍·최영길·김종태·윤상수는 이듬해 모두 사형을 선고받았다.

　【이 사건은 아편 중독자였던 최영길의 아우가 1968년 6월 중앙정보부에 발작적으로 신고해 수사가 시작되었다는 설이 있다. 전향한 북한 공작원 박병엽에 따르면 정태홍의 아우 정태상이 밀고하여 수사가 시작되었다고 말했다. 정보부원들은 엿장수로 위장해 목포와 임자도에 들어가 체포에 나섰다.】

최영길은 김대중의 선거 참모였으므로, 김대중은 큰 위기에 몰렸다. 중앙정보부장 김형욱은 김대중을 세종 호텔로 불러 직접 만난 후에 무혐의 처리했다. 김형욱은 회고록에서 이 장면을 다음과 같이 묘사했다.

> 나는 이른 점심을 하러 간다는 말을 남기고 열한시경 사무실을 나섰다. 몇분 안에 세종호텔에 도착하여「엘리베이터」에 올라탔다. 중앙정보부가 특별조사를 위해 확보하고 있던 특수방 앞에 서서 방 번호를 확인하고 노크를 했다. 거기에는 이미 김대중이 와 있었다. 우리는 간단히 그리고 사무적으로 악수를 교환하였다.
> "나, 김대중 의원과 단독으로 얘기 할 것이 있으니까 자네들은 나가 있도록."
> 나는 옆에 배석하고 있던 조사관들에게 명령하였다. 김대중은 매우 긴장해 있었다. 그는 내가 왜 그에게 점심식사를 같이하자고 초대했는지를 잘 알고 있는 듯이 보였다.
> "사실은 오늘 초대한 것은 점심식사를 하기 위한 것이 아니라 최영길에 대한 것을 몇 가지 다짐하고 넘어가야 할 것이 있어서입니다. 괜스리 중앙정보부로 호출을 하면 귀찮은 일이 생길 것이고 김 의원의 정치적 장래에 본의 아닌 흠도 생길 것 같아서."
> "그 점, 고맙게 생각합니다. 김 부장님."
> "최영길로부터 무슨 이상한 낌새를 느낀 적은 없었습니까? 무슨 특별한 부탁이나 반정부 발언을 하도록 종용받았다거나."
> "김 부장께서 잘 아시다시피 반정부발언이라면 이 김대중이가 대한민국에서 두 번째가라면 서러워할 만큼 많이 한 사람입니다. 구태여 최영길의 도움이 없었더라도 말입니다. 나도 정치가로서 대

망을 가진 사나이요. 최영길이가 그따위 조직에 가담했다는 걸 사전에 알았다면 내가 그를 중용했다는 것이 될 법이나 한 일이겠읍니까."

"그건 내가 아오. 그러길래 나도 김 의원을 다른 정치인과 달리 취급하고 있오. 하나 이번 문제가 된 임자도 사건은 북한이 한국 내 야당을 선동하려는 공작을 그 중심목표의 하나로 하고 있오. 더구나 김 의원과 같이 인기있는 진보적 야당 중진은 그들에게 매력적인 목표물이라는 것은 아셔야 할 것이오."

"알겠습니다. 그러나 그 논법대로 하자면 대한민국에서 야당하는 사람은 죄다 그 사람들의 마수에 걸려둘 수도 있다는 얘기가 되겠지요. 결과적으로 보아 내가 최영길을 선거 참모로 썼다는 것은 불행한 일이었습니다. 김 부장께서 나까지 한사코 연루시키려 든다면 고생 좀 하게 되리라고 각오는 하고 있습니다."

"내가 김 의원을 연루시킬 것 같소?"

"그거야 김 부장께서 더 잘 아시겠지요. 한 가지만 더 말씀드리자면 최영길이가 그런 지하당 조직에 관계됐다는 걸 내가 알았다면 그가 아무리 수완이 좋고 조직능력이 있다손치더라도 나는 그를 선거참모로 쓰지 않았을 겁니다. 지금 대한민국의 대공사찰망이 어떻습니까? 생각해 보십시오. 누가 감히 김 부장의 어마어마한 정보망을 속이려 들겠오이까? 쓸데없는 위험을 감수하면서 말입니다."

"허허, 나를 은근히 비행기 태우시는군. 아무튼 나는 개인적으로 이 나라에 김의원같은 야당 정치인도 있어야 한다고 믿는 사람입니다. 장래가 촉망되는 야당정치인에게 이만한 일로 결정적인 상처를 안겨주고 싶은 생각은 없소이다."

"감사합니다. 그 말씀."

"그러나 위치가 위치인 만큼 앞으로 사람을 쓰실 때는 각별히 조심을 하셔야 할 것이오. 김 의원의 대성을 기원합니다."
"고맙습니다. 그런 말씀을 다른 사람도 아니고 김형욱 정보부장으로부터 들으리라고는 생각지도 못했습니다."
"그럼 나는 떠나겠오. 곧 우리 조사관들이 간단한 질문을 할 터이니 최영길의 배후에 대해서는 방금 나에게 말씀하신대로 그저 모른다고만 진술하시오. 그 사람들이 별 트집을 잡거나 무례를 범하지 않도록 내 얘기해 두고 가리다."
"잘 알겠습니다. 고맙습니다, 김 부장님. 중앙정보부 최고사령탑 안에 나를 개인적으로 이해해 주는 분이 있다는 것이 놀라울 뿐입니다."
나는 11시 40분 경 거기를 떠났다.

(『김형욱 회고록』 제3권 전주: 아침 출판사, 1985, pp.245~246)

1980년 5월 20일 김대중이 군검찰에서 작성한 진술서에는 다음과 같이 서술되어 있다.

임자도 간첩 사건의 주범 정태묵(鄭泰黙)은 본인의 목포상업학교 1년 선배이며 선거 기간에도 2~3차례 만나서 본인의 선거에 협력하는 태도를 표시한 바 있음. 그는 광복 직후의 좌익 활동을 청산하고 가업(家業)인 염전에만 전념하는 줄 알았지 그런 엄청난 일을 하는 줄 몰랐음. 그는 매일 시내의 다방에 나오고 거리를 활보하고 다녀서 일반 시민하고 조금도 다를 바가 없었음.
同 사건이 나자 하루는 당시 정보부의 김형욱 부장의 보좌관이 와서 출두를 요청하므로 시청 앞 뉴 코리아 호텔에서 김 부장을 만났음. 김 부장은 "임자도 사건의 주범 정태묵을 조사 중 김 선생의

이름이 나왔는데 사건과는 전혀 관련이 없으나, 일단 이름이 거명된 이상 서류 정리 상 조서를 안 받을 수 없으니 미안하지만 참고인 조서에 응해 달라"는 요청을 받았음. 그리하여 선거 기간 중 타인과 동석으로 2~3차례 만났으며 선거 후도 서울서 1차 만난 것을 사실대로 진술해 주었음. 이것은 후일에 간접적으로 들은 이야기이나 정태묵은 정보부에서 취조 받던 중 진술하기를 "선거 기간 중의 김대중의 연설을 들으니 반공정신이 투철하여 전혀 다른 말을 꺼낼 여지가 없는 것으로 보고 아예 공작하려는 생각을 갖지 않았다"고 했다는 말을 들었음.

그런데 정태상의 신고로 중앙정보부가 1968년 6월 김종태를 체포하면서 북한의 지령을 받는 지하당인 통일혁명당이 구축되었다는 것이 드러났다.

4·19가 일어나 이승만 정권이 무너지고 보수 야당인 민주당이 집권하여 그 과실을 챙겼다. 북한 노동당은 혁명적 당이 있었더라면 상황이 달라졌을 것으로 보고 남한에 지하당을 구축하기로 했다. 거물급을 간첩으로 남파시켜 과거 남로당 활동을 하던 인사 가운데 적당한 인물을 포섭하여 지하당을 구축하기로 했다. 전남 임자도 출신인 김수영이 그 임무를 맡았다.

김수영(김송무라고도 함)은 6·25 때 의용군으로 참전했다가 월북했다. 김영수는 노동당 대남연락부에 여러 차례 편지를 써서 자신을 대남공작원으로 써달라고 했다. 대남연락부의 실무자가 김수영을 만나보고 전남 임자도 출신으로 임자도에 지인이 많다는 것을 확인했다. 이때 대남연락부는 대한민국의 서남 해안에 연락 거점을 확보하려고 애쓸 때였으므로 대남연락부의 한 과장이 임자도 출신인 김수영을 찾아갔다. 김수영을 만나고 온 과장은 대남연락부장 유장식에게 김수영을 공작원으로 훈련시켜 남파하는 게 좋겠다고 보고했다. 유장식은 김수영을 대남연락부의 초대소로 불렀다.

대남연락부는 김수영에게 공작원 교육을 시키면서 자유주의 경향이 많은데다 입이 가벼운 결함이 있음을 알았다. 반면에 솔직하고 대담하며 의욕적이라는 장점이 있음도 확인했다. 그 흠으로 보아 대남공작에 적당한 인물은 아니지만 임자도의 가족 관계가 무엇보다 장점이었다. 대남연락부는 김수영을 남파시키고 미덥지 못하면 우수한 공작원을 동반시키기로 결정했다.

1961년 12월 28일 김수영을 임자도에 남파했는데, 김수영은 동생인 김수상과 외삼촌 최영도(최영길)를 포섭했다. 이들은 1963년 초 밀입북하여 노동당에 입당했는데, 최영도는 현직 임자면 면장이므로 오래 자리를 비울 수 없어 며칠 만에 임자도로 돌아갔다. 실업자인 김수상은 695군 부대(대남공작원 양성소)에 들어가 1년여간 간첩 교육을 받고 1964년 3월 하순 임자도로 돌아와 지하당을 구축하기 위한 활동을 시작했다.

김수상은 자신이 중심이 되어 지하당을 구축하라는 지령을 받았으나, 자신의 대학 선배 김종태를 중심으로 조직하는 것이 좋겠다고 제안했다. 김수상은 김종태가 대학 시절 학생운동 경험도 있고 1946년 10월의 대구 폭동에도 가담하였고 고등학교 교사 경력도 있고 지금은 대구에서 잡지사에서 집필활동을 하고 있는데, 천재적인 머리를 갖고 있다고 추천했다. 대남연락부는 김종태를 평양으로 데리고 오라고 지시했다.

　김종태는 경북 영천에서 태어나 1950년 3월에 동국대 경영학과를 졸업했다. 학생 시절 좌익 단체에 가입해 활동했으며 1946년 대구 10·1 폭동에 가담했다는 말도 있다. 대학 졸업 후 안동사범학교와 포항고등학교에서 잠시 교편을 잡기도 했다. 1954년 4월부터 1958년 5월까지 4년간 자유당 국회의원인 둘째 형 김상도 의원의 비서로 일했지만 1956년에는 서울대 문리대에 '청맥전선'이라는 비밀 서클을 조직하기도 했다. 한편, 4·19 이후 경북노동연합회 지도고문, 경북 피학살자 유족회 고문, 교원노조 등에 개입했다. 5·16 이후 김종태는 서울에서 자리를 잡았다.

　김수상을 만난 김종태는 1964년 3월 말 김수상의 안내로 임자도에서 북한 공작선을 타고 1차 밀입북하여 노동당에 가입했다. 김일성을 만나자 남조선 혁명의 불가피성과 목적, 지하당 조직 건설의 필요성 등을 역설했다. 김일성은 김종태에게 담배를 권하면서 "선생 같으신 분이 50명만 있으면 남조선 혁명은 문제가 없습니다. 선생이 원하시는 일이라면 무엇이든지 다 해드리겠다"고 말했다. 이어 김일성은 대남사업 총국장 이효순을 불러서 "김 선생이 요구하시는 일이라면 무엇이든 해드려라"고 명령했다. 김종태는 평양 교외의 초대소에 머물며 지하당 공작 방법, 난수표 해독 방법 등을 교육받았다.

　남으로 돌아온 김종태는 1964년 6월 중순 무렵 조카인 김질락(金瓆洛)을 포섭했다. 1957년 서울대 문리대 정치학과를 졸업하고 고시 공부에 매달리던 김질락은 삼촌인 김종태에게 이끌려 월간 잡지《청맥(靑脈)》의 주간이 되어 통일혁명당에 참여하기 시작했다.

김종태는 서울대 문리대 청지학과를 나온 이문규(李文奎)도 포섭했는데, 이문규는 '학사주점'을 경영하며 세력을 넓혀갔다.

1965년 4월 김종태는 2차로 월북했다. 이효순으로부터 "남조선 혁명은 남조선 인민의 힘으로 해야 한다." "남조선에 지하당을 창당하고 명칭은 통일혁명당으로 하라"는 지령을 받았다.

1965년 11월 김종태는 김질락 이문규와 통일혁명당 창당을 선언했다. 이때 김종태는 북한과의 연계를 숨겼다.

김종태는 위원장, 김질락은 민족해방전선 책임비서, 이문규는 조국해방전선 책임비서를 자임, 지도부를 구성하여 조직 확대에 착수했다. 김질락은 곧 이진영과 신영복을, 이문규는 이재학과 오병철을 포섭, 전선지도부를 구성했다. 전선지도부는 다시 김중빈·김희순·권오창·이종태·노인영·박성준·이영윤 등 학생운동 출신자들로 당 소조를 조직했다. 당 소조로 하여금 새문화연구회·청년문학가협의회·불교청년회·민족주의연구회·경우회·동학회·기독청년 경제 복지회·학사주점(60년대 학사회) 등의 서클을 운영하면서 이를 기반으로 대중 활동을 전개토록 했다.

이러한 조직을 기반으로 통혁당은
△ 각종 학술연구 서클의 조직
△ 민족통일전선 구성을 위한 연합전선
△ 합법·비합법 및 폭력·비폭력 등 각종 전술 연구

△ 무기고의 설정과 무기 획득 및 비축 방법 연구
  △ 특수 전술교관요원 양성
  △ 6·8 부정선거 반대 투쟁, 미국 부통령 험프리 방한 반대 투쟁 등의 활동을 벌였다.

1966년 8월 김종태는 3차 밀입북했다.

김질락과 이문규는 1967년 5월 5일 목포에서 공작선을 타고 밀입북하여 5월 26일까지 체류하면서 노동당에 입당하고 공작금 등을 받아 서울로 돌아왔다.

김종태는 1968년 4월 4차 밀입북을 했는데, 4월 22일 비행기 편으로 제주도로 가서 제주시에서 1박한 다음 서귀포에서 통혁당 당원 이진영·오병헌과 접선했다. 이어 북에서 보낸 공작선을 타고 4월 25일 평양에 도착했다. 5월 2일 공작선을 타고 제주도에 도착, 미리 대기하던 이문규와 3일간 향후 활동 방안을 논의하고 5월 7일 비행기 편으로 서울로 돌아왔다(그러나 이진영과 오병헌은 머물러 교육을 받다가 6월 김종태가 체포되자 북한에 머물렀다).

김종태는 모두 4차례에 걸쳐 북한을 왕래하면서 김일성을 면담하고 미화 7만 달러, 한화 2,350만 원, 일화 50만 엔의 공작금을 받고 A-3지령만 167회 수신했다. 그는 민중봉기, 간첩의 무장 집단유격투쟁을 통한 수도권 장악, 북한으로부터 무기수령을 위한 양륙거점 정찰, 특수요원 포섭, 월북 등 14개 항목의 공작임무를 맡았다.

김종태가 체포된 후 통혁당 산하의 조국해방전선 책임비서 이문규는 경남 지역을 다니며 도피했는데, 대구에서 검거되었다. 그의 집을 압수수색하는 과정에서 암호 문건이 발견됐다. 7~8월 무렵 통혁당 산하의 민족해방전선 책임비서 김질락 등 서울 조직의 지도급들이 체포되고 호남에서는 전라남도위원회위원장 최영도, 정태묵 등이 체포되었다.

암호 문건을 토대로 대북(對北) 통신공작에 착수한 중앙정보부는 1968년 8월 4일 새벽 북한에서 보내온 A-3 지령문 해독에 성공했다. 북한은 그때까지도 이문규가 체포된 사실을 모르고 있었다. 중앙정보부는 북한이 이문규 구출 작전을 할 것으로 판단했다. 북한이 이문규를 구출하기 위해 공작선을 보낸다면, 통혁당과 북한과의 연계를 명백하게 증명하는 것이기도 했다. 실제로 북한은 무장 공작선을 보냈다.

1968년 8월 20일, 군·경·정보부 합동작전을 통해 12명 사살, 2명 생포와 함께 공작선을 나포했다. '독 안의 쥐 작전(훗날 Z 작전으로 불림)'으로 불렸던 이 작전에는 중앙정보부를 비롯해, 육·해·공·해병대 작전참모부와 합동참모본부, 치안국이 동시에 참여했다.

8월 24일 중앙정보부장 김형욱은 "김종태가 전후 4차례에 걸쳐 북한의 김일성과 면담하고 '통일혁명당'을 결성하여 혁신정당으로 위장한 뒤 합법화하여 반정부 및 반미데모를 전개하는 등 對정부 공격과 反정부적 소요를 유발시키려는 데 주력했다"라고 통혁당 사건을 발표했다.

중앙정보부는 김종태, 김질락, 이문규 등 3명을 포함해 관련자 158명을 체포하여 73명을 검찰에 송치하고, 23명을 불구속 입건했다. 이들 중 대다수는 김종태 등의 실체와 북한 연루 사실을 몰랐고, '통혁당'이라는 이름조차 들어보지 못했었다.

【통혁당 사건으로 김종태, 김질락, 이문규는 1969년 1심과 2심에서 국가보안법과 반공법 위반, 형법(간첩죄), 내란예비음모죄로 사형을 선고받았다. 신영복, 이재학, 오병철, 신광현, 정종소는 무기징역을 선고받았고, 박성준은 15년형, 김종태의 아내 임영숙은 12년형을 선고받았으며, 기타 인물들은 5년 이하의 형을 선고받았다. 무기징역을 선고받은 신영복은 전향서를 쓴 뒤 1988년 가석방으로 출소했다. 1971년에 체포된 류낙진은 무기형을 선고받았으나 20년형으로 감형되었다.

1969년 7월 10일 김종태의 사형이 집행되자, 김일성은 공화국 영웅 칭호를 수여하고 평양 대극장에서 '통일혁명당 서울시 위원회 위원장 고 김종태 동지 추모회'란 이름의 대규모 추모 집회를 열었다. 이후 평양 전기기관차공장은 '김종태 전기기관차 공장'으로, 해주사범대학은 '김종태 사범대학'으로 이름을 바꾸었다.

김일성은 대남 공작 부서 간부들에게 김종태를 칭송하는 발언을 했다.

> 김종태 동무는 혁명가로서의 지조를 굽히지 않고 탈옥도 시도하고 법정투쟁도 잘했습니다.
> 김종태 동무가 이렇게 묵비권을 행사하며 장렬하게 최후를 마쳤기 때문에 그 하부조직들이 살아남게 된 것입니다. 이 동무에게 당 중앙위원회 정치위원에 버금가는 대우를 해주어야 합니다. 그래야 남조선 혁명가들과 조직 성원들이 김종태 동무처럼 옥중에서도 혁명적 지조를 끝까지 지킬 수 있습니다.

동년 11월 6일 이문규의 사형이 집행되자 역시 공화국 영웅 칭호를 수여했다. 그러나 공산주의자였던 것을 뉘우치고 전향한 김질락은 북한 정권으로부터 외면당했다. 북한은 통혁당을 재건하고자 여러 차례 시도했으나 모두 실패했다.】

북한은 남한에 근거지를 만들 속셈으로 무장 특공대를 침투시켰다.
 1968년 10월 30일, 11월 1일, 11월 2일 3차에 걸쳐 120여명의 무장 게릴라가 동해안의 울진군 고포 해안에 상륙했다. 이들은 15명씩 8개 조로 편성되었는데 군복·신사복·노동복 등의 옷차림이었고 기관단총과 수류탄으로 무장했다. 울진을 거쳐 봉화군을 지나 강원도의 삼척·명주·정선 등지로 침투했다. 이들은 현지 주민들을 집합시켜서 북한 책자를 배포하고 북한의 발전상을 선전하는 한편 정치사상 교육을 시키면서 '인민유격대' 가입을 강요했다.
 주민들의 신고를 받은 정부 당국은 11월 3일 오후 2시 30분을 기하여 경상북도와 강원도 일부 지역에 '을종사태'를 선포하고 대간첩 작전본부의 지휘 아래 군과 향토예비군을 출동시켜 2개월 간 소탕전을 벌였다.
 12월 23일 미국과 북한이 합의문서에 서명하여 푸에블로 호 사건은 11개월 만에 해결되었다(미국과 북한 28차례에 걸쳐 비밀협상을 벌였다). 이로써 82명의 생존 승무원과 시체 1구가 판문점을 통해 돌아왔다. 선체와 장비는 북한에 몰수되었으며, 보상금 지불에 관한 내역은 알려지지 않았다. 이는 미국으로서는 굴욕이었다.
 1968년 12월 28일 대간첩 작전본부는 "울진, 삼척지구 무장간첩 소탕작전의 결과 간첩 110명을 사살하고 5명을 생포, 2명은 자수하여 모두 117명을 소탕했다"고 발표했다.

【1968년은 휴전 이후 남북한 간의 무력 충돌이 가장 심했던 해이다. 휴전선에서 236건, 후방에서 120건 등 모두 356건의 무력 충돌이 일어났다. 북한군은 321명이 전사, 63명이 포로로 잡혔으며 한국군과 미군 162명이 전사, 294명이 부상했다. 한국의 민간인 사망자도 35명에 이르렀다.】

* 김규남 · 박노수 사건 *

박노수(朴魯壽)
- 1933년 전남 광주 출생
- 1953년 광주고 졸업
- 1955년 동경대 법학부 입학
- 1961년 캠브리지대 법학부 입학
- 1968년 캠브리지 대학원 졸업
- 1968년 캠브리지 대학 국제문제 연구소 초청 연구원

김규남(金圭南)
- 1929년 전남 보성군 출생
- 1951년 순천 중학 졸업
- 1958년 명지대 대학원 졸업

- 1959년 동경대 박사 과정 입학
- 1964년 동경대 박사 과정 졸업
- 1967년 7대 국회의원

1967년 7대 총선에서 전남 보성에서 출마한 통합야당 신민당 후보 이중재(李重載, 1925~2008)는 북한 대남방송과 똑같은 주장을 계속하고 정부 내부의 비밀 사항을 발설했다. 이에 중앙정보부가 주목했다.

공화당 후보는 양달승(梁達承, 1928~2009)이었다. 전라남도 순천 출생이고 본관은 제주(濟州)이다. 세브란스 의과대학교에서 내과 전공이었고 나중에 연세대학교 대학원 국제법학과에서 법학석사 학위를 받았다. 유엔 세계학생연맹제 4차총회에서 한국의 학생 대표로 참가했고, 주영한국대사관 3등서기관, 외무부 기획관(서기관), 대통령 정무비서관, 한일회담대표(일본동경), 제20차 유엔총회 한국대표단 고문 등의 경력이었다.

공화당 공천 경쟁에서 양달승과 김규남이 다투었다. 김규남은 1960년 5대 국회의원 선거에서 앞두고 무소속으로 보성군 선거구에 출마했으며 9.86%의 득표율로 4위로 낙선했다. 1963년 민주공화당에 입당했는데, 김종필계였다.

중앙정보부는 공천 경쟁에서 밀린 김규남이 이중재와 결탁하여 정보를 제공하고 있을 것으로 추정하고 김규남을 도청했다. 김규남은 지역구에서 공천을 받지 못했으나 김종필의 후원으로 전국구로 7대 국회의원이 되었다. 김형욱은 중앙정보부 부장실로 불러 자백을 받아냈다.

김규남의 입에서 박노수라는 인물이 나오고, 박노수의 주선으로 김규남이 일본 동경대학원, 영국 케임브리지 대학 등에서 유학한 것이 드러났다.

중앙정보부는 정보협정이 체결되어 있는 일본 경시청에 의뢰, 박노수가 1955년 2월 일본으로 밀항, 동경대학 법학부에서 석사 학위를 얻고 1961년 2월 케임브리지로 유학, 국제법을 전공하여 법학박사 학위를 얻은 것을 확인했다. 일본 경시청에서는 김규남이 일본에서 공부할 때 조총련계 장학금을 받고 있었다는 것을 한국 중앙정보부에 통보하며, 북한 간첩일 가능성이 있다고 했다.

중앙정보부는 박노수가 영국 런던대학에 유학 중이던 조총련계 인물 한일수와 친분을 맺었고 한일수의 주선으로 동베를린 소재 북한 대사관의 공작원과 연결되었다는 것을 확인했다. 그리고 박노수가 김규남을 데리고 여러 번 동베를린을 다녀온 정황도 포착했다.

중앙정보부는 해외 정보망을 통해 런던에 있는 박노수의 동향을 주시했다. 김형욱은 정보보고 차 청와대에 갔다가 비서실장을 들렀는데, 이후락 비서실장(1963년 12월 17일~1969년 10월 20일)이 자리를 비우고 있었다. 책상 위에 박노수의 인물 카드가 있는 것을 보고 깜짝 놀랐다. 박노수를 대통령 경제 담당 수석비서관으로 채용할 것을 건의하는 내용이었다.

조금 뒤 이후락이 들어오자 김형욱은 우연히 서류를 보게 되었다고 양해를 구하고 박노수를 경제수석으로 천거하는 배경을 물었다. 이후락은 박노수가 대통령을 보좌하고 싶다는 편지를 보내와 알아보니 매부가 현직 공화당 의원으로 있는 등 신원이 확실하고 케임브리지 대 법학박사이므로 임용을 준비하고 있다고 했다. 김형욱은 박노수를 장기간 조사하고 있다고 말해주며 그가 북한 대남 공작의 런던 책임자라고 강조했다. 이어 이후락과 김형욱은 대통령 집무실로 들어가 이를 보고했다. 박정희 대통령은 큰일 날 뻔했다고 놀라며 박노수를 귀국시켜 조사하라고 명했다.

중앙정보부는 김규남을 통해 귀국을 유도했다. 박노수는 청와대 경제수석으로 확정된 줄 알고 1969년 2월 18일 귀국했다.

집권당에 간첩이 침투해 있다는 것이 세상에 알려지면 정부에 치명적인 약점이 될 수 있었다. 그러므로 김형욱은 김규남 구속을 망설였다. 그러나 박정희 대통령은 단호히 체포하라고 지시했다. 중앙정보부는 관련자 16명을 구속하고 1969년 5월 14일 공표했다.

다음은 『경향신문』 1969년 5월 14일자 기사의 내용이다.

金圭南 의원 등 16명 구속

유럽·日本을 통한 北傀간첩단 검거

平壤·東伯林등서 밀봉교육

朴大仁 (런던 滯在), 앞장, 유학생 포섭

東伯林사건 때 端緖…2월 全面수사

사건개요

1. 북괴는 6·25동란 때 완전히 괴멸됐던 한국내의 지하세력을 재건, 소위 결정적인 시기에 대비하기 위해 1961년부터 유럽 지역에 유학중인

국내 학생 및 在日교포학생들을 포섭했다. 東伯林 또는 平壤 등지로 안내, 비밀 아지트에 수용한 후 한국에서의 사회주의혁명의 불가피성 등에 대한 교양과 洗腦공작 및 간첩밀봉교육을 시켰다. 동시에 각종 지령문과 공작금품을 주어 한국에 침투시킨 다음 합법적인 거점을 구축, 정계 학계를 비롯한 각계에 진출시켜 암암리에 사회주의 혁명 기운을 조성, 4·19와 같은 혼란기가 오면 민중을 봉기케할 목적으로 유럽과 日本지역을 무대로 대규모적인 간첩단을 조직, 암약케한 바 있는데, 그 一團이 이번 타진됐다.

2. 사건수사의 端緖는 1967년 6월 東伯林을 거점으로 한 북괴 대남적화 공작단 사건을 수사하는 과정에서 1961년 재일교포학생으로서 渡英, 유학중인 朴大仁이 자신의 가정이 빈곤함에도 불구하고 항시 과분한 생활을 하고 있을뿐만 아니라 국내 및 재일교포 大學生들을 영국으로 초청하여 그들의 여비는 물론 학비 심지어 생활비까지 전담하고 있어 資金源의 불순성에 대해 혐의를 두고 그들의 동향을 내사한 결과 朴大仁이 東伯林을 내왕, 북괴 대사관원과 접촉했다는 유력한 사실을 포착하게 됐었다.

또한 1968년 11월 재일북괴간첩 韓春根이 북괴해외공작책과의 사전 연락하에 접선할 목적으로 일본인명 淸水로 가장하고 「캄보디아」 경유 西伯林으로 향발코자 기도한 사실 등을 파악, 이는 北傀의 제3국을 통한 우회공작일 것으로 보고 이번 사건 관련자의 국내귀국공작을 은밀히 전개하였던 바 1969년 2월 18일 朴大仁 등이 입국하게됨으로써 전면수사에 착수하게 됐었다.

3. 이번 사건의 관련자 60여 명 중 16명은 현재 구속, 조사 중에 있으며 잔여관련자에 대해서는 국내외를 통해 계속 수사중에 있음.

다음은 김형욱과 기자들과의 문답이다.

【質】 이번 간첩단 사건에 발표된 관련자 외에도 정치인 고급공무원 교수 및 言論人 등 各界 저명인사 상당수가 조사 대상에 오르고 있다는데 사실인가?
【答】 이번 간첩단 사건의 관련자가 60여명에 달하고 있으나 항간에 유포되고 있는 것처럼 저명인사를 조사한 일은 없으며 더우기 정치인 및 언론인에 대한 조사운운은 낭설이다.

【質】 金圭南은 공화당 創黨要員으로 활약하였다는데 가담 경위와 배후 인물은?
【答】 이 문제에 대해서는 大統領께서도 철저히 조사하라는 지시가 있었다. 共和黨 창당시부터 참여한 것은 사실이다. 1962年 10月 친지인 金永哲의 주선으로 再建同志會에 참여하였으며 그후 1963년 2월 전기 金의 추천에 의거, 共和黨 全南 제10地區黨(寶城)에 정식입당하였다.

【質】 金圭南이 과거 麗水, 順天 叛亂 사건에 가담한 후 밀항 渡日했다는데 사상적 성분은 어떠하였는가?
【答】 麗順叛亂 당시 金圭南은 19세로서 順天중학교 제3학년에 재학중이었으며 6·25당시는 寶城군 烏城면 砂月부락 民靑盟員으로 부역한 사실이 있다. 또한 큰형 金日南은 順天철도국 직업동맹, 작은형 金德南은 농민동맹에 각각 가담한 사실이 있다. 그리고 金圭南은 6·25 이듬해인 1951년 8월에 단신밀항도일하여 民團京都지부에 적을 두고 朝總聯계와도 접선한 혐의가 있다.

【質】 金圭南에 대한 共和黨 全國區후보 공천 경위는 어떠한가?

278 ┋ 광장에서 우파 대통령 후보를 만들자

【答】金圭南은 제6대 및 제7대 국회의원 선거시 보성지구에 입후보코자 지역구 공천을 신청했으나 이에 탈락되자 제7대 전국구 공천을 획득코자 당시 共和黨 中央黨部 지방국장이며 현 조직부차장인 金秉喆씨의 알선으로 당의 심사를 거쳐 全國區 20번으로 공천되어 당선되었다.

【質】巷間에는 金圭南 사건이 共和黨 숙청 문제와도 관련성이 있는 듯이 유포되고 있는 데 대하여…
【答】본사건의 주동 인물은 朴大仁이며 金圭南은 유력한 관련자이므로 어디까지나 대공수사면에서 다루고 있는 것이지 정치성의 개재 운운은 언어도단이다.

【質】그가 국회의원 신분이었던 만큼 국가기밀을 탐지하여 北傀에 보고한 일은 없는가?
【答】국회에 잠입한 이후의 죄상에 대하여는 계속 조사중에 있다.

【質】간첩 朴大仁이 요직에 취직이 결정되었다가 이번 사건적발로 돌연 취소시켰다는 巷說이 있는데 그 眞否여하?
【答】朴大仁이 국내에 침투, 合法的 신분을 얻고자 갖은 수단으로 官界에 취직을 시도하였으나 이를 사전에 감지하고 귀국토록 주선하였다.

【質】이번 간첩단 사건과 재일교포 尹西吉 사건과의 관계 및 同 尹等 사건에 행정부 고위인사의 관련설이 유포되고 있는데 그 진상은?
【答】本間諜團事件 수사 과정에서 재일교포 尹西吉에 대한 관련 혐의가 없지 않아 자진 귀국시켜 예의조사했으나 본사건과 무관하다는 것이 판명되어 5월 11일 日本으로 돌아갔다. 그런데 고위인사와의 관련설은 尹西吉이 朴忠勳 기획원 장관의 姨從四寸兄인 관계로 와전된 것이며 본

사건에 고위인사 관련설은 전혀 무관한 것이다.

【質】건국이래 國會에 직접 침투한 간첩 사건은 制憲國會 이래 두 번째인데 보안당국은 金圭南의 국회 잠입 전의 신원 파악을 소홀히 한 것이 아닌가?
【答】金圭南의 국회 진출 전에 간첩 혐의를 발견하지 못한 것은 국민에게 미안하게 생각하나 정당에서 선거시에 입후보자들에 대한 신원조회를 의뢰하는 예가 없다. 그런데 당부에서는 수년 전부터 金圭南에 대한 내사를 거듭했으나 확증을 잡지 못하여 동향감시에 주력하여 오던 중 마침내 이번 사건을 통하여 확증을 잡고 검거하게 된 것이다.

【質】이번 間諜團事件도 수사 범위가 海外에 확대되고 있는 모양인데 과거 東伯林 사건 때의 외교상 문제점이 이번에는 제기되지 않겠는가?
【答】海外에서 본사건 관련자를 귀국케하는 데 있어서 여러 가지 애로점이 있었으나 외교상 문제까지를 우려할 것은 없다.

【質】北傀의 마수가 계속 歐羅巴 지역에 뻗치고 있는데 앞으로 해외교포와 유학생들에 대한 사상선도를 위한 근본적 대책은 무엇인가?
【答】앞으로 海外여행자에 대하여는 철저한 신원조사를 실시할 것이며 장기 거류자에 대하여는 해외공관의 활동을 더욱 강화하여 그들에게 올바른 국가관을 주입시키는 계몽활동과 아울러 광범위한 정보활동을 전개하여 北傀의 마수에 걸리지 않도록 사전조치를 강구하겠다.

【質】수사는 언제 종결되며 기소는 언제되는가?
【答】23일까지 수사를 끝내겠다.

【質】 해외관련자 가운데 국내로 데리고 오는데 어떤 방법을 썼는가?
　【答】 자진귀국토록 유도했다.

【質】 이 사건을 계기로 국회의원이 더 관련될 것인가?
　【答】 현재로는 원내의 관련자는 더 없다.

　박노수와 김규남은 사형을 선고받고 1972년 7월 13일과 7월 28일 각각 사형이 집행되었다.

　2009년 진실화해위원회는 이 사건이 박정희 정권이 자행한 간첩조작 사건이라며 아래와 같이 진실규명 결정을 내렸다.

> 이 사건은 1960년대 유럽 유학생들의 동베를린 및 북한 방문 사실을 이유로 간첩죄 등을 적용해 사형 및 유죄판결을 받게 한 사건이다. 당시의 남북 상황을 고려할 때 피고인들의 입동 및 입북 사실에 대한 수사는 불가피했다 하더라도 중정은 합법적인 절차를 따르지 않고 진실규명대상자들을 비롯한 피의자들을 영장 없이 불법 연행한 후 일주일 정도 불법구금한 상태에서 고문 및 가혹행위를 통해 피의자들의 자백을 받아내어 기소했고, 검찰 수사 과정에서도 중정 수사관이 배석하는 등 심리적 강압을 가해 재판을 통해 사형 등에 이르게 한 것은 위법한 공권력 행사에 의한 인권침해이다.

　2013년 서울고등법원은 '유럽 간첩단 사건' 유족이 청구한 재심에서 1972년 사형당한 박노수와 김규남의 사형집행 41년 만에 무죄를 선고했다.

판결에 앞서 재판부는 "수사기관에 영장없이 체포돼 조사를 받으면서 고문과 협박에 의해 임의성 없는 진술을 했다. 과거 권위주의 시절 법원의 형식적인 법적용으로 피고인과 유족에게 크나큰 고통과 슬픔을 드렸다. 사과와 위로의 말씀과 함께 이미 고인이 된 피고인의 명복을 빈다"고 말했다.

2015년 대법원도 이 판결을 받아들였다.

2017년 9월 법원은 박노수 유족에게 배상하라는 판결을 내렸다. 다음은 관련 보도.

법원 "'유럽 간첩단' 누명 박노수 유가족에 23억 배상하라"
박정희 정권의 대표적인 공안조작 사건
"불법적인 수사로 위법하게 수집된 증거로 사형집행"

서울중앙지법 민사26부(재판장 박상구)는 1일 박씨의 유가족이 "국가가 70억원을 배상하라"며 낸 소송에서 23억4768만원을 지급하라고 밝혔다.
재판부는 "불법적인 수사로 위법하게 수집된 증거에 의해 사형이 선고되고 집행됐다"고 말했다. 법원은 지난 2월 이 사건으로 박 교수와 함께 사형된 김규남 민주공화당 의원 유족에게 27억원을 배상하라고 판단한 바 있다.
박 씨는 1953년부터 미국 하와이대학, 동경대 법학부, 영국 케임브리지대 법학부에서 공부한 뒤 케임브리지대 초청 연구원으로 근무했다. 15년간 한국을 떠나있던 박 씨는 1969년 2월 귀국했지만 같은 해 4월 중앙정보부(현 국가정보원)에 연행돼 불법 구금과 고문을 당했고, 결국 영국 유학 시절 동베를린, 평양을 방문해 지령을 받고 간첩활동을 했다는 혐의로 재판에 넘겨졌다. 법원은 "중정에서 물리적인 가해를 받고 자백했다"는 박 씨의 주장은 외면한 채 1970년 사형을 확정했다. 박씨는 재심을 청구했지만 1972년 사형이 집행돼 세상을 떠났다.

박 씨의 억울함은 2015년 대법원이 재심 무죄 선고를 확정한 뒤에야 풀렸다. 2013년 재심 무죄를 선고한 서울고법은 형사2부는 "과거 권위주의 시절 법원의 형식적인 법 적용으로 피고인과 유족에게 크나큰 고통과 슬픔을 드렸다. 사과와 위로의 말씀과 함께 이미 고인이 된 피고인의 명복을 빈다"고 말했다.

유가족들을 대리한 조의정 변호사(법무법인 이담)는
"부인은 한국이 싫어 캐나다로 이민을 갔고 딸은 간첩의 굴레로 지금까지 고통을 받고 살았는데 배상 금액이 아쉽다"며
"당사자들과 상의해 항소하겠다"고 밝혔다.

* * *

5장 닉슨 독트린과 자주국방의 시작

1968년 11월 5일(미국 시간) 46번째 미국 대통령 선거가 실시되었다. 공화당 대통령 후보는 아이젠하워 행정부 시절 부통령이었던 리처드 닉슨(Richard Nixon, 1913~1994)이었고, 민주당 후보는 현직 부통령인 허버트 험프리(Hubert Humphrey)였다. 앨러배머

주지사 조지 월라스(George Wallace)도 강력한 제3 후보로 출마했다.

선거 결과는 매우 박빙으로 다음날 아침이 되어서야 당선자가 닉슨으로 확정되었다. 닉슨과 험프리 모두 3천 1백만 표가 넘게 득표하였는데 표차는 51만여 표로 1%도 차이가 나지 않았다.

닉　슨 : 31,783,783 (43.42%)　　선거인단 수 301
험프리 : 31,271,839 (42.72%)　　선거인단 수 191
왈라스 : 9,901,118 (13.53%)　　선거인단 수 46

대의원 수가 많은 캘리포니아, 오하이오, 일리노이 주가 선거 승패를 결정지었다. 이 3주에서 닉슨은 모두 3% 이하의 표 차이로 승리했다. 험프리가 3주에서 모두 이겼다면 그가 당선되었다. 험프리가 캘리포니아에서 이겼다면 선거인단에서 과반수 득표자가 나오지 않아 하원에서 대통령 당선자를 결정했어야 했다(민주당이 하원에서 다수당이었다).

이 대통령 선거는 36년간 미국 정치를 지배한 뉴딜 연합(New Deal Coalition)을 붕괴시킨 이른바 '국가를 재정렬하는 선거(realigning election)'였다.

닉슨이 당선되자 한국 정부는 크게 당황했다.

【닉슨은 1960년 대선에서 민주당 후보 케네디에게 아슬아슬하게 패배한 이후 1962년 캘리포니아 주지사 선거에 출마하여 낙선했다. 미국의 정치 평론가들은 닉슨의 정치생명이 끝났다고 보았

다. 닉슨은 1966년 7월 말부터 8월 말까지 세계일주 여행을 했는데, 이때 한국과 일본을 방문했다. 일본 정부는 닉슨을 극진히 대접했다. 1966년 8월 13일 박정희 대통령은 닉슨과 청와대에서 잠시 회견했다. 한국 정부는 닉슨의 정치생명이 끝났다고 보고 푸대접했다. 닉슨은 아이젠하워 대통령 시절 부통령으로 한국을 방문할 때는 이승만 대통령으로부터 극진한 환대를 받은 일이 있다.】

　1969년에도 북조선의 대한민국에 대한 도발은 계속되었는데 중국과 소련은 국경분쟁을 벌였다.
　1969년 3월에는 강원도 강릉시 주문진읍 지역에 북한의 무장 게릴라 6명이 침투한 사건이 일어났다. 이들은 공작을 마치고 주문진 앞 바다에서 보트를 타고 도주하려 했는데, 예비군과 군경이 사격하여 보트를 침몰시켰다.
　1969년 3월 2일 우수리강 유역의 다만스키 섬에서 무력 충돌을 벌였다. 각각 30여 명의 사상자(死傷者)가 발생했는데, 소련과 중국은 서로 상대가 먼저 공격했다고 주장했다.
　제정 러시아와 청 제국 시절부터 두 나라는 심각한 영토 분쟁을 겪었다.
　네르친스크 조약(1689), 캬흐타 조약(1727), 아이훈 조약(1858), 북경 조약(1860) 등으로 제정 러시아는 한반도 면적의 10배가 넘는 엄청난 크기의 영토를 얻었다. 이후 10여 차례가 넘는 조약을 체결하고도 4,300km가 넘는 두 나라의 국경은 확정되지 않은 곳이 많았다. 두 나라 모두 공산당이 집권하여 동맹관계를 맺

없으나 영토 분쟁이 재연될 소지가 많았다. 중-소 관계는 1950년대 후반부터 냉각되었다. 1962년에는 6만 명의 신강 위구르족이 경제난을 견디다 못해 소련으로 탈주하는 사건이 일어났다. 중국은 이를 소련의 선동에 의한 것으로 보고 소련을 비난했다.

소련과 중국은 국경을 확정하려고 협상했지만 성과를 거두지 못하고 다만스키 섬을 놓고 충돌한 것이다.

3월 15일 소련은 최신 T-62 전차 등을 투입해 국경 지대의 중국군에 대대적으로 포격을 가하며 공격했고, 중국도 대전차포 등으로 맞섰다. 이 전투에서 중국은 800여 명의 사상자가 생겼다고 주장했으며, 소련은 80여 명의 사상자(死傷者)가 생겼다고 발표했다.

4월 14일 통신감청을 전문으로 하는 미국의 EC-121 전자첩보기가 동해의 공해상에서 북한 미그 전투기에 의해 격추되어 승무원 31명이 전원 사망하는 사건이 일어났다.

닉슨 대통령과 헨리 키신저(Henry Alfred Kissinger) 안보담당 특별보좌관과 더불어 무력 보복을 생각했다. 그러나 레어드 국방장관과 헬름즈 CIA 부장은 외교적으로 대응할 것을 주장했다. 미국은 베트남에 발이 묶인 상황이었으므로 동해에서 미 해군이 무력시위를 벌이는 이상의 조치를 취하지 못했다. 미국 정부의 유화적 태도에 박정희 대통령의 미국에 대한 불신감은 더욱 커졌다. 미국 정부가 북한에 대한 보복을 거절하자 닉슨 행정부의 강력한 안보 공약에도 불구하고 박정희 대통령은 동맹국 미국의 방위력에 대해 더욱 의심을 품게 되었다.

7월 소련과 중국은 아무르강(흑룡강)의 팔분도(八岔島)에서 다시 무력 충돌이 있었고 8월에는 신강 위구르 자치구에서 양국 군대가 교전했다.

소련과 중국은 서로 대사를 소환했다. 중소 국경 지대에 소련은 50만 명, 중국은 150만 명의 병력을 배치했다.

소련은 전면전을 생각하고 미국에 중국을 침공할 뜻을 알렸다. 미국 정부는 소련이 중국을 점령할 경우 더욱 상대하기 어려운 상대가 될 것으로 보아 소련이 중국을 침공하면 좌시하지 않겠다고 했다. 이에 소련은 중국 침공을 포기했다.

7월 25일 박정희 대통령은 "개헌국민투표가 부결되면 나와 정부는 즉각 퇴진하겠다"고 선언했다.

7월 26일(미국 시간으로 7월 25일) 괌(Guam)을 방문 중이던 닉슨 대통령은 기자회견을 갖고 그의 새로운 아시아 정책인 이른바 닉슨 독트린(Nixon Doctrine)을 발표했다. "아시아 각국은 내란이 발생하거나 침략을 받는 경우 스스로 해결해야 한다"는 것이 핵심 내용이었다. 닉슨 독트린의 내용은 다음과 같다.

(1) 미국은 앞으로 베트남 전쟁과 같은 군사적 개입을 피한다.
(2) 미국은 아시아 제국(諸國)과의 조약상 약속을 지키지만, 강대국의 핵에 의한 위협의 경우를 제외하고는 내란이나 침략에 대하여 아시아 각국이 스스로 협력하여 그에 대처하여야 할 것이다.
(3) 미국은 '태평양 국가'로서 그 지역에서 중요한 역할을 계속하지만 직접적·군사적인 또는 정치적인 과잉개입은 하지 않으며 자조(自助)의 의사를 가진 아시아 제국의 자주적 행동을 측면 지원한다.

(4) 아시아 제국에 대한 원조는 경제중심으로 바꾸며 다수국간 방식을 강화하여 미국의 과중한 부담을 피한다.
(5) 아시아 제국이 5~10년의 장래에는 상호안전보장을 위한 군사기구를 만들기를 기대한다.

닉슨 독트린이 발표되자 박정희 대통령은 반신반의하는 입장이었다. 당시 한국은 베트남전에 미국 다음으로 많은 2개 사단, 5만에 가까운 병력을 파견하고 있었기 때문이었다. 그러나 미국의 진의를 타진한 다음에는 심각한 안보 불안을 느꼈다.

8월 7일 여당인 민주공화당은 개헌안을 국회에 제안하였다.
이 6차 개헌안은 대통령 3선 연임 그지 조항을 철폐하고 국회의원의 국무위원의 겸직을 허용하고 국회의 권한을 축소하는 것이 주요 내용이었다.

1969년 8월 21일 미국 샌프란시스코 호텔에서 박정희-닉슨 회담이 열렸다. 호텔에서 한미 정상회담이 열린 이유가 있었다. 닉슨은 1966년 한국 방문 시 푸대접에 대한 보복으로 한미 정상회담 과정에서 백악관이 아닌 일개 호텔에서 회담을 하고 대학 동창회를 여는 등 노골적으로 박 대통령에게 모욕을 주었다.
회담을 마친 박정희 대통령은 닉슨이 주한미군을 철수할 계획이라는 것을 파악했다. 그러나 귀국 기자회견에서는 닉슨의 대(對) 한반도 정책이 과거와 달라지지 않을 것이라고 말했다.

9월 이스라엘의 골다 메이어(Golda Meir) 수상이 미국을 방문, 닉슨과 회담했다.

이 회담에서 미국과 이스라엘 정부는 비밀협약을 맺었다. 비밀협약의 핵심 내용은 "이스라엘이 공개적 선언이나 핵실험을 통해 핵무기의 보유를 알리지 않으면 미국은 이스라엘의 핵 사업(Nuclear Program)을 묵인하고 보호할 것이다"였다.

이 비밀협약에 따라 이스라엘은 핵무기 보유를 부인도, 시인도 하지 않는 정책을 유지하고, 핵실험을 하지 않는다는 약속을 지켜야 했다.

【이스라엘은 프랑스의 핵시설로 기술자와 과학자를 파견했다. 수십 명의 이스라엘 과학자들이 프랑스 과학자들과 같이 핵폭탄 설계에 참여했다.

1957년 말 미국의 U-2 정찰기는 이스라엘 네게브 사막에서 건설 중인 수상한 시설의 사진을 찍었다. 핵무기 개발이 진행 중이라고 판단한 CIA는 아이젠하워 대통령에게 보고했다. 그러나 아이젠하워는 이를 묵살했다.

1960년 2월 13일 프랑스 정부는 식민지인 알제리의 사하라 사막 지하에서 핵실험에 성공했다. TNT로 환산해서 65kt의 폭발력을 보였다. 히로시마에 투하된 미국 원자폭탄의 위력이 17kt이었으니 대성공이었다. 이날의 핵실험으로 프랑스뿐 아니라 이스라엘도 원자폭탄 개발에 근접하게 되었다. 프랑스의 1차 핵실험 직후 드골 대통령은 이스라엘과의 협력 관계를 정리하라는 지시를 내렸다.

1960년 이스라엘의 벤 구리온 총리는 파리로 가서 드골과 담판을 했다. 정부 차원에서 프랑스는 이스라엘의 핵무기 개발에서 손을 떼지만 프랑스 기업은 기존 계약에 따라 협력을 계속한다는 합의가 이뤄졌다. 프랑스 회사들은 디모나 핵시설을 완공하고 떠났다.

1965년 미국의 유대계 기업인 잘만 샤피로는 농축우라늄 90kg을 빼돌려 이스라엘에 건네주었다. 그는 원자로에서 나오는 물질의 처리를 전문으로 하는 회사를 경영하고 있었다.

1966년 이스라엘은 핵실험을 하지 않고 원자폭탄을 개발했다(개발 자금은 유대계 미국 재벌들이 주었다).

농축우라늄으로 만드는 핵폭탄은 분리된 우라늄을 임계질량(臨界質量, critical mass) 이상으로 합치기만 하면 터지게 설계되어 있어 별도의 핵실험을 하지 않아도 된다. 이에 비해 플루토늄으로 만드는 핵폭탄은 정밀한 내폭(內爆) 장치가 필요하므로 핵실험이 필요하다.】

대학생들의 개헌 반대 시위가 한창인 가운데 개헌안은 9월 9일 정기국회 본회의에 상정되었다.

9월 14일 일요일 새벽 2시 국회 본회의장에서 점거농성을 하고 있던 신민회 의원들을 피하여 국회 제3별관에 여당계 의원 122명이 모여 기명투표방식으로 찬성 122, 반대 0표로 개헌안이 통과되었다.

국민투표로 승인을 받아야 개헌안은 유효한 것이다. 국민투표를 앞둔 10월 10일 박정희 대통령은 對 국민 담화를 발표했다. 다음은 그 일부이다.

… 내가 해 온 모든 일에 대해서, 지금까지 야당은 반대만 해왔던 것입니다. 나는 진정 오늘까지 야당으로부터 한마디의 지지나 격려도 받아보지 못한 채, 오로지 극한적 반대 속에서 막중한 국정을 이끌어왔습니다.
한일 국교 정상화를 추진한다고 하여, 나는 야당으로부터 매국노라는 욕을 들었으며 월남에 국군을 파병한다고 하여, "젊은 이의 피를 판다"고 악담을 하였습니다.
없는 나라에서 남의 돈이라도 빌려 와서 경제건설을 서둘러 보겠다는 나의 노력에 대하여 그들은 "차관 망국"이라고 비난하였으며, 향토예비군을 창설한다고 하여, 그들은 국토방위를 "정치적 이용을 꾀한다"고 모함하고, 국토의 대동맥을 뚫는 고속도로 건설을 그들은 "국토의 해체"라고 하였습니다.
반대하여온 것 등등 대소사를 막론하고 내가 하는 모든 일에 대해서, 비방, 중상, 모략, 악담 등을 퍼부어 결사반대만 해왔던 것입니다.
만일 우리가 그때 야당의 반대에 못 이겨 이를 중단하거나 포기하였더라면, 과연 오늘 대한민국이 설 땅이 어디겠습니까?
내가 해 온 모든 일에 대해서, 지금 이 시간에도 야당은 유세에서 나에 대한 온갖 인신공격과 언필칭 나를 독재자라고 비방합니다.
내가 만일, 야당의 반대에 굴복하여 "물에 물탄 듯" 소신 없는 일만 해왔더라면 나를 가리켜 독재자라고 말하지 않았을 것입니다.
야당의 반대를 무릅쓰고라도 국가와 민족을 위해 도움이 되는 일이라면, 내 소신을 굽히지 않고 일해 온 나의 태도를 가리켜 그들은 독재자라고 말하고 있습니다.
야당이 나를 아무리 독재자라고 비난하든, 나는 이 소신과 태도를 고치지 않을 것입니다.

또 앞으로 누가 대통령이 되든 오늘날 우리 야당과 같은 "반대를 위한 반대"의 고질이 고쳐지지 않는 한 야당으로부터 오히려 독재자라고 불리는 대통령이 진짜 국민을 위한 대통령이라고 나는 생각합니다. …

10월 17일 6차 개헌안은 국민투표에서 총유권자의 77.1% 참여에 65.1% 찬성을 얻어 확정되었다.

10월 23일 KIST 건설 1단계 공사가 완공되어 연구동, 행정동, 주택단지 등이 세워졌다. 예정보다 2년이나 빠른 것이었다. 일정이 2년이나 단축된 것은 박 대통령의 특별한 관심이 있었기 때문이었다. 그는 수시로 공사 현장을 방문하여 진척 상황을 점검하고 작업하는 사람들을 독려했다. 침실에도 건설 현황 차트를 걸어 놓고 진도를 점검했다.

12월 11일 승객 47명 승무원 4명 등 모두 51명을 태우고 강릉에서 서울로 비행하던 대한항공의 NAMC YS-11기가 납북되었다. 출발한지 14분 만인 강원도 평창 대관령 일대 상공에서 승객으로 위장해 타고 있던 북한 공작원 조창희에 의하여 하이재킹되어 북한 원산 인근의 선덕비행장에 강제 착륙했다. 이는 1958년 창랑호 납치 이후 11년 만에 북한이 저지른 일이었다.

12월 13일 새벽 평양방송은 조종사 2명의 자진 입북에 의해 북한에 도착하였다고 했다.

12월 22일에 판문점에서 유엔의 요청에 의하여 '군사정전위원회 비서장회의'가 열려 납북된 사람들과 여객기 기체의 송환을 요구하였다. 이에 북한은 UN에서 개입할 사안이 아니라는 이유를 들며 거부하였다.

【사건 직후, 대한민국 정부에서는 국무회의 의결을 통하여, '탑승객에 대한 검문검색 강화', '비행장 직원에게 사법권 부여', '민간기 승무원들에게 무기 휴대 허용', '승객의 익명 및 타인 명의의 사용 금지' 등의 한층 강화된 항공기 보안 대책을 수립했다.

12개국 주요 항공사에서 이 사건에 대해 규탄한다고 밝히는 등 국제 여론이 들끓자 북한은 1970년 2월 5일 드디어 납북자들을 송환하겠다고 발표했다. 그러나 다시 약속을 뒤엎고 승무원 4명과 승객 8명은 송환을 하지 않겠다고 밝혔다. 결국 2월 14일 판문점을 통해서 12명을 제외한 39명이 돌아왔다.

대한항공 소속 기장과 스튜어디스인 유병하, 최석만, 성경희, 정경숙 씨 등을 포함한 12명은 북한에서 여생을 보낼 수밖에 없었다. 스튜어디스 성경희, 정경숙 씨는 미혼이었으므로 북한 남자와 결혼해 가정을 이루었다. 이 가운데 한사람인 성경희 씨는 32년이 흐른 2001년 2월 제3차 이산가족 방북단으로 평양을 방문한 모친과 잠시 만날 수 있었다.】

창랑호 납치 사건

1958년 2월 16일 부산 발 서울행 대한국민항공사(KNA) 소속 창랑호(기종 : 더글러스 DC-3,) 여객기는 기장 윌리스 P. 홉스와 부기장 맥클레렌 미 공군 중령이 조종을 했는데, 승객 29명과 승무원 3명 및 미군 군사고문단원 중령 1명(비공식승무원) 등 34명을 태우고 오전 11시 30분 이륙했다.

경기도 평택군 (현 평택시) 상공에서 납치되어 평양 순안 국제공항에 강제 착륙 당하였다. 승객 중에는 창랑호 기장인 홉스 등 미국인 2명과 독일인인 요한 리트히스 부부 등 외국인 4명이 포함돼 있었다. 그리고 국회의원 유봉순(兪鳳淳)과 공군 정훈감 김기완(金基完) 대령이 포함되어 있었다.

2월 17일 북한 당국은 "대한국민항공사가 의거 월북했다"고 발표했다.

북한이 대한민국 민항기를 납치한 이유는 중국 수상 주은래의 평양 방문이 예정되어 있는 가운데 KNA기가 자진 월북한 것처럼 꾸며 자신들의 체제 우월성을 선전하기 위해서였다.

북한은 창랑호에 탑승한 모든 인원에 대해 세뇌를 실시했으며 이에 협조적이지 않은 탑승자들을 고문했다.

2월 24일의 UN 사령부는 군사정전위원회에서 승객과 승무원, 기체의 조속한 송환을 북한에 요구했다.

3월 8일 북한은 납치범으로 생각되는 7명을 제외한 모든 승객과 승무원, 총 26명을 대한민국에 돌려보낸다. 그러나 창랑호 기체는 돌려보내지 않았다.

대한국민항공사는 창랑호 납치로 타격을 받고 적자가 늘어났다. 당시 대한국민항공사는 만송호, 창랑호, 우남호 3대의 항공기로 운영을 하고 있었는데 창랑호가 납북당하기 전에 이미 1957년 7월 7일에 만송호가 부산 수영비행장에 착륙하던 도중 기체가 크게 파손되어 전손 처리된 상황에서 창랑호마저 납북으로 잃게 되어 우남호 하나만으로 항공사를 운영해야만 했기 때문에 적자를 피할 수 없었다. 이에 대한국민항공사는 1959년 4월 22일에 거액을 들여 DC-3기 1대를 추가 도입하여 그날로 국내선에 투입하였고 1959년 7월 28일에는 미국 록히드사에서 콘스틀레이션 749A 4발 여객기 1대를 임차하여 국내선과 국제선에 병용 취항했다.

그러나 적자가 늘어나 1961년 8월 25일에 대한국민항공사의 창업주이자 사장인 신용욱(愼鏞項, 1901~1961) 대표가 한강에 투신자살을 했다. 결국 대한국민항공사는 1961년 11월 13일 폐업처리 되었다.

신용욱은 전라북도 고창군 흥덕면 사천리 출신으로 일본 동아항공전문학교와 미국 힐라 헬리콥터학교 조종과를 나왔다. 그는 조선비행학교를 설립하고 교장을 지냈다. 1948년 10월 대한국민항공사(KNA)를 설립하고 사장이 되어 국내 노선을 운항하기 시작했다. 한국전쟁 때 대한국민항공사의 비행기가 징발되고 파산하였다가, 전시 중에 다시 비행기를 들여와 국제노선에도 취항하였다.

신용욱은 제2대, 제3대 국회의원을 지냈으며 교통체신위원장을 역임하였다.

1970년 2월 닉슨 대통령은 국회에 보낸 외교교서를 통하여 닉슨 독트린을 세계에 선포했다.

4월 24일 중국은 인공위성 발사에 성공했다. 이는 중국이 대륙간 탄도미사일(ICBM) 제작 능력을 획득한 것을 의미했다.

7월 5일, 윌리엄 로저스(William Rogers) 미 국무장관은 사이공에서 개최된 베트남 7개 참전국 회의에서 최규하 당시 외무부 장관에게 '주한미군 2만 명 철수' 방침을 통고했다.

7월 7일 경부고속도로(서울~부산 간 428km)가 개통되었다. 모두 429억이 투입된 이 공사는 이때까지는 건국 이래 최대의 토목 공사였다.

한국군 현대화 계획은 월남 파병이 본격화된 1966년에 미국의 약속에 의해 추진됐었다. 이른바 브라운 각서에 따라 미국은 파병의 선행조건으로 한국의 방위력 강화를 위한 지원을 다짐한 것이었다. 그러나 미국의 지원 약속은 매우 소극적인 것이었다. 한국 정부의 요구에 마지못해 약속하는 형편이었고 이행도 지지부진했다.

7월 박 대통령은 김학렬(金鶴烈, 1923~1972) 부총리 겸 경제기획원 장관에게 비밀리에 무기 생산 공장 건립을 지시했다. 대통령의 특명을 받은 김학렬 부총리는 황병태(黃秉泰) 경제협력 차관보를 팀장으로 경제기획원과 한국과학기술연구소의 엘리트로 특별 전담팀(TF)을 꾸렸다.

특별 전담팀의 과제는 주물 특수강 중기계 조선 등 네 개 공장을 건설하는 것과 차관을 가져오는 작업이었다. 경제기획원은 4개 공장을 전략적 우선 사업이라 하여 '4대 핵(core) 공장' 건설이라 불렀다. 탄피와 총알을 만드는 구리공장 건설도 비밀리에 함께 추진했다.

1970년 8월 6일에는 대통령령으로 무기개발을 전문적으로 연구할 국방과학연구소(ADD : Agency for Defense Development)가 설립되었다. 국방과학연구소는 육해공군에 흩어져 있던 군사과학연구기관들을 통폐합하여 만든 것이었다. 출범할 때 ADD의 인력은 겨우 60명이었다. 1966년에 설립된 한국과학기술연구소(KIST)에서 연구 인력을 일부 차출하고, 사관학교 교수 등 군 출신 과학자와 대학을 갓 졸업한 젊은이들로 구성되었다. 국방과학연구소는 보안을 위해 '홍릉 기계공업회사'라 불렀다. 초대 연구소장으로는 박 대통령의 군 선배인 신응균 장군이 임명되었다. 연구소장의 지위는 장관급이었다

1970년 8월 24일 스피로 애그뉴(Spiro Theodore Agnew) 미국 부통령이 주한미군 철수 문제를 상의하러 특사 자격으로 방한했다. 애그뉴 부통령은 박 대통령과 25일과 26일에 걸쳐 2차례 회담하였는데, 2만 명 이상은 감군하지 않겠다고 확약했다. 그러나 대만으로 가는 비행기 안에서는 기자들에게 "한국군의 현대화가 완전히 이루어질 때, 아마도 앞으로 5년 이내에 주한미군을 완전히 철수할 것이다"라고 폭탄선언을 했다. 이 말을 전해들은 박정희 대통령은 "미국의 방침에 일희일비하는 처지를 빨리 넘어서야 한다. 자주국방만이 우리가 살 길이다"라고 말했다.

9월 28일 이집트 나세르 대통령이 52세의 나이로 심장마비로 사망했다.

9월 29일 김대중은 신민당 전당대회에서 예상외로 김영삼을 이기고 신민당 대통령 후보가 되었다.

10월 8~10일 사이 김일성은 중국을 비공식 방문해 국가주석 모택동, 국무원 총리 주은래와 회담했다.

10월 16일 김대중은 대통령 후보가 된 이후 처음으로 기자회견을 하였다. 김대중은 예비군 폐지, 노자공동위원회 구성, 비정치적 남북교류, 4대국 안전보장 등을 제시하였다.

10월 17일 북경에서 이선념(李先念) 중국 국무원 부총리와 북한 정부대표단 단장 정준택(鄭準澤)은 '중국이 북한에 경제 및 기술 원조를 제공하는 것에 대한 협정'과 '장기 통상협정'을 체결했다.

11월 조선노동당 제5차 대회가 열렸다. 조선노동당 제5차 대회는 1961년에 시작한 7개년 경제 발전 계획이 부진을 면치 못하면서 예상보다 늦어져, 제4차 대회가 열린 지 9년이 지나서야 개최된 것이다. 이 대회에서 조선노동당은 1971년부터 추진될 6개년 계획의 기본 과업을 제시하고, 사상·기술·문화의 3대 기술혁명의 본격적인 추진과 '전체 사회의 주체사상화'를 당면 과제로 내세웠다.

김대중은 시국 강연회 명목으로 일찌감치 선거 운동을 시작했다. 첫 유세는 1970년 10월 24일 대전 유세였다.

11월 1일 광주에서 김대중은 지역 균형발전을 위해 세법을 개정하고 여성지위향상위원회를 설치하겠다고 말하였다.

11월 13일 노동자 전태일 씨가 근로조건 개선을 요구하며 분신자살하여 한국 사회에 큰 충격을 주었다.

【전태일의 죽음에는 의문점이 있다. 그가 자신의 몸에 석유를 들어부었지만 불을 붙인 사람은 다른 사람이었다. 그는 재빨리 모습을 감추었다.】

1970년 12월 27일 윌리엄 포터 주한 미 대사는 미 국무부에 '김대중 경력' 보고서를 보냈다. 다음은 그 일부이다.

선거에서의 잠재 취약점

a. 초기 좌익 연루 : 김대중은 1945년 해방 직후 좌파 정치에 연루됐음. 그러나 자세한 부분에서는 언론마다 보도 내용이 다름. 한 보고서에 의하면 김대중은 1940년대 후반, 한때 친공산주의자들이었던 멤버들이 조직한 보도연맹을 위해 반공 연설을 한 바 있음. 이 점을 볼 때 김대중은 초기 한때 좌파에 기울었다는 것을 확인할 수 있으나 동시에 반공산주의로 빨리 넘어왔다는 사실도 알려줌.

10일 전 김대중은 우리 대사관 관리에게 자신의 초기 활동에 대해 말해준 바 있음. 이에 따르면 해방 후 그는 약 6개월간 좌익 신민당에 관계했으나 내부 공산주의자들의 세력에 반대해 당을 떠났음. 김은 또 자신이 1946년 10월 목포 파출소 습격 사건에 가담했던 것으로 비난을 받았으나, 그 사건이 일어나던 날 그는 장남을 출산하는 처 옆에 같이 있었다고 주장했음.

김은 또 우리 대사관 관리에게 말하기를, 1950년 목포가 공산주의 점령하에 있을 때 공산당에 의해 감금되어 사형선고를 받았다고 했음. 그는 공산당 패주로 구출됐음. 미 육군 정보 참모부가 한국 정보계통 관리의 말을 인용한 바에 따르면, 한국 정보계통 인사들 사이에서 이 이야기는 일반적으로 틀림없는 것으로 받아들여지고 있음.

상황을 종합해볼 때, 초기에 좌익에 기울었다는 주장은 대통령 선거 운동에서 김대중에게 잠재적인 위해가 될 가능성이 있음. 그러나 최소한 박 대통령도 똑같은 약점이 있기 때문에 민주 공화당이 이 문제를 공개적으로 부각시킬 것 같지는 않음.

b. 병역 미필 문제 : 김대중의 출생신고서에 따르면 한국전 발발시 24세였으나 한국군에 징집되지 않았음. 김대중은 대사관 관리에게 말하기를 자신은 단순히 소집되지 않았을 뿐이며, 따라서 징집 기피였다고 할 수는 없다고 함. 그러나 당시 부유층이나 유지급 가족의 자제가 병역면제를 받는 것은 흔한 일이었으며, 이를 반증하지 못할 경우 국민들은 군 복무를 하지 않은 것으로 간주할 것임.

신민당의 대통령 후보로 선출된 직후 김대중의 참모들이 준비한 김대중의 이력에 따르면, 김대중은 1950년 10월에는 '공민 해안경비대 전남 지부 부사령관'으로 되어 있음. 조사에 의하면 공민 해안경비대는 지역방위와 해안 경비를 임무로 하는 비공식적인 자원 단체임.

c. 수입원과 정치자금 : 한 가지 아리송한 점은 김대중이 지금까지 박정희 정권으로부터 과연 재정 지원을 받았느냐는 것인데, 대부분이 그런 것으로 받아들이고 있긴 하지만, 만약 돈을 받았다면 왜 재정 지원을 했고 그 액수가 얼마냐 하는 점임. 한 정보요원은 박 정권 초기인 1964년에는 김대중에게 돈을 지원했다고 언급한 바 있음. 최근 들어서는 김대중이 박 정권으로부터 돈을

받은 최대의 수혜자 가운데 한 명인 것으로 대부분의 사람들이 인식하고 있음.

김이 박 정권으로부터 최소한 최근까지 돈을 받았을 가능성과 관련, 정치자금의 흐름이 정보기관에 의해 철저하게 통제되고 있는 한국 정치풍토에서 '깨끗한' 정치자금은 거의 없으며, 이런 류의 돈 지원은 크게 문제되지 않는다는 점을 고려해야 함.

김대중이 1950년대에 국회 진입에 몇 차례 실패한 후 빚더미에 올라 앉았고, 첫째 아내가 자살한 원인이 바로 이 때문이라는 설이 있기도 했지만, 최근 들어서는 재정적으로 안정된 것으로 보이며 풍족한 자금을 가지고 있다는 징후가 보임. 현재 수입원에 대해서는 본 대사관이 파악한 바가 없음. 개인 수입과 관련, 대중 앞에 이를 해명하는 문제에 대해서는 김이 걱정하지 않는 것처럼 보이는데, 선거 유세에서 말하기를, 자신이 당선될 경우 대통령을 포함한 고위공직자의 수입을 공개하겠다는 공약을 한 바 있기 때문임.

박정희 정부의 한 고위 공직자는 최근 사석에서, 김대중이 최근 경제적으로 어려운 회사들을 갈취해 부를 축적한 사실을 선거에서 부각시킬 수 있는 증거를 확보하고 있다고 주장한 바 있음.

미 국무부에는 정보 조사국(BIR : Bureau of Intelligence and Research)이란 정보 기구가 있다. 세계 각국에 있는 대사관 등 해외 공관을 통해 각 나라의 유력 인사들에 대한 자료를 수집 분석도 한다. 이중에는 '잠재적 지도자 신상명세 보고 프로그램(PLBRP : Potential Leader Biographic Reporting Program)'이란 것이 있다.

김대중에 대한 '자료 파일'은 1960년부터 작성되었다. 박 정권은 월남전에 대규모 병력을 파견하여 미국에 대한 발언권이 커진 상태였고 미국 정부로서도 한국의 군사 전략적 가치 때문에 1971년 대통령 선거에 대해 지대한 관심을 가지고 있었다. 미국 국무성 관리들은 선거 실시 1년여 전부터 선거 결과를 예측하기 위해 정보 수집에 열중하고 있었다.

1971년 1월 박정희 대통령은 국방부 연두 순시에서 1970년대에 달성할 국방연구개발 목표를 제시했다. "제3차 경제개발 5개년 계획이 끝나는 1976년까지 최소한 이스라엘 수준의 자주국방 태세를 목표로 총포, 탄약, 통신기, 차량 등의 기본 병기를 국산화하고, 1980년대 초까지 전차, 항공기, 유도탄, 함정 등 정밀 병기를 생산할 수 있는 기반을 확보하라"는 내용이었다. 이에 따라 ADD는 분주해졌다. 대통령이 긴급 지시한 중차대한 사업인 만큼 청와대에서 직접 감독하고 통제했다. '매일매일 진척 상황을 보고하라'는 청와대의 독촉에 ADD의 과학자들은 하루하루 피가 마르는 기분이었다.

그러나 당시 한국의 공업은 가내 공업 수준으로 소총 하나 만들 수 없는 상황이었다(미국이 약속한 M16 소총 공장 설립은 난항을 거듭하며 지지부진했다. 경남 양산에 짓기로 했는데, 미국과 3년여를 실랑이한 끝에 1972년에야 완공되었). 차량정비용 공구조차 만들지 못 했다. 기계공업은 아예 없었다. 중소기업 수준의 주물공장이나 주방용기 만드는 구리공장 정도 있는 상황에서 하루아침에 무기 생산은 불가능했다. 기술도 없고 엔지니어가 없으며 경험, 기본 설비조차 부재한 한국이 갖고 있던 것은 의욕과 의지뿐이었다. 우선 필요한 자금을 마련할 수가 없었다. 외국 차관을 얻으려 했으나 비즈니스 모델도 없는 막대한 투자에 돈을 대겠다는 나라는 없었다. 경제기획원이 애를 썼으나 시간만 헛되이 흘렀다.

1971년은 한반도를 둘러싼 국제 환경에 큰 변화가 일어났다.
1971년 2월 6일 한미 양국 정부는 '1개 사단 철수에 따른 공백을 메우기 위해 미국은 한국군 장비 현대화 5개년 계획(71~75년)에 매년 약 3억 달러의 무상 군사원조를 제공하기로' 합의했다. 이는 미국의 주한미군 감축 계획에 불안을 느낀 한국정부가 '先안보 보장 後철군'을 미국 정부에 강력히 요구하여 이루어진 일이었다.
2월 8일 한국 정부는 155마일 휴전선을 모두 국군이 맡는다고 발표했다. 서해안 일대를 맡던 미 제7사단이 철수하기 때문이었다.
3월 19일 경남 기장군 고리(古里)에서 원자력 발전소 기공식이 거행되었다. 이날 박정희 대통령은 다음과 같이 치사했다.

> 이 지방 시민 여러분, 안녕하십니까. 20세기 전반기에 우리 인류는 원자력이라는 괴상한 물질을 개발했습니다. 2차 대전 말엽, 당시 미국의 루스벨트 대통령이 저명한 과학자 아인슈타인 박사에게 명령을 해서 만든 것이 원자폭탄이었습니다.
> 처음에 이 원자력은 여러분이 아시는 바와 마찬가지로, 태평양 전쟁 말기에 미국이 일본으 히로시마와 나가사키에 투하해서 가공할 만한 파괴력과 살상력을 발휘했던 것입니다. 그 결과, 당시 군국주의 일본은 연합국에 항복을 하고 인류 역사상 가장 비참한 이 전쟁

은 그것으로 일단 종말을 봤던 것입니다.

---------------- (중략) ----------------

그 밖에 가장 많이 개발이 촉진되어 왔고 많이 사용하고 있는 것은 원자력을 이용해서 원자 에너지로 전기를 개발해 보자는 것입니다. 이 원자력 발전소가 오늘날 미국을 위시해서 선진국에서 많이 건설 중에 있는 것입니다. 아이젠하워 대통령이 평화 목적을 위한 원자력 개발을 제창한지 14년 만에 우리나라에서 오늘 바로 이 자리에서, 약 60만 킬로와트를 생산해 내는 발전소를 건설하게 되었습니다. 지금 아시아 지역에서는 일본을 제외하고 우리나라가 두 번째로 이 원자력 발전소를 지금 착수한 것입니다

원래 이 전력이라는 것은, 처음에는 수력발전 최근에 와서는 화력발전 이렇게 발전되어 오다가, 이 원자력이 발명되고 나서는 원자력을 이용해서 발전소를 만드는 것이 가장 싸게 먹히고, 또 요즘 말썽이 되고 있는 공해 문제라는 것이 거의 없다는 이점을 갖고 있습니다. 화력발전은 거의 다 석탄을 원료로 쓴다든지, 또는 기름을 사용해야 되는데, 석탄이라든지 기름이라는 것은 그 자원이 오래 쓰면 제한될 뿐 아니라, 또 먼 거리에서 수송하는데 수소이가 많이 먹힙니다. 원자력은 건설 초기에는 건설 단가가 굉장히 비싸지만 장기적 안목으로 볼 때는 원자력을 사용하면 훨씬 더 발전단가가 싸게 먹는다 하는 그러한 이유 때문에, 대개 선진 각국에서는 지금 원자력 발전을 서둘러서 만들고 있습니다.

---------------- (중략) ----------------

몇 년 전, 우리나라 진해 항구에 미국의 원자력 잠수함이 한 척 들어 왔습니다. 이 잠수함에 초대를 받아, 내가 가서 타 본 일이 있어

요. 그 잠수함은 물론 핵무기로 무장을 하고 있었습니다. 그런데 그 잠수함이 사용하는 연료가, 옛날 같으면 기름을 싣고 다녀야 되겠는데, 이 잠수함은 연료로 원자력을 사용합니다. 조그만 궤짝만 한 원자력 연료를 싣고 다니면 이 배는 한 1년 동안 전 세계를 돌아 다녀도, 어디 딴 데 가서 기름이라든지 석탄이라든지 이런 것을 보급 받을 필요 없이, 그것만 가지고 사용합니다.

얼마나 편리하고 연료가 절약이 되느냐 하는 것은 대략 여러분들도 짐작이 갈 것입니다. 오늘 여기서 착공을 보게 되는 이 원자력 발전소도 앞으로 준공이 되고 나면 여기서 사용하는 것은 다른 화력발전소처럼 원유를 싣고 온다든지, 벙커 C유를 쓴다든지, 석탄을 쓴다든지, 이런 것을 쓰지 않고 조그만 원자력 연료 하나만 가지면 1년 이상 쓸 수 있습니다. 아주 싸게 먹힌답니다.

---------------- (중략) ----------------

20세기 후반기에 있어서 이러한 가장 발달된 원자력 발전소를 우리나라에도 이제 만들게 되었다는데 대해서, 우리는 대단한 자부와 또한 기쁨을 금할 수 없습니다. 아시는 바와 같이 우리나라에는 지금 경제건설, 기타 모든 국가개발에 가장 많이 소요되는 것이 전력입니다.

공장에도 필요하고 우리 국민들의 문화생활을 위해서 전력의 수요는 나날이 늘어나고 있는 것입니다. 정부는 지금 농촌 전화(電化) 사업을 몇 년 전부터 추진을 하고 있습니다. 1964년만 해도 우리 농촌에 전기가 불과 12% 밖에 들어가지 않았습니다. 가령 농가 호수가 100호라 하면 거기 한 12호 정도 밖에 전기의 혜택을 보지 못했습니다. 작년 1970년 말 현재로서는 27% 정도 밖에 안 됩니다. 이것이 앞으로 계속 추진되면 3차 5개년 계획이 끝나는 1976

년 말에 가서 약 70% 정도의 농촌이 전화가 된다고 내다보고 있는 것입니다.

70%라면 아주 먼 벽지라든지 또는 섬이라든지 낙도 이런 데까지는 미치지 못할지 모르지만, 대부분의 농촌에는 전기가 들어갈 수 있는 것입니다. 1979년에 가면 우리는 농촌이나 어촌이나 100% 완전히 전기가 다 들어갈 것입니다.

이렇게 농촌 전화사업 계획은 지금 추진되고 있습니다. 우리는 현재 약 220만 킬로와트 정도의 전력을 생산하고 있는데, 금년 말이면 280만 킬로와트, 3차 5개년 계획이 끝날 무렵에 가면 오늘 여기에 착공을 보게 되는 원자력 발전소의 60만 킬로와트를 포함해서 약 600만 킬로와트의 전력을 우리는 가지게 될 것입니다. 그렇게 되면 우리가 비상시에 필요한 모든 전력을 충분히 무제한 송전하고도 상당한 여력을 가지게 될 것입니다.

우리 국민들이 전기를 얼마만큼 쓰느냐, 지금 내 옆에도 여기 전기 난로를 하나 갖다 됐는데, 이 전기를 많이 쓰는 양에 따라서 그 나라의 수준이나 경제발전도를 추정할 수 있는 것입니다.

아직 우리나라에는, 특히 우리 농촌에 있어서는 전력의 혜택을 그다지 많이 받지 못하고 있는데, 우리가 매년 이러한 발전소를 만들고 전력 생산을 많이 함으로써, 도시는 물론이요 우리 농촌에까지, 비단 공장이라든지, 가로등 뿐만 아니라 여러분들 가정에서부터 부엌, 온돌에 이르기까지 그 전력이 장차 들어갈 수 있다 하는 것을 여러분들이 아시면, 전력 개발이라는 것이 얼마만큼 중요하다는 것을 알 수 있을 것입니다. 보다 더 큰 경제발전을 촉진할 수 있고 보다 높은 문화생활을 할 수 있을 것입니다.

오늘 이 원자력 발전소 건설에 있어서는, 그 동안 오래전부터 미국의 수출입은행과 교섭을 해서 차관이 성립되었던 것인데 웨스팅하우스 회사, 또 이번에 지원을 해주는 영국 회사, 우리 한국전력 회사, 상공부 당국 여러 관계관들이 그 동안 이 사업을 추진하는 과정에 있었던 수고에 대해서 감사를 드립니다.
특히 이 지방 주민 여러분들은 앞으로 이 공장이 완공될 때까지는 여러 가지 협조를 많이 해 주어야 될 것입니다. 그동안 또 여러분들이 협력해 주신 데 대해 감사를 드립니다.

고리 원자력 발전소는 원자력 발전소 건설과 운영에 필요한 지질·기상·용수원(用水源)·골재원(骨材源)과 해상조사(海象調査)를 거쳐 1968년에 선정되었다.

건설은 일괄발주(turnkey) 사업방식이었는데, 미국 웨스팅하우스(Westing house) 社가 주계약자로서 원자로 부문의 제작공급과 발전소 건설의 전반적인 책임을 담당했다. 터빈 발전기 계통의 제작공급은 제너럴 일렉트릭 社에서 맡았고, 국내 기업으로는 현대건설이 원자로 계통공사에, 동아건설이 터빈발전 기계공사에 참여했으며 비파괴검사는 유양 원자력(주)이 맡았다.

원자로는 미국 웨스팅하우스사에서 개발한 가압 경수로형으로서, 1차 계통과 2차 계통이 분리되어 방사능에 의한 2차 계통 오염이 방지되도록 설계되었다.

1971년 3월 예정대로 주한미군 제7사단 병력 2만 명이 철수하여 주한미군은 제2사단만 남게 되었다. 주한미군은 6만 2천에서 4만 2천으로 줄어들었다. 박정희 대통령은 이를 북한이 다시 남침해도 미국이 남한을 돕지 않겠다는 뜻을 밝힌 것으로 받아들였다. 박정희 정부는 자주국방 문제를 심각하게 생각하지 않을 수 없었다. 박 대통령이 핵무기 개발 결심을 굳힌 것은 이때였다.

4월 24일 미국 워싱턴에서 20만 명이 베트남전 반전(反戰) 시위를 벌였다.

4월 27일 7대 대통령 선거가 실시되었다.

3번째 출마한 박정희 후보와 신민당의 김대중 후보는 접전 끝에 박 후보가 634만 2,828표(득표율 53.2%), 김 후보가 539만 5,900표(득표율 45.2%)를 얻어 박 후보가 94만이 넘는 표 차로 승리했다. 이 선거에서 유권자 수는 총 1555만 2,236명으로, 이 가운데 1241만 7,824명이 투표에 참가하여 투표율은 투표율 79.8%였다.

1971년 제7대 대선 지역별 득표 현황

지역	박정희	김대중
서울	80만 5772	119만 8018
부산	38만 5999	30만 2452
경기	68만 7985	69만 6542
강원	50만 2722	32만 5556
충북	31만 2744	22만 2106
충남	55만 6632	46만 1978
전북	30만 8850	53만 5519
전남	47만 9737	87만 4974
경북	133만 3051	41만 1116
경남	89만 1119	31만 595
제주	7만 8217	5만 7004
합계	634만 2828	539만 5900

4월 28일 미 국무부가 헨리 키신저 대통령 안보담당 특별 보좌관에게 보낸 문서에는 이 선거에 대한 간단한 평이 있다.

제목 : 박정희 한국 대통령에게 보낼 축하 전문.

박에 대한 신임을 확인한 투표였다는 말 외에는 선거의 성격에 대해 언급하지 않음. 야당에서는 부정선거라고 주장하지만, 주한 미 대사관의 보고와 언론 보도에 따르면 차분하고 질서있는 가운데 치러진 상당히 공정한(reasonably fair) 선거였음.

4월 29일 신민당은 '4·27 대통령 선거의 진상은 이렇다'라는 제목의 성명서를 발표했다. 이 성명은 이 선거를 "중앙정보부에 의해서 계획되고 지령되고 감독된 완전범죄의 선거였으며, 전 국력을 동원하여 한 개 야당을 때려잡는 소리없는 암살의 선거였다"고 주장했다.

이날 김대중은 공화당 정권이 100만 표 이상 조작했으며 부정을 묵인할 수 없다고 주장했다.

이 선거에서 김대중은 "박 정권이 나를 죽이려 한다"는 말을 여러 차례 했다. 박정희 대통령은 이에 대해 다음과 같이 언급했다.

하도 '죽인다'는 말을 많이 해서 이에 흥분한 金大中 반대자가 혹시라도 위해를 가할까 봐 혼이 났다. 대통령 경호원 반 이상을 金大中 씨 보호하는데, 그것도 눈치 못 채게 투입할 정도였다.

5월 13일 치안국은 전라남북도에 통일혁명당을 재건, 합법을 위장한 대중조직을 마련한 간첩단 11명을 4월 16일부터 30일 사이에 검거했다고 발표했다.

【11명 중 남파간첩은 유낙진(柳洛鎭)이고, 기세문(奇世文)·김행백(金行百)은 고정간첩이었다.

유낙진은 6·25전쟁 때 고향인 남원시 이백면 인민위원회 통계원으로 부역하여 5년 동안 복역했다. 4·19 후 민족자주통일연맹(民族自主統一聯盟, 약칭 民自統) 전라북도상임위원으로 활동하다가 반국가행위자로 지명수배 되었다. 화순탄광과 광주 등 건축공사장에 숨어 날품팔이 생활을 하다가 목수로 일하던 장재섭에게 포섭되어 노동당에 입당했다. 1965년 공소시효가 만료된 뒤 예당종합고등학교에 교편을 잡았다.

유낙진은 1966년 8월 초순 제주도 애월 해안에서 배를 타고 월북, 평양 서구역에 있는 밀봉아지트에서 교육을 받고 남파되어 40여 회의 무선지령을 받고 광주를 중심으로 활동해왔다. 이후에도 북한은 통혁당을 재건하고자 여러 차례 시도했으나 모두 실패했다.】

5월 25일 8대 총선이 실시되었다. 이 국회의원 선거에서 공화당이 113석(48.7%), 신민당이 89석(44.3%)을 얻어 야당 의석이 2배 가까이 증가했다. 특히 대도시인 서울, 부산, 대구에서 신민당은 압승을 거두었다. 서울에서는 19개 지역구에서 18명이 당선되었고 (공화당의 유일한 당선자는 장덕진), 부산에서는 8개 지역구에서 6명이 당선되었다. 대구에서도 5개 지역구 가운데 4명이 당선되었다. 전북의 12개 선거구에서는 전주의 이철승, 군산·옥구의 강근호, 이리·익산의 김현기, 남원의 양해준, 정읍의 류갑종, 고창의 진의종 등 6명이 당선되었다. 김대중은 신민당 전국구로 국회의원이 되었다.

6월 3일 박 대통령은 국무총리를 교체하는 등 대폭 개각을 했다. 김종필이 신임 국무총리가 되었고 최형섭(崔亨燮) 한국과학기술연구소 소장이 과학기술처 장관으로 임명되었다. 최형섭 과기처 장관은 이후 1978년 12월까지 장수하면서 한국 과학기술 발전에 크게 공헌했다. 그는 취임 즉시 원자력 개발 15년 계획을 수립했다.

6장 미국과 중국의 접근

1971년 7월 초 헨리 키신저가 비밀리에 중국을 방문하여 중국 국무원 총리 주은래와 회담했다.

키신저는 하버드대학 국제정치학 교수였는데, 국제질서는 미국과 소련의 양극 체제에서 다극체제로 전환되고 있다면서, 미국은 다극체제에 대비한 외교, 非일방주의적 외교를 펼쳐야 한다고 주장했다. 1969년 닉슨 행정부가 출범하면서, 닉슨은 미국이 당면하고 있는 국내외의 어려운 상황을 타개하기 위해, 대외정책의 방향 수정을 모색하려 했다. 닉슨은 키신저를 국가안보보좌관으로 임명했다.

중국은 1969년에 소련과 국경 충돌을 일으킨 후 소련의 전면적인 침공 가능성을 우려하고 있었다. 이러한 배경에서 키신저-주은래 회담이 성사된 것이었다.

7월 9일 오후에 시작된 회담에서 중국 측은 총리 주은래와 당 군사위원회 부주석 섭검영(葉劍英, 1897~1986) 등이 나왔다. 미국 측은 키신저와 NSC 멤버인 존 홀드리지(John Holdrige), 윈스턴 로드(Winston Lord) 등이 배석했다. 주은래는 주한미군을 주요 화제로 삼았다.

> 주은래 : 좀 설명하고 싶은 것이 있습니다. 인도차이나의 평화 뿐 아니라 극동의 평화를 언급하셨으므로, 인도차이나로만 한정해야 합니까 아니면 다른 지역도 논의할까요?
> 키신저 : 아닙니다. 우리가 논의한 모든 문제에 대해 의견을 들어 보겠습니다.
> 주은래 : 그러지요. 남아시아와 인도 아대륙도 포함해서 말입니다. 먼저 동아시아(East Asia)입니다. 남한에는 당신들의 군대가 있으며 그 곳의 사정도 알고 있습니다. 남한에 미군이 있는데, 남한은 남베트남에 파병했습니다. 그러므로 (베트남에서) 미군이 철수하면 남한 군대도 모두 베트남에서 철수해야 할 것입니다.
> 키신저 : 그래야 하지요.
> 주은래 : 남한의 미군도 철수해야 합니다. 우리는 1958년에 조선반도에서 군대를 자발적으로 철수했습니다. 당신들은 '중국군이 압록강 바로 너머에 있으며, 언제든 쉽게 되돌아올 수 있다'고 말하고 있습니다. 그러나 명분이 있어야

합니다. 그냥 압록강을 넘을 수는 없습니다. 그것은 내정 간섭이 됩니다. 국제 관계에는 보장이 있어야 하는데, 우리는 그러한 보장을 해 주었습니다.

그 협정에는 두 가지 요점이 있습니다 : 모든 외국 군대는 다른 나라에서 철수해야 한다, 그리고 그 나라의 국민들이 외부의 간섭 없이 그들이 보기에 합당한 방법으로 문제를 해결하도록 해야 하다는 것입니다.

---------------- (중략) ----------------

키신저 : 우리는 이미 2만 명의 주한 미군을 감축했습니다.

주은래 : 그래도 아직 4만 명 이상이 주둔하고 있습니다.

키신저 : 아직 약 4만 명이 있습니다. **감축 과정은 극동의 정치적 관계가 개선되는 한 계속될 것이며, 몇 년간의 단계적 감축 과정 뒤에는 극히 소수가 남거나 전혀 남지 않게 될 것이다.**

주은래 : 나는 이 문제를 주시하고 싶습니다. 당신네들이 그렇게 큰 부담을 지고, 또 군사비를 지출하고 있는데, 그 결과는 어떻습니까. 예를 들면 당신네들이 일본을 보호해 왔기 때문에 일본은 19171년 이전에는 군사비를 아주 적게 지출하여 경제력을 급속도로 강화할 수 있었다. (미국) 대통령은 지난 10년 간의 일을 언급했습니다. 미국이 국방비에 대해 출간한 책의 숫자를 보니, 7천 억 달러나 됩니다.

키신저 : 그렇습니다.

주은래 : 일본은 실질적으로 군사비 지출이 없어 급속히 발전하는 결과를 초래했습니다.

대통령은 이제 일본이 아주 강력하다고 말합니다. 물론 미국 사업가들은 일본에 투자를 많이 하고 있습니다. 남한에 미군이 4만 명 주둔하고 있는 목적이 무엇입니까 – 단지 미국의 명예 때문입니까? 미국은 남한과 (상호안전보장) 조약을 체결했습니다. 박정희도 최근에 재선되었습니다. 그리고 미국 부통령이 그를 축하하러 갔습니다. 당신들은 스스로를 묶어 두었습니다.

키신저 : 수상(Mr. Prime Minister), 만약 (우리가) 중국의 정책에 판단을 내리지 않고, 한국에 일본군을 주둔시킨다면 미군이 주둔한 것 보다 더 중국이 불안해 할 것이라는 상상이 듭니다.

주은래 : 우리는 어느 나라 군대든지, 외국 군대가 한국에 주둔하는 것을 반대할 것입니다.

키신저 : 솔직히 나는 한반도 문제 해결이 그리 오래 걸리지 않을 것이라고 생각합니다. … 남한에 미군을 주둔시키는 것이 우리 외교정책의 영구적인 모습이 아닙니다. 철수에 관한 정확한 시간표는 아마도 닉슨 대통령이 논의할 수 있는 문제이거나 매우 가까운 미래에 스스로 해결될 문제입니다.

중국 지도자 모택동과 주은래는 소련의 위협에 맞서기 위해 미국, 일본 두 나라와 국교를 수립하기로 결단을 내렸다.

7월 16일 닉슨 대통령은 주은래 총리의 초청을 받아들여 10개월 안에 중국을 방문하겠다고 발표했다. 중국 정부도 동시에 미국 대통령의 방중 계획을 발표했다. 이 소식에 전 세계가 경악했다.

중국 정부가 미국 대통령의 방중 계획을 대외적으로 발표하기 전에, 주은래는 북한을 방문해 김일성에게 닉슨의 중국 방문 합의 사실을 설명했다.

미-중 화해는 그동안 미국을 '철천지원수'로 선전하고 반미 이데올로기에서 체제 정당성을 찾아온 북한 지도부에게 당혹스러운 일이었다. 김일성은 내부 토론 끝에 중국에 제시할 의견서를 확정했다. 7월 30일 북한 대표로 중국을 방문한 북한 제1 부수상 김일은 주은래를 만나 의견서를 전달했다. 모두 8가지인 북한의 요구 사항은 다음과 같다.

(1) 남한에서 미군 완전 철수
(2) 미국의 남한에 대한 핵무기, 미사일, 각종 무기 제공 즉시 중단
(3) 북한에 대해 진행되고 있는 미국의 침범 및 각종 정탐, 정찰 행위 중지
(4) 한·미·일 군사공동훈련 중지, 한·미 연합군 해산
(5) 일본 군국주의가 부활하지 못하도록 미국이 보증하고 남한에서 미국 혹은 외국 군대 대신에 일본군으로 대체하지 않겠다고 보증할 것
(6) 유엔 한국통일부흥위원단(UNCURK) 해체
(7) 미국은 남북한의 직접협상을 방해하지 말며, 조선 문제의 조선 인민에 의한 자체 해결을 방해하지 말 것.
(8) 유엔에서 한국 문제 토의 시 북한 대표가 마땅히 참여해야 하며, 조건부 초청을 취소할 것

키신저-주은래 회담 이후 중국은 미국과의 국교 수립을 추진했다. 미국 정부도 전후에 세계 경제의 절반을 차지할 정도로 막강했

던 미국의 경제력이 상대적으로 위축되면서 소련과의 군비 경쟁에 부담을 느끼고 있었다. 게다가 베트남 전쟁에 지쳐 새로운 외교 노선을 모색하고 있었다. 긴밀한 동맹국이었던 소련과 중국이 대립하자 미국은 중국과 손잡고 소련을 견제하는 방향으로 놀라운 정책 변경을 결정했다.

8월 10일에는 성남지역 5만여 빈민들의 폭동사건이 일어났다.
8월 12일 한국적십자 최두선 총재는 '남북 가족 찾기 회담'을 갖자고 북한 적십자에 제의했다.
8월 23일에는 실미도에서 북한침투를 위해 훈련받던 군 특수부 대원들이 경비원 23명을 사살하고 탈출하는 사건이 일어나 한국사회에 충격을 주었다.
9월 6일 북경에서 중국 인민해방군 참모총장 황영승과 북한 인민군 참모총장 오진우가 북한에 대한 중국의 무상 군사원조에 관한 협정에 서명했다. 이 자리에는 주은래 총리도 배석했다. 중국은 소련의 침공에 대비하기 위해 병력 대부분을 필요한 중심 지역으로 배치했는데, 만주 일대의 안전을 확보하고 그곳의 후방기지를 보존하기 위해서는 북한의 협조가 절실했다. 이 때문에 중국은 북한과 무상 군사원조 협정을 체결한 것이었다.
9월 25일 김일성은 "속전속결전법을 도입하여 기습전을 감행할 수 있게 하라"고 대남공작 총책 김중린(金仲麟)과 북한군 총참모장 오진우(吳振宇) 등에게 지시했다. 이것이 이른바 김일성의 '9·25교시'이다. 이에 따라 북한군은 남침용 땅굴을 파기 시작했다.

10월 20~26일 사이 키신저는 두 번째로 중국을 방문했다. 닉슨의 중국 방문 문제를 논의하기 위함이었는데 한반도 문제와 대만 문제도 논의되었다. 주은래는 북한의 8가지 요구 사항을 전달했다.

10월 22일 키신저와 주은래는 미국과 중국의 이익이 충돌하는 문제를 두고 4시간이 넘도록 광범위하고 솔직한 대화를 나누었다. 이 가운데 한반도와 관련된 부분은 다음과 같다.

> 주은래 : 현재에도 판문점에서 남북 조선 간에 정전회담이 이뤄지고 있고, 비무장 지대가 존속하고 있습니다. … 그 회담에서 남측 주 대표로는 미국이, 부대표로는 한국이 참석하고 있습니다. 북측에서는 북한이 주 대표로, 중국이 부대표로 참석하고 있습니다. 평화협정은 아직 체결되지 않았고, 상황은 불안하며, 서로 상대방 영토에 대한 침공과 갈등이 때때로 빚어지고 있습니다.
>
> ---------------- (중략) ----------------
>
> 키신저 : 우리는 우리의 맹방(한국)을 '괴뢰(puppet) 정부'로 묘사한 문서를 그냥 두고는 우리의 논의를 진전시킬 수 없다고 생각합니다. … 나는 지난 7월 수상과 회담하기 전에는 솔직히 한반도 문제에 대해 자세히 생각해 본 일이 없었습니다. 우리의 대화는 이미 시작된 남북한 접촉에 영향을 미치지 않을 수 없을 것입니다. 우리는 우리의 친구에게 자신들을 괴뢰라고 부르는 정부를 향해 더 다가가라고 충고하기가 극히 어려운 것이 사실입니다.

두 개의 코리아가 대화한다면 서로 동등한 베이스에서 대화하는 것이 마땅할 것입니다.

---------------- (중략) ----------------

주은래 : 최근에 있었던 남북 조선 두 개의 적십자사 회담은 동등한 베이스에서 이뤄졌습니다. 어느 쪽도 상대방을 '괴뢰 적십자사'라고 부르지 않았습니다. 진전이라고 말할 수 있습니다.

---------------- (중략) ----------------

키신저 : 수상이 잘 모르고 있을 것이라고 생각되는 이야기를 하나 하겠습니다. 우리는 올해 초 북한으로부터 연락을 받았습니다. 날짜는 기억하고 있지 않습니다.
1월이었던 것으로 생각됩니다. 연락은 루마니아 부통령을 통해서 왔습니다.
우리는 매우 은밀하게 대답을 보냈는데 회답은 없었습니다. 우리는 이에 대해 불만스럽게 생각하고 있지 않습니다. 나는 우리의 태도가 원래부터 그들에게 적대적이 아니라는 점을 말하고 싶습니다. … 만약 우리(미국과 중국)의 목표가 현재의 한반도 상황 해결을 위한 영구적인 법적 제도의 마련이라면, 우리는 당신들과 그 작업을 어떻게 할 것인가를 논의할 준비가 돼 있습니다. 우리는 적대감을 되살아나게 할 가능성이 있는 그런 법적인 제도에는 관심이 없습니다. 당신의 목표가 한반도 주둔 미군 감축이라면 내가 지난번에 말한 것처럼, 우리의 기본 정책은 어떤 경우든 국제적인 작업이 불가피하다는 것입니다.

주은래: 만약 당신들의 궁극적인 목표가 남조선 주둔 미군의 철수라면, 당신들의 또 다른 목표는 남조선 주둔 미군을 일본군으로 대체하는 것입니다. 이렇게 말해도 괜찮습니까.

키신저: 수상은 늘 나보다 한 걸음 앞서 갑니다. 일본 자위대를 주한 미군과 대체하는 것은 우리의 목표가 아닙니다. … 미국은 일본의 군사력 팽창에 반대하고 있습니다.

---------------- (중략) ----------------

키신저: … 만약 우리의 목표가 한반도에 안정을 가져다주고, 전쟁의 위험에서 벗어나게 하며, 다른 세력이 이 지역으로 팽창해 들어오지 못하게 하는 것이라면 중국과 미국은 함께 갈 수 있을 것입니다. 그러나 목표가 현재 남한에 존속하고 있는 정부를 위험하게 하고, 북한이 남한을 공격하기 쉽게 만들어서, 남한에 압력을 가하는 것이라면, 당연히 다른 상황이 전개될 것입니다. 우리가 한반도를 위해 영구적인 법적 장치를 만들어주기 위해 당신들과 협력하는 데는 아무런 문제도 없습니다.

주은래: 유엔이 북한에 대해 적대적인 자세를 취하고 있기 때문에 북한은 자체 방어 이외에는 생각할 수 없는 상황입니다. 북한은 남한이 항상 경계선을 확대하려 하기 때문에 남한에 대해 불만을 갖고 있습니다.

키신저: 나는 수상에게 미군이 남한에 주둔해 있는 한 남한이 군사분계선을 넘으려는 어떤 기도에 대해서도 협조하지 않

을 것이라는 약속을 할 수 있습니다.

---------------- (중략) ----------------

주은래 : 나는 한반도의 '두 개의 국가'라는 표현을 좋아하지 않습니다. 그렇게 말하는 것은 한반도가 영구히 둘로 분단된다고 말하는 것과 같기 때문입니다. 한국 인민들은 통일을 바라고 있으며, 평화적으로 통일을 달성할 수 있어야 합니다. … 한반도의 궁극적인 평화통일이 최종적으로 어떻게 달성될 것인지에 대해서는 더 연구해보지 않았지만 조선 반도는 인구가 겨우 4000만에 불과하기 때문에 통일돼야 합니다.

---------------- (중략) ----------------

키신저 : 내 생각은 한반도의 양측은 동등하다는 것이며, 어느 쪽도 통일에 대해 배타적인 권리를 갖고 있지 않다는 것입니다. … 만약 군사적인 압력이 북측으로부터 온다면 결과가 어떻게 되겠습니까.
주은래 : 북이 남을 공격한다면 어떻게 되느냐는 말입니까.
키신저 : 그렇습니다.
주은래 : 그런 일이 실제로 벌어진다면 커다란 부담을 떠안게 될 것입니다.
키신저 : 북한이 말입니까?
주은래 : 그렇습니다, 북한이.

---------------- (중략) ----------------

> 키신저 : 우리는(미국과 중국은) 우리의 영향력을 우리의 친구들이 군사적 모험주의의 길을 걷지 않도록 하는 데 사용해야 한다고 생각합니다.

키신저가 중국을 방문하고 있던 기간 중인 10월 25일 자유중국(대만)이 UN에서 축출되고 그 자리를 중국이 차지하는 격변이 일어났다.

김일성은 키신저와 중국 지도부의 두 번째 회담 결과를 빨리 알고 싶어 했다. 닉슨 독트린 발표 이후 주한미군 일부 병력의 철수가 이루어지고 있었기 때문에, 북한 측의 미군 철수 요구에 미국이 어떤 반응을 보였는지 궁금했다.

11월 1~3일 사이 김일성은 북경을 비밀리에 방문하여 모택동과 주은래를 만났다.

주은래에게 주은래-키신저 회담의 내용과 북한 요구에 대한 미국의 반응을 들었다. 주은래는 키신저가 북한의 요구를 전달받고 특별한 반응을 나타내지 않았다고 전했다. 주은래와 김일성은 닉슨 독트린에 따른 미군 철수를 실현시키기 위해서는 가시적인 긴장완화 조치가 있어야 한다는 데 의견을 같이했다. 김일성은 주은래와 남북대화 문제에 대해서도 깊숙하게 논의했다.

11월 20일 남북적십자 예비회담이 열렸다.

7장 오원철과 번개 계획

　1970년 여름부터 시작된 무기 개발이 지지부진한 가운데 오원철 (吳源哲) 상공부 차관보가 혁신적인 아이디어를 냈다. 처음부터 완제품 무기 공장을 세우겠다는 생각을 버리고 일단 부품 공장들을 세우자고 제안했다. 박정희 대통령은 "돈도 적게 들면서 중화학공업과 방위산업을 동시에 건설하는 일석이조 전략"이라고 찬성했다.
　11월 초 박정희 대통령은 "모든 일을 직접 챙기겠다"면서 청와대에 경제 2수석실을 신설했다. 이 부서는 방위 산업을 전담하기 위해 만들어진 부서였으나 나중에는 핵무기 개발에서 총괄 조정역도 맡았다.
　1971년 11월 10일 오원철 상공부 차관보를 경제 제2비서실 수석비서관에 임명했다. 오원철 수석 비서관은 오로지 대통령에게만 보고할 책임이 있었다. 박 대통령은 임명장을 주고 선 채로 다음과 같이 지시했다.

　　첫째, 안보 상황이 초비상 상태다.
　　둘째, 우선 예비군 20개 사단을 경장비 사단으로 무장시키는 데 필요한 무기를 개발 생산하라. 60mm 박격포까지를 포함한다.
　　셋째, 청와대 안에 설계실부터 만들어 직접 감독하라. 나도 수시로 가 보겠다. 처음 나오는 병기는 총구가 갈라져도 좋으니 우선 시제품부터 만들라. 차차 개량해 나가면 쓸 만한 병기를 생산할 수 있게 된다. 우수한 인재를 동원하라.
　　넷째, 북한군의 최근 동향에 대해서는 이후락 중앙정보부장을 만나 설명을 듣도록 하라.

오원철 수석은 그 길로 궁정동 안전가옥으로 가서 중앙정보부장을 만났다. 이후락은 그에게 이렇게 말했다.

지금 최일선에서는 위기촉발의 분위기요. 언제 사건이 터질지 모르겠소. 북한은 각 부대를 최일선으로 대이동을 시키고 있으며 탱크들도 휴전선 바짝 가까이까지 이동시키고 있소. 그런데 우리 측에서는 충분한 대비책이 안 되어 있다는 것이 정보부의 해석이오. 우선 소총만 하더라도 우리 M1소총은 북한의 아카보 소총(AK총)보다 성능이 떨어진다는 것은 다 알고 있는 사실 아니오.

이후락은 캐비닛에서 총 한 자루를 꺼내 주며 말했다.

서독군에서 쓰고 있는 총이오. 아주 간단한 구조인데 참고로 해서 만들어보시오. 지금 일선에서 가장 중요한 것은 탄약이오. 탱크가 공격해온다면 대전차 지뢰를 깔아놓아야 하는데 태부족이야. 심지어 탱크가 쳐들어 왔을 때 결사대가 지뢰 한 개씩을 메고 탱크에 뛰어드는 육탄전이라도 해야 할 판인데 지뢰조차 없다는 보고요. 북한은 최근 들어 '김일성 환갑을 서울에서 열자'는 구호를 전 국민에게 내걸고 있는데 6·25사변을 다시 일으키겠다는 말 아니겠소? … 오 동지! 나를 위해 사력을 다해주시오.

오원철은 직립부동자세를 취하고 "예, 알았습니다. 목숨을 걸고 뛰겠습니다"라고 대답했다.

이로부터 일주일 뒤인 11월 17일 박 대통령은 ADD에 병기 시제품 긴급개발을 지시했다. "총포탄약 등 재래식 경무기와 주요 군수장비를 4개월 내에 국산화하라"는 것이었다. ADD는 이 무기 국산화 프로젝트에 '번개 사업'이란 이름을 붙이고 24시간 쉬지 않고 일하며 한 달 만에 소총과 박격포를 만들어냈다. ADD 연구원들은 도면과 기술 자료도 전혀 없는 상황에서 역설계(逆設計) 공법(reverse engineering)으로 시제품을 만들었다. 육군 수경사(수도경비사령부, 현 수도방위사령부)에서 M20 A1, M20 B1포를 1문씩 빌려와 분해해 부품을 스케치하고 치수를 정밀 측정해 작성해 도면을 만들었다. 총열을 가공할 수 있는 설비인 브로칭 머신(broaching machine)은 대전의 국제특수금속회사가 1대 가지고 있었다.

박 대통령은 오원철 경제2 수석 비서관, 국방부장관, 상공부장관, 과학기술처장관, ADD소장 등으로 구성된 무기개발위원회(WEC)를 비밀리에 운영했다. 그러나 이들의 움직임은 곧 미국 정보망에 잡혔다.

1971년 12월 6일 박정희 대통령은 '국가비상사태'를 선포했다. 닉슨 대통령이 '아시아의 안보는 아시아인 손으로'라는 내용의 닉슨 독트린을 발표하고 미국정부가 주한미군의 일부를 철수하고 중국과 국교를 수립하는 등 격변하는 국제정세에 대한 대응이라는 것이 그 이유였다. 박정희 대통령은 비상사태에 따른 담화문을 통해 정부시책은 국가안보를 최우선으로 하고 조속한 안보태세를 확립하며, 안보상 취약점이 될 사회불안을 용납하지 않고, 모든 국민은 안보위주의 새로운 가치관을 확립할 것 등 6개항을 선언했다.

12월 16일 청와대 대접견실에는 대한민국 유사 이래 M1카빈, M19, A4 기관총, 60mm 박격포 등 무기 8종이 처음으로 공개되었다. 오원철 씨는 이날을 다음과 같이 회고한다.

빨간 카펫이 깔려있는 대접견실에는 샹들리에 불빛이 찬란했다. 여기에 국산 초유의 각종 병기가 진열된 것이다. 60mm 박격포, 로켓포, 기관총, 소총류 등이었다. 박격포는 카펫 위에, 총기류는 진열대 위에 놓여 있었다. 새로 칠한 국방색 병기는 병기라기보다는 예술품이었다.…박 대통령은 환히 웃으며 자랑스럽다는 듯이 "우리가 만들어낸 병기들이야"라고 했다. 연구진의 노고를 치하하면서 "금년도 최고의 크리스마스 선물이다. 우리도 마음만 먹으면 해낼 수 있어. 우리도 이제는 이런 정도로는 발전된 거야"라고 기뻐했다.

초단기간에 만들은 국산 무기 시제품들은 여러 가지 문제가 있었으나 '우리도 할 수 있다'는 자신감을 연구원들에게 주었다.

1971년 12월 26일 ADD의 구상회 박사와 김중보 공군작전참모부장은 오원철 제2 경제수석의 부름에 청와대로 갔다. 오원철은 4년 내에 사정거리 200km의 지대지 유도탄(guided missile)을 개발하라고 박정희 대통령의 친필 메모를 전달했다.

미사일은 날아다니는 종합과학이다. 유도 조정, 구조 해석, 추진제 제조 등 각 분야의 고급 기술이 농축된 무기 체계의 정화이다. 모든 관련 노하우와 연구 시설을 갖춘 미국도 사정거리 780km의 퍼싱 I (Pershing one) 지대지 유도탄 개발에 5년이나 걸렸다. 당시 한국의 과학기술 수준에 비추어 4년 내에 미사일을 개발하라는 대통령 특별 지시는 납득할 수 없는 무모한 일이었다.

이때 한국 육군은 미국 제품인 유도가 되지 않는 지대지 로켓탄 어니스트 존(Honest John)과 지대공 유도탄인 호크(Hawk), 나이키 허큘리스(Nike-Hercules)를 보유하고 있었다. 해군과 공군도 미국제 미사일을 보유했는데, 지대지 유도탄 개발에 전혀 도움이 되지 않았다. KIST에서는 이경서 박사를 중심으로 하는 연구진이 대전차 미사일 개발 계획을 수립하고 있는 정도였다.

1959년 국방부과학연구소(1954년 설립)는 인천 부근의 서해안에서 3단 로켓 시험 발사에 성공했다. 그러나 1961년 국방부과학연구소가 폐지되면서 후속 연구가 없었다. 1960년대 말부터 공군사관학교에서 과학기술처로부터 연구비를 받아 로켓을 개발했지만 어려움이 많았다. 추진제 제조 시설이 없었으므로 복기추진제 대신 혼합추진제 가운데 가장 만들기 쉬운 아스팔트 형 추진제를 실험실에서 손으로 주물러 만들어 썼다.

추진기관의 추진력을 시험하는 지상 연소시험까지 거치는 등 모든 로켓 개발 단계를 밟아 1971년 10월 인천 팔미도에서 시험 발사에 성공했다. 그러나 비행 상태를 계측하는 장비가 없어 비행 상태를 파악하지 못했다.

> **추진제(推進劑, propellant)**
>
> 로켓의 동력을 내는 연료(燃料, fuel)와 산화제(嚴化劑, oxidizer)를 일컫는다. 고체추진제(solid propellant)와 액체추진제(liquid propellant)로 나뉜다.
> 고체추진제에는 복기추진제(復基推進劑, slot propellant)와 혼합추진제(混合推進劑, composite solid propellant)가 있다. 복기추진제는 성능은 좋으나 제조 과정이 복잡하여 널리 쓰이지 않는다.
> 액체추진제는 로켓 엔진을 복잡하게 하고, 취급하기에 위험하며, 즉시 발사할 수 없어 군사용으로는 불리하다. 그러나 비추력(比推力) 등의 성능이 높고 연소하는 시간도 길며 연소의 제어가 가능하므로 우주 로켓의 주 추진제(主推進劑)로 쓰이고 있다.

미사일을 개발할 인력도 문제였다. 공군사관학교, ADD, KIST 등 3개 기관에서 로켓 개발에 종사하는 인원은 모두 합해 30명도 안되었다.

1972년 4월 국방부는 ADD에 정식으로 미사일 개발을 요구하는 공문을 전했다. 공문에서 미사일 개발 작업을 '항공 공업 육성 계획'이라는 위장 명칭으로 불렀다. 공문의 핵심 내용은 다음과 같았다.

북한의 기동 공격무기를 효과적으로 파악할 수 있는 단거리 전술 지대지 유도탄을 1974년 말까지 개발·생산하고 1976년 말까지 북한의 주요 군사기지를 파괴 내지 무력화시킬 수 있는 장거리 지대지 유도탄을 개발하되 ADD 소장 책임하에 거국적으로 연구계획단을 편성해 8월 말까지 연구개발 계획서를 국방장관에게 보고하라.

이에 따라 ADD에서 구상회, 서정욱, 박귀용 KIST에서 이경서·정선호·손성재·김연덕, KAIST에서 김길창·윤덕용, 육군에서 김정

덕, 해군에서 최호현, 공군에서 홍재학 등 12명이 참여해서 연구계획단이 구성되었다. 이들은 1972년 5월 16일에서부터 7월 4일까지 미국의 미사일 연구소를 견학했다. 연구 계획단의 작업 장소는 ADD가 아닌 동부 이촌동의 한 아파트였다. 미국 정부의 눈을 피하기 위해서였다. 미국은 한국이 공격용 무기를 개발하는 것은 적극 반대하고 있었다.

8장 미사일과 핵무기 개발의 시작

1972년 1월 11일 박정희 대통령은 연두 기자회견에서 안보우선의 총력 체제를 구축하겠다고 밝혔다.

1월 26일에 북조선 내각 부수상 박성철은 북경을 방문하여 주은래, 이선념(李先念) 등 중국 지도자들과 회담을 가졌다. 미·중 정상회담에서 중국 측이 한반도 문제에 대해 취할 입장을 조율하기 위한 방문이었다.

2월 21일 오전 닉슨 미국 대통령은 북경에 도착했다. 닉슨 대통령 부인과 윌리엄 로저즈 미 국무장관, 헨리 키신저 대통령 안보보좌관 등이 수행했다.

2월 21일 오후 2시40분 북경 중남해(中南海)에 있는 모택동의 거주지 풍택원(豊澤園)에서 리처드 닉슨, 헨리 키신저, 모택동, 주은래 4인이 모여 회담했다.

79세의 모택동은 병색이 짙어 닉슨은 몇 마디 주고받지 못했다.

그러나 이 짧은 대화에서도 한반도 문제는 거론됐다.

닉　슨 : 주석과 대만, 베트남, 한반도 문제에 대해 논의하고 싶습니다.
모택동 : 골치 아픈 일에 나는 끼어들고 싶지 않습니다. 화제가 철학적인 것이었으면 좋겠습니다. … 우리가 일본이든 남조선이든 위협하는 일은 없을 것입니다.
닉　슨 : 우리도 어떤 나라도 위협하지 않을 것입니다.

모택동의 건강이 나빠 닉슨은 주은래와 마무리 회담을 했다. 2월 23일과 24일 조어대 국빈관과 인민대회당에서 진행됐다.

주은래 : 어떻게 북과 남의 접촉을 촉진할 것인가. 어떻게 평화통일을 촉진할 것인가. 그 문제는 시간이 오래 걸릴 것입니다.
닉　슨 : 여기서 중요한 것은 우리 양국이 우리의 동맹국들을 억지하기 위해 영향력을 발휘해야 한다는 것입니다. 북이든 남이든 한국인들은 감정적으로 충동적인(impulsive) 사람들입니다. 중요한 것은 우리가 이 충동적이고 호전적인 사람들이 사건을 일으켜서 우리 두 나라를 놀라게 하지 않도록 영향력을 발휘하는 것입니다. 한반도를 우리 두 나라가 갈등하는 장소로 만드는 것은 어리석을 뿐만 아니라 비이성적인 것입니다. 한 번은 일어났지만 다시는 일어나서는 안 됩니다. 1953년 나는 부통령으로서 아이젠하워 대통령이 이승만에게 보내는 구두 메시지를 전달했습니다. 당시 이승만은 북진할 생각을 하고 있었고, 나는 그에게 그렇게 해서는 안 되며 만약 그렇게 한다면 더 이

상 미국의 지지를 받지 못할 것이라는 불쾌한 말을 했습니다. 내가 그 말을 전달했을 때 이승만은 나에게 소리를 질렀던(cry out) 것으로 나는 기억하고 있습니다.

주은래 : 당신이 묘사한 이승만의 성격은 우리가 듣던 것과 비슷합니다.

닉　슨 : 무엇과 비슷하다고요?

주은래 : 몇 년 후 그는 세상을 떠났습니다.

---------------- (중략) ----------------

닉　슨 : 수상은 동의하지 않을지 모르지만 이른바 닉슨 독트린이라는 것에 대해 말하겠습니다. 우리는 그 독트린에 따라 한반도 주둔 미군을 감축 중이다. 한반도 문제는 일본과 관련이 있는 것이며, 대만 문제와는 다릅니다.

---------------- (중략) ----------------

주은래 : 우리는 당신네 군대가 조선반도에서 점차적으로 감축하는 데 감사하고 있습니다.

2월 28일 닉슨 대통령과 중국 국무원 총리 주은래는 주권 존중, 내정 불간섭, 호혜 평등을 천명하는 상해 공동 성명을 발표했다. 상해 공동 성명의 공식 명칭은 '미합중국과 중화인민공화국의 공동성명(Joint Communiqué of the United States of America and the People's Republic of China, 中华人民共和国和美利坚合众国联合公报)'이다.

이 성명의 특징은 합의된 사항뿐만 아니라 두 나라의 입장을 각각 소개하고, 합의하지 못한 사항까지 열거하고 있는 점이다. 성명은 크게 '경과', '미국 측 주장', '중국 측 주장', '합의사항' 등 네 부분으로 구성되어 있다.

중국과 미국의 '합의사항'은 다음과 같다.

중국과 미국 간에는 사회체제와 대외정책에 있어 근본적인 상이점이 있다. 그러나 양측은 그들의 사회체제와 상관없이 주권과 영토권의 존중, 다른 나라에 대한 불가침, 다른 나라에 대한 내정불간섭, 평등·호혜 및 평화공존 등의 원칙에 입각하여 그들의 관계를 수행해야 한다고 합의했다. 국제분쟁은 이러한 원칙에 기초해 무력행사나 무력위협 없이 해결되어야 한다. 미국과 중국은 그들의 상호관계에 이러한 원칙을 적용할 준비를 갖추었다. 국제관계에 관한 원칙을 염두에 두고 양측은 다음과 같이 천명했다.

* 미국과 중국의 관계 정상화를 위한 전진은 모든 나라의 이익에 부합한다.
* 쌍방은 국제적 군사분쟁 위험을 제거하기를 희망한다.
* 어느 측도 아시아·태평양지역에서의 패권을 추구하지 않을 것이며, 어느 다른 나라 또는 국가들이 이 같은 패권을 추구하려는 노력에도 반대한다.
* 어느 측도 제3국을 위해 협상하거나 다른 측에 대항하는 협정이나 양해사항을 성립시키는 행동을 하지 않을 것이다.

3월 7~9일 주은래가 북한을 방문하여 미중 정상회담의 경과를 김일성에게 설명했다.

  중국은 3차례의 미중 정상회담 내용을 즉시 김일성에게 전달해주었으나, 미국은 한국 정부에 사전 협의는 물론 사후에도 제대로 통보해주지 않았다. 미·중 간 관계 변화를 감지한 박정희 대통령이 여러 차례 한·미 정상회담을 요청했으나 거절했다. 박 대통령은 여러 가지 이유로 닉슨 대통령에 대해 감정이 좋지 않았다. 유재흥 국방장관에게 "닉슨이 미군 뺀다, 그놈 자식…"이라고 하며 불쾌한 감정을 드러내기도 했다.

  핵무기 개발을 위해서는 우선 관련 기술을 확보해야 했다.
  핵무기 제조의 핵심은 순도가 100%에 가까운 플루토늄을 확보하는 것인데 이것은 원자로를 가동한 후에 타고 남은 핵연료를 재처리(reprocessing)해서 얻는다. 박 정권은 핵연료의 재처리 시설과 관련 기술의 도입은 프랑스를 상대로 교섭했고, 연구용 원자로(NRX)는 캐나다로부터 도입하려 했다. 별도로 벨기에와도 교섭했다.
  1972년 5월 최형섭 과학기술처 장관은 오원철 경제 수석과 더불어 프랑스, 룩셈부르크, 이스라엘 등 6개국을 방문했다. 최형섭은 프랑스를 방문, 프랑스와 오르톨리 산업기술부 장관으로부터 핵연료 재처리 기술 등을 제공받기로 확답을 받았다. 프랑스는 미국이 주도하는 핵확산금지조약(NPT)을 지키기보다는 재처리 기술과 시설을 판매해 얻는 경제적 이익에 관심이 있었다. 프랑스는 한국과의 사업을 최우선 국책사업으로 선정하기까지 했다.
  최형섭과 동행하여 유럽을 방문한 오원철은 미국의 강력한 반대에도 불구하고 프랑스의 엑조세(Exocet) 대함 미사일을 구입했다. 미국은 한국이 엑조세 미사일을 한국 해군 함정에 탑재하는 것을 막았다. 한국 해군 함정은 2척의 소형 한국산 고속정을 빼고는 모두 미국의 재산이라는 이유에서였다. 사실 한국의 군함은 거의 미국이 무상 또는 헐값으로 넘긴 것이었다, 대신 미국은 신형 하푼(Harpoon) 함대함 미사일의 한국 판매를 승인했다. 미국 정부는 이전에는 구식 미사일을 사라고 제의했었다. 한국 해군은 하푼 미사일로 무장할 수 있게 되었다.

1972년 7월 20일 박 대통령은 국방 대학원 졸업식에서 핵무기 개발을 암시했다.

> 우리나라는 우리 국민이 지킬 수밖에 없습니다. 우리가 하고자 하는 일을 의연한 자세로 강력히 추진할 때, 그리고 미국이 도와주지 않더라도 우리는 끝내 해낼 수 있다는 능력을 보여줄 때 비로소 미국은 협조한다는 사실을 알아야 합니다. 이것이 바로 자주 국방입니다.

ADD의 미사일 연구 계획단은 논쟁 끝에 장거리 지대지 미사일 계획에 역량을 집중하기로 했다. 그러나 연구소, 시험장, 연구 장비, 시험 장비가 전혀 없는 상황에서 4년 내에 개발한다는 것은 불가능이었다. 결국 한국군이 보유한 사정거리 180km의 NH(Nike Hercules, 나이스 허큘리스) 지대지 미사일을 모델로 해서 개발하기로 결정했다. 다음과 같은 개발 방안은 확정했다.

- 외형은 NH와 동일하게 하고 기체를 모두 국산화한다.
- 추진기관은 NH보다 비추력(比推力)이 큰 혼합추진제로 새로 개발한다.
- 유도조정 장치는 진공관으로 되어 있는 것을 모두 반도체화 한다.
- 지상 장비는 가능한 한 NH 장비를 사용하되 유도신호 처리는 컴퓨터가 하도록 한다.

그러나 NH 모방도 쉬운 일은 아니었다. 설계 도면이 없어 역설계로 도면을 그려 제작하기로 했다. 추진기관의 성능과 중량이 변하면 속도가 달라지고 유도조정 장치 설계에 필요한 공력 계수가 달라지므로 초음속 풍동 실험이 필요하다고 결론을 내렸다.

풍동(風洞, wind tunnel)

공기가 흐르는 현상이나 공기의 흐름이 물체에 미치는 힘 또는 흐름 속에 있는 물체의 운동 등을 조사하기 위해 인공적으로 공기가 빠르게 흐르도록 하는 장치이다.

항공기용의 경우, 실물과 비슷한 모형이나 실물을 이용하여 비행기가 받는 공기력·모멘트 등을 실험적으로 측정한다. 보통의 풍동에서는 기류를 순환시켜서 연속적인 흐름을 만드는데, 기류를 어떻게 순환시키는가에 따라 폐회로식(閉回路式)과 개방로식(開放路式)으로 나눈다.

풍동 시험은 실물을 사용하여 직접 측정하는 것에 비하여 소형의 모형을 사용할 경우에는 모형을 계통적으로 변화시켜 측정결과를 해석할 수 있으므로 비용이 적게 들고, 쉽고 안전하게 실험할 수 있는 장점이 있다.

그러나 모형과 실물 사이의 크기의 차, 속도의 차 등 여러 측정량의 차이가 측정결과에 큰 영향을 미치므로 실험결과가 때때로 실물에 의한 시험결과와 다른 경우가 있으므로 측정결과를 해석할 때 신중히 고려할 필요가 있다.

1972년 9월 15일 미사일을 개발하는 항공 공업 추진 계획서가 완성됐다. 이 계획에 따르면 74년 말까지 중거리 무유도 로켓, 76년 말까지 중거리 지대지 미사일, 79년 말까지 장거리 지대지 미사일을 개발한다는 것이다. 이 계획서에는 연구개발 장비, 비행시험 장비, 추진제 제조공장 확보 방안 등이 포함되어 있었다. 박 대통령은 계획서를 보고 미사일 개발 연구소, 시험장의 입지와 건설을 포함한 세부 계획을 작성 보고하라고 지시했다.

　1972년 10월부터 한국 원자력연구소와 프랑스 원자력 위원회(CEA : Commissariat a l'energie atomique)간에 실무접촉이 활발해졌다(1973년 10월에는 서울~파리 간 직항로가 개설되었다).

9장 유신 선포

　1972년 7월 4일 대한민국과 북한 정부는 자주·평화·민족적 대단결을 원칙으로 하는 이른바 남북공동성명을 발표했다.

　박정희 대통령은 5월 초 비밀리에 중앙정보부장 이후락(李厚洛)을 방북시켜 김일성과 면담하게 하였고 5월 말에는 북한 대표로 박성철(朴成哲)이 서울을 방문했다. 비밀접촉에서는 주로 정치적 문제가 논의되었는데 공동성명에서는 대화통로로 남북조절위원회를 설치하기로 했다. 모든 국민이 놀란 이 성명을 계기로 통일에 대한 기대와 환상이 전국에 팽배해졌다.

　남북 공동성명이 발표되자 김홍일 당수와 김대중은 1973년 초까지 전당대회를 연기하여 남북협상의 진행 등 국내외 정세를 관망할 것을 주장했다. 논란 끝에 전당대회는 8월 23일에 열기로 했다(2차 연기).

8월 3일 박정희 대통령은 이른바 8·3 경제긴급조치를 내놓았다. 기업들이 사채 이자에 시달리자 이를 구제하기 위한 긴급처방이었다.

김대중은 8·3 경제긴급조치 반대를 주장하고, 지구당위원장의 대의원 임명이 불법이라며 다시 전당대회 연기를 주장했다.

8월 14일 저녁 전당대회 연기 문제를 토론하기 위해 김홍일 총재 집에서 각파 중진회의가 열렸다. 김대중은 이때 이미 유진산이 총재로 선출될 가능성이 높은 전당대회는 불참하기로 결정하고 있었다. 이 중진회의에서 전당대회는 9월 중에 열기로 했다.

8월 22~25일 사이 김일성은 다시 중국을 비밀리에 방문했다. 7·4 남북 공동성명과 관련하여 주은래와 의견을 나누었는데, 주은래는 중국의 통일전선 경험을 들려주며 원칙 있는 통일전선 운용을 강조했다.

8월 30일 이산가족을 찾기 위한 제1차 남북적십자회담이 평양 대동강 문화회관에서 열리면서 대한민국 사회는 당장이라도 통일이 될 것 같은 분위기로 들떴다.

9월 1일 신민당은 정무회의를 열어 전당대회일자를 9월 26일로 공고했다. 3번째 연기이며 4번째 대회날짜 공고였다.

이토록 전당대회가 거듭 연기된 이유는 유진산의 당 총재 복귀 가능성이 높아짐에 따라 김대중이 연기 전술로 맞선 탓이었다. 김대중은 유진산의 총재복귀에 따른 보복을 우려했고 김홍일 총재로서는 총재직이 연장되어 좋았다. 이렇게 전당대회가 연기되는 동안 당내 실력자들인 고흥문 김영삼 이철승 정해영 등은 유진산 쪽으로 기울었고 김홍일 김대중 양일동이 反유진산 연합을 형성했다.

반유진산연합은 다시 전당대회를 연기할 것을 주장했다.

9월 18일 김대중 계는 정무회의에서 대회연기를 제기하려 했으나 유진산계의 유회 전술로 실패했다.

9월 21일 정무회의에서 김홍일 총재는 "진산과 김대중의 양극대립이 해소되지 않는 한 대회를 연기할 수밖에 없다"고 선언했다.

9월 25일 저녁 세종 호텔에서 김홍일 유진산 김대중 양일동 4자 회담이 열렸다. 이 회담에서는 예정대로 9월 26일 전당대회를 열기는 하되, 총재경선 등 다른 안건은 다루지 않고 전당대회 연기만 결의하자는 데 의견을 모았다. 그러나 대회연기의 구체적 시한에 대해서는 의견이 엇갈렸다. 이 자리에서 김대중은 다음 해로 연기하자고 하다가 12월 개최를 주장했다. 양일동은 10월 말로 한 달 연기하자고 했고 유진산도 이에 동의했다. 4인은 다음날인 26일 아침 2차 모임에서 결론을 짓기로 하고 헤어졌다.

9월 26일 2차 4인 회의에서 합의가 이루어지지 못한 가운데 유진산계의 주도로 대의원 445명이 참가한 가운데 시민회관에서 전당대회가 강행되었다. 비주류측이 대부분 불참한 가운데 이 전당대회에서 유진산은 총재로 선출되었다. 이날 대회에는 유진산 고흥문 김영삼 권중돈 이철승 정해영 한건수 이중재 김은하 정성태 김수한 신도환 조일환 정운갑(鄭雲甲) 오세응 임종기 진의종 오홍석 양해준 이기택 황낙주 이상신 신상우 이대우 김재화 김준섭 이상조

이택희 등 39명의 신민당 의원이 참가했다. 이들은「시민회관파」라 불렸다.

이에 반발하여 反진산연합은 다음날인 9월 27일 독자적으로 전당대회를 열기로 했다.

9월 27일 효창동 김홍일 총재 자택에서 열린 또 하나의 전당대회에서는 26일 진산계의 전당대회 무효를 선언하고 12월에 전당대회를 열 것을 결의했다. 여기에는 45명의 신민당 의원과 대의원 483명이 참가했다. 이들은「효창동대회파」라 불렸다. 이 대회에서 김홍일 김대중 양일동 류청 윤제술 등으로 구성된 5인 수권위원회가 만들어져, 당 운영과 유진산계에 대한 정치적 법률적 투쟁을 맡기로 했다. 이날 저녁 김홍일 김대중 계는 국일관에서 대의원들의 격려를 겸한 간담회를 가졌다. 이 자리에서 김대중은 격한 어조로 유진산계를 비난했다.

> 썩은 고구마가 가마니 속에 섞여 있으면 모든 고구마가 썩게 마련이다. 정권의 앞잡이들이 야당의 탈을 쓰고 야당을 파괴하려는 것은 용서할 수 없는 행위로서 그들은 차라리 제 갈 길을 갔다. 그것이 국민들을 위해 이로울 것이다.

2개의「牛黨大會」로 인해 어느 쪽이 합법성을 가지냐는 법통싸움이 일어났다. 시민회관파가 26일 중앙선거관리위원회에 당 대표 변경등록신청을 했다. 이에 27일 효창동파는 김홍일이 신민당 대표임을 확인해 달라는 이의신청을 냈다. 동시에 주재황 중앙선거관리위원장을 상대로 당대표 변경 등록절차를 정지해 달라는 가처분

신청도 서울민사지법에 냈다.

9월 28일 중앙선거관리위원회는 전체회의를 열어 유진산계가 제출한 「신민당대표 변경등록 신청」을 '형식적 요건이 구비됐다'는 이유로 수리했다.

29일 김홍일은 유진산을 상대로 「정당대표위원 직무정지 가처분 신청」을 서울 민사지법에 냈다. 아울러 시민회관대회의 무효를 주장하는 「전당대회결의 부존재확인소송」도 냈다.

게다가 양일동 계보의 중앙상무위원 이명환 변호사는 유진산이 1971년 5월 총선에서 전국구후보자들의 헌금 일부를 횡령했다고 서울지검에 고발했다.

이러한 이전투구를 해소하기 위해 조윤형 최형우 등 소장의원들은 양측 전당대회의 무효화 등을 주장했다. 김대중은 이 제의에 냉담한 반응을 보이며 법원의 판결을 기다렸다.

서울지법 합의 16부(재판장 박승호 부장판사)는 1972년 10월 2일, 7일, 14일 세 차례에 걸쳐 신민당 내분에 따른 가처분 사건을 심리했다. 10월말에 판결이 내려질 것으로 예상되었다.

야당의 만성적인 뿌리깊은 파쟁을 오랫동안 지켜본 박정희 대통령은 야당을 조선왕조에서 당파싸움으로 세월을 보내던 무리들과 동일시했다. 그가 보기에 야당은 경멸과 탄압의 대상이었지 존중할 만한 상대는 아니었다.

박 대통령은 1972년 5월 중순 중앙정보부장 이후락에게 유신선포 준비라는 특명을 내렸다. 이후락은 '풍년 사업'이란 암호명으로 서울 종로구 궁정동 중앙정보부 안가(安家)에서 3명의 법률전문가를 동원하여 이 작업을 진행하게 했다(이들이 작성한 보고서는 매주 청와대에 넘겨져 박정희, 이후락, 청와대 비서실장 김정렴(金正濂) 등 3인 회의에서 검토했다. 유신체제의 틀은 10월 초에 완성됐다).

10월 3일 박정희 대통령은 개천절 경축사를 통해 야당의 분열상을 비난했다.

> 북한공산주의자들은 남북대화의 그늘 밑에서 우리의 혼란과 불안을 조성하고자 갖은 책동을 가해오고 있습니다. 바로 이 같은 시점에서 민주사회의 장점인 다양성을 마치 분열로 착각하여 파쟁을 일삼는다든지, 민주제도의 운영원리인「견제와 균형」원리를 비능률의 구실로 삼으려는 이 같은 정략과 간계가 우리 주변에서 횡포를 부린다면, 이 모든 것은 마땅히 광정(匡正)되어야 합니다.

10월 16일 필립 하비브 주한 미 대사는 두 차례로 나누어 총 12장 분량인 장문의 비밀 전문을 국무부 장관에게 타전했다. '한국의 비상계엄령 선포와 정부 변화 계획'이라는 제목이 붙어 있는 이 비밀 전문은 주일 미국 대사에게도 동시에 전송되었다. 미 국무부는 전문 입수 후 즉각 미 국방장관과 하와이의 태평양사령부 사령관에게 전송했다. 다음은 전문의 앞부분이다.

김종필 국무총리가 10월 16일 18: 00시에 10월 17일 19:00시를 기해 한국에 계엄령이 선포될 것이라고 통보함. 동시에 한국 정부는 현행 헌법에 대한 주요 개정안을 국민투표에 부칠 것이며, 이를 통해 대대적인 정부 구조 개편 작업을 실시할 것임. 계엄령 발효와 더불어 국회는 해산될 것이며, 정치 활동도 중단됨. 10월 27일 헌법 개정안이 공고되고, 이 헌법 개정안에 대한 국민투표가 11월 21일 실시될 것임. 개정안의 아주 구체적인 사안은 밝혀지지 않았으나, 통일주체국민회의라는 선거단 구성이 포함될 것임.

두 번째 전문은 다음과 같다.

10월 16일 18:00시에 김 총리 사무실을 방문했음. 놀랄 만한 소식이 있어 만나자고 했다면서, 계엄령 선포를 통보했음. 김 총리는 조치가 취해지기 전에 미국 측에 통보하는 것이 예의라고 믿어 24시간 전에 통보하는 것이라고 말했음.

10월 17일 박 대통령은 비상계엄을 선포하고 헌법의 일부 조항을 정지시키며 국가발전에 적합한 체제개혁을 하겠다는 내용의 특별선언을 했다. 이날 발표한 특별선언에서 박정희 대통령은 야당의 추태를 지적했다.

나는 한반도의 평화, 이산가족의 재결합, 그리고 조국의 평화통일, 이 모든 것이 민족의 소명에 따라 남북의 성실한 대화를 통해서만 이루어질 수 있는 민족중흥의 위대한 기초 작업이며 민족웅비의 대설계라고 믿습니다.
그러나 국민 여러분!
지금 우리의 주변에서는 아직도 무질서와 비능률이 활개를 치고 있으며 정계는 파쟁과 정략의 갈등에서 좀처럼 헤어나지를 못하고 있습니다.
… 이처럼 민족적 사명감을 저버린 무책임한 정당과 그 정략의 희생물이 되어 온 代議기구에 대해 과연 그 누가 민족의 염원인 평화통일의 성취를 기대할 수 있겠으며 남북대화를 진정으로 뒷받침할 것이라고 믿겠습니까.

박 대통령은 이 선언을 다음과 같이 끝맺었다.

국민 여러분, 나는 이번 비상조치의 불가피성을 다시 한번 강조하면서 오늘의 성급한 시비나 비방보다는 오히려 민족의 유구한 장래를 염두에 두고 내일의 냉엄한 비판을 바라는 바입니다. 나 개인은 조국통일과 민족중흥의 제단 위에 이미 모든 것을 바친 지 오래입니다.

이날 다음과 같은 내용의 비상조치가 발표되었다.

① 1972년 10월 17일 19시를 기해 국회를 해산하고, 정당 및 정치 활동을 금지하는 등 현행 헌법 중 일부 조항의 효력을 정지시킨다.
② 일부 효력이 정지된 헌법 조항의 기능은 비상국무회의에 의해 수행되며, 비상국무회의의 기능은 현행 헌법의 국무회의가 수행한다.
③ 비상국무회의는 1972년 10월 27일까지 조국의 평화적 통일을 지향하는 헌법 개정안을 공고하며, 이를 공고한 날로부터 1개월 이내에 국민투표에 붙여 확정시킨다.
④ 헌법 개정안이 확정되면 늦어도 금년 말 이전에 헌정질서를 정

상화시킨다.

당일로 대학은 휴교에 들어가고 정부 각 부처의 기자실이 폐쇄되었다. 기자들은 갈 곳이 없어졌고 취재원에도 접근할 수 없게 되었다. 모든 신문과 통신은 사전 검열을 받게 되었다.

김대중은 비상계엄이 선포되기 1주일 전인 1972년 10월 11일 다리통증을 치료한다는 명분으로 돌연 일본으로 떠났다.
1972년 10월 17일 비상계엄령이 선포되었을 때 상당수의 야당 정치인들이 외국에 있었다. 김영삼은 미국 하버드 대학에서의 연설을 위해 워싱턴에 머물고 있었다. 김영삼은 일시 망명을 해 한국의 정세변화를 지켜본 후 귀국하라는 미국정부의 권유에도 불구하고 즉시 귀국했다. 이외 야당 정치인들은 모두 서둘러 귀국했으나 김대중은 귀국을 포기했다.
박정희 대통령이 생각하기에 자신의 평생 숙원인「조국 근대화」과업을 야당은 수행할 능력도 의도도 없었다. 그가 보기에 많은 야당 정치인이 민주주의를 팔아먹고 사는 사기협잡꾼이었다.
【'진보', '개혁', '혁명', '민주주의' 같은 어휘는 많은 사람에게 호소력이 큰 개념이지만 내용을 튼실하게 채우기가 매우 어렵다. 그러므로 사기꾼들에게 악용되기 십상이다. 한국 현대사는 이를 잘 보여주고 있다.
모택동도 이를 잘 알았다.
한국전이 한창인 1952년 4월 모택동은 중국 인민지원군 총사령관 팽덕회를 북경으로 소환하여 군 개혁 임무를 부여했다. 그러면서 이런 말을 했다.

"개혁은 함부로 하는 게 아니다. 개혁을 입에 달고 다니는 사람치고 제대로 된 사람 본 적이 없다. 인간의 역사는 개혁가들의 비극으로 가득하다. 서두르지 마라."】

박정희 대통령은 1971년 대통령 선거가 끝난 후 '사기꾼에게 나라를 도둑맞을 뻔했다'고 말했다. 박정희 대통령은 집권 이후 1971년까지 국회의원 선거와 대통령 선거를 각각 3번씩 치렀는데, 선거가 야당이 국민을 혹세무민하고 선동하는 데 악용되고 있다고 인식하게 되었다. 그리고 한국인이 유언비어와 흑색선전에 매우 취약하다는 것도 절감했다. 그가 보기에는 장기 집권과 독재도 「조국 근대화」 과업을 위해서는 하나의 선택이 될 수 있었다.

1972년 10월 21일 미 국무장관 키신저와 만나고 온 駐韓 미국대사 하비브가 朴 대통령에게 베트남 평화 협정안을 보고했다.
박 대통령은 몇 가지 주의를 주었다. 이미 월남으로 침투해 있던 월맹 정규군의 철수에 대한 규정이 없다는 점을 맨 먼저 문제 삼았다. 당시 약 14만 명의 월맹군이 월남에 들어와 베트콩으로 위장하여 싸우고 있었다. 미국과 세계의 많은 언론은 이들이 自生的(자생적)인 反독재 투쟁조직이라고 오보했다. 월남 침투 월맹군에 대해서는 잔류를 허용하고 駐越(주월) 미군은 철수시키고, 휴전협정에 대한 국제감시는 불가능한 이런 협정을 어떻게 믿을 수 있느냐고 박 대통령은 목소리를 높였다.

　박 대통령은 베트남전 참전국 元首(원수)로서 발언권을 행사한 것으로, 비슷한 처지의 한국 상황과 대비하여 보고 있었다. 朴 대통령은 이런 협정을 맺으면 티우 정부와 월남 국민들의 사기가 떨어질 것이고, 미국을 비롯한 자유 진영의 막대한 희생이 수포로 돌아가게 되며 월남 정부는 1년을 지탱하기 어려울 것이라고 경고했다.

　10월 22일 베트남의 티우 대통령은 베트남을 방문한 키신저와 회담하였다. 티우 대통령은 키신저에게 "귀하는 월남을 팔아넘길 작정인가"라고 소리쳤다.

> "우리는 공산당과 직접 대화하지 않고 귀하가 중계를 했는데 귀하는 누구 편인가. 왜 적에게 호의적이고 우방을 희생시키려 드는가. 왜 월남의 외국 군대는 60일 이내에 철수한다고 해 놓고 들어와 있는 월맹군에 대해서는 철수를 요구하지 않는가."

　유양수(柳陽洙) 베트남 주재 한국대사를 만난 티우 대통령은 키신저와 만나 나눈 대화를 전해 주었다.

　티우는 월남 내에 침투한 월맹군을 철수시키지 않고 휴전하는 것의 부당성을 지적했다. 그는 또 1954년의 제네바협정의 재확인을 요구했다. 그래야 앞으로 월맹이 침략할 때 국제여론에 고발할 수 있을 것이라고 보았다. 티우는 공산주의자들과 어떤 형태의 연립정부도 반대한다고 했다. 월맹 측은 중앙정부에서 마을 단위까지 티우 정부와 베트콩 사이의 연립을 주장하였으니 이는 좌우합작으로써 월남 정부를 허수아비로 만들려는 고전적인 술책이었다.

10월 23일 새벽 한국 정부의 훈령으로 일시 귀국한 유양수 대사는 김정렴 대통령 비서실장으로부터 청와대로 들어오라는 전갈을 받았다. 오전 9시 대통령 집무실에서 박 대통령은 하비브 미국대사로부터 통보받은 베트남과 월맹의 휴전안을 유양수에게 보여주면서 자신의 걱정을 베트남의 티우 대통령에게 전달할 것을 지시했다.

박 대통령은 무척 수척해 보였는데, 연신 담배를 피워가면서 국제정세를 걱정하면서 유신 선포를 정당화하는 말을 했다.

> 민주주의도 좋고 자유도 다 좋지만 공산주의와 대결하는 미국의 국론이 저렇게 분열되어 수습을 못한다면 미국에 대한 자유세계의 신뢰는 떨어질 것이다. 우리는 결코 안보를 미국에만 의존해선 안 된다. 월남을 보라! 자주국방을 하려면 중화학공업을 중심으로 경제를 발전시켜야 한다. 경제발전을 이룩하기 위해선 국력의 낭비를 막아야 한다. 효율의 극대화, 국력의 조직화가 유신선포를 한 이유이다.

10월 27일 비상국무회의에서 헌법개정안이 의결, 공고되었는데 개헌 반대토론이 금지되었다.

이 개헌안은 통일주체국민회의라는 수임대의기구를 신설하고 여기에서 대통령을 선출하기로 한 것, 대통령에게 긴급조치권, 국회해산권을 주고 국회의원 3분의 1을 임명하는 권한을 준 것 등이 특징이다. 이른바 '영도적 대통령제'를 규정한 헌법이었다.

11월 21일 개헌 국민투표가 실시되어 91.9% 투표율에 찬성 91.5%로 가결되었다.

【박정희 대통령의 유신 선포는 드골이 프랑스 5공화국 헌법을 제정한 과정을 모방한 듯하다. 드골은 1958년 알제리 독립운동을 진압하던 프랑스 군부가 반기를 들어 프랑스가 내전의 위기에 직면하자 사태 수습을 맡게 되었는데 의회를 거치지 않고 곧장 국민투표로 개헌안을 확정했다. 유신헌법 제정에 프랑스 5공화국 헌법이 많이 참조되었다.】

1972년 개헌 국민투표

시도별 구분	선거인수	투표수	유효투표수		
			찬성	반대	계
합계	15,676,395	14,410,714	13,186,559 (92.2%)	1,106,143 (7.8%)	14,292,702
서울	3,078,328	2,479,585	2,045,941	410,474	2,456,415
부산	968,383	909,346	772,749	127,512	900,261
경기	1,727,059	1,626,187	1,508,712	104,759	1,613,471
강원	851,004	826,398	791,601	29,715	821,316
충북	698,158	662,739	621,723	35,453	657,176
충남	1,370,401	1,298,688	1,213,614	74,225	1,287,839
전북	1,152,919	1,086,542	1,015,489	61,186	1,076,675
전남	1,897,959	1,773,221	1,686,340	74,741	1,761,081
경북	2,211,570	2,108,501	1,983,081	104,873	2,087,954
경남	1,538,028	1,466,227	1,383,424	74,981	1,458,405
제주	182,586	173,280	163,885	8,224	172,190

12월 15일 통일주체국민회의 대의원을 뽑는 선거가 실시되어 2359명의 대의원이 선출되었다.

12월 23일 통일주체국민회의에서 단독으로 출마한 박정희 후보가 8대 대통령으로 선출되었다(2359명 가운데 2357명이 찬성표를 던졌고, 무효표가 둘 나왔다).

　12월 27일 박정희 대통령은 8대 대통령으로 취임하였고 유신헌법으로 불리는 신헌법이 공포, 시행되었다.

　바로 같은 날 북한은 1948년 9월에 제정된 '조선민주주의인민공화국 헌법'을 폐기하고 '조선민주주의인민공화국 사회주의 헌법'을 채택했다. 전체 11장 149조로 이루어진 새로운 헌법은 다음과 같은 특징을 지녔다.

1) 헌법 제1조에 북한이 "자주적인 사회주의 국가"임을 천명하고 정치·경제·문화의 모든 면에서 자주성과 사회주의적 원리에 의해 운용되는 체제라는 점을 규정했다.
2) 주체사상을 "마르크스-레닌주의를 우리나라의 현실에 창조적으로 적용한" 사상으로 규정하고 이를 국가 활동의 지도적 지침으로 규정했다. 이는 실질적으로 마르크스-레닌주의를 포기한 것이었다.
3) 김일성의 절대 권력을 보장하기 위해 '국가수반'이며 '국가주권을 대표'하는 주석제를 신설하고, 주석의 절대 권력을 뒷받침하기 위해 주석의 지도를 받으면서 국가의 대내외 정책을 수립하는 중앙인민위원회를 신설했다.

　이로써 최고주권기관인 최고인민회의와 최고집행기관인 내각을 양대 중심축으로 한 기존의 국가기관 체계는 폐기되었다. 구헌법에서 최고주권기관으로서의 위치를 차지했던 최고인민회의와 그 상임위원회는 권한의 대부분을 국가주석과 중앙인민위원회로 넘기면서 유명무실해졌다.

신헌법에 따라 수상이었던 김일성은 주석이 되었고, 마르크스 레닌주의가 아닌 주체사상이 지도 원리로 규정되었다. 종전의 북한 헌법 중 '조선민주주의 인민공화국의 수부(首部 : 수도)는 서울이다'라는 조항은 '조선민주주의 인민공화국의 수부(首部 : 수도)는 평양이다'로 바뀌었다.

북한 지도부는 새로운 헌법을 통해 유일체제를 법적으로 제도화하는 동시에, 체제의 이론화 작업을 추진하여 '혁명적 수령관'을 내놓았다. '혁명적 수령관'에 따르면, 수령은 "당과 노동 계급을 비롯한 전체 인민을 통일적으로 영도하는 혁명의 최고 뇌수이며 그들의 이익과 혁명적 지향을 집중적으로 체현하고 있는 계급의 유일한 대표자로서 혁명역량을 하나로 묶어세우는 단결의 중심"이었다.

수령에 대한 이런 규정에 따르면 '수령이 없는 국가'나 '수령의 지도가 없는 대중'은 의미가 없다는 결론에 이르게 된다. 즉 인민이고 국가고 오로지 수령만을 위한 존재가 된다.

유신이 선포된 1972년은 건국 이후 군사력과 경제에서 북한에 뒤지던 대한민국이 1인당 국민 소득이 316달러가 되어 북한과 비슷해진 해이기도 하다. 이후 남북한의 경제력 격차는 점점 커져갔다.

【1950년대와 60년대는 북한의 1인당 국민소득이 대한민국의 1인당 국민소득을 능가했다. 대한민국의 1인당 국민소득이 북한의 1인당 국민소득을 언제 능가했는지는 정확히 알기 어렵다. 북한의 통계를 믿을 수 없기 때문이다. 북한의 주요 공업 생산량으로 추정하여 볼 때 1967년에 역전된 것으로 보기도 한다.】

닉슨은 티우에 대해서 월맹이 협정을 위반하여 침공하면 미국은 군사력을 동원하여 응징할 것이고 경제·군사적 원조를 계속할 것임을 문서로 보증하겠다고 설득했다. 그래도 티우 대통령은 동의하지 않았다.

1973년 1월 16일 닉슨은 티우 대통령에게 최후통첩을 보낸다. 그는 편지에서, 티우 정부가 휴전협정안에 동의하지 않으면 미국과 월맹이 조인을 강행할 것이며 자신은 "월남 정부가 평화를 방해하고 있다"고 미국 국민들에게 설명하지 않을 수 없을 것이라고 위협했다.

1월 21일 티우는 굴복하여 닉슨 대통령에게 친서를 보냈다. 그는 '미국이 사이공 정부를 월남의 정통정부로 인정한다는 것, 월맹은 월남에 병력을 잔류시킬 권리가 없다는 것을 일방적으로 聲明(성명)해 줄 것'을 요청했고 미국은 이를 받아들였다. 휴전협정은 1월 23일 파리에서 가조인되었다.

1973년 1월 27일 베트남에서의 전쟁 종결과 평화 회복에 관한 '파리협정'이 미국, 남베트남, 북베트남, 남베트남 임시혁명정부 4자 간에 체결됐다.

이 협정은 ▲ 베트남 주둔 미군의 철수 ▲ 전쟁포로 송환 전쟁포로의 송환 ▲ 현재 상태로의 정전 ▲ 남베트남에서의 사이공 정부와 남베트남 임시혁명정부 간에 연합정부 조직을 위한 협의 ▲ 정치범의 석방 등을 규정했다.

보론 ≫ 시험 부정으로 망한 나라 - 조선

군주나 집권자 혼자 통치를 할 수는 없으므로 어느 시대나 관료제를 만들고 적합한 사람을 선발하여 충원한다. 여기에는 어떤 사람이 가장 바람직하며 그런 사람을 선발하는 방법은 무엇인가 하는 문제가 있다.

자손만대 권력을 유지하려는 군주의 입장으로 보면 능력과 품성을 기준으로 신하를 4부류로 나눌 수 있다.

1. 능력이 뛰어나고 충성스러운 자
2. 능력은 있으나 충성심이 없는 자
3. 능력은 없으나 충성스러운 자
4. 능력도 없고 충성심도 없는 자

1 유형에 해당하는 대표적 인물은 제갈량이고, 2 유형에 해당하는 대표적 인물은 조조이다. 군주의 입장에서는 1이 가장 바람직스럽고 2가 최악이다. 3은 무난하다(어느 시대이건 능력자는 소수이다). 4도 그다지 걱정스러운 존재는 아니다.

그러나 인간세상에서 1과 2에 해당하는 인물을 가려 낼 방법은 없다. 품성을 정확히 파악하는 것은 불가능하다(인간은 진화하면서 여러 능력을 발전시켰는데 특히 기만 능력을 발전시켰다). 능력은 여러 가지 방법으로 아주 정확하지는 못해도 어느 정도 파악하는 것이 가능하다. 그 중 하나가 시험제도이다.

과거는 귀족이나 호족에 유리한 선거보다는 더 기회 균등적으로 보였다. 그러나 장기간 매달려야 하는데다가 비용도 많이 들어 역시 기회균등과는 거리가 멀었다. 대개 30대 이후 합격하므로 가족을 부양하고 생계를 유지할 형편이 못되면 나이 들어도 결혼도 못했다. 권력이 이 비용을 부담하면 웬만큼 문제가 해결되겠지만 그럴 재정 여유가 없었다.

당 태종이 과거를 실시한 후 새로이 진사가 된 사람들이 합격자 명단 아래 운집한 것을 보고 "천하의 영웅은 내가 친 그물 속에 다 들어와 있구나(天下英雄入吾殼中矣)"라고 외쳤다는 일화에서 과거의 본질을 파악할 수 있다. 군주의 지식인 통제술이라는 측면이 가장 중요했다. 그러므로 과거제 비판은 당나라 시대부터 있었다. 진짜 인재가 아닌 헛된 재주를 지닌 자를 뽑는 시험이라는 것이 청 말까지 끊임없었던 과거제 비판의 요지였다.

중국의 과거제 이상으로 문제가 많았던 것이 이조의 과거였다.
조선 과거제에 전문연구가 많으므로 이 시대의 과거제를 간략히 설명한다.
조선 과거는 정기시험과 부정기 시험으로 구분하는 것이 그 본질을 이해하는 데 더 도움이 된다.

정기 시험은 식년시(式年試)라 해서 12지에서 자子, 묘卯, 오午, 유酉가 오는 년도에 시행하는 그러니까 3년에 한 번 치르는 시험이다. 초시(初試), 회시(會試), 전시(殿試) 3단계를 거치는 시험이었다. 문과, 소과, 무과, 잡과에 다 식년시가 있었다.

부정기 시험은 증광시(增廣試), 알성시(謁聖試), 정시(庭試), 춘당대시(春塘臺試), 별시(別試), 외방별시(外方別試) 등이 있었다. 이들 부정기 시험은 대개 문과 무과 모두 실시했으므로 구분하여 증광문과, 알성문과, 별시문과, 정시문과 등으로 더 구체적으로 부른다.

증광시는 임금의 즉위라는 큰 경사일 때 시행되었으나 14대 선조 이후에는 임금의 30년 등극, 세자 탄생, 왕비 책봉, 세자 책봉 등의 여러 가지 경사를 기념하는 명목으로도 실시되었다. 소과·문과·무과·잡과가 있었는데, 고시 방법은 식년시와 같았다.

알성시는 국왕이 봄가을에 성균관의 문묘(文廟)에서 작헌례(酌獻禮)를 올린 뒤 명륜당에서 유생들을 고시하여 성적우수자 몇 명을 급제시킨 것으로서, 문과와 무과만 열렸다. 이 시험은 다른 시험과 달리 단 한 번의 시험으로 급락이 결정되었고 고시 시간이 짧은 촉각시(燭刻試)였다. 그리고 즉일방방(卽日放榜 : 당일 급제자를 발표함)이 특색이었다. 응시 자격은 처음에는 성균관 유생에게만 주었으나, 뒤에는 지방 유생에게도 주었다.

알성시는 운이 좌우했으므로 요행을 바라는 무리들이 많이 모여들어 숙종 때는 1만여 인, 영조 때는 1만7000인 이상이 응시하기도 했다.

정시는 본래 매년 봄가을에 성균관 유생을 시어소(時御所)의 전정(殿庭)에서 고시하여 식년시의 전시(殿試)에 곧장 응시할 수 있는 특전을 주는 시험이었다. 1583년(선조 16) 독자적인 시험이 되었다. 정시는 국가에 경사가 있을 때 실시되었는데 문과와 무과만 있었다. 정시문과도 단 한 번의 시험으로 합격이 결정되었고 촉각시였다.

춘당대시는 국가에 경사가 있을 때 실시하거나 또는 관무재(觀武才)라 하여 여러 군문(軍門)의 무사들을 임금이 창경궁의 춘당대에서 친림하여 시재(試才)할 때 실시한 것인데, 1572년(선조 5) 처음으로 열렸다. 1783년(정조 7)부터는 문신의 고시와 유생의 고시를 번갈아 시행했다.

한 번의 시험으로 합격이 결정되었고 촉각시에 당일로 합격자를 발표했다. 합격자 수는 일정하지 않았는데, 가장 많은 때는 15인이고 가장 적을 때는 3인이었다. 이 시험도 운이 좌우했으므로 응시자가 많이 몰렸다.

별시는 국가에 경사가 있을 때, 또는 10년에 한 번 당하관을 대상으로 하는 중시(重試)가 있을 때 실시한 것으로 문과 무과만 열었다. 처음에는 일정한 시행 규칙이 없어서 그때마다 품정하여 실시하였으나, 영조 때 초시·전시 두 단계의 시험이 되었다. 합격자 수가 일정하지 않아 많을 때는 30인을 뽑았으나, 적을 때는 3인이었다.

외방별시는 왕이 지방에 행차할 때 행재소(行在所 : 국왕이 머무르는 곳)에서 시행한 특별 시험이다. 1456년(세조 2) 왕이 평양에서 별시를 열어 문과 22인, 무과 1,800인을 뽑은 것이 시초이다. 국왕이 몽진(蒙塵)하거나 왕릉으로 참배하러 갈 때 또는 온천에 갈 때 행재소에서 시험을 실시하여 합격자에게 급제를 주거나 문과전시에 직접 응시할 수 있는 특전을 주었다. 외방별시는 문과와 무과만 열었으며, 단 한 번의 시험으로 등락이 결정되었다.

국방상의 요지인 평안도·함경도에서 실시하는 서도과(西道科)·북도과(北道科)도 외방별시였다.

서도과는 임진왜란 이후 평안도에 어사를 보내어 시·부로 고시하여 1등에게 전시에 직부토록 하는 시재를 행했는데 이것이 서도과였다. 서도과는 1643년(인조 21)에 외방별시로 승격되었다. 북도과 역시 1664년(현종 5)에 승격된 것이다. 10년에 한 번 열렸다. 합격 인원은 관례상 3인이었으나, 뒤에는 서도과를 청남(清南)·청북(清北), 북도과를 관북(關北)·관남(關南)으로 나누어 각각 2인 내지 3인을 뽑았다.

이조 500년 동안 식년시는 163회, 각종 부정기 과거는 581회 실시되었다. 계산하면 2년에 3회 정도 과거가 있었던 것이다.

이외에 절제(節製)·황감과(黃柑科)·전강(殿講)·도기과(到記科)·통독(通讀) 등 과거라 할 수 있는 각종 시험이 있었다.

절제는 절일(節日 : 명절)인 1월 7일, 3월 3일, 7월 7일, 9월 9일에 성균관 유생을 상대로 시험을 치러 1등에게 문과전시 또는 회시에 응시할 수 있는 특전을 주고, 차등(次等)에게는 급분(給分 : 점수를 주는 것)한 것으로서 절일제(節日製)라고도 했다.

4개의 절제 중 국초부터 시행된 삼일제와 구일제가 뒤에 생긴 인일제 및 칠석제보다 격이 높아서, 1등에게 문과전시에 응시할 특전을 주었으나, 인일제와 칠석제는 1등에게는 문과회시에 직부(直赴)할 수 있는 특전밖에 주지 않았다.

1744년(영조 20)부터는 1등을 서울 유생에게 1인, 지방 유생에게 1인을 각각 뽑았다. 절제도 단 한 번의 시험으로 등락이 결정되었기에 응시자들이 많았다.

황감과는 매년 12월 제주목사가 특산물로 진상한 감귤 등을 성균관·사학 유생들에게 나누어 줄 때 어제(御題)를 내려 치른 시험으로 1641년(인조 19) 처음 실시되었다. 나중에는 국왕의 특명이 있으면 지방 유생들에게도 응시 자격을 주었다. 1등 1인을 급제시켰다. 그러나 1748년(영조 24)부터는 서울 유생 1인, 지방 유생 1인을 각각 급제시켰다.

도기과는 정조 때 만든 것으로 원점과(圓點科)라고도 했다. 성균관과 4학의 유생에 대한 특별시험으로 도기(到記 : 출석부)에 의거하여 원점(圓點 : 성균관에서 1일 공부하면 원점 1점을 줌) 30점 이상을 딴 자들을 대상으로 치른 시험이다. 이 시험은 춘도기(春到記 : 1월 1일부터 7월 말일까지의 도기)와 추도기(秋到記 : 8월 1일에서 연말까지의 도기)에 의하여 봄가을 두 번 실시했다.

시험은 강경과 제술로 나누어 실시하였는데, 강경·제술의 각 1등에게는 문과전시에 직부할 수 있는 특전을 부여했다.

과거는 아니지만 문신의 승진을 위한 중시(重試)·문신정시(文臣庭試)·문신중월부시법(文臣仲月賦試法)·문신전강(文臣殿講) 등의 시험도 있었다.

중시는 10년에 한 번씩 시행되는 정기시험으로 당하관 이하의 문신을 대상으로 시험하였는데, 문과와 함께 무과도 열렸다.

고시 과목은 대개 표문과 책문 중의 하나였다. 국왕이 친림하여 정승 1인, 정2품 이상 2인을 독권관, 정3품 당상관 4인을 대독관으로 임명하여 시험을 치렀다.

합격자는 을과 1·2·3등으로 나누었는데, 장원 1인은 4등급, 2·3등은 3등급, 을과 2등은 2등급, 을과 3등은 1등급씩을 특진시켜 주되 정3품 당상관까지를 승진 상한으로 하였으며, 참하관(參下官)은 모두 참상관(參上官)인 6품으로 승진시켰다.

문신정시는 1463년(세조 9) 정3품 당하관 이하를 책문으로 시험한 데서 비롯된 것으로 이후 특명에 의하여 수시로 실시되었다. 그러다가 1663년(현종 10)부터는 춘당대에서의 관무재 때 문신정시와 춘당대시를 번갈아 여는 것이 관례가 되었다.

장원의 경우 정3품 당하관으로서 근무연한이 찬 자는 당상관, 참상관은 당하관, 참하관은 참상관으로 승진시켜 주었다.

문신전강은 3품 이하의 문신들에게 각각 1경을 지정하여 전공하게 한 뒤 이를 국왕 앞에서 배강하는 시험이었다. 1등 합격자에게 진급의 특전이 주어졌다. 이 시험은 영조 및 정조 대에 가장 성행했다.

이조 500년을 통틀어 정기 과거 시험인 식년시 급제자보다 각종 부정기 과거 합격자 수가 더 많았다. 이는 부정기 과거가 없었던 고려, 중국과 매우 대비되는 현상이다.

이조에서 지식인(선비)이 영달하는 방법은 오직 과거 하나였다고 해도 지나친 말이 아니다. 과거는 거의 모든 이조 지식인의 삶을 평생 옭아맸다. 과거 응시자의 입장에서는 시험이 자주 있을수록 좋았다. 부정기 과거는 임금 마음대로 명목을 붙여 치르는 것이고 더욱이 당락에 군주가 결정적인 영향을 주므로 과거 응시자는 그저 군주만 바라보고 살게 된다.

사실 부정기 과거의 시행은 가난한 선비를 위한 것이었다. 더 정확히 말해 가난한 지식인이 반체제 성향을 띠는 것을 예방하려는 것이었다. 식년시는 제대로 준비하려면 긴 시간과 비용이 들었다. 이를 감당할 수 있는 양반 가문은 소수였다. 정기 과거인 식년시만 엄격히 시행하면 여유가 없는 양반 집 자제는 대부분 포기하고 다른 길을 찾게 된다. 좌절한 지식인이 딴 생각할 것은 명약관화하니 요행으로 합격할 수 있는 부정기 과거를 빈번히 시행한 것이다.

부정기 과거는 필사본인 초집(抄集)으로 공부하는 것이 상책이었다.

초집은 과거 응시자가 지은 글 가운데 우수하거나 기출 문제와 그 모범 답안을 모은 예상 문제집이다. 이 초집은 부정기 과거에서 특히 유용성이 컸다. 공부하는 데 시간이 많이 들지 않고 불시에 실시되는 부정기 과거에 적합하니, 가난한 선비들은 식년시는 포기하고 초집으로만 공부하면서 부정기 과거에 대비했다. 각종 부정기 과거에 응시자가 인산인해를 이룬 것에는 그만한 이유가 있었던 것이다.

과거는 합격 여부가 공정성과 거리가 멀었고 부정이 심했으며 합격자의 자질이 의심스러웠다. 그리고 제대로 공부를 하는 이가 드물었다. 조선시대 지식인의 말로 과거의 실상을 본다.

> 대사간 이세인(李世仁)이 아뢰기를,
> "신이 한성시(漢城試)를 보니 장원(壯元)의 시권(試券 : 답안지)이 모두 졸렬하고 잘못되어 교생(校生)이 지은 것과 다름이 없었습니다. 장원이 지었다는 것이 이러하니 하물며 그 이하의 것이겠습니까?"
> … (하략) …
>
> (『중종실록』 4년 9월 13일)

대간이 전의 일을 논하고, 또 아뢰기를,

> "근자에는 과거법이 엄격하지 못하여, 관시(館試) 때에 어떤 유생(儒生)이 일찍이 정시(庭試)에 장원하여 7분(分)을 얻었는데, 친구가 대작(代作)한 것이었습니다.
> 한성부(漢城府)에서 낸 의제(義題 : 경서의 뜻을 해석함)는 체재가

완전하지 못하였으며, 수원(水原) 향시(鄕試)에서는 시관이 연 사흘 동안 풍악을 울리며 술을 마신데다가 피봉(皮封)을 떼는 일은 원래 봉미관(封彌官)이 있어서 하는 것인데, 시관이 직접 떼어 허술한 일이 많았습니다.

강원도 향시에서는 그 도의 거자(擧子 : 과거 응시자)들이 빈공(賓貢)으로 온 사람들을 막자 시관이 금지하였는데, 그 거자들이 과장(科場) 밖으로 몰려나가 돌맹이를 마구 던져서 시관이 방 안으로 피해 들어가니, 다시 문을 밀고 도로 과장 안으로 들어가 제술(製述)하였으며, 충청도 거자들도 입문관(入門官)을 구타하였습니다. 경기도 시관은 섬돌에 나와 거자들이 짓는 글을 보고 있는데, 거자들이 방(榜)을 내걸기도 전에 먼저 누가 지은 것이 합격할 줄을 알았으며, 서울의 무과 시험은 화살 수를 또한 감하고 시행하였으니, 그 공정하지 못함이 심합니다. 근자에 과장(科場)의 허술함이 한 군데만이 아니니, 파방(罷榜 : 과거합격자 발표 취소)하소서.

··· (하략) ···

(『중종실록』 7년 9월 26일)

김안로(金安老) 등이 올린 절목(節目)은 이러하다.

··· (전략) ···

근래에는 선비의 풍습이 게을러지고 비루하여 온 세상이 무식하여 큰 과거를 보일 때면 선비는 구름처럼 모여들지만, 지난날과 같이 동료 가운데서 우뚝 뛰어난 자를 보지 못합니다. 선비의 학풍은 이와 같은데, 정원의 수효는 예전의 규정과 같아서 반드시 그 수효를 채우려 하기 때문에 체제와 격식이 맞지 않은 자도 함께 취하여 간신히 그 정원을 채웁니다.

상께서 친림(親臨)하여 책문을 시험보일 때 대과(大科)에 장원한 자도 글이 조리를 이루지 못하여 남의 웃음을 사니 이는 과거를 천시하게 만들어 국가의 체모를 욕되게 함이 너무 심합니다.

이것으로 보면 많이 뽑고자 하는 것이 혼잡하여 정선을 기하기 어려운 폐해를 끼치기만 하고 선비를 권장하고자 하는 것이 공부를 폐지하고 요행수를 넘보는 문만을 열어주는 결과가 되었습니다. 이후부터는 별과 초시에 부디 정원을 정하지 말고 여러 차례에 걸쳐 모든 편(篇)을 시험하여 등격이 우수한 자만 뽑고 그렇지 못한 자는 탈락시켜 혼잡하고 속이려는 폐단이 없게 하소서.

… (하략) …

(『중종실록』 30년 12월 11일)

대사간 이윤경(李潤慶) 등이 상소하기를,

"… 지금 부형이 된 자는 자제가 겨우 말을 가리는 것을 보면 곧 장구(章句)의 학문과 문구를 꾸미는 글을 가르치며 인사(人事)를 알기 전에 이록(利祿)으로 유도하므로, 사모하는 것은 과거급제요 바라는 것은 부귀이며 옛사람의 학문하는 도리를 이야기하는 사람이 있기만 하면 떼지어 웃고 헐뜯습니다.…"

(『인종실록』 원년 4월 15일)

조선 후기에는 과거의 폐단이 더욱 심해졌다.

공주(公州) 유생(儒生) 정민화(鄭民和)가 상소하여 민폐(民弊)를 진술하고, 또 아뢰기를,

"을묘년(숙종 원년, 1675) 이래 과거가 공평하지 못하여 낫놓고 기역자도 모르는 일자무식인 데도, 만약 권세에 의지할 길만 있다면, 느닷없이 과거의 장원을 차지하게 되고, 능히 학문과 기예를 통달했는데도 의지할 만한 권세 있는 사람이 없다면, 자기 몸을 낮추고 절개를 굽히게 됨을 면하지 못합니다.

심지어 초시(初試)에 낙방을 당했어도 회시(會試)에서는 부당하게 합격하는 자도 있습니다. 그 나머지 간사하고 몰래 속이는 자취가, 중외(中外)에 떠들썩하여 소문이 전파됨을 감당할 수 없습니다. 청컨대 을묘년 이후의 대과와 소과를 폐지하소서. 만약 모두 폐지하기가 어려우면, 그 가운데 더욱 심한 것만 뽑아버리소서."

하니, 임금이 그 상소를 조정에 내려 의논하게 하였으나, 일이 끝내 행해지지 않았다. 그 후 대신들의 진달에 의해 을묘년 가을의 생원과(生員科)에서 장원한 권흠(權欽)을 빼버렸다.

『숙종실록』 6년 7월 7일)

좌의정 김재찬(金載瓚)이 차자(箚子)를 올려 과거의 폐단을 진달하였는데, 대략 이르기를,

"**신이 과거의 폐단을 누차 전석(前席)에서 진달하였습니다만, 지금 반드시 나라를 망칠 것은 과거입니다.**
아! 오늘날 유관(儒冠)을 쓰고 유의(儒衣)를 입을 사람들은 모두가 세록가(世祿家)의 자제들로서 이 시점에는 원기(元氣)가 되고 뒷날에는 공경(公卿)이 될 사람들입니다. 그런데 태어나서 머리털이 미처 마르기도 전에 이미 습속(習俗)에 물들어서, 겨울에는 한 권의 책도 읽지 않고 여름에는 하나의 글을 짓지도 않은 채 의욕이 먼저 자라나서 염치는 하나도 없어져 버리는가 하면, 아비가 그렇게 가

르치고 형이 그렇게 면려하면서 이를 당연한 방법으로 여기고 있습니다. 그러므로 대소(大小) 과갑(科甲)에 있어 백지(白地)로 약취(掠取)하는 한 가닥 길이 있을 뿐입니다.

이런 까닭에 한번 과시(科試)를 당하게 되면 번번이 온갖 갈래길이 생겨나게 마련이고, 따라서 글을 사고 차술(借述)하는 것에 대해 애당초 부끄러움이란 것을 모릅니다. **심지어는 이름을 바꾸어 대신 과장(科場)으로 들어가는 등 하지 않는 짓이 없습니다.**

이른바 외장(外場)의 폐단에 대해서는 더더욱 말할 것이 없는 정도입니다. 대저 안으로 연줄을 대고 밖으로 호응케 하는 계교가 갈수록 더욱 간교하여 은밀한 곳에서 남모르게 초고(草稿)를 만드는 것에는 납환(蠟丸 : 밀랍을 동그랗게 뭉쳐 만든 것) 속에 글을 숨기는 것 같은 것이 있고, 틈을 노려 간사함을 부리는 데는 각기 자기들만의 표호(標號 : 신호)로 서로 응답하는 것이 있습니다.

시권(試卷 : 답안지)을 바치고 시권을 걷고 하는 즈음에 이르러서는 사인(私人)을 모아 군졸(軍卒)로 위장하여 자호(字號)를 엿보아 입락(立落)을 미리 탐지하게 하는가 하면, 혁제(赫蹄 : 시험 문제 사전 누설)가 곧바로 장내(帳內)로 알려지고 서두(書頭 : 글의 첫머리를 적어 놓은 것)를 소매 속에 넣어 서로 전달하는 지경이어서, 계교를 부리는 것이 천태만상이라고 할 수 있습니다.

그리하여 고시(考試)가 끝나기도 전에 성명(姓名)이 드러나고 방목(榜目 : 합격자 명단)이 나오기도 전에 물색(物色)이 먼저 정하여집니다. 따라서 뜻이 있어 스스로 이름 아끼기를 좋아하는 선비들은 괴황(槐黃 : 과거를 봄)의 길 떠나는 것을 수치스럽게 여겨 온 지 오래입니다.

··· (중략) ···

삼가 바라건대, 먼저 한 장의 종이에 분명한 명령을 내려 백성들에게 환히 보이는 것은 보감(寶鑑)으로 물건을 비추는 것과 같고 엄한 것은 태아(太阿 : 명검의 이름)를 손에 잡고 있는 것과 같이 근엄하게 하유함으로써 명을 따르지 않는 자는 형륙(刑戮)에 처한다는 의의를 크게 보이신다면, 오늘날 북면(北面)하여 섬기는 사람들이 어떻게 감히 크게 혁신되어 명을 받들어 임금의 하교를 따르지 않을 수 있겠습니까? 그렇게 하였는데도 마음을 고치지 않는 사람이 있으면 비로소 해당되는 율(律)을 적용하여, 흥망을 판가름하는 쪽으로 전이시키는 하나의 큰 기회로 삼으시면 더없는 다행이겠습니다."하였다.

(『순조실록』 9년 11월 16일)

순조 18년(1818) 성균관 사성(司成) 이형하(李瀅夏)는 과거의 부정행위를 총망라하여 고발하는 내용의 상소를 올렸다.

지금 나라와 백성의 폐단을 말할 만한 것이 한두 가지가 아니지만 서둘러서 기필코 고치고야 말 것은 곧 과거(科擧)의 폐단입니다. 과거의 폐단이 제거된다면 인재가 등용되고 조정이 존중받으며, 선비의 추향이 정직하게 되고 민심이 안정되며, 기강이 서고 교화(敎化)가 행하여질 것이지만, 과거의 폐단이 제거되지 않는다면 이 여섯 가지가 모조리 병들게 될 것이니, 이를 어찌 눈앞의 안일만을 도모하고 일을 무서워하면서 무너져버리도록 내버려둔단 말입니까? 그 폐단의 항목을 열거하면, 차술차서(借述借書 : 남의 글을 베껴 쓰거나 남이 대신 글을 지어 써줌)에 거리낌이 없고, 수종협책(隨從挾冊 : 종인들이 책을 가지고 과장에 따라 들어감)을 마구하고 입문지유(入門之蹂 : 과장에 아무나 함부로 들어감)이 성하며 정권분답(呈券紛遝 : 답안지를 바꾸어 제출)을 합니다.

외장서입(外場書入 : 과장 밖에서 답안지를 써 과장에 들어감)을 하고 혁제공행(赫蹄公行 : 시험관이 문제를 응시자에게 미리 알려주거나 응시자가 시험관과 짜고 자신의 답안지를 알아보게 함)을 합니다. 이졸환면출입(吏卒換面出入 : 과장을 정비하는 이졸이 번갈아 과장에 드나들며 응시자에게 답을 알려줌)을 하고 자축자환롱(字軸恣意幻弄 : 답안을 조작하고 농간을 부림)을 합니다.

이외에도 수없이 많은 부정한 행위들을 다시 제가 들어 말할 수 없습니다.

이렇기 때문에, 방목이 나오자마자 세상 사람의 비난이 들끓게 되고, 과장을 한번 치르고 나면 멀리서 온 사람들이 실망하는 광경을 자주 보게 됩니다. 여기서 한 번 바뀌어 연전에는 감시(監試)의 두 장소에서 과장을 폐지하는 일이 있었고, 두 번 바뀌어 작년에는 정시(庭試)가 남잡(濫雜)하여 시관(試官)을 논감(論勘)하기까지 하였으며, 세 번 바뀌어 지난 섣달의 감제(柑製 : 황감과)에서는 감자(柑子 : 귤)를 움켜쥐는 것도 부족하여 계단을 올라와 당(堂)에서 싸움판을 벌여 거의 과장의 몰골이 아니었습니다.

그러니 후일 식년시를 크게 설행할 때 경향 각지의 거자들이 모두 모이게 되면 그 제대로 읍양(揖讓)하고 진퇴하여 위의(威儀)가 정연하게 되어서 나라의 칙령(飭令)을 번거롭게 하지 않을 수 있을지 신은 잘 모르겠습니다.

그런데 만약 시행하는 데 폐단이 없고, 시험하는 데 효과가 있으며, 명령을 내리면 아랫사람들이 믿고, 법을 제정하면 범하는 자가 없도록 하는 데는 한 가지 좋은 방법이 있습니다. 그것이 곧 면전시험입니다.

··· (하략) ···

당쟁이 치열했던 조선 후기에 각 당파는 과거를 자파의 세력 확장 수단으로 삼아 대대적으로 부정을 저질렀다. 시험문제를 미리 내고 모범답안을 지어 과거를 칠 자파 자제들에게 외우게 하는 방식이 많았다.

봉미(封彌 : 과거를 볼 때에 답안지 오른편 끝에 응시자의 성명, 생년월일, 주소, 사조四祖 를 쓰고 봉하던 것)와 역서(易書 : 누구의 글씨인지 알아보지 못하게 하기 위해 한 사람이 제출된 여러 답안지를 옮겨 적음)도 지켜지지 않아 채점자는 누구의 답안인지 훤히 알고 채점했다. 이러니 채점의 공정성을 기대하기 어려웠다.

【고려와 중국에서는 봉미와 역서가 엄정하게 지켜졌다.】

1894~1896년 사이 여러 차례 조선을 방문했던 이사벨라 비숍 여사는 과거제를 이렇게 평가했다.

> 조정 대신과 방백 수령들은 나라의 복지에 대해서는 전혀 관심이 없고 오직 자신의 재산을 모으는 데만 힘썼는데, 그들의 탐욕을 제어할 길이 없었다. **관리가 될 수 있는 유일한 길인 과거 제도는 뇌물, 흥정, 매관매직 이상의 아무 것도 아니었으며 공직 임명을 위한 기능을 더 이상 찾아볼 수 없었다.**

임금도 과거의 각종 부정을 잘 알았지만 그다지 시정하려 애쓰지 않았다.

이 모든 것을 고려하면 과거는 결코 인재를 뽑는 시험이 아니라 군주의 지식인 통제 수단에 지나지 않았다.

현직 관료도 과거에 응시했고(갑과 급제가 의미가 컸으므로 을과 급제자와 병과 급제자는 관료 생활을 하면서도 응시했다), 임금이 별도로 승진을 위해 현직 관료를 상대로 시험을 치른 것도 충성심을 확보하는 수단이었다. 임금의 자의적 결정으로 등수가 결정되는 승진 시험 역시 공정성과는 거리가 멀었다. 관료의 업적으로 인사 고과를 하지 않은 것 자체가 국정운영이 비정상적이었음을 의미한다.

끝맺는 글 〉〉〉 이재명 이후를 대비하여

김일성은 박정희 대통령에게 여러 측면에서 지고 있었다. 매우 앞섰던 군사 면에서도 대한민국의 급속한 경제발전으로 격차가 줄어들고 있었다.

대한민국에 간첩을 보내어 여러 공작을 하고, 지하당을 구축하려 했으나 실패했고, 유격전도 실패했다. 종래 각국 공산당이 공산화를 위해 쓴 고전적 수법이 대한민국에 통하지 않았다. '남조선 혁명'을 위해서 무언가 다른 수법을 써야 했다.

김일성에게는 묘수가 있었다. 일신의 영달(榮達)·출세·부귀영화를 위해서는 수단 방법을 가리지 않는, 매국을 기꺼이 하는 한국 국적자가 많다는 것을 잘 알고 있었기 때문에 나온 술수였다.

1968년 12월 김일성이 대남담당 공작원들과의 담화에서 이렇게 말했다.

"남조선을 가리켜 법치국가라고 하고, 또 법은 만인에게 평등하다 하지만 역시 돈과 권력의 시녀 노릇을 하는 것이 황금만능주의에 물 젖은 자본주의사회의 법조인입니다.

'유전무죄요 무전유죄'라는 말이 있듯이 판사, 변호사의 농간에 의해 사건이 뒤집히는 예가 허다합니다. 이것이 오늘 남조선의 법 실태입니다. 현지 당 지도부는 남조선의 이러한 법 체제의 미비점을 잘 이용해야 합니다.

중대한 사건일수록 법조계, 종교계, 언론계의 조직망을 총동원하여 사회적인 여론을 조성하고 사면팔방으로 역공을 펼쳐야 합니다. 그래야 법정 싸움에서도 우리가 승리할 수 있습니다."

김일성이 1973년 4월 대남공작 담당 요원들에게 내린 비밀교시

"남조선에선 고등고시에 합격되기만 하면 행정부, 사법부에도 얼마든지 파고 들어갈 수 있는 길이 열려 있습니다.

앞으로는 검열된 학생들 가운데 머리 좋고 똑똑한 아이들은 데모에 내몰지 말고 고시 준비를 시키도록 해야 하겠습니다. 열 명을 준비시켜서 한 명만 합격된다 해도 소기의 목적은 달성됩니다.

그러니까 각급 지하당 조직들은 대상을 잘 선발해 그들이 아무 근심·걱정없이 고시 공부에만 전념할 수 있도록 물심양면으로 적극 지원해 주어야 합니다."

김일성이 행정고시, 사법시험, 외무고시 등 각종 고등고시를 통해 대한민국 정부 각 기관에 침투하여 장악하라는 내용의 고시가 1967년과 1973년 두 차례만 있었다고 보기 어렵다. 김일성의 비밀교시는 그것을 들은 이(김용규)가 1976년 귀순하여 알려진 것이다.

김일성이 1960년대 후반 이후 대남공작에서 가장 역점을 둔 부분이 고등고시 등 각종 공무원 시험과 사관학교, 경찰대, 세무대 등 특수 교육기관의 입학시험일 수도 있다.

현재 전국 공무원 노동조합의 성향이 이를 입증하는 것이 아닐까?

지금 대한민국은 입법부, 행정부, 사법부뿐 아니라 선관위 등 모든 정부 기관, 그리고 언론계, 연예계, 학계, 종교계, 여러 정당 등 각 정치 사회 문화 부문에 침투한 내부의 적에게 점령당한 상태가 아닐까? 내부의 적이 연거푸 대통령 자리까지 차지한 것이 아닐까?

간첩과 그에 매수된 자들로 인해 맥없이 멸망한 전국시대의 6국, 중국 공산당 간첩의 침투로 국공 내전에 패배한 자유중국에 이어 대한민국이 똑같은 수법으로 망해가고 있는 것은 아닐지.

2016~2017년 사기 탄핵 사태 이후 대한민국을 지키려는 국민을 대변하는 정당은 사라졌다. 정말로 그런 정당이 있었다면 탄핵안이 국회에서 의결되지 못했을 것이다. 탄핵안을 찬성한 당시의 여당 새누리당이 허위 보도에 속아서 탄핵에 찬성한 것이 아니다. 각 분야에 교묘히 침투하던 反대한민국 세력이 오랜 공작 끝에 허울뿐인 '보수 정당'을 손에 넣은 결과였다. 여당 야당을 가리지 않고 유달리 사법시험 합격자 출신이 정치권에 뛰어드는 것이 우연이 아니다. 새누리당은 이름을 여러 차례 바꾸어 '국민의 힘'에 이르렀으나 본질은 '트로이의 목마' 정당이다. 이를 인지하지 못하고 이 당에 희망을 걸고 선거를 통한 정권 교체에 미련을 버리지 못하는 국민이 많다. 선입견을 거두고 바라본다면 윤석열 정권의 제일 목적은 문재인 지키기였음을 알 수 있다. 그러기 때문에 문재인이 윤석열 당선을 용인한 것이다.

反대한민국 세력이 모든 분야에 침투하여 대세가 된 지금을 절망적인 상황이라 진단할 수도 있다. 그러나 산업혁명의 성공으로 세계 유수의 공업국이 된 대한민국이 자유세계에서 차지하는 비중이 그 소멸을 막을 수 있는 기반이다.

가장 외세에 대해 충성심이 강한 이재명은 능력은 그에 정확하게 반비례한다. 이미 노무현, 문재인 등이 국가 경영 능력이 모자라는 정도가 나라를 망치는 재주뿐이 없음을 보여주었다. 고졸 검정고시조차 자주적으로 합격하기 어려웠던 이재명은 이제까지 순탄하게 잘 나가던 대한민국 소멸 공작에 서둘러 화룡점정을 찍으려 하고 있다. 이 조급함이 묘혈을 파고 있다.

트럼프 대통령은 정치 경제적 압박으로 이재명 정권을 궁지에 몰고 있는 것이 보인다. 앞으로 더욱 거세질 것이다. 이에 맞추어 대한민국 애국 세력의 '대한민국 지키기 투쟁'이 강화되어야 한다. 이제까지 거리의 투쟁은 '양떼 몰이'에 가까워 오히려 이재명 정권을 지켜주고 있다. 국민저항권 개념을 적용한 거리 투쟁으로, 즉 국민혁명으로 저들을 몰아내야 할 때이다.

능력으로 보아 저들의 집권은 오래가지 못할 것이나, 그다음 더욱 중요한 과제인 국가 재건 과업이 남아있다. 여기에는 새로운 리더십이 필요하다.

헌법에 따른 정부 기구가 정상적으로 작동하지 못한 지가 10년 가까이 되었다. 5·16 군사혁명 때 국가재건최고회의를 세운 건 정곡을 찌른 조치였다. 헌법이 무력화된 현재 상황에서 파괴된 대한민국을 비상한 조치로 재건해야 한다. 이를 수행하기 위한 리더십은 정권 타도 투쟁에서 드러날 것이다.

  한 사람을 꼭 집어 지도자로 정하기는 어렵다(그를 수긍하지 않을 사람이 더 많을 것이다). 집단지도 체제로서의 국가재건회의를 상정해 본다.

부록 >>> 각국의 핵무기 개발

현재 핵무기 보유국은 미국, 러시아, 영국, 프랑스, 중국, 이스라엘, 인도, 파키스탄 등이다.

이들은 나름대로 절실한 안보상의 이유로 핵무기를 개발 보유하고 있다.

【남아프리카 공화국은 1983년 핵실험 성공으로 보유국이 되었다가 1990년대에 안보 위협이 사라졌다고 보고 스스로 핵무기를 포기했다.】

미국의 핵무기 개발

20세기에 들어와 일단의 물리학자들은 핵분열 반응을 이용하여 이전의 화약을 이용한 폭탄과는 차원이 다른 가공할 위력의 폭탄을 제조할 수 있음을 감지하고 두려움을 가졌다.

1939년 8월 2일 아인슈타인은 나치 독일이 핵분열 반응을 이용한 폭탄을 만들 수 있으니 이를 조사할 것을 루스벨트 대통령에게 권유하는 물리학자 레오 실라드(Leó Szilárd)의 편지에 서명했다.

9월 1일 독일이 폴란드를 침공하여 2차 세계대전이 시작되었다.

10월 11일 경제학자 알렉산더 작스(Alexander Sachs)는 루스벨트 대통령을 만나 아인슈타인-실라드 서신을 전달했고 루스벨트는 우라늄 자문위원회 설립을 지시하여 원자폭탄 개발의 첫걸음을 떼었다. 루스벨트도 나치 독일이 핵무기를 먼저 개발하면 틀림없이 실전에 쓰리라고 보아 위기의식을 가졌다.

1941년 12월 7일 일본이 하와이 진주만(Pearl Harbor)을 공습하여 미국은 2차 세계대전에 참전하였고 1942년 1월 19일 루즈벨트 대통령은 원자폭탄 제조 계획을 공식 승인하여 맨해튼 프로젝트(Manhattan Project)가 시작되었다. 20억 달러(2018년 달러 가치로 230억 달러)의 비용을 들여 원자폭탄 개발에 성공했다.

두 종류의 원자폭탄을 개발했는데, 하나는 상대적으로 단순한 우라늄-235를 핵분열 물질로 사용한 포신형 핵분열 폭탄(gun-type fission bomb)이었다. 또 다른 종류의 핵폭탄은 플루토늄을 핵분열 물질로 사용한 내폭형(implosion-type) 방식이었다.

1945년 7월 16일 뉴멕시코주 앨라모고도(Alamogordo) 서북쪽 60마일 되는 곳에서 내폭형 방식의 핵폭발 실험에 성공했다. 실험 이후 두 종류의 원자폭탄을 만들어 포신형 원자폭탄은 '꼬마(Little Boy)', 내폭형 원자폭탄은 '뚱보(Fat man)'라 이름지었다.

1945년 8월 6일 13kt 위력의 '꼬마'가 히로시마에 투하되었고, 8월 9일에는 21kt 위력의 '뚱보'가 나가사키에 투하되었다.

소련의 핵무기 개발

　1942년 4월 스탈린은 독일·미국·영국의 과학자들이 핵분열 논문을 쓰지 않는다는 것을 알리는 러시아 과학자의 편지를 받았다. 이는 미국, 영국, 독일이 핵무기를 개발하고 있다는 암시였는데, 이에 스탈린은 독일의 침공에 대항하여 총력전을 벌이고 있는 상황이었지만 비밀경찰 조직인 NKVD를 시켜 미국과 독일로부터 핵무기 개발 관련 정보를 입수하게 하고 40대의 과학자 이고르 쿠르차토프를 총수로 하는 핵무기 프로젝트를 가동했다.

　1945년 소련 간첩망은 미국으로부터 원자폭탄 초기 설계도 하나를 빼 왔는데 이것이 어느 정도 도움이 되었는지에 대해서는 의견이 갈린다. 소련의 첩보 활동은 수많은 시행착오를 줄이고 자원 낭비를 막는데 도움이 된 것은 사실이다.

　1949년 8월 29일 소련은 카자흐스탄 세미팔라틴스크의 실험장에서 22kt급의 원자폭탄 실험에 성공했다. 이로써 미국의 원자폭탄 독점은 4년 만에 깨졌다. 미국은 자국의 핵무기 독점이 10~20년은 갈 것이라 예상했는데 소련의 핵무기 조기 개발에 놀라고 믿으려 하지 않았다.

　그리고 약 1개월 후 국공내전에서 승리한 모택동은 10월 1일 중화인민공화국의 성립을 선언했다.

　원폭개발과 중국 공산당의 승리로 스탈린은 김일성의 남침 허가 요청을 받아들여 이듬해 한국전이 일어났다. 핵무기 개발이 국제정치에 미치는 영향을 잘 보여준 일이었다.

영국의 핵개발과 미국과의 핵 협력

영국은 안보적 차원에서 핵무장의 필요성을 절감했다. 1938년 독일의 물리학자 오토 한(Otto Hahn)과 리제 마이트너(Lise-Meitner)가 핵분열 현상을 발견하자 독일이 원자폭탄 개발에 성공할 가능성이 높아 보였다. 이러한 상황에서 영국 정치 지도자들은 원자폭탄 개발을 국가의 존망이 달린 중대 문제로 인식하고 어떻게 해서든 독일보다 먼저 원자폭탄을 개발하려고 했다.

1940년 4월 처칠 수상은 내각 산하에 모드 위원회(Maud Committee)를 설치하여 원자폭탄 개발의 가능성을 검토하도록 비밀리에 지시했다. 과학자들로 구성된 모드 위원회는 원자폭탄 개발이 실제 가능하며 독일과의 전쟁에서 사용할 수 있으며 핵무기가 국가안보와 국제적 지위를 보장해 주는 효과적 수단이 될 것이라는 결론을 내렸다.

1941년 8월 원자폭탄 제조 가능성을 확신한 모드 위원회의 보고가 워싱턴에 전해진 후 미국 정부는 영국 정부에게 원자폭탄 공동 개발과 생산을 제의했다. 이에 영국은 자국의 핵무기 제조 프로젝트인 트윈 튜브 앨로이 프로젝트(twin tube alloy project)를 미국에 넘겼다.

1944년 미국은 영국과 하이드 파크 협정이라는 비밀협약을 맺어 영국에게 핵무기 관련 기술을 지원하기로 했다. 그러나 미국 의회는 1946년 8월 핵무기를 독점하려고 핵무기와 관련된 핵물질과 핵 정보·기술의 다른 나라 이전을 금지하는 맥마흔 법을 마련했다.

이에 영국은 큰 충격을 받았다.

1946년 10월에 개최된 '국방 소위원회'는 엄청난 비용 때문에 영국이 우라늄 농축시설의 건설을 포기하려는 결정을 내리려 했다. 그러나 뒤늦게 도착한 어니스트 베빈 외무장관은 핵무기 개발을 강력히 주장했다.

우리는 이것(핵무기)을 가져야만 한다. 나로서는 개의치 않지만, 나는 방금 내가 당한 것처럼 이 나라의 다른 어떤 외상이 미 국무장관에 의해 좌우되는 것을 두고 볼 수가 없다.… 아무리 엄청난 비용이 들더라도 우리는 지금 당장 이걸 가져야 한다.

심사숙고 끝에 노동당 애틀리 내각은 1947년 1월 독자적으로 핵무기 개발을 추진하기로 결정했다. 영국 정부는 맨해튼 계획에 참여한 존 콕크로프트가 요청하여 설립한 원자력 에너지 연구 기관(Atomic Energy Research Establishment, AERE)에서 핵무기 개발을 했는데 군사용 원자로에서 뽑은 핵연료를 재처리하기 위해 셀라필드 원자력 단지를 건설했다. 1948년 영국은 핵무기 개발 프로그램이 존재한다고 시인했다.

핵무기 개발 과정에서 영국은 호주로부터 핵무기 원료 물질들을 대량 확보했으며, 호주에 광활한 면적의 핵실험지와 핵실험 재료를 빌렸다.

1952년 10월 3일 영국은 호주 몬테벨로 섬에서 원자폭탄 실험에 성공했다.

핵실험에 성공한 이후 애틀리 수상은 독자적 핵전력 개발을 결정하게 된 배경과 영국인의 감정을 다음과 같이 술회했다.

우리는 미국인들과 협력을 할 수 없었다. 그 어리석은 맥마흔 법은 우리가 그들과 협력하는 것을 완전히 막아버렸다. 그리고 그들은 자기들은 어른이고 우리는 어린아이로 생각하는 경향이 있었다. 따라서 우리는 그들에게 그들이 최고가 아니라는 것을 보여주어야만 했다.

1956년의 2차 중동전쟁으로 영국은 핵전력의 의미를 다시 한번 깨달았다.

영국과 프랑스가 합작으로 운영하던 수에즈 운하 회사를 이집트가 전격적으로 국유화하자 분노한 영국과 프랑스는 이를 되찾기로 결심하고 이스라엘을 끌어들였다. 이스라엘이 이집트를 침공하면, 뒤이어 수에즈 운하 통항의 보호를 명분으로 영국과 프랑스가 군대를 진주시켜 이를 되찾기로 했다. 허약한 이집트 군을 상대로 작전은 순조롭게 진행되었다. 그러나 소련이 개입하여 공개적으로 영국과 프랑스를 위협했다.

소련 수상 불가닌은 영국 수상 이든에게 라디오 성명으로 위협했다.

모든 유형의 근대적 (대량) 파괴 병기를 보유한 더 강력한 나라로부터 공격받게 될 경우 영국의 입장은 무엇인가? 우리는 침략자를 분쇄하고 동방에서 평화를 재수립하기 위해 무력을 사용할 결의를 굳혔다.

공개적으로 모욕을 당했지만, 핵 능력에서 소련의 상대가 안 되는 영국, 핵무기가 없는 프랑스는 미국의 지지에 기대려 했다. 그러나 미국은 뒷짐만 진 채, 수에즈 사태 이후 파운드화에 가해지는 외환 공격을 방치했다. 결국 영국과 프랑스는 이집트에서 철수하는 굴욕을 맛보았다.

이 사건으로 영국과 프랑스는 현 상태로는 미국의 이익이 자국의 이익과 배치될 때는 미국의 도움을 받을 수 없을 뿐만 아니라 소련의 핵 공갈에 굴복하거나 미국의 결정에 순종할 수밖에 없다는 것을 절감했다.

1957년은 핵무기 개발 역사에서 중요한 사건이 많이 일어난 해였다.

1957년 5월 15일 영국은 수소폭탄 실험을 성공시켰다.

8월 26일 소련은 대륙간 탄도탄 실험에 성공하여 미사일을 '전 세계 어느 곳에라도 날릴 수 있게 되었다'고 발표했다.

10월 4일 소련은 인공위성 스푸트니크 1호를 발사하여 대륙간 탄도탄 보유를 전 세계에 확인시켰다.

12월 12일 미국은 대륙간 탄도탄 SM-65 Atlas 발사에 성공했다.

12월 17일 소련은 핵무기를 전담하는 군부대인 전략 로켓군을 창설했다.

미국은 영국이 수소폭탄을 개발하자 핵무기 협정을 맺어 핵무기에 관해 협동하기로 했다. 그리하여 1958년 7월 3일 미국과 영국은 포괄적인 핵 협력을 보장하는 상호방위협정을 체결했다. 이는 이른바 '영·미 특수 관계'의 시작이었다.

이로써 영국은 상당한 정도의 핵 보복 능력을 갖추었다. 이에 영국의 한 보수당 의원은 이렇게 말했다.

영국은 본토에서 (발사해) 스탈린그라드와 모스크바 지역에 있는 12개의 도시를, 그리고 사이프러스 기지에서 크림 지역에 있는 또 다른 12개의 도시를 초토화시킬 수 있다. 우리는 (2년 전인) 수에즈 위기 당시에는 이런 능력을 갖지 못했었다. 이제 우리는 다시 주요 강대국이 된 것이다.

프랑스의 핵무기 개발과 미국과의 핵 협력

1945년 10월 임시정부 수반 드골은 프랑스 원자력위원회(CEA)를 설립해 핵기술 확보에 나섰다. 프랑스는 전후 복구가 절실했고 영국과 미국에 비해 뒤쳐져 있었기 때문에 초기에는 주로 기반 기술과 핵물질 확보에 주력했다.

프랑스의 핵무기 개발 의지를 알고 있었던 미국·영국·캐나다는 우라늄 공급 통제 조약을 맺어 프랑스의 핵무기 개발을 방해하려 했다. 그러나 프랑스는 남부 부르고뉴의 중앙 고원지대에서 대규모의 우라늄 광산을 발견하여 문제가 해결되었다.

1956년의 2차 중동전쟁으로 프랑스는 핵무기를 개발·보유할 필요성을 절감했다.

1957년 미국의 핵 위협에 시달리던 모택동은 핵전쟁을 감수할 수 있다고 말했다.

> 재래전이든 핵전쟁이든, 어떠한 전쟁이 발발하더라도 우리는 승리할 것이다. 중국의 경우, 만일 제국주의자들이 우리에 대해 (핵) 전쟁을 시작한다면, 아마 3억 명 이상을 잃을지도 모른다. 그래서 어떻단 말인가? … 세월은 지나갈 것이고, 우리는 이전보다 더 많은 아기들을 낳으며 일할 것이다.

모택동의 정신 상태를 잘 보여주는 발언이다.

모택동의 연설에 체코슬로바키아 공산당 서기장 안토닌 노보트니는 이렇게 말했다.

> 우리는 1,200만 명밖에 없다.… 전쟁이 일어나면 우리는 모두 다 죽을 것이다. 다시 시작할 사람들은 한 명도 남지 않을 것이다.

1958년 알제리 사태로 프랑스는 내전의 위기에 몰렸는데 은퇴했던 드골이 복귀해 사태를 수습하고 강력한 대통령 중심제의 5공화국을 출범시켰다.

프랑스 제5공화국의 대통령으로 선출된 드골은 NATO를 미국-프랑스-영국의 3강 체제로 만들자고 제안했다. 미국은 영국과 핵

협력을 하기로 했으나 프랑스는 핵무기가 없다는 이유로 일언지하에 거절했다.

그러자 드골은 그 어떤 수를 쓰고 대가를 치르고서라도 독자적인 핵 능력을 가져야 한다는 생각을 하게 되었고, 드골은 여러 차례 프랑스의 핵무기 개발을 공언했다.

> 결과적으로 명백한 점은 우리 프랑스는 전적으로 프랑스의 국가이익을 위해 어디에서나 즉각 동원될 수 있는 군사력, 즉 독자적 핵타격력이 필요하고, 이것을 수년 내에 반드시 달성하여야 한다. 군사력의 기본이 핵무장이라는 것은 말할 필요도 없다. 우리가 그것을 제조하든 혹은 돈으로 구입하든 간에 그것은 우리 수중에 있어야 한다. … 이보다 더 중요한 것은 없다.

> (독자적 핵전력을 갖추지 못하면) 더 이상 유럽의 강대국도 주권국일 수도 없고 통합된 위성국에 지나지 않게 된다.

프랑스가 공개적으로 핵무기 개발 의도를 드러내자, 미국과 소련은 반발하며 유엔 안전보장이사회에서 프랑스의 핵무기 개발 포기를 종용하는 결의안을 통과시키기도 했다.

1960년 2월 13일 프랑스는 알제리(당시 프랑스 영토)의 사하라 사막에서 핵실험에 성공했다.

핵실험에 성공하자 드골은 소감을 말했다.

> 위대한 프랑스 만세!(Vive la France!) 오늘 아침 이후로 프랑스는

더욱 강력하고 자랑스러운 국가가 되었다!

핵무기 개발에 성공했지만 프랑스의 국력에 비추어 보아 소련이나 미국에 맞먹는 핵전력을 확보하는 것은 불가능했으므로 드골 대통령은 비례 억지 전략이라는 핵전략을 채택했다(물론 공표하지는 않았다).

비례 억지 전략은 일단 어떤 국가가(소련이) 프랑스를 핵무기로 공격한다면 프랑스 국민의 몰살을 각오하고 프랑스는 상대 국가에 자신이 가지고 있는 모든 핵무기를 사용해 '최대한 많은 적국의 국민을 살상하겠다'는 것이다. 프랑스의 결의를 상대국이 믿게 한다면 상대국은 자국이 입을 손해를 고려하면 프랑스를 멸망시켜 봐야 남는 게 없다고 여겨 전쟁을 꺼릴 수밖에 없다.

이는 미국과 소련으로서는 달갑지 않은 전략이었으나, 이 전략을 세운 당사자인 프랑스나 제3차 세계 대전이 일어나면 주전장이 될 서독으로서는, 핵무기가 일단 사용되기 시작하면 인류가 멸망할 전면적 핵전쟁으로 갈 수밖에 없음을 미국-소련 두 초강대국에 인지시켜 두 나라가 유럽 전선을 무대로 핵무기를 쓰지 못하도록 하려는 것이었다.

프랑스는 비례 억지 전략으로 소량의 핵무기만 갖고도 초강대국의 의사결정에 결정적 영향을 미치리라 기대했다.

프랑스는 핵실험을 성사시키면 미국으로부터 전통적인 라이벌인 영국과 대등한 대우와 기술지원을 받을 수 있을 것으로 기대했다.

핵실험을 성공한 후에도 실용적인 핵전력을 완성하려면 많은 시간과 비용이 들 수밖에 없기 때문이었다. 그러나 그런 기대는 곧 오판으로 드러났다.

1961년 취임한 케네디 대통령은 프랑스와의 핵 협력을 거부했다. 로버트 맥나마라 국방장관은 프랑스처럼 작고 허약한 초기 단계의 핵전력을 보유한 제3국은 실질적인 도움도 못되면서 위기가 고조될 때 소련으로 하여금 선제공격을 가해 미리 제거해버리도록 할 유혹만 준다고 생각했다.

외국과의 핵기술 협력에 대해 대통령에게 자문을 제공하도록 되어 있는 미국원자력위원회(AEC) 또한 프랑스와의 협력에 부정이었다. 위원회 위원들은 프랑스는 정정이 불안정하고, 프랑스 원자력위원회(CEA)에는 소련 간첩이 침투해 있다고 보았다.

그러나 영국에게는 핵기술 뿐 아니라 스카이볼트나 폴라리스 탄도탄 같은 핵탄두 운반수단까지 미국이 제공하고 있음을 알고 있는 드골에게 이런 논리는 명백한 차별을 가려보자는 변명이었을 뿐이었다.

그리고 케네디 행정부는 로버트 맥나마라 국방장관이 제안한 유연반응전략을 채택했다.

유연반응전략은 대량보복이 필연적으로 불러일으킬 파멸적인 핵전쟁을 피하기 위해 재래식 전쟁은 재래식으로, 전술핵무기는 전술핵무기로 맞서면서 각 단계마다 협상으로 전쟁을 종결시킬 가능성을 살린다는 것이었다.

유럽 전선에서 소련이 전술핵을 한 발 사용하면 미국도 한 발 사용하는 식으로 비례적으로 핵무기를 사용하면 소련 서기장도 미국 대통령도 죽고 싶지 않으므로, 이러한 핵전략은 결과적으로 미국과 소련이 서로 겨누고 있는 대륙 간 탄도탄 사용 가능성을 줄여 줄 수 있다.

그러나 유연반응전략은 미국-소련 수뇌부가 전술핵 사용을 좀 더 용이하게 한다는 부작용이 있다. '핵무기 사용을 '안전한' 유럽 전선에 국한시킬 수 있다면, 전술핵 몇 발쯤은 사용해도 괜찮지 않을까'라고 생각할 수 있는 것이다.

그러나 유연반응전략은 유럽 국가인 프랑스는 용납할 수 없는 것이었다.

프랑스가 볼 때 유연반응전략이란 소련 핵전력의 성장과 대륙간 탄도탄의 실용화에 따라 미국 본토도 핵 공격을 받을 수 있게 되자, 미국이 몸을 사리며 파리나 본을 위해 뉴욕을 희생시킬 생각은 없다는 것을 분명히 한 것에 불과했다. 미국은 전쟁 초반에 서유럽의 미국 동맹국들과 동유럽의 소련 동맹국들이 핵 공격을 대신 뒤집어쓰게 하다가 미소 양국의 본토에 전화가 옮아 붙을 때쯤 되면 휴전을 모색하려는 것이 아닌가 의심했다.

게다가 새로운 미국의 핵전략이 곧 NATO의 핵전략이 되는 것이 당연시되는 상황에서 유연반응전략은 프랑스의 핵전략과 잘 어울리지 않았다. 프랑스의 핵전략은 기본적으로 대량보복전략의 변형이었다.

【그러나 1962년 쿠바 미사일 위기 이후 맥나마라도 핵무기를 실전에서 사용할 때 유연한 대응은 불가능하고 그냥 같이 죽을 수밖

에 없다고 결론 내렸다.】

   미국의 핵기술 협력 거부와 서유럽 방위 보장에 대한 불신으로 프랑스는 돌출적 행동을 했다.
   1964년 1월 드골은 중화인민공화국을 승인했다. 미국 정부는 자국의 봉쇄정책을 깨는 이 조치에 몹시 불쾌해 했다.
   그리고 이 해에 드골 대통령은 프랑스의 핵전략을 공표했다. 프랑스의 빈약한 핵전력의 위협능력을 극대화하기 위해, 일단 핵전쟁이 시작되면 즉각 보유한 핵무기를 몽땅 상대의 대도시에 퍼부어 최대한 많은 사람들을 죽일 것이라고 선언했다.

   물론, 우리가 발사할 수 있는 핵무기의 파괴력은 미국과 소련이 발사할 수 있는 핵무기의 파괴력에 비해 수적으로 동등한 것은 아닐 것이다. 그러나 … 사실, 어떤 인간도, 어떤 국가도 단 한 번만 죽을 수 있기 때문에 잠재적 적에게 치명적 손상을 가할 수 있고, 그렇게 하려는 확고한 의지를 갖고 있으며, 그러한 의지가 (잠재적 적에게) 충분히 인식된다면, 억지는 그 즉시 존재하게 되는 것이다.

   프랑스는 1966년 NATO 통합군에서 탈퇴하고 NATO 사령부와 미군을 프랑스 영토에서 축출하며, 미국의 지원 없이 완전히 독자적으로 핵전력을 확충하기로 결정했다.
   샤를 드골 대통령은 NATO 탈퇴를 선언하며 이런 말을 했다.

   NATO는 프랑스의 독립과 국익에 배치된다. 우리가 NATO 회원국이 된 것은 소련의 공격으로부터 보호받을 이유에서였다. 그러나 나는 지금은 소련이 공격해 올 것으로 믿지 않는다. … NATO는 이제 더 이상 동맹체제가 아니다. 그것은 종속 체제이다. 프랑스가 독립성을 회복한 이후에 가서는 프랑스가 서방 국가들의 어떤 동맹에 참가할 수도 있을 것이다. … 그러나 우리는 우리를 책임져 주는 미국과 같은 상전을 받아들일 수 없다.

드골은 소련의 영향권 안인 폴란드 및 루마니아에 러브콜을 보내는가 하면, 제3세계 국가들에 대해 원조를 제안하는 등 제3세력으로서의 독자 행보를 활발히 펼치기 시작했다. 이러한 행보는 미소 양대 초강대국의 영향을 배제하고 동·서유럽을 아우르는 '유럽인의 유럽'을 만들어 미국과 소련에 필적하는 제3의 세력을 형성하고자 하는 드골의 웅대한 꿈에서 나온 행보이다.

1968년 8월 23일 프랑스는 수소폭탄 실험에 성공했다.

1969년 출범한 리처드 닉슨 공화당 행정부는 소모적인 미국-프랑스 관계를 개선하려 했다.

이러한 움직임은 동맹국들에게 더 큰 안보 책임을 맡기는(괌 독트린) 것인 동시에, 소련과의 데탕트, 중미수교, 베트남전의 종결 등과 맞물린 닉슨 행정부의 새로운 세계전략의 일부였다.

프랑스의 모든 정당은 – 공산당을 비롯하여 – 자국의 핵무기 보유를 찬성했다. 프랑스가 핵을 포기할 리 없는 이상, 프랑스의 핵전력이 가능한 한 빨리 생존성을 갖추어 더 이상 소련의 선제공격을 유혹하지 않고, 너무 많은 자금을 소요해 프랑스의 재래식 전력을 약화시키지 않도록 돕는 것이 서방 전체의 안보를 증진시키는 길이라고 닉슨 대통령은 판단했다. 독자 핵전력을 주창하는 프랑스의 자존심을 지켜 주려 비밀 핵기술 협력을 구상했다.

1973년 6월 미 국무장관 키신저는 프랑스 외무장관 미셸 조베르를 초청해 운을 띄웠다. 프랑스는 잠수함발사탄도탄(SLBM)을 다탄두(MIRV)화하는데 어려움을 겪고 있었는데 키신저는 미국이 이 문제를 해결을 도울 수 있다는 암시를 했다. 조베르는 즉각 미국이 어떤 문제든 도움을 준다면 환영할 것이라고 답했다.

조르쥬 퐁피두 프랑스 대통령은 미국 측의 제안을 크게 환영했다. 미국이 이미 개발한 기술과 중복되는 것을 프랑스가 독자 개발하기 위해 돈과 시간, 그리고 재능을 퍼붓는 것은 여러모로 손해였기 때문이었다.

키신저는 미국 법이 핵기술 이전을 엄격히 금지하고 있었으므로 '부인(否認) 방식 지도(Negative Guidance)'라는 편법을 만들어냈다.

구체적인 핵무기 설계에 관련된 문제일 경우, 일단 프랑스 엔지니어를 미국 엔지니어와 만나게 한다. 그러면 프랑스 엔지니어가 자신이 안고 있는 문제를 어떤 식으로 해결하려 하는지에 대한 구상을 묘사한다. 그러면 미국 엔지니어는 프랑스 엔지니어의 문제 해결 방식에 자신의 경험을 바탕으로 맞는 방향으로 가고 있는지 아닌지를 짚어준다. 이는 구체적인 기밀 정보를 언급하지 않은 채 기술 지도를 하는 것이다. 이 프로젝트에 관계했던 미국 측 관계자들은 이 방식을 「스무고개 방식」이라고 불렀다.

이 복잡한 「스무고개 방식」은 핵물리학에 관련된 것에만 적용되었다. 미사일 같은 핵무기 운반 체제에 관련된 기술 이전은 법적 규제가 아니라 정책 판단에 의해 이루어졌다. 미국은 소련의 미사일 방어 체제와 표적정보 같은 첩보자료도 제공했다.

1974년 오타와에서 열린 NATO 외무장관 회담에서 회원국들은 "영국과 프랑스의 핵전력이 연합국의 억지 능력을 전반적으로 강화하는데 기여"하고 있다는 점에 합의했다. 미국이 프랑스의 핵전력이 유용하다고 처음으로 공인한 것이다.

비밀리에 이루어진 미국과 프랑스의 핵 협력의 전모를 아는 이들은 극소수였다.

프랑스는 미국 측에게 이 사업에 대해 가르쳐 주어도 되는 사람들의 이름을 일일이 지정했다. 두 나라 대통령과 그 심복들이 이 비밀 협력의 중심이었다. 그러므로 이 사업은 실무적으로 많은 문제가 발생했다.

전면적인 기술협력이 이루어졌던 미국과 영국과의 핵기술 협력과는 달리 미국과 프랑스와의 비밀 핵기술 협력은 구체적인 핵무기 설계를 주고받거나 하지는 못했다. 법적 뒷받침이 이루어지지 않았기 때문이었다. 그러나 「스무고개 방식」을 통해서도 많은 정보가 전해졌다.

프랑스측은 핵탄두의 소형화와 전자기 차폐에 대해 지도받았다.

다탄두 기술을 완성하기 위해서는 핵탄두를 소형화하는 기술이 필수적이었다.

전자기 차폐는 먼저 폭발한 핵탄두로부터 방사되는 전자기파를 맞고 다른 탄두가 망가지지 않게 하는데 필요했다. 이는 실제 핵실험의 경험을 통해서만 제대로 얻을 수 있는 기술이다. 프랑스 과학자들은 미국이 네바다 핵 실험장에서 지하 핵실험을 할 때, 그 근처에 그들의 부품과 장비를 갖다 놓을 수 있도록 비밀 허가를 받았다.

미국 정책결정자들은 프랑스가 실제 핵실험 횟수를 줄임으로서 얻는 개발비를 절약할 수 있을 뿐 아니라 프랑스의 핵실험이 가져올 정치적 악영향을 줄일 수 있다고 보았다.

【프랑스는 대기권 핵실험을 금지하는 「부분핵실험금지조약」에 가입하지 않았다. 미국, 소련, 영국은 지하 핵실험을 할 예정이었지만, 후발주자인 중국과 프랑스는 그럴 준비가 되어 있지 않았다. 방사성물질이 대기권에 흩어질 수밖에 없지만 프랑스는 사하라 사막에서 지상 핵실험을 계속했다. 이에 국제사회로부터 비난이 쇄도했다. 미국은 프랑스의 핵실험 때문에 모든 핵보유국이 비난받게 될 것이라고 우려했다.】

미국은 네바다의 지하 핵 실험장에서 핵실험을 하라고 프랑스에 제안했다. 영국은 핵 협정 체결 이후 네바다 핵 실험장을 빌려 쓰고 있었다. 프랑스는 이 제안을 거절했다. 핵 실험장을 빌려 쓰는 것은 프랑스의 핵무기의 완전한 독립성이란 이미지에 타격이 된다고 프랑스는 판단했을 것이다.

프랑스 측에서 볼 때 100% 순수 독자 기술에 의한 자국의 핵 타격군(force de frappe)은 위대한 프랑스의 상징이었다. 그리고 냉전 시기에 미국과 소련 어느 쪽에도 줄서기를 원치 않는 제3세력의 선봉장 노릇을 하는데 필요한 프랑스 외교정책의 담보물이기도 했다.

프랑스가 네바다 핵 실험장을 사용하지 않겠다고 하자 미국은 핵

개발을 담당하는 리버모어와 로스알라모스 국립연구소의 인력을 파견해, 프랑스가 남태평양 무루루아에 건설하는 핵 실험장에 기술 지원을 했다.

미국과 프랑스는 핵무기의 안전과 보안에 관해서도 상호 협력했다. 안전은 핵폭탄이 사고로 폭발하지 않게 하는 것이고, 보안은 합법적인 지휘계통을 통하지 않고 누군가가 핵무기를 훔치거나 발사, 폭발시키지 못하도록 하는 것이다.

미국 과학자와 관리들은 지구상 어느 나라에서라든 그런 식으로 불법적으로 핵폭탄이 터지는 사건이 발생하는 날에는 미국 핵무기의 이동과 배치를 치명적으로 제한하는 규제가 만들어질 것으로 우려했다. 따라서 미국과 프랑스는 핵무기에 관련된 안전장치와 지휘통제체제에 대한 기술을 공유하는데 적극적이었다.

프랑스의 핵개발 사업은 미국보다 규모가 훨씬 작았기 때문에 특정 분야에 집중할 수 있어 질은 우수했다.

"프랑스인들은 세계 최고의 인력을 보유하고 있습니다. 우리 미국 인력보다도 낫다고 봅니다."고 프랑스와의 기술협력에 직접 참여했던 한 전문가는 말했다.

반면에 영국은 미국의 기술을 일방적으로 수입했다. 국방비의 25%를 핵개발에 쓰는 프랑스와 3%를 핵개발에 쓰는 영국은 핵무기 기술에서 차이가 났다.

프랑스는 반대급부로 미국을 군사·정치적으로 도왔다.

프랑스는 미국이 유럽에 중거리 핵전력 –퍼싱 II 미사일과 지상 발사 토마호크 순항 미사일- 을 배치할 때 이를 지지했다. 공식적으로는 NATO에서 탈퇴했지만, 프랑스군 지휘관들은 유럽에서 전쟁이 터지게 될 경우 자국군이 NATO군, 구체적으로는 미군과 긴밀히 협조하는 작전계획을 마련했다. 프랑스군은 유사시 NATO 사령부 휘하에서 싸우게 될 것이었다. 미 본토에서 보내오는 증원군은 프랑스 항구, 비행장, 병참선을 이용해 전개된다. 그리고 프랑스 핵전력은 NATO 핵전력과 협조하는 것이었다.

소련의 붕괴로 냉전이 끝나자 프랑스는 정식으로 NATO에 복귀하고 냉전 시대 미국과 비밀리에 군사협력을 했다는 언론 보도를 인정했다.

인도와 파키스탄의 핵무기 개발

1946년 6월 26일 곧 독립 인도의 수상이 될 자와할랄 네루는 핵무기 개발에 대해 이렇게 말했다.

세계가 현재와 같은 상태가 계속된다면 모든 나라가 스스로를 방어하려 최신 자치를 만들고 사용해야 할 것이다. 인도가 과학연구를 할 것에는 나는 의심하지 않으며 인도 과학자들이 원자력을 건설적 목적으로 쓸 것을 희망한다. 그러나 인도가 위협받는다면, 가능한 모든 수단을 동원해서 스스로 지키려 노력할 것은 필연이다.

1947년 인도 아대륙은 힌두교가 주류인 인도와 이슬람교를 믿는 파키스탄으로 나뉘어져 독립했다. 이 와중에 1차 인도-파키스탄 전쟁이 났지만, 두 나라는 핵무기 개발을 꿈꾸지는 않았다.

그러나 우방으로 여겼던 중국과 국경 문제로 1962년 중국-인도 전쟁에서 대패하면서 네루는 선린 관계 유지로는 국가안보를 보장할 수 없다는 것을 절감했다. 1964년 중국이 핵실험에 성공하자 필사적으로 핵무기 개발에 매달렸다. 여러 대학에 원자력학과를 만들었고 학생들을 외국으로 유학 보내 원자력 관련 공부를 하게 하였다. 원자력 발전소를 만든다고 했지만 실제는 핵무기를 개발 보유하기 위한 것이었다.

1965년 인도와 파키스탄이 국경에서 소규모 교전이 벌어지던 와중에 주피카르 알리 부토 외무장관은 이렇게 말했다.

인도가 (핵) 폭탄을 만든다면, 우리는 풀과 잎사귀를 천년은 먹더라도, 굶더라도 우리의 핵폭탄을 가질 것이다. 기독교도는 핵폭탄을 가지고 있다. 유대인도 핵폭탄을 가지고 있다. 그리고 이제 힌두교도도 핵폭탄을 가지려 한다. 무슬림은 핵폭탄을 가지면 안 되는가?

1965년 8월에 시작한 2차 인도-파키스탄 전쟁은 9월 23일 정전 협정으로 끝났으나 인도의 우세였다. 파키스탄은 유엔 안보리 결의로 무기 공급 제재를 받았다. 이에 부토 외무장관은 '핵무기 개발 프로그램'을 시작해야 한다고 주장했다. 그러나 재무장관 무하마드 쇼아이브는 반대했다.

국제 원자력기구(IAEA)에서 일하고 있던 파키스탄 과학자와 공학자들은 인도가 핵무기 제조 프로그램을 진전시키고 있는 것을 깨닫고는 핵물리학자 무니르 한이 대표로 1965년 10월 비인에서 부토를 만나 정보를 전했다. 무니르 한은 "핵무장한 인도는 파키스탄의 안보를 훼손하고 위협할 것이다. 그러므로 생존을 위해 파키스탄은 핵 억지력이 필요하다."고 말했다.

이 문제의 심각성을 이해하는 부토는 무니르 한과 파키스탄 대통령 아유브 한과의 만남을 주선했다. 1965년 12월 런던의 한 호텔에서의 만남에서 무니르 한은 핵무기 제조의 기반이 될 시설을 갖추어야 한다고 말했다. 소요 비용을 물으니 무니르 한은 1억 5천만 달러가 안 될 것이라고 추정했다. 아유브 한 대통령은 파키스탄이 그러한 비용을 감당하기에는 너무 가난하다고 말했다. 그리고 원자폭탄이 필요하게 된다면 손쉽게 취득할 수 있을 것이라고 했다.

인도는 어느 정도 핵 관련 기술을 축적한 다음 1967년 본격적으로 핵무기 개발 프로그램을 가동했다.

1971년 12월 3차 인도-파키스탄 전쟁이 일어나 파키스탄은 궤멸적인 참패를 당하고 동파키스탄은 방글라데시로 독립하기에 이르렀다. 파키스탄은 1972년 1월 무니르 한이 지휘하는 핵무기 개발 프로그램을 시작했다.

1974년 5월 18일에 라자스탄 사막에서 첫 핵실험을 했다. 작전명은 웃는 부처(smiling Buddha)였다. 그 위력은 8kt이었다.

이 핵실험으로 인도는 전 세계로부터 경제 제재를 받아 경제가 휘청거렸다. 그 여파로 1977년 총선에서 인도 국민회의 당은 대패하여 핵 개발을 강력히 추진하던 인디라 간디 수상은 물러났다. 이후 인도는 공개적 핵실험은 하지 않고 차분히 핵 개발 능력을 키웠다.

파키스탄은 인도의 핵실험 성공에 자극받아 더욱 핵무기 개발에 열을 올렸다. 1987년에는 핵 기폭장치를 입수했다.

인도는 첫 핵실험 이후 24년 동안 핵실험을 하지 않다가 1998년 5월 11~13일 다시 라자스탄에서 5차례 핵실험을 했다. 파키스탄은 약 2주일 후인 5월 28~30일에 5차례 핵실험에 성공했다.

미국은 일본과 더불어 인도에 경제 제재를 가했지만 중국에 대항하기 위해 우방으로 끌어들였다. 2006년 인도는 미국과 원자력협정을 맺고 IAEA의 사찰을 받기도 했다.

전쟁을 한 적국 또는 사이가 나쁜 이웃 나라가 핵무기 개발을 하거나 하려 하면 핵무기 개발에 나서는 것은 당연한 일이다. 인도는 중국의 핵무기 개발에, 파키스탄은 인도의 핵실험 성공에 자극받아 핵무기 개발에 총력을 기울였다. 중국-인도 분쟁이나 인도-파키스탄 전쟁과는 비교도 할 수 없는 대규모 전쟁을 겪은 대한민국이 그 존재를 부정하는 조선민주주의 인민공화국이란 나라의 핵무기 개발에 실질적으로 무대책인 것은 매우 설명하기 어려운 현상이다.

정상이 아닌 정신 상태인 것은 확실하다. 국가안보라는 집권자의 기본 책무를 늘 인식하고 안보를 튼튼히 하려 전력을 다한 - 그 대가는 독재자라는 오명이었다 - 한 대통령의 면모를 살펴보는 것은 나름대로 의미가 있는 일이다.

* 핵실험의 역사 *

1949년 8월 29일 소련 최초의 원자폭탄 실험 성공.

1952년 10월 3일 몬테벨로 군도에서 영국 최초의 원자폭탄 실험 성공.

1952년 11월 1일 미국 최초의 수소폭탄 실험 성공.

1953년 8월 12일 소련 최초의 수소폭탄 실험 성공.

1954년 수소폭탄의 외각을 우라늄 238(238U)로 싼 3F 폭탄을 미국에서 개발, 비키니 환초(Bikini Atoll)에서 최초 실험.

1957년 영국 최초의 수소폭탄 실험 성공.

1958년~1962년에 걸쳐 4년 사이에 미국은 7차례, 소련은 4차례 우주 공간에서 핵실험.

1960년 2월 13일 사하라 사막에서 프랑스 최초의 원자폭탄 실험 성공.

1961년 소련이 차르 봄바의 실험을 함. 이 수소폭탄의 위력은 TNT 5000만 톤(50 메가톤)으로 지금까지의 핵폭탄 중 최대임.

1964년 10월 중화인민공화국 최초의 원자폭탄 실험 성공.

1967년 중국 최초의 수소폭탄 실험 성공.

1968년 8월 23일 프랑스 최초의 수소폭탄 실험 성공.

03편

도경구 교수의 글

대한민국 제21대 대통령 선거 결과 분석

요약

2025년 6월 3일 치러진 제21대 대통령선거는 공식 투표율이 79.4%로, 이재명 후보가 김문수 후보를 누르고 당선된다. 그러나 당일투표와 사전투표 간 득표율 격차가 전국 모든 지역에서 일관되게 크게 나타났고, 그 결과 당일투표 선두 후보가 사전투표에서 역전되는 현상이 관측되었다. 이는 유권자 분포가 무작위에 가깝다는 가정하에서 비정상적 패턴으로 해석될 여지가 있다.

본 보고서는 선거조작 가능성을 통계적으로 검토하고, 조작 규모를 역산 방식으로 추정한다. 조작은 다음의 두 가지 방식이 있다.

- 투표조작(표더하기): 사전투표에서 위조 유령표를 추가로 투입하여 특정 후보의 득표수를 인위적으로 부풀리는 조작이다.
- 개표조작(표바꾸기): 전자개표 중에 특정 후보의 표를 다른 후보의 표로 분류하는 조작이다.

수개표는 조작 불가능하다고 가정한다. 추정의 핵심은 당일투표 수개표 득표율을 '조작이 없는 근사치'로 삼아, 공식 발표치와의 차이를 이용해 개표조작을 추정하고, 그 비율을 사전투표에도 적용해 전체 왜곡 규모를 산출하는 것이다.

분석 결과, 표더하기(사전투표)로 약 758만 표, 표바꾸기(사전+당일)로 약 172만 표가 영향을 받은 것으로 추정된다. 이 과정에서 김문수 후보는 약 1,246만 표의 상대 손실, 이재명·이준석 후보는 각각 약 971만 표, 275만 표의 상대 이득을 본 것으로 계산되며, 두 후보 간 이득 비율은 약 3.5:1로 개표조작의 분배비율과도 일치한다.

이 추정을 적용할 경우, 실제 당선자는 김문수 후보(58.5%)로 복원되며, 이재명 후보(33.6%)와 상당한 차이가 발생한다. 또한 공식 투표율 79.4%에서 추정 유령표를 제외하면 실제 투표율은 62.3%로 낮아진다.

다만 본 분석은 가정과 모델에 의존한 추정이며, 확정적 단정이 아니다. 재검표, 장비 포렌식, 로그 검증 등 후속 검증을 통해 사실관계를 확인할 필요가 있다.

01 >>> 머리말

제21대 대통령선거 결과를 둘러싸고, 사전투표와 당일투표 간 득표율 격차가 당락을 바꿀 정도로 크게 나타났다는 점이 논쟁의 쟁점이 되었다. 이 보고서는 해당 격차가 통계적으로 비정상적인 패턴인지를 검토하고, 조작이 있었다는 가정하에서 조작 규모를 역산하여 제시한다.

분석 틀은 다음과 같다.
- 첫째, 투표조작(표더하기)은 사전투표에서만 가능하다고 가정한다.
- 둘째, 개표조작(표바꾸기)은 전자개표기 분류 구간에서 발생할 수 있으며, 수개표 구간은 조작 불가능하다고 전제한다.
- 셋째, 당일투표 수개표 득표율을 '조작 없는 근사치'로 보고, 이를 기준으로 공식 발표치와의 괴리를 이용해 개표조작 비율을 추정한다.
- 넷째, 추정된 개표조작 비율을 사전투표에도 적용한 뒤, 잔여 격차를 표더하기 조작 규모로 계산한다.

이 보고서는 2절에서 이상치 탐색(전국·지역·선거구 수준 비교), 3절에서 선거조작의 방식과 절차, 4절에서 표본성 검토 및 기준 설정, 5~6절에서 조작 규모 산정, 7절에서 결론으로 종합·감도·한계를 제시한다. 모든 수치는 사칙연산 방식과 표·그림 중심의 해설로 제시한다.

선거의 주요 공식 발표 결과를 요약하여 정리하면 아래 표 1과 같다. 사전투표에서는 이재명 후보가, 당일투표에서는 김문수 후보가 각각 우세하게 나타나며, 두 결과가 합쳐지면서 최종 승패가 결정되었다.

〈표 1〉 제21대 대통령선거 주요 결과 요약

후보	득표율 (%)			결과
	사전투표	당일투표	전체	
이재명	**63.7**	38.0	**49.4**	당선 (공식 발표)
김문수	26.4	**53.0**	41.2	2위
이준석	8.8	7.9	8.3	3위
투표율 (%)	35.4	44.0	**79.4**	

- 사전·당일투표 간 득표율 격차가 크게 나타남
- 전체 투표율은 79.4%

출처 : 중앙선거관리위원회 선거통계시스템

02 >>> 이상치 탐색
(전국·지역·선거구 수준 비교)

 본 절은 사전투표–당일투표 간 득표율 차이가 통계적 이상치인지 탐색적으로 검토한다. 사전·당일투표의 득표율을 시각적으로 비교하면 [그림 1]과 같다. 동일 후보의 지지율이 투표 유형에 따라 극명하게 뒤바뀌는 패턴이 확인된다.

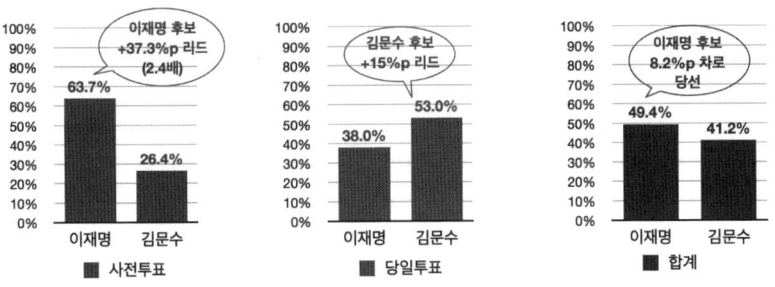

사전투표에서는 이재명 후보가, 당일투표에서는 김문수 후보가 우세한 역전 패턴을 보여줌

[그림 1] 사전투표와 당일투표의 득표율 비교

관찰 1 (전국 수준). 당일투표 기준 김문수 후보가 약 53.0%로 선두이나, 사전투표에서는 이재명 후보가 크게 앞서 최종 합계에서 역전이 발생한다. 동일 선거에서 투표 유형에 따라 승패가 뒤바뀌는 현상은, 유권자 분포를 무작위에 가깝다

고 보는 가정하에서는 비정상적 패턴으로 해석될 수 있다.

관찰 2 (대표 지표). 이재명 후보의 사전투표 득표율은 당일투표 대비 약 1.7배(63.7%/38.0%), 김문수 후보는 반대로 당일투표가 사전투표 대비 약 2배(53.0%/26.4%) 높게 나타난다.

이러한 패턴은 지역별 분석에서도 일관되게 나타난다. 대표 지역(서울, 대구, 전남)을 예로 들면 〈표 2〉와 같다. 예컨대 서울·대구·전남 세 지역 모두 정도의 차이는 있지만 사전투표에서는 이재명 후보가, 당일투표에서는 김문수 후보가 우세한 구조를 보인다.

〈표 2〉 대표 지역(서울, 대구, 전남)의 사전·당일투표 득표율 차이

지역	이재명			김문수		
	득표율 (%)		차이 (%p)	득표율 (%)		차이 (%p)
	사전투표	당일투표		사전투표	당일투표	
서울	62.8	34.8	28.0	25.5	54.2	-28.7
대구	36.4	16.9	19.5	51.9	75.2	-23.3
전남	89.0	79.1	9.9	5.7	14.8	-9.1

전국적으로 유사한 방향성이 반복됨

관찰 3 (지역 수준). 17개 시·도별 비교에서, 규모 차이는 있으나 패턴은 일관한다.
- 광주·전북·전남 : 이재명 **+10%p** 내외, 김문수 **-9%p** 내외
- 대구·경북 : 이재명 **+18~19%p**, 김문수 **-22%p** 내외
- 기타 12개 지역 : 이재명 **+20~28%p**, 김문수 **-22~29%p**

관찰 4 (선거구 수준). 전국 254개 선거구를 개별 관찰한 결과, 모든 선거구에서 이재명 후보는 사전투표 득표율이 모두 더 높고, 김문수 후보는 당일투표 득표율이 모두 더 높다. 단 한 개의 선거구에도 예외를 찾아볼 수 없다.

이상의 패턴은 전국-지역-선거구의 다층 수준에서 방향이 일관적이며, 인위적 개입 가능성을 시사한다.

03 >>> 선거조작의 방식과 절차

선거조작 규모 추정의 준비 작업으로 조작 방식과 절차를 알아보자. 선거조작은 투표 과정에서 실행하는 투표조작과 개표 과정에서 실행하는 개표조작의 두 가지로 나눌 수 있다. 사전투표와 당일투표의 고유한 특색을 고려하여 가장 적합한 조작 방법과 절차를 예측하고, 이를 선거조작 규모 추정에 사용한다.

1. 투표조작

투표조작은 개표 전에 투표함을 대상으로 이루어진다. 조작의 목적은 특정 후보의 득표수를 인위적으로 늘리거나 줄이는 것이다. 가능한 방식은 다음과 같이 구분된다.

• 표더하기 (유령표 추가)

가장 단순하고 실행이 용이한 방법으로, 부재자, 장기 해외 체류자, 사망자 등 투표할 수 없어 보이는 유권자를 골라서 투표한 것처럼 위조하고, 특정 후보에 기표한 유령 투표지를 그만큼 만들어 몰래 추가하여 득표수를 늘리는 방식이다.

• **표바꾸기 (투표 단계)**
 특정 후보에게 기표한 표를 위조해 투입하고, 피해 후보의 표를 투입한 수량만큼 골라내어 폐기하는 방식이다. 하지만 투표함을 직접 열어 표를 선별해야 하므로 위험성과 부담이 크다.

• **표버리기**
 특정 후보의 표를 무효표로 처리되도록 훼손하거나 미리 준비한 무효표로 바꾸는 방식이다.

• **투표함 바꿔치기**
 이론적으로 불가능하진 않으나 전국 단위로 실행하기에 물리적·인력적 제약이 크다.

 이 중 실현 가능성과 은폐 용이성을 고려할 때, 표더하기 조작이 가장 현실적이다. 특히 사전투표는 투표와 개표 사이의 시간 여유가 많으므로, 투표함에 접근 가능한 시점이 존재한다. 반면 당일투표는 투표 종료 직후 개표가 진행되기 때문에, 조작을 실행할 수 있는 시간이 거의 없다.

 따라서 본 분석에서는 사전투표에 한정하여 '표더하기 조작'이 실행되었을 가능성을 전제로 한다. 복잡한 표바꾸기·표버리기 방식은 이론적으로 가능하지만 분석 대상에서 제외한다. 규모 추정의 정확성은 다소 희생하더라도, 유추 절차의 단순성과 계산 가능성을 높이기 위한 선택이다.

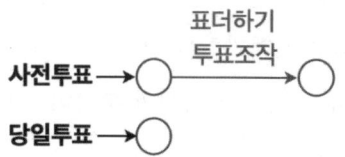

2. 개표조작

개표조작은 개표 과정 중 실시간으로 이루어진다. 투표가 종료된 뒤에는 투표자 수가 이미 확정되어 있으므로 표더하기 조작은 원천적으로 불가능하다. 대신 표바꾸기 또는 표버리기 형태로 나타날 수 있다.

- 표바꾸기 조작은 피해 후보의 표를 가해 후보의 표로 분류하는 행위이다.
  전자개표기의 분류 알고리즘을 조정하거나 인식 오류를 유도하여 자동 분류 과정에서 표의 귀속을 바꾼다.
- 표버리기 조작은 특정 후보의 표를 무효로 처리하는 방식이다. 그러나 무효표 비율이 전체의 0.7%에 불과하여, 전체 추정 결과에 미치는 영향은 미미할 것으로 판단하고 분석 대상에서 제

외한다.

전자개표기는 개표 속도가 빠르고, 분류과정을 외부에서 관찰하기 어렵다. 따라서 분류 소프트웨어의 조작이 가능하다면, 개표인·참관인이 이를 즉시 인지하기 어렵다. 반면, 전자개표기가 분류하지 못한 표는 어쩔 수 없이 수개표로 전환되며, 수개표는 다수의 인원이 검증하므로 조작이 거의 불가능하다.

결국 개표조작은 전자개표기가 분류에 성공한 투표지에 한정되어 발생할 수 있다는 점이 핵심이다. 수개표 대상으로 넘어간 투표지는 사실상 조작의 위험이 없는 것으로 간주한다.

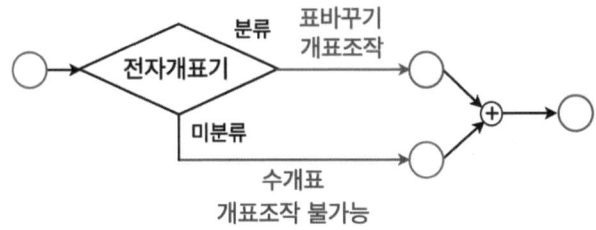

3. 선거조작의 절차적 구조

이상의 전제를 종합하면, 선거조작은 두 단계로 구분된다.

구분	실행 시점	주요 방식	적용 범위
투표조작	개표 전	표더하기 (유령표 추가)	사전투표 한정
개표조작	개표 중	표바꾸기 (분류 조작)	사전·당일투표 모두

즉, 사전투표에서는 '표더하기' → '표바꾸기', 당일투표에서는 '표바꾸기'만 발생할 수 있다.

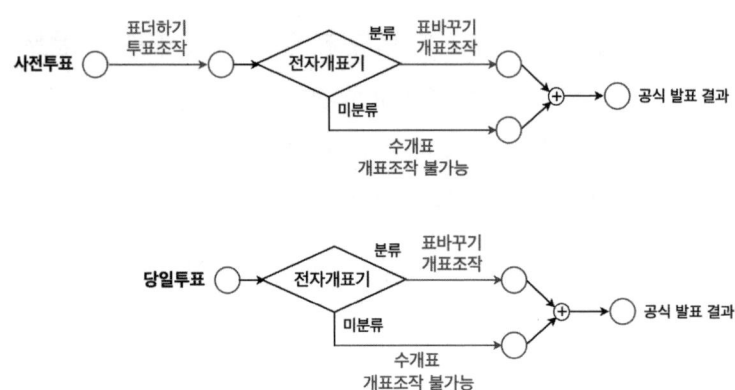

이 절차 구분은 이후 조작 규모 산출의 기본 틀로 사용된다.

04 >>> 표본성 검토 및 기준 설정

1. 당일투표 수개표 결과와 표본성 검토

조작 규모를 추정하기 위해서는 조작이 개입되지 않은 기준치, 즉 '진짜 득표율'을 확보해야 한다. 이에 해당하는 것은 당일투표의 수개표 결과다.

당일투표는 시간적 여유가 없어 투표조작이 불가능하고, 수개표는 조작할 수 없다고 전제할 수 있다. 따라서 **"당일투표 수개표 결과"는 조작으로부터 자유로운 유일한 표본**이 된다.

전자개표하면서 개표 관리관이 수기로 작성하는 개표 상황표는 전자개표 결과와 함께 전자개표기가 분류하지 못한 투표지의 수개표 결과를 따로 기록한다. 전자개표기의 투표지 인식 성능이 그리 우수하지 않은 덕분인지, 명백한 유효표임에도 불구하고 전자분류에 실패한 표수가 어느 정도 존재한다. 전국의 모든 개표소에서 모아 집계한 자료 〈표 3〉에 따르면, 전체 당일투표 19,388,602표 중 수개표한 유효표는 437,035표로 전체의 약 2.25%에 해당한다. 이

때 95% 신뢰수준에서 표본오차는 ±0.15%로 매우 작아, 통계적 안정성이 높다.

〈표 3〉 당일투표 수개표 결과 (전국)

후보	이재명	김문수	이준석	권영국	송진호	합계
득표수	144,802	259,571	28,053	3,343	1,266	437,035
득표율	33.13%	59.39%	6.42%	0.76%	0.29%	100%

출처: 지역별 개표 상황표 원자료 수집 집계

또한 지역별 비교 결과(〈표 4〉참조), 당일투표의 지역별 수개표 비율은 전국 평균과 큰 차이를 보이지 않는다. 지역내의 개별 개표소 단위에서도 대부분 수개표 비율이 고르게 분포한다. 이로부터 당일투표 수개표 표본은 전국 모집단을 대표할 수 있는 무작위 표본으로 간주할 수 있다.

〈표 4〉 당일투표의 전체 유효표 대비 수개표 비율

지역	서울	부산	대구	인천	광주	대전	울산	세종	경기
수개표 비율(%)	1.96	2.60	2.43	2.46	2.42	2.23	2.11	1.74	1.92
지역	강원	충북	충남	전북	전남	경북	경남	제주	**전국**
수개표 비율(%)	2.44	2.64	2.60	2.36	3.33	3.04	2.36	2.46	**2.25**

출처: 지역별 개표 상황표 원자료 수집 집계

따라서 조작이 개입되지 않은 기준치는 '당일투표 수개표 결과'로 전제할 수 있다. 이 표본을 기준으로 당일투표의 공식 발표 결과를 비교하면, 그림 2와 같이 득표율의 차이를 보인다.

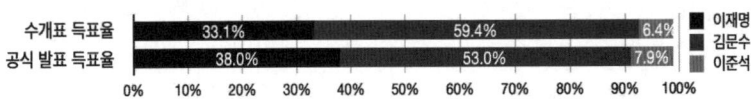

공식 발표 결과에서 김문수 후보의 득표율은 감소, 다른 후보의 득표율은 증가

[그림 2] 당일투표의 수개표 득표율과 공식 발표 득표율 비교

이 차이는 전자개표기 분류 단계에서의 표바꾸기 조작 가능성을 강하게 시사한다.

2. 당일투표 수개표 결과로 지역별 '상대 득표율' 설정

당일투표 수개표 결과(표 3)에서 득표율이 1% 수준에 불과한 하위 두 후보를 제외하고, 상위 세 후보의 득표수를 기준으로 17개 지역별 상대 득표율을 계산하여 정리하면 〈표 5〉와 같다.

〈표 5〉 당일투표 수개표 결과로 설정한 지역별 상대 득표율

지역	득표수				상대 득표율(%)		
	이재명	김문수	이준석	합계	이재명	김문수	이준석
서울	23,040	42,522	6,023	71,585	32.19%	59.40%	8.41%
부산	9,164	23,690	1,861	34,715	26.40%	68.24%	5.36%
대구	3,396	21,785	1,366	26,547	12.79%	82.06%	5.15%
인천	10,119	15,969	2,037	28,125	35.98%	56.78%	7.24%
광주	7,042	1,269	562	8,873	79.36%	14.30%	6.33%
대전	3,871	7,278	907	12,056	32.11%	60.37%	7.52%

지역	득표수				상대 득표율(%)		
	이재명	김문수	이준석	합계	이재명	김문수	이준석
울산	2,437	6,183	602	9,222	26.43%	67.05%	6.53%
세종	832	1,134	175	2,141	38.86%	52.97%	8.17%
경기	37,687	56,058	7,536	101,281	37.21%	55.35%	7.44%
강원	3,420	8,778	642	12,840	26.64%	68.36%	5.00%
충북	5,012	9,398	979	15,389	32.57%	61.07%	6.36%
충남	6,377	12,710	1,159	20,246	31.50%	62.78%	5.72%
전북	7,725	1,822	469	10,016	77.13%	18.19%	4.68%
전남	11,097	1,810	482	13,389	82.88%	13.52%	3.60%
경북	4,378	25,439	1,270	31,087	14.08%	81.83%	4.09%
경남	7,114	20,966	1,592	29,672	23.98%	70.66%	5.37%
제주	2,091	2,760	393	5,244	39.87%	52.63%	7.49%
전국	144,802	259,571	28,055	432,428	33.49%	60.03%	6.49%

출처: 지역별 개표 상황표 원자료 수집 집계

이 지표는 각 지역의 '조작 없는 진짜 득표율'을 나타내는 표본으로 사용한다.

전국적으로 김문수 후보가 우세하나, 호남권(광주·전북·전남)에서는 이재명 후보가 역으로 앞서는 양상이 확인된다. 지역별 정치 성향이 반영된 정상적 변동으로 해석할 수 있으나, 이 수치를 지역 단위의 조작 기준치로 삼아야 전체 추정 정확도를 높일 수 있다. 따라서 조작 규모 추정은 지역별로 독립적으로 산출한 뒤 합산하는 방식으로 진행한다. 이 절차는 조작의 분포가 전국적으로 균등하지 않을 가능성을 고려한 조치이기도 하다.

　요약하면, 상위 세 후보(이재명, 김문수, 이준석)의 당일투표 수개표 상대 득표율을 '조작 없는 진짜 득표율'로 설정하고, 이를 당일투표의 공식 발표 결과와 비교하여 전자개표기의 분류 조작 규모를 역으로 추정한다.

05 >>> 당일투표 조작 규모

1. 개표조작의 검증 논리

당일투표에서는 투표조작이 불가능하므로, 관측된 이상 현상은 전적으로 개표 과정의 조작 여부로 설명해야 한다. 따라서 "당일투표 수개표 상대 득표율(표 5)"을 조작이 없는 기준으로 두고, 이를 "당일투표공식 발표 득표수(표 6)"와 비교하여 조작 표수 및 비율을 역산한다.

기본 관계식은 다음과 같다.

- **진짜 득표수(후보 i) = 당일투표 진짜 득표수 합계 × 수개표 상대 득표율(후보 i)**
- **개표조작 표수(후보 i) = 공식 발표 득표수(후보 i) − 진짜 득표수(후보 i)**

⟨표 6⟩ 당일투표의 진짜 득표수와 공식 발표 득표수

지역	진짜			합계	공식발표		
	이재명	김문수	이준석		이재명	김문수	이준석
서울	1,173,462	2,165,710	306,761	3,645,933	1,287,663	2,001,986	356,284
부산	352,872	912,216	71,660	1,336,748	403,818	839,216	93,714
대구	139,887	897,363	56,268	1,093,518	186,362	828,590	78,566
인천	410,229	647,392	82,581	1,140,202	484,516	557,978	97,708
광주	290,855	52,414	23,212	366,481	291,321	49,199	25,961
대전	173,429	326,070	40,636	540,135	206,862	284,431	48,842
울산	115,171	292,205	28,450	435,826	145,307	256,125	34,394
세종	47,969	65,381	10,090	123,440	55,677	56,179	11,584
경기	1,963,627	2,920,821	392,652	5,277,100	2,269,266	2,557,350	450,484
강원	140,367	360,275	26,350	526,992	174,562	317,653	34,777
충북	190,120	356,493	37,136	583,749	226,943	311,836	44,970
충남	245,449	489,205	44,610	779,264	300,986	420,906	57,372
전북	329,945	77,820	20,032	427,797	322,377	79,143	26,277
전남	334,467	54,554	14,528	403,549	322,610	60,192	20,747
경북	144,090	837,253	41,798	1,023,141	189,031	778,221	55,889
경남	301,765	889,344	67,530	1,258,639	393,435	780,603	84,601
제주	85,061	112,276	15,987	213,324	98,619	96,559	18,146
전국	6,438,765	11,456,792	1,280,281	19,175,838	7,359,355	10,276,167	1,540,316

2. 개표조작 규모 추정 절차

당일투표에서 추정한 개표조작 규모는 표 7에 정리되어 있다. 해당 표에서는 산출한 조작 표수, 상대 비율, 표바꾸기 횟수 및 주기가 지역별로 제시되어 있다. 산출 과정의 주요 단계는 다음과 같다.

1) 표바꾸기 횟수 산출
피해 후보의 득표 감소분이 곧 표바꾸기 횟수로 간주된다.

$$\text{표바꾸기 횟수} = -\text{피해 후보의 득표 변화량}$$

2) 상대 분배 비율 계산
두 가해 후보의 증가 득표를 비교하여, 피해 후보 표가 어떤 비율로 분배되었는지 구한다. 증가가 적은 후보의 비율을 1로 두고, 나머지를 상대적으로 계산한다.

$$\text{분배 비율} = \frac{\text{증가 표수(가해 후보 A)}}{\text{증가 표수(가해 후보 B)}}$$

3) 피해 후보 복구율(Recovery Ratio)
피해 후보가 잃은 표의 비율을 측정한다.

$$\text{복구율} = \frac{\text{표바꾸기 횟수}}{\text{공식 발표 전자개표 득표수(피해 후보)}}$$

〈표 7〉 개표조작 추정 결과 요약

지역	개표조작 표수			상대 분배 비율			표바꾸기 횟수	피해후보 복구율	표바꾸기 주기
	이재명	김문수	이준석	이재명	김문수	이준석			
서울	114,201	-163,724	49,523	2.3	-3.3	1	163,724	8.4%	13
부산	50,946	-73,000	22,054	2.3	-3.3	1	73,000	9.0	12
대구	46,475	-68,773	22,298	2.1	-3.1	1	68,773	8.5%	13
인천	74,287	-89,414	15,127	4.9	-5.9	1	89,414	16.5%	7
광주	466	-3,215	2,749	0.2	-1.2	1	3,215	6.7%	16
대전	33,433	-41,639	8,206	4.1	-5.1	1	41,639	15.0%	8
울산	30,136	-36,080	5,944	5.1	-6.1	1	36,080	14.4%	8
세종	7,708	-9,202	1,494	5.2	-6.2	1	9,202	16.7%	7
경기	305,639	-363,471	57,832	5.3	-6.3	1	363,471	14.5%	8
강원	34,195	-42,622	8,427	4.1	-5.1	1	42,622	13.8%	8
충북	36,823	-44,657	7,834	4.7	-5.7	1	44,657	14.8%	8
충남	55,537	-68,299	12,762	4.4	-5.4	1	68,299	16.7%	7
전북	-7,568	1,323	6,245	-5.7	1	4.7	7,568	2.4%	43
전남	-11,857	5,638	6,219	-2.1	1	1.1	11,857	3.8%	27
경북	44,941	-59,032	14,091	3.2	-4.2	1	59,032	7.8%	14
경남	91,670	-108,741	17,071	5.4	-6.4	1	108,741	14.3%	8
제주	13,558	-15,717	2,159	6.3	-7.3	1	15,717	16.8%	7
전국	920,590	-1,180,625	260,035	3.5	-4.5	1	1,207,011	11.5%	10

지역별 개표조작 추정 결과. 전남북 지역을 제외하고 김문수 후보의 표 일부가 다른 두 후보로 분배된 것으로 계산됨

4) 표바꾸기 주기(Cycle)

전자개표기가 피해 후보의 표 몇 장당 한 번씩 조작을 실행했는지 추정한다.

$$주기 = \frac{피해\ 후보의\ 진짜\ 전자개표\ 득표수}{표바꾸기\ 횟수}$$

3. 지역별 조작 양상의 특징

- 전북·전남을 제외한 모든 지역에서 김문수 후보의 표가 이재명·이준석 후보로 전환된 것으로 나타난다. 전북·전남 지역에서는 반대로 이재명 후보 표 일부가 김문수 후보와 이준석 후보로 바뀐 미세한 역패턴이 보인다.
- 조작의 강도는 지역별로 다르며, 복구율과 주기의 차이로 확인된다. 대체로 수도권·충청·강원 지역에서 조작 주기가 짧아(=조작 빈도가 높아) 영향을 많이 받은 것으로 나타난다.
- 전국 합계 기준으로, 이재명 후보는 약 92만 표, 이준석 후보는 약 26만 표의 증가 효과를 얻은 것으로 계산된다. 반면 김문수 후보는 약 118만 표를 잃는다. 표바꾸기 빈도로 따져보면, 김문수 후보의 표의 약 10장 중 1장이 다른 후보에게 분배된 셈이다.
- 두 가해 후보의 전자개표 표 분배 비율은 약 3.5 : 1, 즉 이재명 후보가 이준석 후보보다 전국적으로 약 3.5배 많은 표를 얻은 것으로 추정된다.
- 피해 후보를 불문하고 표바꾸기 조작 횟수만 세어보면 전국적으로 총 약 120만 회 정도로 나타난다.

이로써 전자개표기의 표 분배 비율과 피해 후보 복구율이 확보되었으므로, 이 두 값은 사전투표의 개표 조작 규모 산정에도 동일하게 적용할 수 있다. 즉, 동일한 개표 시스템이 동일한 조작 알고리즘을 사용했을 가능성을 전제하는 것이다.

4. 당일투표 진짜 득표율 산출 및 해석

당일투표는 개표조작만 가능하므로, 표 7의 조작 표수 합계가 곧 당일투표의 전체 개표조작 규모이다. 공식 발표 결과에 이 수치를 적용하여 후보별로 진짜 득표수와 득표율을 역산하여 정리하면 〈표 8〉과 같다. 즉, 당일투표만 놓고 보더라도 개표과정에서의 조작 효과가 존재하며, 이를 통해 후보 간 표차가 유의하게 축소된 것을 확인할 수 있다.

〈표 8〉 당일투표 후보별 조작 전후 선거 결과 비교

후보	진짜		표바꾸기 개표조직			공식발표	
	득표수	득표율	증감 표수	조작 비율	횟수	득표수	득표율
이재명	6,438,765	33.2%	920,590	4.7%	1,207,011	7,359,355	38.0%
김문수	11,456,792	59.1%	-1,180,625	-6.1%		10,276,167	53.0%
이준석	1,280,281	6.6%	260,035	1.3%		1,540,316	7.9%
기타	212,764	1.1%	0	0%		212,764	1.1%
합계	19,388,602		조작 비율 = 증감표수 / 진짜 득표수 합계			19,388,602	

당일투표의 개표조작으로 인한 득표율 변화는 다음과 같다.
- 김문수 후보의 실제 득표율은 약 6.1%p 하락
- 이재명 후보는 약 4.7%p 상승
- 이준석 후보는 약 1.3%p 상승

요약하면, 개표조작으로 인해 김문수 후보와 이재명 후보의 득표 격차는 약 500만 표 → 약 290만 표로 줄어든다. 이는 사전투표 결과를 결합하지 않더라도, 당일투표 단계에서 이미 선거 결과의 방향이 왜곡되고 있음을 의미한다.

5. 중간 결론

- 당일투표에서는 투표조작 불가, 개표조작만 존재
- 전자개표기 조작 규모: 약 120만 회
- 표바꾸기 분배 비율: 이재명 : 이준석 ≈ 3.5 : 1
- 당일투표 조작으로 인한 후보 간 변화한 표의 격차를 기준으로 득실을 따져보면,
    - 김문수 후보는 약 354만 표 손실
    - 이재명 후보는 약 210만 표 이득
    - 이준석 후보는 약 144만 표의 이득
    (세부 계산 과정 및 결과는 별첨 I : 표 I-1 참조)

이 결과는 이후 사전투표 조작 규모 분석(6절)의 기준값으로 사용한다. 즉, 사전투표의 개표조작 또한 동일한 시스템·비율·알고리즘으로 이루어졌다는 전제하에, 투표조작(표더하기) 규모를 역으로 계산할 수 있게 된다.

06 >>> 사전투표 조작 규모

1. 분석의 기본 전제

사전투표는 투표조작과 개표조작이 모두 가능하다. 따라서 조작 규모를 추정하려면, 개표조작의 영향을 먼저 제거하고, 그 다음 투표조작(표더하기)의 규모를 추정해야 한다. 이 절차는 '개표조작 역산 → 투표조작 역산'의 순서로 진행된다.

전자개표기는 사전·당일 구분 없이 동일한 방식으로 작동하므로, 당일투표 분석에서 산출된 개표조작 상대 분배비율과 피해 후보 복구율을 그대로 적용할 수 있다. 이는 동일한 알고리즘과 조작 패턴이 반복적으로 사용되었다는 가정에 근거한다.

2. 사전투표의 개표조작(표바꾸기) 규모 산출

개표조작 규모는 다음의 단계로 계산한다.

1) 표바꾸기 횟수 산출
피해 후보의 득표 손실이 개표조작에 의한 것이라고 가정하여,

표바꾸기 횟수 = (피해 후보의 공식 발표 득표수 − 피해 후보의 수개표 득표수) × 복구율

2) 증감 표수 계산
- 피해 후보의 득표 감소분을 음(−)으로, 가해 후보의 증가분을 양(+)으로 기록한다.
- 분배 비율에 따라 피해 후보의 표가 두 가해 후보에게 나뉘어 간다고 가정한다.

$$\text{가해 후보 증감표} = \text{표바꾸기 횟수} \times \frac{\text{상대 분배 비율}}{\text{분배 비율 합계}}$$

3) 개표조작 전 득표수 복원

개표조작 전 득표수 = 공식 발표 득표수 − 개표조작 표수

이 값은 개표조작이 개입되기 전의 원래 득표수로 해석된다.

3. 사전투표의 투표조작(표더하기) 규모 산출

개표조작의 영향을 제거한 뒤, 남은 차이는 표더하기 투표조작의 결과로 본다. 계산 절차는 다음과 같다.

1) 피해 후보의 진짜 득표수

투표조작에서 피해 후보의 표는 바뀌지 않으므로,

피해 후보의 진짜 득표수 = 피해 후보의 개표조작 전 득표수

2) 전체 진짜 득표수 합계

당일 수개표 상대 득표율을 기준으로 삼아,

$$\text{세 후보 진짜 득표수의 합} = \frac{\text{피해 후보의 진짜 득표수}}{\text{피해 후보의 수개표 상대 득표율}}$$

3) 각 후보의 진짜 득표수 및 표더하기 조작 표수

후보 i의 진짜 득표수 = 세 후보 진짜 득표수의 합 × 후보 i의 수개표 상대 득표율

표더하기 조작 표수 = 개표조작 전 득표수 − 진짜 득표수

이 과정을 지역별 및 투표 유형별로 반복하여, 사전투표 전반의 조작 규모를 산출한다.

4. 사전투표 조작 규모의 산출 결과 및 해석

사전투표는 관내, 관외, 재외국민, 거소·선상의 네 가지 유형으로 구분된다. 각 유형은 조작 가능성·규모·득표율 분포가 상이하므로, 모두 별도로 분석한 후 합산하였다. 앞 절에서 제시한 절차대로 산출한 사전 투표 유형별 조작 규모는 〈표 9〉와 같다.

〈표 9〉 사전투표유형별 각 후보의 표더하기와 표바꾸기 조작 표수 증감 상황

사전투표 유형	이재명 표더하기	이재명 표바꾸기	김문수 표더하기	김문수 표바꾸기	이준석 표더하기	이준석 표바꾸기	표더하기 합계	표바꾸기 횟수
거소·선상	17,171	0	0	0	10,782	0	27,953	0
재외국민	102,307	2,820	0	-3,633	13,663	813	115,970	3,661
관외	1,616,320	89,892	0	-121,268	379,879	31,376	1,996,609	132,504
관내	5,099,021	230,215	0	-322,279	336,444	92,064	5,435,465	372,000
합계	6,835,229	322,927	0	-447,180	740,768	124,253	7,575,997	508,165

각 투표유형별, 단계별, 지역별 세부 조작 규모 산출 결과는 방대하여 부록으로 별도 제공

- 모든 유형에서 김문수 후보의 표는 감소, 이재명 후보와 이준석 후보의 표는 증가하는 일관된 패턴을 보인다.
- 사전투표 전체적으로 약 757만 장 이상의 유령표가 추가되고, 약 51만 표가 표바꾸기 조작으로 다른 후보에게 전환된 것으로 추정된다.
- 관내, 관외, 재외국민 사전투표는 표더하기와 표바꾸기 조작이 모두 적용되었으나, 거소·선상 사전투표는 100% 수개표하여 표더하기 조작만 확인되었다.
- 사전투표 유형별로 조작 규모를 큰 순으로 나열하면, 관내가 전

체의 거의 3/4을 차지하고, 이어서 관외가 전체의 약 1/4, 그리고 재외국민, 거소·선상 순인데 둘은 합쳐서 전체의 2% 미만으로 앞의 두 유형에 비해서 상대적으로 매우 규모가 작다.
- 전반적으로 사전투표 단계에서 조작의 누적 효과가 극대화되었다.

5. 사전투표 진짜 득표율 산출 및 해석

사전투표는 투표조작과 개표조작이 모두 가능하므로, 표 9의 조작 표수 합계를 각각 적용하여 조작 전 진짜 득표수를 후보별로 역산하면 〈표 10〉과 같다.

〈표 10〉 사전투표 후보별 조작 전후 선거 결과 비교

후보	진짜		표더하기 투표조작		표바꾸기 개표조직		횟수	공식발표	
	득표수	득표율	유령표수	조작비율	증감표수	조작비율		득표수	득표율
이재명	2,769,833	34.6%	6,835,229	85.3%	322,927	4.0%	508,165	9,927,989	63.7%
김문수	4,566,579	57.0%			-447,180	-5.6%		4,119,399	26.4%
이준석	512,16	6.4%	740,768	9.2%	124,553	1.6%		1,377,183	8.8%
기타	167,173	2.1%						167,173	1.1%
합계	8,015,747		7,575,997	94.5%	조작 비율 = 증감표수 / 진짜 득표수 합계			15,591,744	

투표 유형별 각 후보의 진짜 득표수 및 득표율 역산 결과는 별첨 II 참조

- 이재명 후보에게 약 684만 표의 유령표가 더해지고 이준석 후보에게 약 74만 표의 유령표가 더해진 것으로 산출되는데, 757

만 표 이상의 유령표는 진짜 득표수 합계의 94.5%에 달한다. 이재명 후보에게 더해진 대량의 유령표는 후보가 실제로 얻은 약 277만 표의 무려 2.5배에 해당한다.
- 이어서 표바꾸기 조작으로 김문수 후보의 약 44.7만 표를, 이재명 후보에게 약 32.3만 표, 이준석 후보에 약 12.4만 표 나누어 준 것으로 나타난다.

결과적으로 조작이 없었다면 사전투표에서는 김문수 후보가 57.0%의 득표율로 34.6%의 이재명 후보를 22.4%p 차이로 앞선것으로 나타난다. 그런데 조작으로 인해 김문수 후보의 실제 득표율은 (57.0% → 26.4%) 30.6%p 낮아지고, 이재명 후보는 (34.6% → 63.7%) 29.1%p 높아지는 결과를 보인다. 득표수로 따져보면, 약 180만 표 앞선 김문수 후보가 투표조작과 개표조작으로 인해 이재명 후보에게 약 500만 표 뒤쳐지게 되어 승부가 뒤집힌 것이다.

사전투표 조작으로 인한 후보 간 변화한 표의 격차를 기준으로 득실을 따져보면 다음과 같다.
- 김문수 후보는 약 892만 표 손실
- 이재명 후보는 약 761만 표 이득
- 이준석 후보는 약 131만 표 이득

(사전투표 유형 별 각 후보의 상대 득실 세부 계산 과정 및 결과는 별첨 I 참조)

07 >>> 결론

1. 분석 결과 종합

이 분석은 "사전투표와 당일투표의 득표율이 비슷해야 한다"는 상식적인 가정에서 출발하였다. 그러나 대한민국 제21대 대통령선거의 실제 결과는 이 가정을 정면으로 거스른다. 전국 모든 지역에서 사전투표는 한쪽 후보에게 일방적으로 유리하게, 당일투표는 반대로 불리하게 나타났다. 단 한 지역도 예외가 없었다. 이러한 현상은 단순히 연령 분포나 지역 특성의 차이로는 설명하기 어렵다.

이를 검증하기 위해 당일투표 수개표 득표율을 조작이 개입되지 않은 "진짜 표본"으로 간주하여 공식 발표 결과와 비교·역산하는 방식으로 분석을 수행하였다. 그 결과, 산출한 선거조작 규모를 종합하여 후보별 진짜 득표수와 득표율을 역산해 보면 〈표 11〉과 같다.

〈표 11〉 후보별 조작 전후 선거 결과 비교 (종합)

후보	진짜		표더하기 투표조작		표바꾸기 개표조직			공식발표	
	득표수	득표율	유령표수	조작비율	증감표수	조작비율	횟수	득표수	득표율
이재명	9,208,767	33.6%	6,835,229	24.9%	1,243,517	4.5%		17,287,513	49.4%
김문수	16,023,444	58.5%			-1,627,805	-5.9%	1,715,776	14,395,839	41.2%
이준석	1,792,467	6.5%	740,768	2.7%	384,288	1.4%		2,917,523	8.3%
기타	379,941	1.4%			조작 비율 = 증감표수/진짜 득표수 합계			379,941	1.1%
합계	27,404,619		7,575,997	27.6%				34,980,616	

- 투표조작(표더하기) : 도합 약 758만 장 이상의 유령표가 추가된 것으로 추정된다.
- 개표조작(표바꾸기) : 특정 후보의 약 172만 표가 다른 두 후보의 표로 바뀐 결과를 초래한 것으로 추정된다.
- 전체적으로 약 1,246만 표의 득표 왜곡이 발생하여 한 후보가 그만큼 손해를 보았으며, 상대적으로 이 중 971만 표는 특정 후보가, 275만 표는 다른 후보가 이득을 취한 것으로 계산된다(세부 계산 과정은 별첨 I 참조). 여기서 이득을 본 두 후보의 이득 분배 비율은 기이하게도 전자개표조작 분배 비율인 3.5:1과 동일하게 나타난다(별첨 I : 표 I-6 참조).
- 결과적으로, 조작이 없었다면. 김문수 후보가 약 58.5%의 득표율로 당선되었을 가능성이 높으며, 공식 발표에서 당선된 이재명 후보의 득표율은 실제로 33.6%에 불과했을 것으로 추정된다.

2. 부풀린 투표율

표더하기로 투입한 유령표 수가 약 758만 이므로, 이를 가지고 진짜 투표수와 투표율을 역산해보면 〈표 12〉와 같다.

〈표 12〉 조작 전후 투표수 및 투표율 비교

구분	선거인 수	투표수	투표율	유효표	무효표
진짜	44,391,871	27,660,491	62.3%	27,404,619	255,872
유령		7,575,997	17.1%	7,575,997	0
공식 발표	44,391,871	35,236,488	79.4%	34,980,616	255,872

- 유령표를 제외하면 실제 투표율은 62.3%, 이는 공식 발표 79.4% 대비 약 17.1%p 낮은 수치이다.
- 유령표(약 758만)는 공식 발표 사전투표수(약 1,571만)의 거의 반에 달한다. 그림 3의 막대 그래프를 통해 볼 수 있듯이, 공식 발표 사전투표율은 35.4%인데 유령표를 빼고 진짜 사전투표율을 역산해보면 18.3%에 불과한 것으로 나타난다.
(세부 계산 내역은 별첨 Ⅲ: 표 Ⅲ-1 참조)

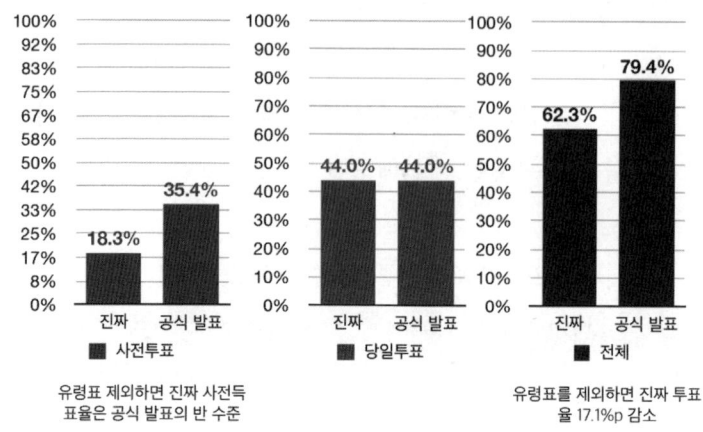

[그림 3] 조작 전후 득표율 비교 그래프

3. 신뢰도 및 감도 분석

추정치가 전제에 따라 달라질 수 있다는 점을 고려해, 단순 감도 분석을 수행하였다.

1) 변수 민감도 검토
- 조작 비율, 표본 비율, 지역별 득표 편차 등 주요 변수를 ±10% 범위에서 조정하면서 민감도 분석을 실시하였다.
- 그 결과, 후보 간 득표율의 절대 수치는 약 0.02~0.05% 범위에서만 변동했으며, 득표율 격차의 방향성은 동일하게 유지되었다.
- 이는 분석의 핵심 결론이 가정의 변동에도 안정적으로 유지된다는 것을 의미한다.

2) 표본 신뢰도 검증
- 당일투표 수개표의 표본 크기는 전체 모집단의 약 2.25%이며, 지역별 편차가 ±1% 이내로 대체로 균등하게 분포하였다.
- 표본오차는 신뢰수준 95%에서 ±0.15%, 표준오차는 ±0.02% 수준으로 계산되었다.
- 이는 일반 사회조사나 선거통계 연구의 허용 오차(±1% 이내)보다 현저히 작다.

3) 통계적 일관성 검토
- 전국 254개 선거구 모두에서 동일한 패턴(사전투표 유리 후보의 일방적 일관성)이 관찰되었으며, 이는 통계적 우연으로 설명하기 어렵다.

따라서 본 연구의 수치는 절대적 확정값이라기보다, "조작이 있었다면 어느 정도 규모였을 것인가"를 정량적으로 근사한 추정치이며, 그 방향성과 구조적 일관성은 통계적으로 신뢰 가능한 수준으로 평가된다.

4. 맺는 말

이번 조사의 목적은 선거조작을 단정하기 위한 것이 아니라, 공식 자료만으로도 "선거 데이터 안에서 확인 가능한 이상 징후가 존재한다"는 사실을 합리적으로 추정할 수 있음을 보여주기 위한 것이다.

이번 분석을 통해 드러난 통계적 패턴과 수치들은 대한민국 제21대 대통령선거의 공정성에 중대한 의문을 제기한다. 특히, 표본 기반의 분석에서 모든 지역·유형에서 동일한 방향성의 패턴이 관찰된 것은 단순 이상치로 치부하기 어려운 현상이다. 실제 진상을 확인하려면 선관위의 데이터 공개, 표본 재검표, 장비 포렌식, 로그 검증 등 공식적이고 독립적인 검증 절차가 뒤따라야 한다.

만약 분석의 일부가 틀렸더라도, 남는 사실은 하나다.

"정상적이라면 사전투표와 당일투표의 결과가 이렇게까지 다를 수는 없다."

이 한 문장을 입증하기 위해 수행된 일련의 분석은 유권자의 상식적 의문을 통계적으로 표현한 시도이며, 결국 민주주의의 신뢰를 지키기 위한 문제 제기다.

별첨 I 투표 조작으로 인한 후보별 상대 손익 계산

후보 간의 상대적 이득·손실은 다음 식으로 계산한다.
- 피해 후보와의 격차 = 가해 후보 득표수 − 피해 후보 득표수
- 가해 후보의 상대 이득 = 공식 격차 − 진짜 격차
- 피해 후보의 상대 손실 = − (가해 후보 상대 이득의 합)

⟨표 I-1⟩ 당일투표의 개표조작으로 인한 후보별 상대 상대 이득 및 손실

후보	진짜		개표조작 후		상대
	득표수	격차	득표수	격차	이득 / 손실
이재명	6,438,765	−5,018,027	7,359,355	−2,916,812	2,101,215
김문수	11,456,792	0	10,276,167	0	−3,541,875
이준석	1,280,281	−10,176,511	1,540,316	−8,735,851	1,440,660

⟨표 I-2⟩ 관내사전투표 조작으로 인한 후보별 상대 이득 및 손실

후보	진짜		공식 발표			상대
	득표수	격차	투표조작 후	개표조작 후	격차	이득 / 손실
이재명	1,918,572	−1,320,667	7,017,593	7,247,808	4,330,748	5,651,515
김문수	3,239,239	0	3,239,239	2,916,960	0	−6,402,302
이준석	357,476	−2,881,763	693,920	785,984	−2,130,976	750,787

⟨표 I-3⟩ 관외사전투표 조작으로 인한 후보별 상대 이득 및 손실

후보	진짜		공식 발표			상대
	득표수	격차	투표조작 후	개표조작 후	격차	이득 / 손실
이재명	800,957	−451,707	2,417,687	2,507,579	1,376,183	1,827,890
김문수	1,252,664	0	1,252,664	1,131,396	0	−2,360,413
이준석	145,714	−1,106,950	525,593	556,969	−574,427	532,523

⟨표 I-4⟩ 재외국민사전투표 조작으로 인한 후보별 상대 이득 및 손실

후보	진짜		공식 발표			상대 이득 / 손실
	득표수	격차	투표조작 후	개표조작 후	격차	
이재명	31,119	-16,407	133,426	136,246	92,353	108,760
김문수	47,526	0	47,526	43,893	0	-126,869
이준석	5,978	-41,548	19,641	20,454	-23,439	18,109

⟨표 I-5⟩ 거소·선상사전투표 조작으로 인한 후보별 상대 이득 및 손실

후보	진짜		공식 발표		상대 이득 / 손실
	득표수	격차	투표조작 후	격차	
이재명	19,186	-7,964	36,357	9,207	17,171
김문수	27,150	0	27,150	0	-27,953
이준석	2,994	-24,156	13,776	-13,374	10,782

⟨표 I-6⟩ 조작으로 인한 후보별 상대 이득 및 손실 종합

투표 유형		이재명	김문수	이준석
사전	거소 선상	17,171	-27,953	10,782
	재외국민	108,760	-126,869	18,109
	관외	1,827,890	-2,360,413	532,523
	관내	5,651,515	-6,402,302	750,787
당일		2,101,215	-3,541,875	1,440,660
합계		9,706,551	-12,459,412	2,752,861
상대 비중		3.5	-4.5	1

별첨 Ⅱ 사전투표의 유형별 조작 전후 선거 결과 비교

관내사전투표

〈표 Ⅱ-1〉 관내사전투표의 조작 전후 선거 결과 비교

후보	진짜		표더하기 투표조작		표바꾸기 개표조작			공식발표	
	득표수	득표율	유령표수	조작비율	증감표수	조작비율	횟수	득표수	득표율
이재명	1,918,572	34.1%	5,099,021	90.7%	230,215	4.1%	372,000	7,247,808	65.5%
김문수	3,239,239	57.6%			-322,279	-5.7%		2,916,960	26.4%
이준석	357,476	6.4%	336,444	6.0%	92,064	1.6%		785,984	7.1%
기타	108,526	1.9%						108,526	1.0%
합계	5,623,813		5,435,465	96.7%	조작 비율 = $\frac{증감표수}{진짜\ 득표수\ 합계}$			11,059,278	

관내사전투표는 전체 사전투표의 약 71%를 차지하며, 규모가 가장 크다. 분석 결과에 따르면 다음과 같은 경향이 확인된다.

- 투표조작과 개표조작이 모두 반영될 경우, 김문수 후보에게 약 132만 표 뒤지던 이재명 후보가 약 433만 표 차이로 역전한다.
- 이는 유령표 추가(표더하기)와 표바꾸기 효과가 동시에 작용한 결과로, 표바꾸기보다 표더하기의 기여가 훨씬 더 크다.

관외사전투표

<표 Ⅱ-2> 관외사전투표의 조작 전후 선거 결과 비교

후보	진짜		표더하기 투표조작		표바꾸기 개표조직			공식발표	
	득표수	득표율	유령표수	조작비율	증감표수	조작비율	횟수	득표수	득표율
이재명	800,957	35.5%	1,616,730	71.7%	89,892	4.0%		2,507,579	59.0%
김문수	1,252,664	55.6%			-121,268	-5.4%	132,504	1,131,396	26.6%
이준석	145,714	6.5%	379,879	16.9%	31,376	1.4%		556,969	13.1%
기타	54,070	2.4%						54,070	1.3%
합계	2,253,405		1,996,609	88.6%	조작 비율 = 증감표수 / 진짜 득표수 합계			4,250,014	

관외사전투표는 전체의 약 26%를 차지한다. 분석 결과에 따르면,

- 김문수 후보에게 약 45만 표 뒤지던 이재명 후보가, 조작 후 약 137만 표 앞서는 것으로 변화한다.
- 개표조작 비율은 관내보다 약간 낮지만, 표더하기 조작(유령표 삽입)의 상대 비중이 더 크다.

즉, 관외사전투표에서도 관내사전투표와 같이 표바꾸기보다 표더하기의 기여가 훨씬 더 크다.

재외국민 사전투표

〈표 Ⅱ-3〉 재외국민사전투표 조작 전후 선거 결과 비교

후보	진짜		표더하기 투표조작		표바꾸기 개표조직		횟수	공식발표	
	득표수	득표율	유령 표수	조작 비율	증감 표수	조작 비율		득표수	득표율
이재명	31,119	35.4%	102,307	116.4%	2,820	3.2%	3,661	136,246	66.8%
김문수	47,526	54.1%			-3,633	-4.1%		43,893	21.5%
이준석	5,978	6.8%	13,663	15.5%	813	0.9%		20,454	10.0%
기타	3,305	3.8%						3,305	1.6%
합계	87,928		115,970	131.9%	조작 비율 = $\frac{증감표수}{진짜\ 득표수\ 합계}$			203,898	

재외국민 투표는 전체 사전투표의 1% 미만으로 규모는 작지만, 조작 패턴은 다른 유형과 비슷하다.

- 김문수 후보가 약 1.6만 표 앞섰던 것이, 조작 후 이재명 후보가 약 9.2만 표로 역전한다.
- 표더하기 조작의 절대 수치는 작지만, 전체 투표수 대비 조작 비율은 상대적으로 높다.

이 결과는 규모와 무관하게 조작 알고리즘이 전 유형에 일관되게 적용되었을 가능성을 시사한다.

거소 · 선상 사전투표

〈표 II-4〉 거소·선상사전투표의 조작 전후 선거 결과 비교

후보	진짜		표더하기 투표조작		공식발표	
	득표수	득표율	유령 표수	조작 비율	득표수	득표율
이재명	19,186	37.9%	17,171	33.9%	36,357	46.3%
김문수	27,150	53.7%			27,150	34.6%
이준석	2,994	5.9%	10,782	21.3%	13,776	17.5%
기타	1,272	2.5%			1,272	1.6%
합계	50,602		27,953	55.2%	78,555	

거소·선상 투표는 전체 사전투표의 약 0.8%로, 표본 규모는 작지만 결과는 다음과 같이 요약된다.

- 김문수 후보가 약 8천 표 앞섰던 것이, 조작 후 이재명 후보가 약 9천 표로 역전된다.
- 다른 유형에 비해 이준석 후보의 증가 폭이 상대적으로 크며, 이는 소규모 표본에서 분배비율이 다소 변동했음을 보여준다.

별첨 Ⅲ 조작 전후 투표율 변화

〈표 Ⅲ-1〉 조작 전후 투표율 비교

후보		선거인수	투표수	투표율	유효표		무효표	
조작 전	사전투표	44,391,871	8,134,051	18.3%	8,015,747	18.1%	118,304	0.3%
	당일투표		19,526,170	44.0%	19,388,602	43.7%	137,568	0.3%
	구분 불가		270	0.0%	270	0.0%	0	0.0%
	전체		27,660,491	62.3%	27,404,619	61.7%	255,872	0.6%
유령표			7,575,997	17.1%				
공식 발표	사전투표		15,710,048	35.4%	15,591,744	35.1%	118,304	0.3%
	당일투표		19,526,170	44.0%	19,388,602	43.7%	137,568	0.3%
	구분 불가		270	0.0%	270	0.0%	0	0.0%
	전체		35,236,488	79.4%	34,980,616		255,872	0.6%

광장에서 우파 대통령 후보를 만들자
제1편 이진숙을 우파의 리더로 …

초판발행 2025년 10월 24일
지 은 이 이상로·이윤섭·도경구

발 행 처 도서출판 혜민기획
인쇄·디자인 대명피엔피컴
출판등록 제2-2017호
주 소 서울시 중구 퇴계로 226, 405호(복조빌딩)
전 화 02-722-0586 FAX 2-722-4143
이 메 일 dmo4140@hanmail.net

ⓒ 2025
ISBN 979-11-88972-96-8

정가 20,000원

※ 이 책은 저작권법에 따라 보호를 받는 저작물이므로
  무단전제와 복제를 금지합니다.
  잘못된 책은 교환해 드립니다.